全本全注全译丛书

中华经典名著

怀效锋　王　旭◎译注

大明律

中華書局

图书在版编目(CIP)数据

大明律/怀效锋,王旭译注. —北京:中华书局,2024.7. —
(中华经典名著全本全注全译).—ISBN 978-7-101-16655-2

Ⅰ.D929.48

中国国家版本馆 CIP 数据核字第 2024XR3408 号

书　　名　大明律
译 注 者　怀效锋　王　旭
丛 书 名　中华经典名著全本全注全译
责任编辑　张彩梅
装帧设计　毛　淳
责任印制　陈丽娜
出版发行　中华书局
(北京市丰台区太平桥西里 38 号　100073)
http://www.zhbc.com.cn
E-mail:zhbc@zhbc.com.cn
印　　刷　北京中科印刷有限公司
版　　次　2024 年 7 月第 1 版
2024 年 7 月第 1 次印刷
规　　格　开本/880×1230 毫米　1/32
印张 19¼　字数 400 千字
印　　数　1-10000 册
国际书号　ISBN 978-7-101-16655-2
定　　价　50.00 元

目录

前言

中华法系是中华优秀传统法律文化的结晶，法典是中华法系的制度体现。律是古代各朝代的基本法典，又称为正律。中华法系完整传世的基本法典是《唐律疏议》《宋刑统》《大明律》和《大清律例》。其中宋承唐制，清承明制，唐律和明律是中华法系中具有代表性的法典。《大明律》规定并维护国家的根本政治制度和经济制度，巩固国家疆土和政权以及社会秩序，调整各种法律关系，是明代基本法典，也是明代法律体系的核心部分。

一、明代法律体系概要

明代的法律体系由律、令、大诰、条例和诏令组成。

（一）《大明律》

朱元璋吴元年（1367）冬十月，命左丞相李善长为律令总裁官，议定律令。十二月，“《律》准唐之旧而增、损之，计二百八十五条：吏律十八、户律六十三、礼律十四、兵律三十二、刑律一百五十、工律八。命有司刊布中外”（《明太祖实录》卷二十七）。洪武六年（1373）冬，明太祖朱元璋诏令刑部尚书刘惟谦详定《大明律》。洪武七年（1374）二月书成，篇目一准于《唐律》十二篇，合六百零六条，分为三十卷。洪武二十二年（1389），命翰林院同刑部官再次修订《大明律》，将《名例律》冠于六篇之首，下面按六部归类，分为吏、户、礼、兵、刑、工六律，计三十门，四百六十条。明太祖洪武三十年（1397），正式颁布《大明律》。《大明律》自朱元璋吴元年议定至洪武三十年颁布，整整用了三十年时间，颁布之后一字未改，沿用了有明一代。

《大明律》三十卷，计有名例律一卷，四十七条；吏律二卷，职制十五条，公式十八条；户律七卷，户役十五条，田宅十一条，婚姻十八条，仓库二十四条，课程十九条，钱债三条，市廛五条；礼律二卷，祭祀六条，仪制二十条；兵律五卷，宫卫十九条，军政二十条，关津七条，厩牧十一条，邮驿十八条；刑律十一卷，贼盗二十八条，人命二十条，斗殴二十二条，骂詈八条，诉讼十二条，受赃十一条，诈伪十二条，犯奸十条，杂犯十一条，捕亡八条，断狱二十九条；工律二卷，营造九条，河防四条。

（二）《大明令》

《大明令》是在至正二十四年（1364）二月开始修订的，吴元年（1367）十二月修订完毕，洪武元年（1368）正月正式颁行。“凡为《令》一百四十五条：吏令二十、户令二十四、礼令十七、兵令十一、刑令七十一、工令二。”（《明太祖实录》卷二十七）《大明令》是明初与律并行的综合性法令，与吴元年律的体例一样，都是按照六部分类。其中《刑令》七十一条，基本上是刑法总则性质的规定，有少部分是刑法分则性质的规定。它是明初急于颁布法律以稳定政局和人心的政治需要的产物，带有“急就章”的特点。由于《大明律》设有“违令”条文加以维护，《大明令》的法律效力一直持续到明末。《大明令》的《刑令》中，首先规定五刑、十恶、八议、赎刑、狱具等制度，与唐宋律的《名例》内容相似，并且与洪武三十年（1397）颁布的《大明律》完全相同。《大明令》的其余各令，主要是设范立制，未规定违令的具体的处罚，有关处罚由同时颁布的《律》二百八十五条分别予以规定。

（三）《大诰》

洪武十八年（1385）到二十年（1387）之间，朱元璋连续发布了四篇统称为《大诰》的文告。《大诰》七十四条,《大诰续编》八十七条,《大诰三编》四十三条,《大诰武臣》三十二条,四编共二百三十六条。从内容和语气来看,很多条目是朱元璋口授的。朱元璋从“以刑止刑”的思想出发,决心在《大明律》的基础上再加重科罪,大规模地惩治贪污侵占犯罪,并把这些案例编辑成《大诰》。洪武三十年(1397)又将其中的重要者附载于《大明律》律文之后,作为议罪的依据。这样《大诰》就成了朱元璋以法外用刑惩治贪官污吏和害民豪强的案例汇编,也具有特别刑事法规和刑事案例的性质。

(四)《问刑条例》

《问刑条例》是明代中后期最有代表性的刑事法规。明初就有条例,但既不够系统,也不够稳定。明代中叶以后,距离《大明律》的制定已近百年,《大明律》适用的政治、经济条件与明初相比已有很多变化,但“定律不可改”。为了适应司法实际的需要,《问刑条例》逐步系统化、正规化,其法律效力也不断上升。弘治、嘉靖年间都编修了《问刑条例》。万历年间的刑部尚书舒化在《重修问刑条例题稿》中指出:“立例以辅律,贵依律以定例。”律为正文,例为附注。舒化重修的《问刑条例》共三百八十二条,其中大部分条文都是对明律的补充。它们或者具体区别犯罪主体不同的身份,或者区别同一性质犯罪的各种情节和危害的轻重程度等。从这一点来说,《问刑条例》中的条款也相当于《大明律》相应条文的实施细则。通过制定和修订《问刑条例》,及时对《大明律》过时的条款予以修正,又针对当时出现的社会问题适时补充了新的规定。这种做法,既保持了《大明律》的稳定性,又利于法律的实施。明代后期,律例并行,为便于法律的适用,司法官吏刻有《大明律集解附例》。

(五)诏令

明代皇帝的诏令涉及国家政治、经济、司法、行政各个方面。明代诏令的称谓主要有诏、制、诰、敕、册、榜文、令等。明代皇帝颁布的诏令数以千计,仅明代中叶嘉靖年间辑刊的《皇明诏令》就录有明代皇帝的诏令507篇。由于诏令是当朝皇帝的旨意,因而百官在执行时必然要置之于优先于以往成法的地位。诏令在某种意义上既是新的立法,也是对旧法的修订。皇帝的诏令,经过整理,或则成为条例,或则编辑成册,明代中叶汇入作为国家典章制度和法律汇编的《明会典》,对后世皇帝及司法官员都有约束力。因此,如果把律、令、诰、例称之为普通法,相对而言诏令就是特别法(参见怀效锋《中国法制史》第七章《明代法律制度》,中国政法大学出版社2015年第四版)。

律、令、诰、例和诏令各有特点,配合运用,以《大明律》为核心,组成明代教化与法制相辅相成的严密的法律体系。朱元璋洪武三十年(1397)颁行《大明律》时宣布:“朕有天下,仿古为治,明礼以导民,定律以绳顽,刊著为令,行之已久。”礼律结合,诸法综合为治,是明代法制的指导思想。正如明代名臣马文升所说:明太祖“始著《大明令》以教之于先,续定《大明律》以齐之于后,制《大诰》三编以告谕臣民,复编《礼仪定式》等书以颁示天下,即孔子所谓道之以德、齐之以礼,道之以政、齐之以刑之意也。当时名分以正教化,以明尊卑,贵贱各有等差,无敢僭越,真可以远追三代之盛,而非汉唐宋之所能及矣”(四库全书《马端肃奏议》卷十《申明旧章以厚风化事》)。

二、《大明律》是传承中华法系的重要法典

《大明律》是我国封建社会晚期最有代表性的一部法典,它上承唐律,下启清律,其形式与内容较之唐律有很大发展,几乎完全为清律所继承。

《大明律》是一部在古代法典沿革史上革故鼎新的法典,它适应洪武十三年(1380)改革官制后中央政务分属六部的政治体制的态势,吸收了《唐六典》《元典章》以职官分类的法典布局格式的长处,改变了自《法经》起沿袭一千八百年的古代法典的结构体系,创立了以六部分类的体例。

《大明律》除名例律外,采用六部体例,下分门类二十九种。名例律

规定总则和术语，吏律规定官员身份有关的犯罪，户律规定户口、税赋、婚姻、仓库、土地、钱债犯罪，礼律规定公务场合的仪式、祭祀的犯罪，兵律规定宫廷守卫、军政、关口、厩牧、驿站的犯罪，刑律规定贼盗、人命、斗殴、辱骂、诉讼、受赃、伪造、犯奸、杂犯、抓捕、诉讼中的犯罪，工律规定营造、河防的犯罪问题。

《大明律》的篇目糅合了古代法律的精华，它源于唐律而优于唐律。《大明律》的结构合理，文字简明，有关经济、行政、军事、诉讼的内容充实，具有鲜明的时代特色。《大明律》的名例律、职制、贼盗、诈伪、捕亡、断狱六篇与唐律名同，但各篇内容少于唐律，因为从中分出若干罪名别为新篇。户役、田宅、婚姻从户婚篇中分出。市廛、关津篇名取自《北周律》。祭祀篇名系合并北周祀享和元祭令之名。杂犯当依元制。宫卫略同于晋、北周之卫宫。厩牧、仓库系析厩库为二，晋、北齐、北周均有《厩牧律》,《梁律》和隋《大业律》均有仓库律，可以说是明律的张本。受赃略同于魏、晋的《请赇律》。邮驿略同于魏《邮驿令》。斗殴、诉讼当系分唐律斗讼为二。公式、课程、钱债、仪制、军政、人命、骂詈、犯奸、营造、河防十篇则是《大明律》所创新的篇名。

《大明律》是封建社会晚期高度成熟的法典。它不仅在形式上较之唐律有了长足的进步，而且在内容上有很多更新，它充分反映了明代统治阶级的意志，饶有时代特色。例如，为了强化绝对专制，《大明律》中设立了“奸党”条，增加了有关言论和思想犯罪的条款；对于官吏赃罪严加惩罚，专门设立了“受赃”篇，量刑明显重于唐律。再如，《大明律》与社会经济发展的需要相适应，较大地增加了经济立法的比重，设立了“钞法”“盐法”和“茶法”等条目。

《大明律》对日本和朝鲜、越南等东南亚国家的法律制度产生了重大影响。日本武家时代末期的法律及明治维新时期的《新律纲领》《改定律例》等均以《大明律》为蓝本，朝鲜太祖李桂成时代的《经国大典》《大典续录》《续大典》中的“刑典”和“刑法大全”都承用《大明律》，安南（今越南）阮世祖高皇帝时期的《嘉隆皇越律例》，宪祖阮旋时期的《钦定大南会典事例》也援用《大明律》。因此，完全可以说，《大明律》堪称中华法系的又一标准法典（怀效锋《大明律·点校说明》，法律出版社1999年版），与《唐律》同样对外国法律制度起了重要影响，是东方世界先进法律文化的代表，对传承中华法系起到极为重大的作用。

三、《大明律》的推广和流传

朱元璋不仅重视立法，而且重视普及宣传法律，"又恐小民不能周知，命大理卿周桢等取所定律令，自礼乐、制度、钱粮、选法之外，凡民间所行事宜，类聚成编，训释其义"（《明史·刑法志》），是为《律令直解》。这部官方注释律令的成果，开一代注律之风。明中叶以后，条例日益繁多庞杂，律例之间矛盾突出，法律应用歧异纷呈，迫切需要对法律的解释和适用进行准确界定，但由于明中叶以后政治腐败，宦官擅权，皇帝昏庸，已经无暇也无力组织较大规模的官方注律，而一概委于私家。只要体现国家的立法意图，符合当政者的利益需求，有利于当时法律的贯彻实施，私家注律不仅被认可，而且受到鼓励，从而促使律学成果层出不穷，蔚为壮观，有影响力的释律著作不下二三十种。如雷梦麟的《读律琐言》、王肯堂的《律例笺释》、张楷的《律条疏议》、彭应弼的《刑书据会》、唐枢的《法缀》等，都是私家注律的扛鼎之作。

清朝历次制定法典，都注重保持明律原貌。清朝顺治四年（1647），按照"详译明律，参以国制"（《大清律集解附例·御制序》）的原则制定的《大清律集解附例》是清朝首部系统的法典，直到乾隆五年（1740）才编成《大清律例》。《大清律例》在结构上与《大明律》相同，分名例律、吏律、户律、礼律、兵律、刑律、工律七篇，三十门，律文四百三十六条，律后附例。从雍正五年（1727）颁行《大清律集解》起，律文便被确认为世代遵守的成法，不再修改，只是因时制宜，随时纂例，加以小注，从而补充和修改律文的不足。

《大明律》颁行之后一直是明代审理案件的基本依据。明初曾经有《大诰》与《大明律》并行。弘治时期《问刑条例》出现后,一直到明末律例并行。无论是律诰并行还是律例并行,都不能动摇律的基本法典的地位。《大明律》的实际执行稳固了社会秩序,扭转了元代法律过于松懈的局面,保障了明代国家的持续发展。明代对《大明律》的执行和宣传很重视,要求官民必须定期讲读律令。基层乡里设有申明亭,里老每月固定时间召集居民讲解《大明律》。地方官员在任职期间要求认真执行《大明律》审理案件。明律中列有"讲读律令"等条文。有些地方官把《大明律》中与民众生活密切相关的部分列举出来,逐条讲解律文的内容和违反的后果,贯彻了明律的"明刑弼教"指导思想。此外,明代盛行的公案小说也在一定程度上推动了明律的宣传。

《大明律》在立法技术上既融合了历代律典的成就,又适应当时社会的需要进行了调整,是研究明代国家、社会、经济、文化、军事、教育等各方面的重要文献,也是研究明代政治法律和社会经济制度的重要史料。《大明律》律文稳定不改,朝廷通过不断制定条例适应变化的社会。弘治时期编订《问刑条例》,但《大明律》与《问刑条例》分别独立存在。明代中叶以后把条例附在有关律文之后,到嘉靖时期,形成律文附例的形式。万历十三年(1585)刑部尚书舒化校刊《大明律例》,万历十五年(1587)《大明会典》刑部之下列有《大明律例》。万历三十八年(1610)高举辑录新增例刊刻《大明律集解附例》,是我们所能看到的明代最后刻印的版本。

四、《大明律》译注的整理方法

《大明律》现存有正德、嘉靖、隆庆、万历以来的多种刻本。收入中华经典名著全本全注全译丛书的《大明律》原文,以万历七年(1579)张卤校刊《皇明制书》中所收《大明律》为工作底本,参校隆庆元年(1567)陈省校刊《大明律例》、万历十三年(1585)舒化校刊《大明律附例》、万历十五年(1587)司礼监刊印《大明会典》中所收律文、万历三十八年(1610)高举发刻《大明律集解附例》和日本享保七年(1722)刊印《大明律附例》等,对一些条文中的过长段落,依据上下文意进行了分段。《大明律》各卷题目下首列的题解,主要是概述该卷的内容,简略解析其大义,给读者提供一点阅读指引。

本书注释以明代律学文献中的解释为主,参考明代以前和清代律学的解释,以及当代学者的研究成果。明初开始注解《大明律》,阐释律文的意思,律文适用的情形,定罪量刑需要考虑的因素,法律适用的逻辑,律文和例的关系,形成了丰富的律学著作。律学著作在解释法律时,不仅阐发作者的理解,也考虑司法实践,把司法实践中的做法纳入条文适用的解释中,使得律学也在随着社会发展、条例更新而发展。每一代律学著作吸收之前的成果,对有争议的问题提出自己的见解,为司法提供参考。明代晚期,律学大家的著作集历代研究之大成,反映明代律学的成就,如舒化、王肯堂、高举的律例集解。本次译注以舒化辑《明律刑书据会》、王肯堂《王仪部笺释》、高举《大明律集解附例》以及雷梦麟《读律琐言》作为注释的主要参考文献。明代以前的法律解释主要参考《唐律疏议》以及当代翻译。其他明清律学文献、明代法律文件以及明代奏疏等也作为参考,兹不一一列举。

本书注释的原则是对当代读者阅读中可能存在的困惑表述和特定用语进行解释。明律术语和表达含有当时和历代积累的法律知识背景,需要根据情况做出必要解释。解释采用宁简勿繁的原则,对知识背景或者含义做出简单说明。条文表达的词汇在古代和当代有歧义的,做出解释。明律条文与当代法律的关联,视理解难度确定是否解释。条文中没有明确表达,但是蕴含的意思,根据当代理解的难易程度确定是否解释。如律文表达"妻"是否包含妾,根据条文自身的意思解释。明代律学家著作中对同一条文的看法有差异,选择更符合法典内在逻辑的解释,或者在司法实践中适用比较多的见解。律学家视野不同,生活时间不同,后学比先辈更有机会总结以往研究的成果。依照法典内在逻辑解释，是对法典本身的尊重，也是法典自身的要求。《大明律》吸收了两千年来的法典成就，名例与各篇之间，各篇条文之间有呼应，内部逻辑协调一致，单个条文和术语的理解缺失，完全可以通过法典自身技术弥补。不同时期司法实践中宽严倾向不同，参照适用选择的条文不同，差别大的做出说明，差别不大的不做解释。司法实践中为何会出现参照条文差别较大的问题，属于研究范畴，不做解释。

本次译文是用现代汉语转述《大明律》的古文含义。翻译的原则是尽可能保持古代律典的原貌，争取完整表达法律的本意，原文容易理解的使用原文，不易理解的部分，用现代汉语进行阐释。例如，笞刑、杖刑，在最初五刑条文中解释之后，具体条文中直接使用“笞十”“杖八十”等表达，不具体翻译为打小板、打大板之类，以免过度翻译带来律典风格的破坏。考虑到本次译注的读者主要是大众，翻译中出现频率较高的明代与当代差异较大的术语每次都做了翻译，没有直接采用明代术语，如“流罪”翻译为“应当处流放刑的犯罪”，而不是直接用“流罪”。有些古代作为常识的表达与当代人们的常识有较大差距，也采用尽可能翻译的原则，如“卑幼”翻译为“卑亲属和同辈年龄小的亲属”。有些作为当时法律常识当代法律已经放弃使用的立法技术，也采用了尽量翻译而不是直接使用术语，如“从重论”，翻译为“同一行为可能触犯两个或者两个以上罪名的时候，选择量刑重的罪名定罪”，翻译中尽量表达出具体比较的是哪些罪名或者量刑标准。这种做法不利于体现古代立法技术的精炼，但是有助于当代读者准确理解明代的定罪量刑准则。《大明律》的语言集历代法典之大成，精研细究，一字一句皆有其义，古今之间语言无法完全交集，翻译中难免有词不达意，不及原文之一二，仍然需要读者用心揣摩，体会明律的奥义。本次翻译更希望以译文为桥梁，接引读者走进《大明律》本身，感受原汁原味的古代律典的意蕴。

在工作底本《皇明制书》中，图表原置于《大明律》之首，此次整理时，以附图的形式将之置于全部律文之后，采用简体排版，并加标点，使图表更为直观，以方便读者阅读和查找。

《大明律》原文由怀效锋点校，译注由王旭完成初稿，怀效锋审读修改定稿。李俊教授协助做了相关工作。

《大明律》是古代律典的精华，其自身熠熠生辉，前人研究《大明律》论著宏富见解深刻，我们努力择善而从。限于水平，错漏在所难免，不当之处，尚祈读者指正。

怀效锋　王　旭

2024年2月18日

御制《大明律》序[1]

【题解】

本序是明太祖朱元璋亲自为颁布《大明律》制作的序言。序言说明制定《大明律》的原由、目的和效力。

朕有天下，仿古为治，明礼以导民，定律以绳顽[2]，刊著为令，行之已久。奈何犯者相继。由是，出五刑酷法以治之，欲民畏而不犯；作《大诰》以昭示民间[3]，使知所趋避[4]，又有年矣。然法在有司，民不周知。特敕六部、都察院官[5]，将《大诰》内条目，撮其要略[6]，附载于律。其递年一切榜文禁例[7]，尽行革去。今后法司只依律与《大诰》议罪。合黥刺者[8]，除党逆家属并律该载外，其余有犯，俱不黥刺。杂犯死罪[9]，并徒、流、迁徙、笞、杖等刑，悉照今定《赎罪条例》科断[10]。编写成书，刊布中外[11]，使臣民知所遵守。

洪武三十年五月　　日[12]

【注释】

①御制:皇帝亲自制作。皇帝专用物品称为“御”,如御书房、御座等。

②绳顽:用法律约束顽劣、危害社会的人。

③《大诰》:即《大诰》《大诰续编》《大诰三编》《大诰武臣》,简称为《大诰》,由明太祖朱元璋亲自制定,于洪武十八年(1385)、十九年(1386)、二十年(1387)陆续颁布,包括典型案例、刑罚、特别颁布的法令。《大诰》被广泛宣传和颁布,是明代初期的重要法律文件。昭示:明白宣示。

④趋避:趋利避害。

⑤六部:即吏部、户部、礼部、兵部、刑部、工部,是明代中央行政机构。秦汉时期的九卿职务在魏晋时期归属于尚书省,隋唐时演进为六部,延续到明清。都察院:明代中央监察机构,负责监察中央和地方官吏。根据万历《大明会典》记载,明洪武十四年(1381)把御史台改为都察院,设置左右都御史、副都御使、佥都御史,下设十二道监察御史。宣德十年(1435)定型为十三道监察御史。

⑥撮(cuō):摘录。

⑦递年:一年又一年,年年。榜文:树立在公众中发布法律的文告,代指临时针对特殊事项发布的法律命令。

⑧黥刺:黥刑和刺字刑指在犯罪人面部、上肢刺破皮肤,涂抹成黑色的文字,是古代遗留下来的肉刑之一,身体刑和耻辱刑并处的刑罚,通常适用于轻罪。

⑨杂犯死罪:除了十恶等重大犯罪之外其他需要被处以死刑的犯罪。明代有专门的《真犯杂犯死罪条例》,明确规定真犯死罪和杂犯死罪。

⑩《赎罪条例》:明初发布的专门规定赎刑的条例。赎刑,用缴纳财物或者劳役方式代替实际执行刑罚。科断:通过司法程序审理案件做出判决。

⑪刊布中外：刊印法律文书在中原和边外广泛发布传播。

⑫洪武三十年：1397年。

【译文】

朕拥有天下之后，仿照古人的治理之道，昌明礼以引导民众，制定律以规范冥顽之人，将此颁布为命令，已经通行很久了。但是，令人无奈的是违犯律令的人接连不断。由此，制定出五刑酷法用以治民，希望民众有敬畏之心而不犯罪；制作《大诰》昭告民间，让民众进退有依据，也已经有一些年了。然而，法律文本保留在国家机构中，民众未能全部知晓。如今特地发布敕令给六部和都察院，汇集《大诰》中的条文，把其中重要的部分摘录出来，附在律的后面。那些历年的榜文和禁例，全部革除。今后司法机关只依照律和《大诰》审理案件定罪量刑。应该处以黥刑刺字的人，除了结党叛逆之人的家属以及律中所记载的应处以刺字的规定以外，其余犯罪，都不再处以黥刑刺字。如果犯有杂犯死罪以及应该处以徒刑、流刑、迁徙、笞刑、杖刑的犯罪，都按照现在制定的《赎罪条例》审理判决。把这些编写成书，刊刻发布中外，让民众都知道应该遵守的法律。

洪武三十年五月　　日

卷第一　名例律计四十七条

【题解】

《大明律》共七篇，名例律冠于律首，其余按六部分类，分为吏、户、礼、兵、刑、工六律。名例是整部法律中的总则部分，规定法律的基本内容，包括刑名、法律原则、法律术语，对具体条文有指导作用，并且能够使得整部法律内部协调，逻辑统一。名例的名称最初来自战国时期《法经》中的具律，曹魏新律改具律为刑名，《晋律》增加法例，《北齐律》合并刑名、法例称为名例，并沿用到明律。

五刑[①]

笞刑五[②]：一十。赎铜钱六百文[③]。二十。赎铜钱一贯二百文[④]。三十。赎铜钱一贯八百文。四十。赎铜钱二贯四百文。五十。赎铜钱三贯。

杖刑五[⑤]：六十。赎铜钱三贯六百文。七十。赎铜钱四贯二百文。八十。赎铜钱四贯八百文。九十。赎铜钱五贯四百文。一百。赎铜钱六贯。

徒刑五[⑥]：一年杖六十。赎铜钱一十二贯。一年半杖七十。赎铜钱一十五贯。二年杖八十。赎铜钱一十八贯。二年半杖九十。赎铜钱二十一贯。三年杖一百。赎铜钱二十四贯。

流刑三[⑦]：二千里杖一百。赎铜钱三十贯。二千五百里杖一百。赎铜钱三十三贯。三千里杖一百。赎铜钱三十六贯。

死刑二：绞、斩[⑧]。赎铜钱四十二贯。

【注释】

①五刑：夏、商、周以来刑罚分为大辟、宫刑、刖刑、劓刑、墨刑五等，汉文帝刑制改革把刖刑改为徒刑，把劓刑、斩左趾改为笞刑，到隋代《开皇律》，形成了死刑、流刑、徒刑、杖刑、笞刑构成的新五刑。西周时期《尚书·吕刑》已经出现了五刑的赎刑，此后不断发展，唐律中规定了笞刑、杖刑、徒刑、流刑、死刑五等刑罚的赎刑标准。《大明律》继承了此前的五刑及其赎刑，并根据明代的情况规定了各种赎刑的方式。明代的赎刑根据囚犯的刑罚和经济情况，区分在京和在外两种情况，在京做工、运囚粮、运灰、运砖、运水和炭，在外分为有力、稍有力两种，分别缴纳谷米和铜钱赎罪。赎刑的铜钱可以折合为银子、谷物、纸张等具体财物，也可以折为做工，如煎盐、炒铁、运砖、运灰等。刑罚折合财物的具体价值由《时估则例》及各种专条法律规定。

②笞（chī）刑：以固定形制的竹板笞打罪犯的身体。汉景帝《棰令》规定笞的形制：棰用竹子制作，五尺长，大头粗一寸，尾端薄半寸，削平竹节。笞刑一般打在臀部。笞，通假为“耻”，是对犯轻罪的人给予身体处罚，让犯罪者感受到耻辱，唤起羞耻心，以便促使其改过自新。

③赎：缴纳钱物可以代替实际的刑罚。一般适用于轻罪、过失、胁从犯等犯罪危害比较小的行为。律文采用小注的方式规定了每等

笞刑赎铜钱的标准。《大明律》中的小注是朝廷立法注释或规定的细则,以小字刻于律文之后,具有法律效力,类似于唐律的"疏议"。

④贯:《大明会典·钞法》记载,洪武八年(1375)明朝制作纸币"大明宝钞",每钞一贯折铜钱一千文,称为钞贯。《大明会典·钱法》记载,洪武初年设宝源局铸造"大中通宝"铜钱,以四百文为一贯,四十文为一两,四文为一钱。《大明律》中多以钞贯作为货币标准。

⑤杖刑:比笞的形制大的木棍制作的刑具,打在臀部或者背部。

⑥徒刑:限制罪犯人身自由,并附带劳役。明代徒刑还附带杖刑。

⑦流刑:把犯罪人迁移到规定的地方,并在流放地服一定期间劳役,通常迁移到远离家乡的地方,如,北方人迁移到南方,南方人迁移到北方,东方的人迁移到西方,西方的人迁移到东方。

⑧绞:以绳索绞死,保持身体完整。绞刑因为可以保持尸体完整,在古代观念中,绞刑的处罚比斩刑轻。斩:以刀具处死,头部和身体分离。

【译文】

笞刑五等:十下。赎铜钱六百文。二十下。赎铜钱一贯二百文。三十下。赎铜钱一贯八百文。四十下。赎铜钱二贯四百文。五十下。赎铜钱三贯。

杖刑五等:六十下。赎铜钱三贯六百文。七十下。赎铜钱四贯二百文。八十下。赎铜钱四贯八百文。九十下。赎铜钱五贯四百文。一百下。赎铜钱六贯。

徒刑五等:一年附带杖刑六十。赎铜钱十二贯。一年半附带杖刑七十。赎铜钱十五贯。二年附带杖刑八十。赎铜钱十八贯。二年半附带杖刑九十。赎铜钱二十一贯。三年附带杖刑一百。赎铜钱二十四贯。

流放刑三等:二千里附带杖一百。赎铜钱三十贯。二千五百里附带杖一百。赎铜钱三十三贯。三千里附带杖一百。赎铜钱三十六贯。

死刑两等:绞刑和斩刑。赎刑都是铜钱四十二贯。

十恶

一曰谋反[1]。谓谋危社稷[2]。

二曰谋大逆。谓谋毁宗庙、山陵及宫阙[3]。

三曰谋叛。谓谋背本国,潜从他国。

四曰恶逆。谓殴及谋杀祖父母、父母,夫之祖父母、父母,杀伯叔父母、姑、兄姊、外祖父母及夫者。

五曰不道。谓杀一家非死罪三人,及支解人,若采生、造畜蛊毒、魇魅[4]。

六曰大不敬。谓盗大祀神御之物、乘舆服御物[5],盗及伪造御宝[6],合和御药误不依本方[7],及封题错误[8],若造御膳误犯食禁[9],御幸舟船误不坚固。

七曰不孝。谓告言、咒骂祖父母、父母[10],夫之祖父母、父母;及祖父母、父母在,别籍异财[11],若奉养有缺[12];居父母丧,身自嫁娶,若作乐释服从吉[13];闻祖父母、父母丧,匿不举哀;诈称祖父母、父母死。

八曰不睦。谓谋杀及卖缌麻以上亲[14],殴告夫及大功以上尊长、小功尊属[15]。

九曰不义。谓部民杀本属知府、知州、知县[16],军士杀本管指挥、千户、百户[17],吏卒杀本部五品以上长官[18],若杀见受业师[19],及闻夫丧匿不举哀,若作乐释服从吉及改嫁。

十曰内乱。谓奸小功以上亲、父祖妾,及与和者。

【注释】

①谋:有主观意图对犯罪进行谋划即构成本罪。

②社稷：社是土地神，稷是田地五谷神，土地、五谷是民食所在，因此社稷代表国家。

③宗庙：皇家祭祀先祖的建筑。山陵：皇家陵墓。宫阙：皇宫。本条用宗庙、山陵、宫阙代指皇帝和皇家的至高权力，此处是指直接危害皇权的犯罪行为。

④若：条文后一部分所表达的意思与前一部分的意思相同，可以在后一部分的情形中适用前一部分的规则。根据《大明律》附图中“例分八字之义”，对若的解释：“若者，文虽殊而会上意。谓如犯罪未老疾，事发时老疾，以老疾论。若在徒年限内老疾者，亦如之之类。”若的意思是指，条文中上下文的文字虽然不同但是可以通过上文而理解下文的意思。比如犯罪的时候还没有达到年老疾病，事发的时候已经达到年老疾病，按照年老疾病对待。根据上文的意思在徒刑的服刑年限内达到了年老疾病，也是可以适用年老疾病的规定，诸如此类。采生：民间因为祭鬼之类的迷信邪说而抓捕劫掠活人杀死祭祀。明代法律中采生拆割一同规定，包括劫掠儿童或者其他陌生人，故意割伤肢体制造成残疾或者畸形驱使乞讨或者卖艺之类营利，以及割取器官从事妖邪法术之类。宋代法律规定杀人祭鬼处以凌迟，元代规定采生人杀死祭鬼处凌迟并籍没家产，明代规定采生和采生拆割处凌迟，家属流放并没收财产给受害人家。按：有《大明律》刻本将“拆”字刻为“折”，据《大明会典》中所录《大明律·人命·采生拆割人》径改为“拆”。造畜蛊（gǔ）毒：出于害人的目的制造和蓄养蛊虫毒物。魇（yǎn）魅：采用特殊仪式、阴邪诅咒的各种方式意图伤害对方，因蛊惑人心而使公众产生恐慌心理。本条列举的几种行为模式会产生恶劣的公众影响，存在恶毒、妖邪的动机，违反人道，因此被称为“不道”。

⑤大祀：帝王最隆重的祭祀。指祭祀天地、宗庙等。神御之物：大祭

祀所使用的供奉给被祭祀对象、举行仪式使用的物品，被认为是神所用的物品，因此表述为神御。乘舆服御物：皇帝乘坐的车马和使用的各种物品。

⑥御宝：皇帝使用的印章，也可以称为御玺。

⑦合和：把药方上的各种药材按照药方的要求混合在一起，制成一副完整的药的制药过程。御药：天子所用的药。本方：应该使用的药方。

⑧封题：在药物的外包装封面上题写所包药物的名称，所用药方和配药的名称等。

⑨御膳：天子的食物。食禁：食谱所记载的不宜同吃的食物，或者食物制作、食用的各种禁忌。传统医药发现有些食物之间存在相互排斥的性质，在一起食用会导致对身体的伤害，这些彼此之间有排斥的食物禁止一起食用形成饮食禁忌。本条规定制作皇帝的食物、饮品因失误导致犯了食忌。详见“合和御药”条。

⑩告言：举报揭发犯罪行为。

⑪别籍异财：共有户籍和共同财产的情况下分家另立户籍，分财产。

⑫奉养有缺：给祖父母、父母提供的日常生活用品不足以维持生活。

⑬作乐：观看歌舞参加娱乐等活动。释服从吉：在服丧期内脱掉丧服穿上吉服。吉服，《周礼》中规定的吉服是祭祀时穿的礼服，后来泛指礼服，参加重要活动或者在正式、隆重庆祝场合穿的礼服。

⑭缌（sī）麻：五服亲属中的第五等亲属。服是在亲属的葬礼上穿的麻制丧服，根据与死者关系亲疏远近不同，丧服做法和样式不同，分为斩衰、齐衰、大功、小功、缌麻五等。表达五等亲属的术语“五服”即来源于五等丧服。斩衰，服丧期限三年，包括子女对父母和妻对夫、孙对祖，是最近的服制和亲属。齐衰，服丧期限一年，被称为期亲，包括同父的亲属。大功，服丧期限九个月，称为大功亲，包括同祖的亲属。小功，服丧期限五个月，称为小功亲，

包括同曾祖的亲属。缌麻,服丧期限三个月,称为缌麻亲,同高祖的亲属。超过五服的范围称为袒免,一般不属于法律规定的亲属范围之内。西晋《泰始律》开始规定"准五服以治罪",根据服制确定亲属之间是否构成犯罪及如何量刑的标准,如果尊亲属伤害卑亲属,服制越近罪行越轻,服制越远罪行越接近普通人之间的犯罪;如果卑亲属伤害尊亲属,服制越近罪行越重,服制越远罪行越轻逐步接近普通人。涉及亲属的犯罪法律需要明确规定亲属的范围。

⑮殴:殴打。告:告发,起诉。

⑯部民:官吏的下属民众。

⑰军士:军队中的正式士兵。指挥:地方驻军卫的主管军官称为指挥使,简称为指挥。千户、百户:卫所中的编队单位,卫之下设有所,每所一千一百二十人,称为千户所;千户所下设百户所,每所一百二十人,主管军官分别称为千户、百户。

⑱吏卒:军队中非作战的服务人员。

⑲受业师:直接传授知识教导学习的教师。

【译文】

一是谋反。指意图危害国家的行为。

二是谋大逆。指意图毁坏皇家宗庙、皇陵和皇宫。

三是谋叛。指意图背叛自己的国家,偷偷投靠他国。

四是恶逆。指殴打或者意图杀害祖父母、父母,丈夫的祖父母或者父母,杀害伯叔父母、姑姑、兄长和姐姐、外祖父母和丈夫。

五是不道。指杀死一家人中三个没有犯死罪的人,肢解人身体,还有采生、制造蓄养蛊毒、用法术诅咒他人。

六是大不敬。指盗窃皇家大祭祀所用的物品、皇帝使用的车马、衣服、物品等,盗窃或者伪造皇帝使用的印玺,因为过失给皇帝的药没有按照药方制作,药物的外包装上书写药名、药方和配药等有错误,还有制作皇帝吃的食物触犯食物配伍禁忌，皇帝乘坐的舟船因过失制作不够牢固。

七是不孝。指揭发、诅咒辱骂祖父母、父母，丈夫的祖父母、父母；及祖父母或者父母在世的时候，分家分财产，对祖父母或者父母的衣服、饮食等奉养不足；在父母丧期内，自主决定结婚，参与乐舞等娱乐活动脱下丧服穿上礼服；听到祖父母、父母去世，隐匿消息不举行哀哭等有关丧事的活动；假称祖父母、父母死亡。

八是不睦。指意图杀害、贩卖缌麻以上的亲属，或者殴打起诉丈夫以及大功以上尊亲属、小功以上的尊亲属。

九是不义。指辖区内的民众杀死管辖本地的知府、知州、知县，或者军队中的士兵杀死本部的指挥、千户、百户，在官府服务的吏卒杀死本部门的五品以上官员，还有杀死当时给自己教学的老师，以及听到丈夫去世的消息没有举行哭丧等丧事活动，包括参与歌舞娱乐活动脱下丧服穿上礼服以及改嫁。

十是内乱。指强奸小功以上的亲属、父亲或者祖父的妾，以及与之通奸者。

八议[①]

一曰议亲。谓皇家袒免以上亲及太皇太后、皇太后缌麻以上亲[②]，皇后小功以上亲，皇太子妃大功以上亲。

二曰议故。谓皇家故旧之人，素得侍见，特蒙恩待日久者。

三曰议功。谓能斩将夺旗，摧锋万里[③]；或率众来归，宁济一时[④]；或开拓疆宇[⑤]，有大勋劳、铭功太常者[⑥]。

四曰议贤。谓有大德行之贤人、君子，其言行可以为法则者。

五曰议能。谓有大才业，能整军旅，治政事，为帝王之辅佐，人伦之师范者[⑦]。

六曰议勤[⑧]。谓有大将、吏谨守官职早夜奉公，或出使远方经涉艰难，有大勤劳者。

七曰议贵。谓爵一品及文武职事官三品以上、散官二品以上者[⑨]。

八曰议宾。谓承先代之后为国宾者[10]。

【注释】

①八议:八种身份的人犯罪之后不通过直接司法程序而是报告皇帝由皇帝裁决,通常可以减刑或者免刑,是古代官员和贵族法律特权的一种。西周《周礼》规定“八辟丽邦法”,已有贵族犯罪享有减免的特权,曹魏新律正式规定八议制度,此后一直沿用到明清。

②袒(tǎn)免:五服的五等亲属之外的亲属,《大明律》所附“本宗九族五服正服之图”,规定“凡同五世祖族属,在缌麻绝服之外,皆为袒免亲”。

③摧锋万里:大型战争中大面积摧毁敌方的主力,由此消弭敌方的战斗意志从而取得决定性胜利。

④宁济:安定匡济。

⑤疆宇:疆域,领土。

⑥铭功太常:对国家或者皇室有大功勋的人,可以在太常寺功名榜上记下名字或者绘画像。太常寺,礼部下设机构,管理宗庙礼仪事务的机构。

⑦师范:学习的模范。

⑧勤:勤谨认真地工作取得了重大成绩。具体指的是本条小注所列举的各种情形。

⑨爵一品:爵位的第一等。职事官:执掌事务的为职事官,不执掌事务的为散官。

⑩国宾:前一个王朝的皇帝直系后裔在后一个王朝被称为国宾。

【译文】

一是议亲。指皇家的袒免以上的亲属,太皇太后和皇太后的缌麻以上亲属,皇后的小功以上亲属,皇太子妃大功以上的亲属。

二是议故。指皇家的老朋友,一直保持良好关系,持续蒙受特殊恩惠的人。

三是议功。指能够在战争中杀死敌方将军夺取对方旗帜，摧毁敌方主力使其丧失战斗意志从而取得决定性胜利；或者率领部众归顺皇帝，能带来一时的安宁；或者为国家开拓疆域，有大功勋、有资格把名字刻在太常寺功勋阁的人。

四是议贤。指有极高的德行的贤人、君子，言行可以作为社会的法则的人。

五是议能。指有大才学，能够整顿军队，处理国家事务，可以作为帝王的辅佐，道德伦理的榜样的人。

六是议勤。指大将军、官吏认真履行职务，早晚奉行公事，或是到远方出使历经艰难，有大辛劳的人。

七是议贵。指有一品爵位及文武职事官三品以上级别、散官二品以上的人。

八是议宾。指先前王朝皇帝的直系后裔作为国宾的人。

应议者犯罪

凡八议者犯罪，实封奏闻取旨①，不许擅自勾问②。若奉旨推问者③，开具所犯及应议之状，先奏请议，议定奏闻，取自上裁。议者，谓原其本情议其犯罪④，于奏本之内开写，或亲、或故、或功、或贤、或能、或勤、或贵、或宾，应议之人所犯之事，实封奏闻取旨。若奉旨推问者，才方推问。取责明白招伏⑤，开具应得之罪，先奏请令五军都督府、四辅、谏院、刑部、监察御史、断事官集议⑥，议定奏闻。至死者，唯云"准犯依律合死"⑦，不敢正言绞、斩，取自上裁。

其犯十恶者，不用此律。

【注释】

①实封：案件的承办人在给皇帝的文书中如实列出案件事实、当事人符合哪种议的条件、可能适合案件裁决的法律条文，把文书密

封起来按照规定程序提交给皇帝。

②勾问：拘提犯人到场，审问案情，选出法律条文并做出裁决。应议者的审问是特殊程序，需要先请示皇帝同意后才能开始审理程序，承审人员需要先列出案件事实，再捡出针对案件事实的法律条文，但是不能直接做出决定，须请示皇帝最终裁决。根据《唐律疏议》对应议者的程序规定"诸八议者，犯死罪，皆条所坐及应议之状，先奏请议，议定奏裁。议者，原情议罪，称定刑之律而不正决之"。明律继承了唐律的规定，唐律的程序是列出可能适用的法律条文但是不能决定量刑结果。勾问是一般情况下的完整审理程序，包括提犯人到场、审问、举证、选出适合法律条文、做出裁决。

③推问：法官审理案件。

④原：推究，考究。

⑤招伏：供认罪状。

⑥五军都督府：明洪武十三年(1380)，朱元璋以"权不专于一司，事不留于壅蔽"为由，将大都督府一分为五，把统管全国军队的都督府改为中军、左军、右官、前军、后军五都督府，称五军都督府。每都督府设左、右都督正一品，都督同知从一品，都督佥事正二品。所属有经历司，设经历从五品，都事从七品。都督府各领其都司(都指挥使司)、卫所。五军都督府没有调兵权只有管理军队的权力，调兵权归于兵部，最高兵权归于皇帝。四辅：洪武十三年(1380)，朱元璋设立。设春、夏、秋、冬四官，每月三旬轮流辅助皇帝处理政务。洪武十五年(1382)七月废除。谏院：明代监督机构的一种，负责给皇帝谏言。刑部：明代中央六部之一，刑部负责审判。由于元代废除了大理寺，唐宋以来的审理案件的机构从大理寺转变为刑部，明代予以沿用。监察御史：都察院十三道监察御史省称，是在都察院中具体进行审计监督的官员。监察御

史对中央各衙门实施全面、有效的审计监督。断事官：审理案件的官员。

⑦准：可以适用所规定的法律条文裁决特殊情况的案件。

【译文】

凡是属八议范畴的人犯罪，要把案件事实文书密封奏报给皇帝等待皇帝旨意，不许擅自依据案情做出裁决。如果是奉皇帝的旨意审理案件的，具体列出所犯的罪行及符合“议”的条件，先把情况奏报给皇帝申请适用议的程序，商议之后把结果奏报皇帝，听取皇帝的裁决。议，是指推究案件的案情，讨论所犯的罪行，在奏报给皇帝的奏疏中写明白符合议的哪个具体条件，或亲、或故、或功、或贤、或能、或勤、或贵、或宾，应议的人所犯的事，如实把文书密封起来奏报给皇帝等待圣旨。若是奉皇帝的命令审理案件，才能具体审理。拿到清楚明白的招认供状，列出被告应得的罪，先奏报给皇帝请示皇帝命令，五军都督府、四辅官、谏院、刑部、监察御史、断事官一起商议，讨论确定之后奏报给皇帝。罪行达到需要判处死刑，只说“犯罪按照律的规定符合死罪”，不敢直接说要处绞刑还是斩刑，具体由皇帝裁决。

那些犯了十恶罪的人，不适用这条法律。

职官有犯

凡京官及在外五品以上官有犯[①]，奏闻请旨，不许擅问。六品以下，听分巡御史、按察司并分司取问明白[②]，议拟闻奏区处[③]。若府、州、县官犯罪，所辖上司不得擅自勾问，止许开具所犯事由实封奏闻。若许准推问，依律议拟回奏，候委官审实，方许判决。其犯应该笞决、罚俸、收赎纪录者[④]，不在奏请之限。若所属官被本管上司非理凌虐[⑤]，亦听开具实迹，实封径直奏陈。

【注释】

①五品以上官:五品以上官员犯罪后的处理原则。本条规定没有达到议的资格的官员,犯罪后的处理原则。

②分巡御史:中央御史机构派到地方巡察的御史。按察司并分司:设在省级的地方主管司法的机构,称为提刑按察司,简称为按察司,其长官称按察使,为全省司法长官,掌管刑事案件勘察审理。省内各地设置按察分司,分道巡察。明中期以后,按察使渐成为总督、巡抚的属官。

③区处:处理,办理。

④罚俸:停发一定时间俸禄的处罚方式。收赎纪录:有过用铜钱赎刑罚的记录。纪录,官员履历档案中专门记录违法或者奖励的经历,作为奖惩的依据。《大明律》规定特定行为是否需要记录在案,分纪录、附过、不必附过等情形。

⑤凌虐:欺压虐待。

【译文】

凡是在京城的官员和在外地任职的五品以上官员犯罪,奏报给皇帝请皇帝下达旨意,不许擅自审理。六品以下的官员,听从分配在各地巡察的御史、按察司或分司审理清楚,商议拟定结果报告给皇帝听候具体处理。如果是府、州、县官犯罪,有管辖权的上司不能擅自审理,只允许把犯罪的案情如实密封报告给皇帝。如果获得皇帝批准审理案件,依照律的规定拟定结果回奏给皇帝,等待委派的官员审理确实,才允许判决。如果所犯的罪应该被处以实际执行笞刑、罚俸、收赎纪录的,不在奏请的范围内。如果主管上司没有合理的理由欺凌虐待属下官员,也允许属下官员列出事实,如实写文牍密封直接奏报给皇帝说明情况。

军官有犯

凡军官犯罪，从本管衙门开具事由[①]，申呈五军都督府[②]，奏闻请旨取问。若六部、察院、按察司并分司及有司见问公事[③]，但有干连军官及承告军官不公不法等事[④]，须要密切实封奏闻，不许擅自勾问。若奉旨推问，除笞罪收赎明白回奏，杖罪以上，须要论功定议[⑤]，请旨区处。其管军衙门首领官有犯[⑥]，不在此限。

【注释】

①本管衙门：对本人有直接管理权的机构。事由：事件的过程和起因。

②申呈：向上级呈报。也叫申报。

③察院：都察院，明代中央最高监察机构。有司：指布政司等管理地方行政事务的机构。

④干连军官：与案件有关联的军官。承告军官：经手案件审理裁决的军官。

⑤论功定议：军官违法必须考虑军功作为商议如何定罪量刑的条件。

⑥首领官：各部、府分掌本官署总务事务的官，如经历、司务、典簿等称为首领官。首领官不属于军职，不适用关于军职的特殊规定。

【译文】

凡是军官犯罪的，所在管理部门列出具体事由，呈报给五军都督府，奏报给皇帝等候皇帝的旨意再行审问。如果是六部、都察院、按察司和分司以及有关机构正在处理的公事，只要与案件有牵连的军官或者承办举告案件的军官有处理事务不公正或没有按照法规处理等事，必须严格把实情密封奏报给皇帝，不许擅自审理。如果是奉旨审理，除了处笞刑的罪用赎刑清楚明白地汇报给皇帝，应处杖刑以上的罪，必须按照军功商定结果，申报给皇帝等候处理。如果是管理军队的衙门的首领官犯罪，虽然涉及军务但是不属于有军功应议的范围，不适用这条规定。

文武官犯公罪

凡内外大小军民衙门官吏犯公罪该笞者①，官，收赎；吏，每季类决②，不必附过③。杖罪以上，明立文案，每年一考，纪录罪名；九年一次通考所犯次数、重轻，以凭黜陟④。

【注释】

①公罪：官吏犯罪有公、私罪之分。公罪是指官员因为公事完全不涉及个人关系而导致的犯罪。

②类决：吏每季度考核时按照所犯的罪判处的笞刑数额分类实际执行。官吏处刑后如果是决就实际执行，如果是收赎就不必实际执行。

③附过：在官吏的履历中记录违法行为，作为考核升降官职的依据。

④黜陟（chù zhì）：指古代官吏的降免或升迁。黜是降职，陟是升职。

【译文】

凡是京城或者外地各种高级和低级军事或者行政衙门官吏犯公罪应该处以笞刑的，官员，用铜钱赎罪；吏，不用收赎继续执行职役，每季度考核时按照过错分类实际执行，记录册中不用附载所犯的过错。犯罪应处杖刑以上的，案情记录为文案，每年考核一次，在记录册中记下罪名；到九年任期满通查所犯罪行的次数、轻重，作为降职或者升职的凭据。

文武官犯私罪

凡文官犯私罪①，笞四十以下，附过还职；五十，解见任别叙[②]；杖六十，降一等；七十，降二等；八十，降三等；九十，降四等；俱解见任。流官于杂职内叙用[③]，杂职于边远叙用[④]。杖一百者，罢职不叙。若军官有犯私罪，该笞者，附过收赎；杖罪，解见任，降等叙用；该罢职不叙者，降充总旗[⑤]；该徒、流者，照依地里远近，发各卫充军[⑥]。若建立事功，不次擢用[⑦]。若未入流品官及吏典有犯私罪[⑧]，笞四十者，附过各还职役；五十，罢见役，别叙；杖罪，并罢职役不叙。

【注释】

①私罪：因为私人的原因追求私人利益而导致的犯罪，包括利用公事为达成私人目的导致的犯罪。

②解见任：撤销现任职务。解，免除，解除。见，同“现”。别叙：官吏经过考评合格可以经过吏部程序任其他职务。

③流官：针对世袭的土司、勋爵等官来讲的官职流动的官员。分流内官和流外官。一品到九品官为流内官，九品以下为未入流的流外官。杂职：辅助官员办理公务的人员，未入官品称为未入流品，如主簿、县丞、司狱等。

④边远：边疆地区远离政治中心的区域。

⑤总旗：明代军队中的军事单位，卫所百户之下设两个总旗，总旗下设十个小旗。

⑥卫：卫所，明代地方驻军单位，通常几个府设立一个卫所，卫所长官为指挥使，每卫所有军士五千六百人，负责驻军地方的军事事务。

⑦不次：不按寻常次序，破格。擢（zhuó）用：选拔任用。

⑧吏典：地方官府中辅助官员处理事务的各种吏员。

【译文】

凡是文官犯私罪，笞四十以下的，在犯罪人的记录中附载所犯过错并继续履职；笞五十，解除现职在别的职位上任用；杖六十，官职降一个等级；杖七十，官职降两个等级；杖八十，官职降三个等级；杖九十，官职降四个等级；都解除现任职。流官在杂职内任用，杂职在边远地区任用。杖一百的，官员罢免官职不再任用。若是有军官犯私罪，应处笞刑的，允许收赎并在记录中附载所犯错误；如果是杖罪，解除现任职位，降等级任用；应该罢免不再任用的人，降到充任总旗；该处徒刑、流刑的，依照服刑地区的道路远近，发派到各个卫所充军。如果能够建立军功，可以破格选拔任用。若未入流品的官员和吏典有犯私罪，应处笞四十的，在犯罪人的记录中附载所犯错误继续履行职务；笞五十的，解除现任职，另外任职；杖罪，罢免并不再任用。

应议者之父祖有犯

凡应八议者之祖父母、父母、妻及子孙犯罪，实封奏闻取旨，不许擅自勾问。若奉旨推问者，开具所犯及应议之状，先奏请议，议定奏闻，取自上裁。若皇亲国戚及功臣之外祖父母、伯叔父母、姑、兄弟、姊妹、女婿、兄弟之子，若四品、五品官之父母、妻及应合袭荫子孙犯罪[①]，从有司依律追问，议拟奏闻，取自上裁。其犯十恶、反逆缘坐[②]，及奸、盗、杀人、受财枉法者，不用此律。其余亲属、奴仆、管庄、佃甲倚势虐害良民、凌犯官府者[③]，加常人罪一等，止坐犯人[④]，不在上请之律。其余亲属，谓皇亲国戚及功臣之房族兄弟、伯叔母、舅母、姨夫、姑夫、妻兄弟、两姨夫、外甥、妻侄之类[⑤]，及家人伴当、管庄、佃甲倚杖威势虐害良民、凌犯官府者[⑥]，事发不须奏闻，比常人加罪一等科断[⑦]，止坐犯人本身。若各衙门追问之际，占吝不发者[8]，并听当该官司实封奏闻区处。谓有人于本管衙门告发，差人勾问，其皇亲国戚及功臣占吝不发出官者，并听当该官司实封奏闻区处。

【注释】

①袭荫：爵位或者荣耀可以给后代继承，使之获得爵位、荣耀或者庇护。

②反逆缘坐：因为与谋反、谋叛、谋大逆的犯罪有关联而受到连坐。

③管庄：帮助管理他人田地的庄头等人。佃甲：佃民。凌犯：侵犯，欺压。

④坐：对犯罪人依照法律进行审理判决执行的活动。

⑤房族：同族中支系的总称。两姨夫：连襟。

⑥伴当：随从的差役或仆人。

⑦科断：依律判处。

⑧占吝：故意拖延不按照法律规定的程序推进文件移送或者人员交接解送的行为。

【译文】

凡是符合八议之人的祖父母、父母、妻子及子、孙犯罪，把实情密封奏报给皇帝等候旨意，不许擅自审理。如果是奉旨审理，具体列出犯罪和应该议的情况，先奏报皇帝申请议罪，议定之后奏报给皇帝，让皇帝裁决。如果是皇亲国戚和功臣的外祖父母、伯叔父母、姑母、兄弟、姐妹、女婿、兄弟的儿子，或是四品、五品官的父母、妻子以及符合承袭恩荫条件的子孙犯罪，由司法机关依照《大明律》追究审问，议定结果之后奏报给皇帝，等候皇帝的裁决。如果犯十恶、与谋反谋逆有关联而受连坐，以及奸淫、盗贼、杀人、受财枉法等罪的人，不能使用这条法律。其他的亲属、奴仆、管庄、佃民仗势残害良民、欺凌官府的人，比照一般人罪加一等，只追究犯人的罪责，不在向皇帝请旨之律中。其他的亲属，指皇亲国戚以及功臣的房族兄弟、房族伯叔母、舅母、姨夫、姑夫、妻子的兄弟、连襟、外甥、妻子的侄子之类，以及家人的伴当、管庄、佃民仗势残害良民、欺凌官府的人，事发不用奏报给皇帝，比照一般人罪加一等判处，只追究犯人的罪责。**若是各衙门追问罪责的时候，依仗身份不去受审的，负责管理的部门密封奏报给皇帝裁决。**指负责管理的衙门接到告发，派人去查问，皇亲国戚或者功臣拖延不让前述犯人被押解去官府接受审判的，听由负责该事务的机构如实密封报告给皇帝裁决。

军官军人犯罪免徒流

凡军官、军人犯罪，律该徒、流者，各决杖一百；徒五等，皆发二千里内卫分充军；流三等，照依地里远近发各卫充军；该发边远充军者[①]，依律发遣[②]，并免刺字。若军丁、军吏及校尉犯罪，俱准军人拟断[③]，亦免徒、流、刺字。军丁[④]，谓军官、军人余丁。军吏，谓入伍请粮军人，能识字选充军吏者，犯罪与军人同。若系各处吏员发充请俸司吏者，与府、州、县司吏一体科断罪。

【注释】

①边远充军：发配到边远卫所服劳役。明代实行军户制度，设立军籍，军户中的男丁选择一个为军士，军户给授田。充军刑把犯人发到各地卫所服劳役，分为终身和永远。终身是持续本人一生的劳役，永远是本人终生服役，死后由子孙一直服劳役直到家里再无男丁为止。充军地方分为附近、边卫、边远、极边、烟瘴五等。

②发遣：由官方押解发配遣送到远方服劳役。清代演变为一种把囚犯遣送到远方服役的刑罚。

③拟断：此指量刑判罪。

④军丁：军户中可以承担兵役的成年男子。

【译文】

凡是军官、军人犯罪，按照《大明律》应该处以徒刑、流刑的，都执行杖一百；徒刑五等，都发配到两千里内的卫所充军；流刑三等，按照道路远近发配到各卫所充军；应该发配到边远地区充军的，按照《大明律》的规定发遣，免除附加的刺字刑。若是军丁、军吏以及校尉犯罪，都依照军人的标准拟定裁决，也免除徒、流、刺字。军丁，是指军官或者军人家的余丁。军吏，是指参军入伍领取军粮的军人，能够识字被选出来充任军中的书吏的，犯罪后与军人的处理相同。如果是各处的吏员因为犯罪被发配到军中充当领俸禄的军吏，犯罪之后，与府、州、县的司吏一样裁决。

犯罪得累减

凡一人犯罪应减者，若为从减、谓共犯罪以造意者为首[①]，随从者减一等。自首减、谓犯法知人欲告而自首者，听减二等。故失减、谓吏典故出人罪[②]，放而还获，止减一等；首领官不知情，以失论；失出，减五等，比吏典又减一等，通减七等。公罪递减之类，谓同僚犯公罪失于入者[③]，吏典减三等；若未决放，又减一等，通减四等；首领官减五等，佐贰官减六等[④]，长官减七等之类。并得累减。如此之类，俱得累减科罪。

【注释】

①造意者：共同犯罪中提议组织犯罪的主谋。

②吏典：衙门的吏员。故出人罪：指案件审理判决时，故意使有罪判为无罪，重罪判为轻罪。

③失于入：过失导致轻罪重判，无罪判有罪之类的司法行为。

④佐贰官：中央各部院辅佐长官的副职官员。地方则是州县官的辅

助官员，处理具体事务的官员和吏役，包括州同、县丞、主簿等。

【译文】

凡是一个人犯罪应该减轻的，比如为从减、指共同犯罪中以首谋组织的人为首犯，跟从参与的为从犯，从犯可以减一等。自首减、指犯罪之后知道有人准备告发而自首的，可以减二等。故意过失减、指吏典故意导致重罪判轻或判无罪，犯人放了之后又被抓获的，只减一等；首领官不知情的，以过失论；吏典过失导致案件判轻或者判无罪，减轻五等，首领官比照吏典的处罚再减一等，总共能减七等。公罪逐级减等之类，指同僚犯公罪过失导致轻罪重判或无罪判有罪的情况，具体办案的吏典减三等；如果还没有最终实际执行并释放，再减一等，总共可以减四等；首领官减五等，佐贰官员减六等，上级长官减七等之类。都是可以累计减轻处罚的。诸如此类的情况，都是可以累计减轻之后定罪处罚。

以理去官

凡任满得代、改除、致仕等官①，与见任同。谓不因犯罪而解任者，若沙汰冗员、裁革衙门之类②，虽为事解任降等，不追诰命者③，并与见任同。封赠官与正官同④。其妇人犯夫及义绝者⑤，得与其子之官品同。谓妇人虽与夫家义绝，及夫在被出⑥，其子有官者，得与子之官品同。为母子无绝道，故也。犯罪者，并依职官犯罪律拟断。

【注释】

①致仕：官员退休。

②沙汰：淘汰，裁撤。

③诰命：明代国家授予的一种荣誉。特指皇帝赐爵或授官的诏令。

④封赠官：授予官员父母的荣誉官职或者恩典荣耀，生前为封，死后

授予为赠。

⑤义绝：夫妻双方或者各自的亲属伤害了对方的亲属，导致夫妻必须离婚。

⑥被出：被夫家休妻。古代离婚条件“七出三不去”，七出为：不顺翁姑、无子、多言、妒、盗、淫、恶疾；三不去为：与更三年丧、有所取无所归、前贫贱后富贵。女子若犯七出中的任一条就可以被夫家休弃，称为出妻。但是，如果符合“三不去”的任一条夫家也不能随意休妻。

【译文】

凡是任期满被接替、改任或者退休的官员，和现任官员同等对待。指不因为犯罪而离任的，如裁撤冗员或衙门之类的，即使是因为出事离任降等，但未追回授予的诰命的官员，与现任官员同等对待。封赠官和任实职的官员同等对待。妇女伤害丈夫或者义绝的，可以用儿子的官品同等对待。指妇女虽然与夫家义绝，或丈夫在世时以七出的理由被休，儿子有官职的，可以用儿子的官品同等对待。因为母子关系不能断绝，所以这样处理。犯罪的官员，依照职官犯罪的律文规定判决。

无官犯罪

凡无官犯罪，有官事发，公罪亦得收赎纪录。卑官犯罪，迁官事发；在任犯罪，去任事发：犯公罪笞以下，勿论；杖以上，纪录通考；为事黜革①，笞杖以上，皆勿论；若事干埋没钱粮、遗失官物，罪虽纪录勿论，事须追究明白。但犯一应私罪，并论如律。迁官者，谓改除及差委权摄邻近官司得代去任者②，谓考满、丁忧、致仕之类③。其吏典有犯公、私罪名，亦依上拟断。

【注释】

①黜革：罢免，革除。

②差委权摄：被临时委派代理处理事务。

③考满：官员任期结束考核以决定升降。丁忧：官员任职期间，父母去世，必须离任回家参加葬礼，并按照规定为其服丧一定期限。

【译文】

凡是没有官职的时候犯罪，有官职的时候事发，犯公罪也可以收赎，在记录册上记录所犯的过错。官职低的时候犯罪，升迁到高级官职时事发；任职期间犯罪，离任之后事发：犯公罪应处笞刑以下的，都不必论罪；应处杖刑以上的，记录下来等候通考；如果因为出事被罢职，笞杖以上的罪都不再论罪；如果出事涉及的是损害了国家的钱粮财物、丢失了官方的财物，所犯罪行虽然记录之后不再追究，但是事情需要追究清楚。如果所犯的是各种私罪，都按照《大明律》论罪。迁官是指改任以及临时兼任相关职位以代替离任的人，指任职期满考核合格、丁忧、致仕之类的。如果是吏典犯了公罪、私罪，也都依照上述原则拟定断罪。

除名当差

凡职官犯罪罢职不叙、追夺除名者①，官、爵皆除。僧道犯罪曾经决罚者，并令还俗，军、民、匠、灶各从本色发还原籍当差②。

【注释】

①追夺：追回曾经授予的诰命或圣旨旌表等荣耀。除名：从特设的官员户籍中除名。明代根据职业、身份或地域分别设定户籍，官员身份设仕籍，军、民、匠、灶分别有军籍、民籍、匠籍、灶籍，僧道

有度牒，相当于户籍。

②灶：专门烧制晾晒海盐的人家，称为灶户或者灶籍。本色：僧道出家前所在家庭的户籍及其所属的阶层，还俗后按照原本的户籍类别和状况登记。原籍：出家前原本的户籍所在地。

【译文】

凡是职官犯罪被罢免职务之后不再任用、追回曾被授予的诰命等荣耀、除去仕籍，官职和爵位都革除。僧人、道士犯罪曾经被判处实际处罚的，都要还俗，军、民、匠、灶籍各自按照他们出家前原本的户籍类别回原籍地当差。

流囚家属

凡犯流者，妻妾从之，父、祖、子、孙欲随者，听。迁徙安置人家口，亦准此。若流徙人身死，家口虽经附籍，愿还乡者，放还。其谋反、逆叛及造畜蛊毒，若采生拆割人、杀一家三人、会赦犹流者①，家口不在听还之律。

【注释】

①会赦犹流：赦免令之下不被赦免仍然会被流放的严重犯罪。

【译文】

凡是犯罪被判处流放的囚徒，妻子、妾跟着一起去流放地，父亲、祖父、子、孙想要跟随去的，允许。被判处迁徙到远方的囚徒家属的安排，也是照此执行。如果流放或者迁徙的人死亡，家属虽然已经在流放地附入当地户籍，想要还乡的，允许放回。如果是涉及谋反、叛逆、造畜蛊毒，以及采生拆割、杀死一家三口人、遇赦免还会流放的犯罪，本人死亡之后，家属不在允许放还的律文规定之列。

常赦所不原[1]

凡犯十恶、杀人、盗系官财物，及强盗、窃盗、放火、发冢、受枉法不枉法赃、诈伪、犯奸、略人、略卖、和诱人口[2]，若奸党[3]，及谗言左使杀人[4]，故出入人罪，若知情故纵、听行藏匿引送，说事过钱之类[5]，一应真犯[6]，虽会赦并不原宥[7]。谓故意犯事得罪者，虽会赦皆不免罪。其过误犯罪，谓过失杀伤人、失火及误毁、遗失官物之类。及因人连累致罪，谓因别人犯罪连累以得罪者，如人犯罪失觉察关防钤束及干连听使之类[8]。若官吏有犯公罪，谓官吏人等因公事得罪，及失出入人罪，若文书迟错之类。并从赦宥。谓会赦皆得免罪。其赦书临时定罪名特免，谓赦书不言"常赦所不原"，临时定立罪名宽宥者，特从赦原。及减降从轻者，谓降死从流，流从徒，徒从杖之类。不在此限。谓皆不在"常赦所不原"之限。

【注释】

①原：免除罪责。

②发冢：挖掘坟墓。古代认为挖掘坟墓是犯罪行为。受枉法不枉法赃：官员行使职权时接受财物依法或者不依法处理事务。诈伪：欺骗作假的行为。犯奸：违法奸淫的行为。略人：掠夺人口。略卖：违反当事人的愿望和法律规定，用暴力方式掠夺并买卖人口。和诱人口：通过引诱欺骗的方式获得当事人的同意而掠走人口。

③奸党：大臣相互结为党派破坏制度的犯罪。

④谗言左使杀人：设计陷害，借助事情激起皇帝的怒意，使之杀人以达到自己的目的。左使，作弄，指使。

⑤说事过钱：接受别人的钱财，帮助别人说情办事。

⑥真犯：犯有“十恶”等严重犯罪行为。

⑦原宥（yòu）：谅情而宽赦其罪。宥，宽恕，赦免。

⑧关防钤束：统指印章。干连听使：受到牵连并听人指使从而导致间接犯罪的行为。

【译文】

凡是犯以下罪：十恶、杀人、盗窃属于官方的财物，以及强盗、窃盗、放火、发冢、受财枉法不枉法、诈伪、犯奸、略人、略卖、和诱人口，还包括奸党罪，以及谗言指使杀人，故意出入人罪，还有知道案件实情故意放纵犯罪的行为、听任包庇隐瞒接受或者送走犯罪人的情况，接受钱财帮助说情之类的犯罪行为，以上严重犯罪行为，虽然遇到国家发布赦免令也不予免责。指故意做某些事获罪的行为，虽然遇到赦免也不免罪。如果是过失导致的犯罪，如过失杀伤人、失火以及因失误导致官方的物品被毁或者遗失之类。还有因为受人连累而导致犯罪的情形，指因为别人犯罪受到连累而获罪的，如有人犯罪，对犯罪人或行为负有监督职责的人没有觉察到印章使用异常及与犯罪行为有牵连并听其指使之类的行为。如官吏犯公罪，指官吏及承担公事的人因为公事而获罪，以及过失导致出入人罪，如公文收发延迟或有错误之类。都可以依照赦令免责。指遇到赦免都可以免除罪行。赦令中临时定的罪名特别给予赦免的，指赦免文书中没有言明适用“常赦所不原”的规定，临时确定特定的罪名可以宽恕的，依照赦令的特别规定免责。还有犯罪行为符合减轻处罚的条件降低处罚等级从轻处罚的情形，指降低处罚的等级从死刑减到流刑，流刑减到徒刑，徒刑减到杖刑之类的。不在此限。指都不在“常赦所不原”的这些限制性规定之内。

徒流人在道会赦

凡徒、流人在道会赦，计行程过限者，不得以赦放。谓如流三千里，日行五十里，合该六十日程，若未满六十日会赦，不问已行远近，并从赦放。若从起程日总计行过路程，有违限者，不在赦限。**有故者，不用此律。**有故，谓如沿途患病，或阻风被盗，有所在官司保勘文凭者[①]，皆听除去事故日数，不入程限，故云不用此律。**若曾在逃，虽在程限内，亦不放免。其逃者身死，所随家口愿还者，听。迁徙安置人，准此。其徒、流、迁徙安置人已至配所，及犯谋反、逆、叛缘坐应流，若造畜蛊毒、采生拆割人、杀一家三人会赦犹流者，并不在赦放之限。**

【注释】

①保勘文凭：作为担保可供查验证明身份或者勘察所发生的事件现场形成的公文或凭证。

【译文】

凡是处以徒刑和流刑的人在押解到服刑地的路上遇到发布赦免令，计算已经走过的行程用时超过法律规定的限期的情形，不得适用赦免放还。指的是例如流放三千里的刑罚，规定每天走五十里，行程应该是六十日，未满六十天的时候遇到赦免，不问已经走的路程远近，都可以赦免。如果从启程的当日总计所走过的行程，有违反限定的时间的，不在赦免之限。有法定理由的不适用这条规定。有法定理由，指例如在路途中生病，或者遇到大风受阻、被盗，有当地的官府出具的证明和勘验文书凭据的，都允许减去发生事故的天数，不计入行程的限定，因此说不适用这条规定。如果曾经逃跑过，虽然在规定的行程限内，也不放还免责。如果是囚犯逃走时死亡，随同到流放地的家属愿意返回的，允许。随同迁徙的囚犯一起在流放地安置的人员依照这条规定处理。如果随着徒刑、流刑、迁徙的囚犯到服刑地安置的家属已经到了服刑地，以及因为受到谋反、谋大逆、谋叛连坐应该被流放的，还有造畜蛊毒、采生拆割人、杀死一家三人的犯罪遇到赦免仍然流放的，都不在赦免放回的范围。

犯罪存留养亲

凡犯死罪，非常赦所不原者，而祖父母、父母老疾应侍[①]，家无以次成丁者，开具所犯罪名奏闻，取自上裁。若犯徒、流者，止杖一百，余罪收赎[②]，存留养亲[③]。

【注释】

①疾：达到法律规定的严重程度的疾病，包括笃疾和废疾。

②余罪收赎：同一人犯有多种罪的，除了规定的犯罪处罚方式之外，其余的罪行可以适用交钱赎罪的方式代替实际执行刑罚。

③存留养亲：此为《北魏律》以来一种保护家庭伦理关系的法律规定，犯死罪的囚犯如果是家中独子，或家中除了犯罪人以外没人奉养尊亲属，需要留着犯罪人为尊亲属养老，可以申请保存性命。

【译文】

凡是犯死罪，不属于常赦所不原的犯罪，而犯罪者的祖父母、父母年老生病应该被照顾，家里没有其他成年男子，列出所犯的罪行奏报给皇帝，由皇帝裁决。如果犯罪的刑罚是徒刑或者流刑的，只处罚杖一百，其余的刑罚可以用钱赎，之后留在家里奉养祖父母、父母。

工乐户及妇人犯罪

凡工匠、乐户犯流罪者[①]，三流并决杖一百，留住拘役四年[②]。若钦天监天文生习业已成能专其事犯流及徒者[③]，各决杖一百，余罪收赎。犯谋反、逆、叛缘坐应流，及造畜蛊毒、采生拆割人、杀一家三人家口会赦犹流，及犯窃盗者，不在留住之限。余罪收赎，谓犯杖一百、流三千里者，决杖一百，赎铜钱三十贯；

杖一百、徒三年者,决杖一百,赎铜钱一十八贯之类。余条准此[④]。其妇人犯罪应决杖者,奸罪去衣受刑,余罪单衣决罚,皆免刺字。若犯徒、流者,决杖一百,余罪收赎。

【注释】

①工匠:在工部登记过的工匠。乐户:户籍隶属于国家机构教坊司从事歌舞娱乐的人。

②留住拘役:被处以流刑需要流放到远方的罪犯,不被遣送到远方而是留在原住地拘捕起来服劳役代替流放。

③钦天监:国家专门负责观察、记录、解释星象的机构。古人认为天象与国家的治理变化有关系,特别是与皇帝的命运有关。天文生:在钦天监学习天文的人。

④余条准此:法律条文中规定的情况包括多种情形,在条文中列举出一般情形和特殊情况如何处理,该法典中的其余条文中如果出现了类似的情形,不再做出明确规定,而是按照该条文已经规定的方式处理。

【译文】

凡是工匠、乐户犯流罪的,三等流刑都执行杖一百,留在原住地拘捕起来服役四年。如果是钦天监的天文生已经完成学业,能够独立从事钦天监的事务而犯流罪和徒罪的,都执行杖一百,其余的罪用铜钱收赎。因他人犯谋反、谋逆、谋叛被连坐应该处以流刑的,以及造畜蛊毒、采生拆割人、杀一家三人犯罪的家属遇到赦免还是应该流放的,以及犯窃盗罪的,不在留在原住地的范围内。余罪收赎,指犯应处杖一百、流三千里的罪,执行杖一百,赎铜钱三十贯;犯应处杖一百、徒三年的罪,执行杖一百,赎铜钱十八贯之类。其余的相关规定可以比照适用。妇女犯罪应该处以杖刑的,如果是犯奸淫罪,除去衣服受刑,其他的犯罪穿着单衣执行处罚,都免除刺字。如果犯徒罪、流罪的,执行杖一百,其余的罪用铜钱收赎。

徒流人又犯罪

凡犯罪已发又犯罪者，从重科断。已徒已流而又犯罪者，依律再科后犯之罪。其重犯流者，依留住法[1]，三流并决杖一百，于配所拘役四年；若犯徒者，依所犯杖数该徒年限决讫，应役，亦总不得过四年。谓先徒三年，已役一年，又犯徒三年者，止加杖一百徒一年之类，则总徒不得过四年。三流虽并杖一百俱役四年，若先犯徒年未满者，亦止总役四年。其杖罪以下，亦各依数决之。其应加杖者，亦如之。谓工、乐户及妇人犯者，亦依律科之。

【注释】

①留住法：徒刑犯人和流刑犯人在当时所在地服刑，不需要重新发配到其他服刑场所服刑。按照徒刑和流放刑本身的要求，徒刑要到指定的场所从事煎盐、炒铁的劳役，流放刑要到相应的流放里数的发配场所服刑，都需要离开原住地。如果犯罪人正在服刑，又犯罪的，当初已经离开了原住地，就不需要再次离开服刑地，而是留在原地继续服刑。

【译文】

犯罪已经被发现，而又犯罪的，从重定罪量刑。已经在执行徒、流刑又犯罪的，依照《大明律》再次判处后犯的罪。如果又犯的罪是流罪的，依照留住法，三等流刑都执行杖一百，在被发配的地方拘役四年；如果又犯徒罪，依照犯罪应处的杖数和该处的徒刑年限执行，应该服劳役，服役总数不得超过四年。指先前判处徒刑三年，已经执行了一年，又犯了徒刑三年的，只加杖一百徒一年之类，那么徒刑的总数不得超过四年。三等流刑虽然都是杖一百拘役四年，如果先前犯徒罪的刑期还没有执行完的，也只是总体服役四年。杖罪以下的罪，也是各自依照所犯罪应处的数额执行。应该加杖的，也是如此。指工匠、乐户和妇女犯罪的，也是依照法律定罪量刑。

老小废疾收赎

凡年七十以上、十五以下及废疾[①]，犯流罪以下，收赎。其犯死罪及犯谋反逆叛缘坐应流，若造畜蛊毒、采生折割人、杀一家三人家口会赦犹流者，不用此律。其余侵损于人，一应罪名，并听收赎。八十以上十岁以下及笃疾[②]，犯反逆杀人应死者，议拟奏闻，取自上裁。盗及伤人者，亦收赎。谓既侵损于人，故不许全免，亦令其收赎。余皆勿论。谓除反逆杀人应死者，上请，盗及伤人者收赎之外，其余有犯皆不坐罪。九十以上、七岁以下，虽有死罪，不加刑。九十以上犯反逆者，不用此律。其有人教令[③]，坐其教令者；若有赃应偿，受赃者偿之。谓九十以上七岁以下之人，皆少智力，若有教令之者，罪坐教令之人。或盗财物傍人受而将用受用者偿之；若老小自用[④]，还着老小之人追征[⑤]。

【注释】

①废疾：指瞎一眼或者折断四肢中的一个程度的残疾。

②笃疾：双目瞎、断两肢程度严重的身体损伤，一般会导致生存能力受到严重影响。

③教令：教唆使之犯罪。

④老小：传统德主刑辅的法律思想以仁爱作为基本原则，要求对年老和年幼的人减轻处罚，在本条的规定中，老指七十岁以上的人，小指十五岁以下的人。

⑤追征：追回、征缴应该收回的钱物。

【译文】

凡是年龄在七十岁以上、十五岁以下以及废疾的人，犯流罪以下的罪，可以收赎。犯死罪以及犯谋反、叛逆、连坐应该流放的，以及造畜蛊毒、采生折割人、杀一家三口遇赦免仍然流放的，不适用这条法律。其余的侵害人身的各种罪名，都允许收赎。八十岁以上十岁以下以及笃疾的人，犯谋反、叛逆、杀人罪应该处死刑的，商议拟定结果奏报给皇帝，由皇帝裁决。盗窃以及伤人的，也可以收赎。指已经伤害了人，因此不许全部免除罪责，也是允许收赎的。其余的罪都不用论罪。指除了谋反、叛逆、杀人应处以死刑的，上请皇帝决定，盗窃以及伤人的收赎之外，其余的犯罪都不论罪。九十岁以上、七岁以下，虽然犯死罪，不处以刑罚。九十岁以上犯谋反、谋逆的人，不适用这条法律。有人教唆他们犯罪的，对教唆的人论罪；如果有赃物需要赔偿的，由接受赃物的人赔偿。指九十岁以上和七岁以下的人，都智力弱，如果有人教唆他们犯罪，对教唆的人论罪。如果盗窃了财物旁人接受使用了赃物，使用的人赔偿；如果老小的人自己使用，向老人小孩追征赃物。

犯罪时未老疾

凡犯罪时虽未老疾[1]，而事发时老疾者，依老疾论。谓如六十九以下犯罪，年七十事发；或无疾时犯罪，有废疾后事发，得依老疾收赎。或七十九以下犯死罪，八十事发；或废疾时犯罪，笃疾时事发，得入上请[2]。八十九犯死罪，九十事发，得入勿论之类。若在徒年限内老疾，亦如之。谓如六十九以下徒役三年，役限未满年入七十，或入徒时无病，徒役年限内成废疾，并听准老疾收赎。以徒一年三百六十日为率[3]，验该赎钱数折役收赎。假如有人犯杖六十徒一年，已行断罪，拘役五个月之后犯人老疾，合将杖六十徒一年总该赎钱一十二贯，除已受杖六十准钱三贯六百文，该剩徒一年赎钱八贯四百文计算，每徒一月该钱七百文，已役五个月准钱三贯五百文外，有未役七个月该收赎钱四贯九百文之类。其余徒役年限赎钱不等，各行照数折算收赎。**犯罪时幼小，事发时长大，依幼小论。**谓如七岁犯死罪，八岁事发，勿论。十岁杀人，十一岁事发，仍得上请。十五岁时作贼，十六岁事发，仍以赎论。

【注释】

①老疾：达到法律规定的七十岁以上称为老，废疾、笃疾称为疾。

②上请：刑事案件当事人符合法律规定的减免刑条件时，案件上报给皇帝，由皇帝裁决的特殊程序。

③率：计算单位。

【译文】

凡是犯罪的时候虽然没有老疾，而事发的时候已经达到老疾，适用老疾减免的规定。指如果六十九岁以下犯罪，七十岁的时候事发；或者无疾的时候犯罪，有了废疾之后事发，依照老疾收赎的法律规定。或者七十九岁以下犯死罪，八十岁的时候事发；或者废疾时犯罪，笃疾时事发，可以适用上请的规则。八十九岁犯死罪，九十岁时事发，可以适用不论罪的条款之类。**若是在徒刑执行的年限内达到老疾，也适用这样的原则。**指如果六十九岁以下被判处徒刑三年，徒刑服劳役年限未满年纪到了七十岁，或者开始执行徒刑时没有疾病，在执行徒刑劳役的年限内变成废疾，允许依照老疾的原则收赎。以徒一年三百六十日为计算单位，核验应该赎钱的数额按照剩余的服劳役时间折算赎铜钱的数量。假设有人犯罪判处杖六十徒一年，已经定罪判刑，拘捕服劳役五个月之后犯人达到老疾的标准，应该把杖六十徒一年总共应该赎钱十二贯，除掉已经接受杖六十折准铜钱三贯六百文，应该剩下徒一年按照赎铜钱八贯四百文计算，每徒一月应该算钱七百文，已经服劳役五个月算三贯五百文外，还没有服劳役的七个月，应该收赎钱四贯九百文之类。其他年限的徒刑劳役赎钱的数额不等，各自依照数额折算收赎。**犯罪时年纪小，**

事发的时候已经长大，依照幼小论罪。指如果七岁犯死罪，八岁事发，不论罪。十岁杀人，十一岁事发，仍然可以用上请原则。十五岁时犯贼寇罪，十六岁事发，仍然可以适用赎刑原则。

给没赃物

凡彼此俱罪之赃，谓犯受财枉法、不枉法，计赃为罪者。及犯禁之物[①]，谓如应禁兵器及禁书之类。则入官。若取与不和用强生事[②]，逼取求索之赃，并还主。谓恐吓、诈欺、强买卖有余利、科敛及需索之类。其犯罪应合籍没财产[③]，赦书到后，罪虽决讫[④]，未曾抄札入官者[⑤]，并从赦免。其已抄札入官守掌及犯谋反逆叛者，并不放免。若罪未处决，物虽送官，未经分配者，犹为未入。其缘坐人家口，虽已入官，罪人得免者，亦从免放。若以赃入罪，正赃见在者，还官、主。谓官物还官，私物还主。又若本赃是驴，转易得马，及马生驹，羊生羔，畜产蕃息[⑥]，皆为见在。已费用者，若犯人身死，勿征，别犯身死者亦同。余皆征之。若计雇工赁钱为赃者[⑦]，亦不征。其估赃者，皆据犯处当时中等物价，估计定罪。若计雇工钱者，一人一日为铜钱六十文。其牛、马、驼、骡、驴、车、船、碾磨、店舍之类[⑧]，照依犯时雇工赁直[⑨]。赁钱虽多，各不得过其本价。谓船价值铜钱一十贯，却不得追赁钱一十一贯之类。其赃罚金银，并照犯人原供成色，从实追征，入官、给主。若已费用不存者，追征足色。谓人原盗或取受正赃金银使用不存者，并追足色。

【注释】

①犯禁之物:拥有法律规定禁止私人拥有的物品。

②取与不和:接受和给予的双方不是出于自己的真实意思达成一致的行为。用强:采用强制的手段达成目的。生事:制造事端,产生纠纷。

③籍没财产:犯罪人的家属失却良民身份为奴,财产被官方没收。

④决讫:判决并施刑完毕。

⑤抄札:查抄没收。

⑥蕃息:繁殖。

⑦赁(lìn)钱:租金。

⑧碾磨:压碎研细谷物的器具。

⑨雇工赁直:雇佣他人做工按照雇工人的工钱计算,如果雇佣的是马牛、车船之类的,可以称为雇也可以称为赁,后者的雇赁价格还包括照顾使用动物、车船、店铺的人的工钱,如车夫和车马的雇赁钱。

【译文】

凡是赃物的给予和接受者都有罪的,指犯了受财枉法或者不枉法的,依照赃物的数量定罪量刑的。以及犯禁的物品,指例如拥有禁止私人拥有的兵器和禁书之类。就没收给官府。如果收取和给予不是出于同意而是用暴力生出事端,强制收取索求的赃物,都还给原主。指恐吓、欺诈、强买强卖获取更多利益、借职敛财和索贿之类。犯罪之后应该没收家产的,赦免书到了之后,犯罪虽然已经判决了,但是还没有抄家并记录在册交给官府的,都可以依照赦免令赦免。已经抄家记录在册收入官府看守掌管和犯了谋反、谋逆的,都不再放回免责。如果犯罪还没有判决,物品虽然已经送到官府,但是还没有分配给他人的,可以算作未入官。连坐籍没的家属,虽然已经入官,犯罪人被免除罪责的,作为连坐的人也随之免责放还。若是因为涉及赃获罪的,原来的赃物还在的,还给官方或者原主。指官物还给官府,私物还给原主。又比如,原本的赃物是驴,转卖交易成为马,以及马生了驹,羊生了羊羔，畜产繁殖生息，都属于还在。已经花费使用了的，如果犯人已经死亡，不追还，共同犯罪中的其他罪犯身死的情况也同样适用。其他的赃物都要追还。如果所计的赃款是雇工人或者租赁钱的，也不用征收。如果是需要估计赃物价值的，都根据犯罪地方当时物价的中间值计算，估价定罪。如果计算雇工的工钱，一人一天是六十文铜钱。如果雇佣租赁的是牛、马、驼、骡、驴、车、船、碾磨、店舍之类，依照犯罪时雇佣租赁的价值计算。租赁的价格虽然高，但是不能高过本身的价值。指船价值铜钱十贯，不得追征租赁钱十一贯之类。追征赃款罚款的金银，都依照犯人原来提供的成色，如实追征，没收入官府或者还给原主。若是已经花费掉了，追征足色的金银。指犯人原来盗窃或者收受的正赃金银已使用掉的，都追征足色的金银。

犯罪自首

凡犯罪未发而自首者，免其罪，犹征正赃。谓如枉法、不枉法赃，征入官。用强生事逼取、诈欺、科敛、求索之类[①]，及强、窃盗，赃征给主。其轻罪虽发，因首重罪者，免其重罪。谓如窃盗事发，自首又曾私铸铜钱[②]，得免铸钱之罪，止科窃盗罪。若因问被告之事，而别言余罪者，亦如之。谓因犯私盐事发，被问不加拷讯，又自别言曾窃盗牛，又曾诈欺人财物，止科私盐之罪，余罪俱得免之类。其遣人代首[③]，若于法得相容隐者为首[④]，及相告言者，各听如罪人身自首法。其遣人代首者，谓如甲犯罪遣乙代首，不限亲疏亦同，自首免罪。若于法得相容隐者为首，谓同居及大功以上亲，若奴婢、雇工人为家长首[⑤]，及相告言者，皆与罪人自首同，得免罪。其小功、缌麻亲首告[⑥]，得减凡人三等。无服之亲，亦得减一等。如谋反、逆、叛未行，若亲属首告，或捕送到官者，其正犯人俱同自首律,免罪;若已行者,正犯人不免,其余应缘坐人,亦同自首律免罪。若自首不实及不尽者,以不实、不尽之罪罪之;至死者,听减一等。自首赃数不尽者,止计不尽之数科之。其知人欲告及逃叛而自首者,减罪二等坐之。其逃叛者,虽不自首,能还归本所者,减罪二等。其损伤于人,因犯杀伤于人而自首者,得免所因之罪,仍从故杀伤法。本因过失者,听从本法。于物不可陪偿,谓如印信、官文书、应禁兵器及禁书之类,私家既不合有,是不可偿之物,不准首。若本物见在,首者听同首法免罪。事发在逃,虽不得首所犯之罪,得减逃走之罪二等。若私越度关及奸⑦,并私习天文者⑧,并不在自首之律。若强、窃盗、诈欺取人财物,而于事主处首服,及受人枉法、不枉法赃,悔过回付还主者,与经官司自首同,皆得免罪。若知人欲告,而于财主处首还者,亦得减罪二等。其强、窃盗若能捕获同伴解官者⑨,亦得免罪。又依常人一体给赏。

【注释】

①科敛:强迫摊派,征收。

②私铸铜钱:私自铸造法定货币铜钱的犯罪。

③代首:指代替罪犯向有关机构坦白罪行。

④容隐:亲属之间犯罪可以相互包庇隐瞒(有专门的条文详细规定)。

⑤雇工人:受雇于人领工钱的工人,不同于作为主人财产的奴婢,因此在本条专门列出。

⑥首告:向官府告发。

⑦私越度关:没有官府出具的人口流动凭据,私自越过国界,偷渡国家边境关口,或者内地界限关口。

⑧私习天文：私自学习天文学。古人认为天文、星象变化与皇家和国家的运势有关，禁止私人学习天文学。

⑨解官：限制人身自由并押送到官府。

【译文】

犯罪没有被发现而能够自首的，免除所自首的罪，如果有赃物需要追回。是指例如官员受财枉法或者不枉法产生的赃物，赃物交给官府。如果用强力制造事端用逼迫、欺诈、科敛、索求之类的手段取得财物，以及强盗、窃盗的赃物，都要返还给原主。**犯轻罪被发现，自首了没被发现的重罪，可以免除对重罪的处罚。**指例如窃盗罪事发，自首曾经私铸铜钱，可以免除铸造铜钱罪，只对窃盗的罪行进行处罚。**如果因为审理被告发的罪行中，又说出了其他的罪行，也按照上述原则对待。**指因为贩私盐罪被发现，审问的时候没有使用刑讯，又说出曾经偷过牛，又曾经欺诈别人的财物，只追究贩私盐的罪行，其他罪行都得免除之类。**派人代替自己自首的，包括符合法定容隐情形的人去自首，以及去告发的，允许各自按照犯罪亲自自首的规则对待。**派人自首的情形，指例如甲犯罪派乙代替自己去自首，不限有没有亲属关系同等对待，自首可以免罪。如果是按照法律规定可以互相容隐的情形自首的，是指居住在一起的以及大功以上的亲属，包括奴婢、雇工人为主人或者雇主自首的情形，相互告发的情况，都与罪犯本人自首同等对待，可以免罪。犯罪人的小功和缌麻亲属向官府告发，可以比照一般人犯罪减轻三等。出了五服范围的亲属，也可以减轻一等。如果谋反、谋逆、谋叛没有真正实行，如果亲属向官府告发，或者送到官府的，犯罪本人都可以按照自首免罪；如果谋反、谋逆、谋叛已经实行了，犯罪本人不予免罪，其他应该连坐的人，可以按照自首的法律规定免罪。**如果自首不真实或者不充分的，依照不真实、不充分的那部分罪名定罪；如果需要定罪的罪名达到死罪的，允许减轻一等。**自首时交代的赃物数量不充分的，只计算不充分的那部分定罪。**如果知道有人想要告发或想要逃脱而去自首的，可以比照所犯罪减轻二等定罪。逃脱的人，虽然没有自首，但是能够自动回到本来所在的地方，减轻二等定罪。造成人身伤害的，**因为犯了杀人、伤人而自首的，可以免除造成杀人或者伤人的罪，故意杀人或者伤人仍然依照法律规定处理。本来就是过失犯罪的，依照过失原本的法律规定处理。对于不可赔偿的物品，指例如印章信物、官方的文书、法律禁止拥有的兵器以及禁书之类，私人不可以拥有，这就属于不可赔偿的物品，不准使用自首规则。如果原物还在，自首的话允许同样适用自首的法律规定免罪。犯罪事发之后逃跑的，虽然所犯的罪因为在逃而不能适用自首的规定，但是如果自首的话逃亡罪可以减二等。包括私自越过偷渡国家关口界限以及犯奸，还有私自学习天文学的人，都不在适用自首减免的法律规定范围之内。如果强盗、窃盗、欺诈取得他人财物，事后向当事人自首服罪，以及接受财物枉法或者不枉法，悔罪将赃物返还给当事人，和官方的处理程序已经开始之后自首同样对待，都可以免罪。如果知道有人想要告发，向财物的原所有人自首并返还的，罪行也可以减轻二等。强盗、窃盗如果能够抓捕同伴并送到官府的，也可以免罪。并依照一般人捕盗给予奖赏的规定一样奖赏。

二罪俱发以重论

凡二罪以上俱发，以重者论；罪各等者，从一科断。若一罪先发，已经论决，余罪后发，其轻若等勿论，重者更论之，通计前罪以充后数。谓如二次犯窃盗，一次先发，计赃一十贯，已杖七十；一次后发，计赃四十贯，该杖一百，合贴杖三十[①]。如有禄人节次受人枉法赃八十贯[②]，内四十贯先发，已杖一百，徒三年，四十贯后发，难同止累见发之赃，合并取前赃，通计八十贯，更科全罪，断从处绞之类。其应入官、陪偿、刺字、罢职、罪止者[③]，各尽本法。谓一人犯数罪，如枉法、不枉法赃合入官，毁伤器物合陪偿，窃盗合刺字，职官私罪杖一百以上合罢职，不枉法赃一百二十贯以上罪止杖一百流三千里之类，各尽本法拟断。

【注释】

①贴杖：补足应该执行的刑罚数。多次犯罪的人，之前已经处罚的数量与后发现犯罪处罚总数不足的部分进行补足。

②有禄人：从事公职领取俸禄的人。节次：逐次。

③入官：财物或人口没收入官府。刺字：在罪犯身体上刺字。罪止：犯罪和刑罚的最高标准。

【译文】

凡是一个人犯两种以上的罪同时被发现，以重罪论处；如果各种罪等同，取其中一种论罪。如果一种罪先被发现，已经论罪判决，剩下的罪后被发现，如果后发现的罪比前罪轻或者轻重相等，不用论罪；后发现的罪比先发现的罪重，重新论罪，前罪的数额计入后发现的罪总计论罪。指例如两次犯盗窃罪，一次先发现，计赃十贯，已经杖七十；一次后发现，计赃四十贯，应该杖一百，之前已杖七十再杖三十。例如从事公职领取俸禄的人先后接受枉法赃八十贯，其中四十贯先发现，已经处以杖一百，徒三年，四十贯后发现，难以适用只计现在发现的赃数，须合并之前已发现的赃数，总计前后的赃数按八十贯计赃，重新计算全部赃数断罪，依照处绞刑断罪之类。那些应当入官、赔偿、刺字、罢职、罪止的情况，都依照原本的法律规定论罪。指一人犯多种罪，如枉法、不枉法赃的赃款应入官，毁伤器物应赔偿，盗窃应刺字，职官犯私罪杖一百以上应罢免职位，不枉法赃达到一百二十贯以上最高处刑杖一百流放三千里之类，都依照本来的规定决断。

犯罪共逃

凡犯罪共逃亡，其轻罪囚能捕获重罪囚而首告，及轻重罪相等，但获一半以上首告者，皆免其罪。谓同犯罪事发，或各犯罪事发而共逃者，若流罪囚能捕死罪囚，徒罪囚能捕流罪囚首告。又如五人共犯罪在逃，内一人能捕二人而首告之类，皆得免罪。若损伤人及奸者，不免，仍依常法。**其因人连累致罪，而罪人自死者，听减本罪二等。**谓因别人犯罪连累以得罪者，如藏匿、引送、资给罪人，及保勘、供证不实[1]，或失觉察、关防钤束、听使之类。其罪人非被刑杀而自死者，又听减罪二等。**若罪人自首告及遇赦原免，或蒙特恩减罪收赎者[2]，亦准罪人原免、减等、赎罪法[3]。**谓因罪人连累以得罪，若罪人在后自首告，或遇赦恩全免，或蒙特恩减一等、二等，或罚赎之类，皆依罪人全免、减等、收赎之法。

【注释】

①保勘：案件发生后，由官方派人到现场记录勘察痕迹、检验证据的状况，为案件保存证据，记录人需要为自己所做的勘察检验文书签字担保记录的真实性。供证：指提供证据和证言的行为。

②蒙特恩减罪：蒙受皇帝特别发布的赦免令减轻罪责。

③原免：原宥与赦免。

【译文】

凡是犯罪共同逃亡，轻罪囚犯能够捕获重罪囚犯并自首告发，轻重罪相等的情况，只要抓获一半以上并自首告发的，都可以免罪。指共同犯罪事发，或者各自的犯罪事发逃跑的，如果流罪囚犯能够捕获死罪囚犯，徒罪囚犯能够捕获流罪囚犯自首告发。又比如，五人共同犯罪在逃，其中一人能够在捕获二人后自首告发之类，都可以免罪。如果伤害人身体和奸淫的，不免罪，仍然依照通常的法律规定处理。因为别人犯罪而受连累获罪的，犯罪人自己死亡的，允许减本罪二等。指因为别人犯罪受连累而获罪的，如藏匿、接送、资助犯罪人，以及在现场勘察检验的记录中为真实性做担保、为案件提供的口供和证据不真实的，或失职没有发觉犯罪、印钤管束不严、听人指使之类。犯罪人不是受死刑而自己死亡的，又允许减罪二等。若犯罪人自首告发以及遇到赦令被免责，或蒙受特殊恩典减罪收赎的，也准许犯罪人适用原免、减等、赎罪的规定。指因为犯罪连累而获罪，如果犯罪人后来自首告发，或遇赦令特殊恩典罪责全免，或者蒙受特殊恩典减一等、二等，或者刑罚收赎之类，都依照犯罪人全免、减等、收赎的规定。

同僚犯公罪

凡同僚犯公罪者[①]，谓同僚官吏连署文案、判断公事差错，而无私曲者[②]。并以吏典为首，首领官减吏典一等，佐贰官减首领官一等[③]，长官减佐贰官一等。四等官内如有缺员，亦依四等官递减科罪。本衙门所设无四等官者，止准见设员数递减。若同僚官一人有私，自依故出入人罪论，其余不知情者，止依失出入人罪论。谓如同僚连署文案官吏五人[④]，若一人有私，自依故出入人罪论，其余四人虽连署文案，不知有私者，止依失出入人罪论，仍依四等递减科断。若申上司不觉失错准行者[⑤]，各递减下司官吏罪二等。谓如县申州、州申府、府申布政司之类[⑥]。若上司行下所属，依错施行者，各递减上司官吏罪三等。谓如布政司行下府、府行下州、州行下县之类。亦各以吏典为首。

【注释】

①同僚：在同一衙门为官。

②私曲：公事中掺杂私心为获取私利而故意犯罪。

③佐贰官：部门内部辅助长官的副职。

④连署文案：在同一事务上负有职责的官员在同一文件上署名并共同承担责任。

⑤申上司：下级向上级报告申请。

⑥布政司：即承宣布政使司，源于元代的行中书省，是明代设在地方

掌管财政和民政的机构，共设有十三个布政使司，长官为布政使，与提刑按察使司、都指挥使司并称为地方的三司，布政司又被称为藩司、藩台、藩宪。

【译文】

凡是同僚犯公罪的情形，指同僚官吏联署公文、判断处理公事有差错，但是没有私人的原因。并且以吏典为首犯，首领官减吏典罪责一等，佐贰官减首领官一等，长官减佐贰官一等。四等官中如果有缺员，也依照四等官的原则递减论罪。本衙门内所设立的官职没有四等的，只依照现在设定的职位数递减。若是同僚之中一人出于私利而为，自然是依照故意出入人罪论处，剩余不知情的人，只是依照过失出入人罪论处。指如果同僚联署公文的官吏有五人，若是其中一人有私心谋私利，自然是依照故意出入人罪论处，其余四人虽然联署公文，不知道有人出于私利只是依照过失导致出入人罪论处，仍然依照上述四等递减的规则论罪。如果说是申报上司的时候没有察觉有错误而批准施行的，各下司官吏的罪递减二等。指如县申报给州、州申报给府、府申报给布政司之类。如果是上司下发给下属的文书有错误，下属依照错误施行，各自递减上司官吏的罪三等。指如布政司下发给府、府下发给州、州下发给县之类。也都是以吏典为首犯。

公事失错

凡公事失错自觉举者[①]，免罪。其同僚官吏应连坐者，一人自觉举，余人皆免罪。谓缘公事致罪而无私曲者，事若未发露，但同僚判署文案官吏一人能检举改正者，彼此俱无罪责。其断罪失错已行论决者，不用此律。谓死罪及笞、杖已决讫，流罪已至配所，徒罪已役讫，此等并为已行论决。官司虽自检举，皆不免罪，各依失入人罪律减三等，及官吏节级递减科之，故云不用此律。

其失出人罪，虽已决放，若未发露能自检举贴断者②，皆得免其失错之罪。**其官文书稽程应连坐者③，一人自觉举，余人亦免罪，主典不免。**谓文案小事五日程，中事十日程，大事二十日程，此外不了④，是名稽程。官人自检举者，并得全免。唯当该吏典不免。**若主典自举者⑤，并减二等。**谓当该吏典自检举者，皆得减罪二等。

【注释】

①自觉举：自己发现并检举。

②贴断：犯罪应该被判处的刑罚已经部分被判处执行，补足剩余的部分为贴断。

③稽程：稽滞行程，文书没有按规定行程时限内送达。

④此外不了：此处包含两层意思，就是当日可以解决的，当天就完成不用限定日程；当日不能解决也不能确定什么时间能完成，没法限定日程。

⑤主典：直接承办主持事务的官员或者吏。

【译文】

凡是处理公事过失导致错误自己发觉后能够检举的，免罪。同僚官吏因此连坐的，一人觉察并检举，其余的人都可以免罪。指因为公事致罪没有私心私利的情况，事情如果还没有被发现，只要同僚联署处理公文的官员中有一个人能检举改正的话，所有官员都可以免罪责。如果审理案件过失导致错误已经判决并执行了，不适用这条法律。指死罪、笞刑、杖刑已经执行完了，流罪已经发配到地方，徒罪已经服役结束，这些情况都属于已经执行完毕。参与的官员虽然自己检举，都不免罪，各自依照过失导致入人罪的规定减三等论罪，官员依照等级逐级递减论罪，因此说不适用该规定。如果是过失导致出人罪，虽然已经执行放回，若是在还没有被发现暴露时自己检举并补足缺少的部分刑罚，都可以免除过失导致错误的犯罪。官文书延误行程应该连坐的，一人发现并检举，除了直接处理事务的主典外，其余的人都可以免罪。指公文送达小事行程五日，中事行程十日，大事行程二十日，此外，事情能够当日了结或者延续时间不确定的，不在限程之内，这就是稽程的意思。官员自己发现检举，可以全免罪责。只有直接处理事务的吏典不免责。如果是主典自己检举的，可减二等论罪。指直接处理事务的吏典自己检举的，都可以减罪二等。

共犯罪分首从

凡共犯罪者，以造意为首[①]，随从者减一等[②]。若家人共犯，止坐尊长[③]。若尊长年八十以上及笃疾，归罪于共犯罪以次尊长。谓如尊长与卑幼共犯罪[④]，独坐尊长，卑幼无罪。如尊长年八十以上及笃疾，于例不坐罪，即以共犯罪次长者当罪。又如妇人尊长与男夫卑幼同犯，虽妇人为首，仍独坐男夫。侵损于人者，以凡人首从论[⑤]。侵谓盗窃财物，损谓斗殴杀伤之类。如父子合家同犯，并依凡人首从之法。为其侵损于人，是以不独坐尊长。若共犯罪而首从本罪各别者，各依本律首从论。谓如甲引他人共殴亲兄，甲依弟殴兄杖九十徒二年半，他人依凡人斗殴论笞二十。又如卑幼引外人盗己家财物二十贯，卑幼依私擅用财加二等笞四十，外人依凡盗从论杖七十之类。若本条言“皆”者，罪无首从；不言“皆”者，依首从法。其犯擅入皇城、宫殿等门，及私越度关，若避役在逃及犯奸者[⑥]，亦无首从。谓各自身犯，是以亦无首从，皆以正犯科罪。

【注释】

①造意：共同犯罪中提出和组织犯罪的为首之人。

②随从：共同犯罪中跟从主犯参与犯罪的人。

③尊长：家人中的尊亲属和长辈。

④卑幼：家人中的卑亲属和年龄小的成员。家人一起犯罪，尊长有教导卑幼的职责，因此追究尊长的罪责，对卑幼免责。

⑤凡人：没有亲属关系的普通人。唐代为了避讳李世民的名字把“民人”改为“凡人”，此后的法典沿用了该表达。

⑥避役：逃避承担国家徭役的。

【译文】

凡是共同犯罪的，以首谋的人为首犯，随从的从犯减一等。如果家人共同犯罪，只追究尊长的罪行。如果尊长的年纪在八十以上或者有笃疾，罪责归于共同犯罪的次一级尊长。指如果尊长和卑幼共同犯罪，只追究尊长的罪行，卑幼无罪。如果尊长年纪在八十以上以及有笃疾，照例按规定不追究罪责，以共同犯罪的次尊长论罪。又如，女性尊长与男性卑幼共同犯罪，虽然妇女是首犯，仍然只追究男性的罪。侵害他人财产或者伤害身体的，依照没有亲属关系的凡人首从的规则论罪。侵是指盗窃财物，损是指斗殴伤人或者杀人之类。如父子一家人共同犯罪，都依照普通人的首从原则论罪。因为犯罪行为侵害或者损害了财产和人身，因此不只是追究尊长的罪责。如果共同犯罪，但是参与犯罪的人适用的罪名不同的，各自依照罪名的本律规定的首从论罪。指如果甲引他人共同殴打自己的亲兄长，甲依照弟殴兄杖九十徒二年半，其他参与斗殴的依照凡人斗殴论罪笞二十。又如卑幼引外人盗自己家的财产二十贯，卑幼亲属以私自使用家里的财产罪加二等笞四十，外人依照凡人盗窃为从犯论罪杖七十之类。若是原本的条文中用“皆”的，追究罪行不论首从；没有规定“皆”的，依照首犯和从犯的规定论罪。犯了擅入皇城、宫殿等门的，以及私自偷渡关口码头的罪行，还有逃避徭役而逃亡以及犯奸淫罪的，也不分首从。指这些罪每种都是自己犯的，因此不区分首从，都是按照正犯论罪。

犯罪事发在逃

凡二人共犯罪，而有一人在逃，见获者称逃者为首，更无证佐，则决其从罪。后获逃者称前人为首，鞫问是实[①]，还依首论，通计前罪，以充后数。若犯罪事发而在逃者，众证明白[②]，即同狱成[③]，不须对问。

【注释】

①鞫（jū）问：审讯案件。

②众证明白：能够证明案件事实的各种证据。自唐律以后案件可以只依照证据定案，不一定非要有口供。

③狱成：案件经过起诉、侦查、审讯、判决的完整过程，最终定案。

【译文】

二人共同犯罪有一人在逃，已经抓获的人称逃跑的人是首犯，没有其他佐证的情况下，那么按照从犯定罪。后来抓获逃跑的人声称前者是首犯，审问证实，先捕获的人依照首犯论罪，并把之前犯罪定为从犯和逃亡的刑罚都计算在内，再按照首犯定罪后记入首犯应当承担的刑罚数额内。如果犯罪事发在逃的，案件经众证确实，可以认为是狱成定案，不须所有的人对质审问后才能定罪。

亲属相为容隐

凡同居，同居谓同财共居亲属[①]，不限籍之同异，虽无服者，亦是。若大功以上亲，谓另居大功以上亲属。及外祖父母、外孙、妻之父母、女婿[②]，若孙之妇、夫之兄弟及兄弟妻，有罪相为容隐[③]；奴婢、雇工人为家长隐者，皆勿论。若漏泄其事，及

通报消息，致令罪人隐匿逃避者，亦不坐。谓有得相容隐之亲属犯罪，官司追捕罪囚而漏泄其事，及暗地通报消息与罪人，使令隐避逃走，故亦不坐。**其小功以下相容隐，及漏泄其事者，减凡人三等，无服之亲减一等。**谓另居小功以下亲属。**若犯谋叛以上者，不用此律。**谓虽有服亲属，犯谋反、谋大逆、谋叛但容隐不首者，依律科罪，故云不用此律。

【注释】

①同财共居：财产共有，并居住在一起的人。

②外祖父母：五服亲属的范围是指父系的亲属，不包括母系亲属，如果法律条文中涉及母系亲属，需要特别规定指出具体的亲属。

③容隐：包庇隐瞒犯罪的行为。汉代以来采用儒家父子相隐的原理，规定亲属之间犯罪可以互相包庇隐瞒。之后亲属的范围在不断扩大，可以包庇的罪行和方式也在扩大。唐代法律限定谋反、谋大逆、谋叛三种犯罪是最严重的犯罪，亲属连坐，不适用容隐，亲属告发可以免除连坐。宋代、明代延续了唐律的法律原则。

【译文】

凡是居住在一起的人，同居指居住在一起且共有财产的人，不限是否有共同户籍，虽然不是五服亲属，也属于同居共财。**若是大功以上的亲属，**指不在一起居住的大功以上亲属。**以及外祖父母、外孙、妻子的父母、女婿，包括孙子的妻子、丈夫的兄弟和兄弟的妻子，有罪可以相互包庇隐瞒；奴婢和雇工人为家长隐匿犯罪的，都不论罪。如果泄露了官方抓捕消息，以及通报消息，导致犯罪人藏匿起来逃避论罪的，也不追究犯罪。**指法律规定有可以相互容隐权利的亲属犯罪，官方追捕罪囚而泄露了消息，以及暗地里通报消息给犯罪人，使得犯罪人隐匿逃走，即使是故意的也不论罪。**小功以下的亲属相互容隐，以及泄露抓捕消息给犯罪人的，减一般人三等论罪，无服亲属减一**

等论罪。指另居小功以下亲属。如果犯了谋叛以上的罪，不适用这条法律。指虽然是五服之内的亲属，犯谋反、谋大逆、谋叛罪，只要为这些犯罪包庇隐瞒而不自首的，依照法律规定论罪，因此说不适用这条法律。

吏卒犯死罪

凡在外各衙门吏典、祗候、禁子有犯死罪[①]，从各衙门长官鞫问明白，不须申禀[②]，依律处决，然后具由申报本管上司[③]，转达刑部，奏闻知会。

【注释】

①祗候：各衙门听候支配派给任务的人，比如皂吏之类。禁子：监狱中守卫巡察的人员。本条是明初为适应平定战乱的需要特别做出的规定，以防止基层衙门辅助人员借助衙门的权威作恶，但是后来发布条例规定这些人犯了死罪都需要奏报才能处决，改变了本条“不须申禀”的规定。

②申禀：下级给上级的报告文书。

③具由：出具文书具体说明事情的前因后果。

【译文】

凡是京城之外的各衙门吏典、祗候、禁子犯死罪，听从各衙门长官审问清楚，不需要禀报上级，按照法律规定处死刑，然后出具文书具体写明案情报告给上司，转送给刑部，奏报给皇帝知道。

处决叛军

凡边境城池，若有军人谋叛，守御官捕获到官[①]，显迹证佐明白，鞫问招承，行移都指挥使司[②]，委官审问无冤，随即依律处治，具由申达五军都督府，奏闻知会。若有布政司、按察司去处，公同审问处治[③]。如在军前临阵擒杀者，不在此限。

【注释】

①守御官：驻守边境地区城市以防御外敌的官员。

②都指挥使司：掌管地方军政统辖卫所的机构，与布政使司、按察使司合称三司。各都指挥使司设有都指挥使、都指挥同知、都指挥佥事等。

③公同：共同。

【译文】

凡是在边境城池，如果有军人谋叛，守卫边疆的官员把他们抓捕到官，行迹明白证据确实，审讯时当事人招供承认，公文移送到都指挥使司，委任官员审问没有冤屈，随即依照谋叛罪的法律规定论罪，把公文上报给五军都督府，报告给皇帝知道。如果有设置布政司、按察司的地方，共同审问处治。如果在军事前线被抓获并被杀的，不在审问之限。

杀害军人

凡杀死军人者，依律处死，仍将正犯人余丁[①]，抵数充军。

【注释】

①余丁：本条所指的余丁是杀死军士的人家里除本人外其余的成年男子，可以是军户家的余丁，也可以是其他匠户、灶户或者普通人家的余丁。杀死军士的人被处刑之后，由杀人者家的余丁代替被杀的军人服役成为军人。

【译文】

凡是杀死军人的，依照法律处以死刑，并且将犯罪人家的余丁，抵充军人。

在京犯罪军民

凡在京军民，若犯杖八十以上者，军发外卫充军，民发别郡为民。

【译文】

凡是在京城的军民，如果犯罪达到处刑杖八十以上的，军人发配到外地的卫所充军，民发配到别的郡为民。

化外人有犯

凡化外人犯罪者[①]，并依律拟断。

【注释】

①化外人：来自明代国家直接管辖的地区之外的民众，被认为归附的人都是王民，都依照国家法律统一适用。明代对化外人的法律适用，不再像唐代一样区分本地和外来人分别适用法律。

【译文】

凡是化外人犯罪的，都依照法律规定论罪。

本条别有罪名

凡本条自有罪名与名例罪不同者，依本条科断。若本

条虽有罪名，其有所规避罪重者[①]**，自从重论。其本应罪重而犯时不知者，依凡人论。**谓如叔侄别处生长，素不相识，侄打叔伤，官司推问始知是叔，止依凡人斗法[②]。又如别处窃盗，偷得大祀神御之物，如此之类，并是犯时不知，止依凡论，同常盗之例。**本应轻者，听从本法**[③]**。**谓如父不识子，殴打之后，方始得知，止依打子之法，不可以凡殴论。

【注释】

①规避：同一犯罪行为涉及不同的罪名，导致定罪量刑有差异。规避指逃避犯罪行为涉及的重罪罪名企图适用轻罪罪名的行为，规有求探，避有所回避，规专为求利，避专于脱罪。例如，在京窃盗得财逃走时被主人发现，打伤主人的，有窃盗、殴伤、在京犯罪三个条文都可以用于该案件，定罪量刑时主要考虑窃盗专条罪名还是殴伤专条罪名，而不是主要考虑名例篇“在京犯罪军民”规定的在京犯罪，因为在京犯罪条文规定的处罚较轻，不符合本案的犯罪结果，不是本案考虑的重点，如果利用名例篇的在京犯罪条文作为定罪量刑的条文，会导致犯罪人逃避窃盗或者殴伤条文规定的处罚。

②依凡人斗法：本条规定亲属之间的伤害，如果事前不知道是亲属，不适用服制治罪原则，而是依照普通人的处罚方式处理。自西晋《泰始律》规定，亲属犯罪依照五服治罪的原则论罪，此后法律一直沿用。亲属之间犯罪，尊亲属伤害卑亲属，亲属关系越近处罚越轻，亲属关系越远越接近一般人的处罚标准；卑亲属伤害尊亲属，亲属关系越近处罚越重，亲属关系越远越接近普通人。凡人，没有亲属关系或者上下级关系等法律规定的特殊身份关系，只是普通的民众。

③本应轻者,听从本法:这个条文强调本条,就是某个具体的条文对具体的罪名所做的规定,在具体的条文中对量刑问题做出了减轻的规定,那就按照具体的条文规定减轻。《大明律》中有很多这种条文,说明用本条还是用名例篇的原则或者用相关的其他条文,特别强调"本条"的,不得用其他条文规定。

【译文】

凡是具体条文中规定的罪名与名例律中的罪名不同的,依照本条的规定论罪。如果本条虽然有罪名的规定,但是规避了重罪的情况,从重论罪。如果本来应该处以重罪而犯罪时不知道的,依照一般人的情况论罪。指如果叔侄在不同地方生长,素不相识,侄子打了叔叔,官方审问的时候才知道是叔叔,只依照普通人斗殴的规定适用。又如在祀神之外的地方盗窃,不知道所偷的物品是大祭祀用的物品,如此之类,都是犯罪的时候不知道,只依照普通人论罪,适用通常的盗窃法律规定。本条规定应该处以轻刑的,适用本条的法律规定。指如果父亲原本不认识儿子,殴打儿子之后,才知道情况,只依照父打子的法律论罪,不可以依照普通的斗殴论罪。

加减罪例

凡称加者,就本罪上加重。谓如人犯笞四十,加一等,即坐笞五十。或犯杖一百,加一等,则加徒减杖,即坐杖六十、徒一年。或犯杖六十、徒一年,加一等,即坐杖七十、徒一年半。或犯杖一百、徒三年,加一等,即坐杖一百、流二千里。或犯杖一百、流二千里,加一等,即坐杖一百、流二千五百里之类。称减者,就本罪上减轻。谓如人犯笞五十,减一等,即坐笞四十。或犯杖六十、徒一年,减一等,即坐杖一百。或犯杖一百、徒三年,减一等,即坐杖九十、徒二年半之类。惟二死、三流各同为一减。二死,谓绞、斩;三流,谓流二千里、二千五百里、三千里各同为一减。如犯死罪，减一等，即坐流三千里；减二等，即坐徒三年；犯流三千里者，减一等，亦坐徒三年。**加者，数满乃坐。**谓如赃加至四十贯，纵至三十九贯九百九十文，虽少一十文，亦不得科四十贯罪之类。**又加罪止于杖一百，流三千里，不得加至于死。本条加入死者，依本条。**加入绞者，不加至斩。

【译文】

凡是条文中规定加的，在本罪之上加重。指如果犯人被处以笞四十，加一等，即处以笞五十的刑罚。有人犯罪应该处刑杖一百的，加一等，则加到徒刑减轻杖刑，即处以杖六十、徒一年的刑罚。有人犯罪应该处以杖六十、徒一年的刑罚，加一等，即处以杖七十、徒一年半的刑罚。有人犯罪应处杖一百、徒三年的刑罚，加一等，即处刑杖一百、流放二千里。有人犯罪应该处刑杖一百、流放二千里，加一等，即处刑杖一百、流放二千五百里之类。**条文规定减刑的，在本罪应该处的刑罚数量上减轻。**指如果有人犯罪应该处刑笞五十，减一等，即处刑笞四十。有人犯罪应该处刑杖六十、徒一年，减一等，即处刑杖一百。有人犯罪应该处刑杖一百、徒三年，减一等，即处刑杖九十、徒二年半之类。**惟有二种死刑、三等流放刑各个等级都是作为一个等级减等处刑。**二种死刑，指绞刑、斩刑；三等流放刑，指流放二千里、流放二千五百里、流放三千里各自都作为一个等级减等。如果犯罪应该处以死刑，减一等，即处以流放三千里；减二等，即处以徒三年；犯罪应该处以流放三千里，减一等，也是处以徒三年。**加刑的情形，必须是该行为达到可以加刑的法定数额标准才能加刑。**指如果犯赃罪加刑到赃值四十贯应处的刑罚，即使犯罪的赃值已经到了三十九贯九百九十文，虽然少了十文，也不可以按照四十贯的刑罚标准处刑之类。**还有加刑最高加到杖一百、流放三千里，不得加到死刑。如果规定具体罪名的条文规定可以加刑到死刑的，按照本条规定处理。**加刑加到绞刑的，不能加到斩刑。

称乘舆车驾

凡称乘舆车驾及“御”者[①],太皇太后、皇太后、皇后并同[②]。称“制”者[③],太皇太后、皇太后、皇太子“令”并同。

【注释】

①乘舆:皇帝出行的人力交通工具,包括轿子、步辇。车驾:用马拉的车。

②太皇太后:皇帝的祖母。皇太后:皇帝的母亲,包括先皇帝的皇后,皇帝的生母、养母等在先皇帝去世后被尊为皇太后。

③制:皇帝发布的命令,违反皇帝的命令直接构成犯罪。本条规定了与皇帝身份类似的太皇太后等三种人与皇帝可以适用同样的法律,以保护他们的权力。例如,《大明律》中有违反皇帝的“制”专用的“违制罪”,根据本条的规定,违反太皇太后等人的“令”也构成同样的犯罪。前述侵害皇帝专用物品构成的犯罪,侵害太皇太后等人的专用物品构成同样的犯罪。

【译文】

凡是条文中涉及侵犯皇帝乘舆、车驾以及“御”用物品的犯罪,所规定的内容对侵犯太皇太后、皇太后、皇后的乘舆、车驾之类专用物品的犯罪同样适用。条文中规定违反皇帝发布命令专用的“制”构成犯罪的,对违反太皇太后、皇太后、皇太子发布命令专用的“令”构成犯罪的情形也都适用。

称期亲祖父母

凡称期亲及称祖父母者,曾、高同[①]。称孙者,曾、玄同[②]。嫡孙承祖[③],与父母同。缘坐者,各从祖孙本法。其嫡母、继母、慈母、养母与亲母同[4]。称子者，男女同。缘坐者，女不同[5]。

【注释】

①曾、高：曾祖父母、高祖父母。

②曾、玄：曾孙、玄孙。

③嫡孙承祖：指父死而嫡长孙代父亲的位置为继承人的，在宗法中称为承重者。

④嫡母：妾的孩子称父亲的正妻为嫡母。继母：孩子称呼父亲在妻子去世或者离婚后，再娶的妻子为继母。慈母：生母去世后，父亲让其他妾抚养，孩子称呼抚养者为慈母。养母：从别人家收养来的孩子与收养人的关系，母子之间即养母与养子的关系。亲母：亲生母亲。

⑤女不同：连坐的时候，条文中如果规定了"子"，儿子在法律规定的连坐范围内，直接按照法律规定连坐，女儿已经出嫁了不适用连坐，这种情况下，子和女在适用法律时是不同的。

【译文】

凡是称期亲以及称祖父母的，曾祖父母和高祖父母同样适用。称孙的，曾孙、玄孙同样适用。嫡孙承祖的情况，所适用的法律规定与父母相同。连坐的情况，依照各自条文规定的有关连坐祖孙的情形。嫡母、继母、慈母、养母与亲生母亲适用同样的法律条文。称子的，子辈的男女同样适用。连坐的情况，女儿不适用同样的规定。

称与同罪

凡称"与同罪"者[1]，止坐其罪[2]，至死者，减一等，罪止杖一百流三千里，不在刺字、绞斩之律。若受财故纵与同罪者，全科[③]。至死者，绞。其故纵谋反、逆、叛者，皆依本律[④]。称"准枉法论""准盗论"之类[⑤]，但准其罪，亦罪止杖一百流三千里，并免刺字。称"以枉法论"[⑥]，及"以盗论"之类[⑦]，皆与真犯同，刺字、绞斩皆依本律科断。

【注释】

①与同罪：犯罪行为具有关联性或被犯罪人连累，条文中规定按照同样的罪名定罪。本条中所说的各种术语一般用于条文的上文规定了犯罪行为，下文表达相关的行为或者人依照"同罪、准、以"之类的术语表达有关情况如何论罪。这些术语需要从本条、相关条文、名例律中的条文关联起来理解适用。

②止坐其罪：被认定为同罪的行为与正犯的行为不完全相同，只追究罪名的基本刑罚，不追究附加的刑罚，如徒、流附带杖、刺字等。

③全科：犯罪中规定的附加刑、减轻、加重之类的规定完整地适用，但是不予减轻。

④本律：规定被放纵的犯罪的原本条文。

⑤准枉法论：比照枉法的犯罪和处刑规定论罪。准盗论：比照盗窃的犯罪和处刑规定论罪。

⑥以枉法论：按照枉法的性质为犯罪行为定性和处罚。

⑦以盗论：按照盗窃的性质为犯罪行为定性和处罚。

【译文】

凡是条文中表达为"与同罪"的，只论条文中规定的罪，如果罪名的刑罚达到死刑，减一等，最高的量刑只能到杖一百流三千里，不适用刺字、绞刑、斩刑的规定。如果是接受钱财故意放纵而导致与同罪的，按照法律规定的量刑标准全部执行，而不使用前述的减免。如果达到判死刑的情况，只处以绞刑，而不是处以斩刑。如果接受钱财故纵的犯罪是谋反、谋逆、谋叛的罪行，都依照前述三种犯罪的本条规定论罪，而不是按照受财故纵的罪名论罪。条文中用“准枉法论”“准盗论”之类的术语表达，只是比照罪名论罪，罪行的量刑最高到杖一百流三千里，同时免除刺字。条文中使用“以枉法论”，以及“以盗论”之类的，都与真正的犯罪同样论罪，刺字、绞刑、斩刑都依照本来的条文审断论罪。

称监临主守①

凡称“监临”者，内外诸司统摄所属有文案相关涉②，及虽非所管百姓，但有事在手者，即为监临。称“主守”者，该管文案吏典，专主掌其事，及守掌仓库、狱囚、杂物之类官吏、库子、斗级、攒拦、禁子并为主守③。其职虽非统属，但临时差遣、管领提调者④，亦是监临主守。

【注释】

①监临主守：作为负责人的上级官员，对于部属而言称为监临。亲自负责处理具体事务的主管称为主守。

②内外诸司：京城内外的各级国家机构。统摄所属：统管负责下级属官和机构。

③守掌：看守掌管。库子：看守库房的人。斗级：管理粮仓的人员。攒拦：攒典拦头的并称。攒典，元明称仓库、务、场等处的吏役。拦头，宋以后承管税务等事的吏役。禁子：监狱里管理囚犯的职员。

④管领提调：临时调用委派管理事务的人员。

【译文】

凡是条文中用“监临”的术语，京城内外的各官府机构统管下辖部门相互之间有公文来往，以及虽然不是自己管辖之下的百姓，但是发生的事务在自己手中处理的，都是监临的范围。条文中用“主守”的术语，主管公文的吏典,专门主管事务,以及负责看守掌管仓库、狱囚、杂物之类的官吏、库子、斗级、攒拦、禁子都是主守。其职责虽然不是统属管辖关系,但凡上司临时差遣负责管理的,也是监临主守。

称日者以百刻

凡称一日者,以百刻[①];计工者,从朝至暮。称一年者,以三百六十日。称人年者,以籍为定。谓称人年纪,以附籍年甲为准[②]。称众者,三人以上。称谋者,二人以上。谋状显迹明白者,虽一人,同二人之法。

【注释】

①凡称一日者,以百刻:以一日为计算单位的,满一百刻为一日。

②附籍年甲:登记到户口版籍的年龄。年甲,年龄。

【译文】

凡是条文中规定一日为计时单位的,满一百刻为一日;如果是计算雇工时间的,一日是指从早晨到日落。条文中规定一年为计时单位的,以三百六十日计。条文中计算人的年龄,以户籍登记的年龄为标准。指称人的年纪,以登记附入户籍的年龄为准。条文中称众,指三人以上。条文中称谋的,指二人以上。行为经过谋划的痕迹明显,虽然只有一个人,也与二人的情况适用同样的规定。

称道士女冠

凡称道士女冠者[①],僧尼同。若于其受业师[②],与伯叔父母同。受业师,谓如寺观之内亲承经教,合为师主者。其于弟子，与兄弟之子同。

【注释】

①女冠：女道士。

②受业师：直接教授经书和知识的教师。寺观中的师生之间没有血缘关系，但是可以比照亲属关系适用法律规定。

【译文】

凡是条文中称道士女冠的，和尚和尼姑同样适用。如果是受业师，可以适用关于伯叔父母同样的法律规定。受业师，指例如寺观内给人传授佛经或道教经典，可以作为教师的人。对于弟子，可以适用关于兄弟之子同样的法律规定。

断罪依新颁律

凡律自颁降日为始，若犯在已前者，并依新律拟断[①]。

【注释】

①新律拟断：新律颁布之前的行为，如果新律规定为犯罪，那么依照新律定罪；如果旧律规定为犯罪而新律没有规定的，使用新律不作为犯罪定罪。

【译文】

凡是法律从颁布之日起为有效的开始，若是犯罪行为发生在法律颁布之前的，都依照新颁布的法律规定判决。

断罪无正条

凡律令该载不尽事理[①]，若断罪而无正条者[②]，引律比附[③]。应加应减，定拟罪名，转达刑部，议定奏闻。若辄断决，致罪有出入者，以故失论。

【注释】

①律令该载不尽事理：法律没有把各种情形做出充分的规定。该载，全部的记载或规定。

②若断罪而无正条：需要为犯罪定罪量刑而没有直接的条文可以援引。

③引律比附：诉讼中比照最接近的法律对没有直接法律规定的犯罪行为做出类推判决。

【译文】

凡是律令规定的事项不够充分，包括审案断罪没有正式的法律条文为依据的，可以引用最相近的法律条文比附断罪。根据情况应加应减，拟定罪名，转达到刑部，议定案件结果奏报给皇帝。如果直接判决断罪，导致论罪有出入的，以故意或者过失导致审断出入人罪论处。

徒流迁徙地方

徒役各照所徒年限，并以到配所之日为始，发盐场者每日煎盐三斤[①]，铁冶者每日炒铁三斤[②]，另项结课[③]。

直隶府州[④]：

江南[⑤]，发山东盐场[⑥]；江北[⑦]，发河间盐场[⑧]。

福建布政司府分发两淮盐场[⑨]。

浙江布政司府分发山东盐场[⑩]。

江西布政司府分发泰安莱芜等处铁冶[⑪]。

湖广布政司府分发广东、海北盐场[⑫]。

河南布政司府分发浙东盐场[⑬]。

山东布政司府分发浙东盐场[14]。

山西布政司府分发巩昌铁冶[15]。

北平布政司府分发平阳铁冶[16]。

陕西布政司府分发大宁、绵州盐井[17]。

广西布政司府分发两淮盐场[18]。

广东布政司府分发浙西盐场[19]。

海北、海南府分发进贤、新喻铁冶[20]。

四川布政司府分发黄梅、兴国铁冶[21]。

【注释】

①煎盐：煮晒海盐。一般由灶户承担，明代作为徒刑服劳役的一种。

②炒铁：冶炼铁矿石时先进行加热的粗加工程序，明代作为徒刑劳役的一种。

③另项结课：指扣算其每日煎盐若干、炒铁若干，另外计算应当纳税管理，不属于原本规定的灶丁、炉丁应纳税计算标准之内。

④直隶府州：直隶中央政府管辖的地区。明代在京师和南京设立北直隶和南直隶。北直隶，永乐时称为行在京师，正统六年（1441）称京师，下设八个府和两个州：顺天府、保定府、河间府、真定府、顺德府、广平府、大名府、永平府以及延庆州和保安州。地域主要在今北京、天津、河北、河南濮阳一带。南直隶，洪武元年（1368）在元代江南行中书省的基础上设立南京直隶中书省，洪武十三年（1380）隶属中军都督府，下辖十四府和四直隶州：应天府、凤阳府、淮安府、扬州府、苏州府、松江府、常州府、镇江府、庐州府、安庆府、太平府、池州府、宁国府、徽州府及以徐州、滁州、和州和广德州。地域在今江苏、上海、安徽部分区域。

⑤江南：明代江南并非行政区域，而是地理概念。元代有江南行

中书省,明太祖丙申年(1356)七月置江南行中书省,洪武元年(1368)建南京直隶中书省。本条规定直隶府州徒罪囚犯的发配地区,江南可能是南直隶府州的囚犯。

⑥山东盐场:山东地区的盐场。明朝重视盐业管理,明初设两淮、两浙、长芦、山东、福建、河东六个都转运盐使司,专门负责特定区域的盐业生产、运输、销售事务。山东都转运盐使司下设胶莱、宾乐分司管理山东地区的盐场事务,有盐场十九个,囚犯发配到盐场从事晒盐等劳役。

⑦江北:元代至元二十八年(1291)设有河南江北行中书省,至正十二年(1352)设立淮南江北行中书省,管理长江以北淮河流域江浙地区,明代取消了这些设置,江北也成为指称长江以北地区的地理概念。本条所指的江北可能是北直隶各府州的徒犯。

⑧河间盐场:设在北直隶河间府的晒盐场。长芦都转运盐使司下设沧州、青州分司,运司所在地为长芦,有盐场二十四个,长芦隶属于河间府,该地区盐场称为河间盐场或者长芦盐场。地域在今河北河间。

⑨福建布政司府:明代初期沿用了元代的行中书省的地方行政区设置,洪武初期改为设置承宣布政使司,简称布政司。洪武九年(1376)改置福建布政司,下设八府一直隶州:福州府、兴化府、建宁府、延平府、汀州府、邵武府、泉州府、漳州府以及福宁州,布政司驻福州府。地域在今福建。两淮盐场:淮南和淮北盐场。两淮都转运盐使司下设泰州、淮安、通州分司,有盐场三十个,是明代最大的盐场。地域在今江苏淮安和扬州。

⑩浙江布政司府:明洪武九年(1376)设置浙江承宣布政使司,下设杭州府、严州府、嘉兴府、湖州府、绍兴府、宁波府、台州府、金华府、衢州府、处州府、温州府,布政司驻杭州府。地域在今浙江。

⑪江西布政司府:洪武九年(1376)设江西承宣布政使司,下辖十

三府：南昌府、瑞州府、九江府、南康府、饶州府、广信府、建昌府、抚州府、吉安府、临江府、袁州府、赣州府、南安府，布政司驻南昌府。地域在今江西。泰安莱芜：明代山东布政司的济南府下设泰安州领有莱芜县，县域内有煤矿和铁矿。洪武六年（1373），明朝设立十三所铁冶提举司，即铁冶所，包括江西进贤、新喻、分宜，湖广兴国、黄梅，山东莱芜，广东阳山，陕西巩昌，山西吉州两个，太原、泽州、潞州，开矿炼铁，徒刑犯人发配到此处承担炼铁劳役。

⑫湖广布政司府：明初设湖广行中书省，洪武九年（1376）设湖广承宣布政使司，下辖十五府二直隶州：武昌府、常德府、襄阳府、黄州府、衡州府、岳州府、汉阳府、承天府、德安府、荆州府、郧阳府、长沙府、永州府、宝庆府、辰州府和郴州、靖州直隶州，布政司驻武昌府。地域在今湖南和湖北。广东、海北盐场：明初设立七个盐课提举司，分设在广东、海北、四川、云南等地。广东有盐场十四个，海北有盐场十五个。地域大约在今广东、广西沿海地区。

⑬河南布政司府：洪武元年（1368）设河南中书分省，洪武二年（1369）改为行中书省，洪武九年（1376）改为河南承宣布政使司，下辖八府一直隶州：怀庆府、卫辉府、彰德府、河南府、汝宁府、南阳府、开封府、归德府，以及汝州直隶州，布政司驻开封府。地域在今河南和河北部分地区。浙东盐场：归浙江都转运盐使司，有盐场三十五个，分别位于嘉兴、松江、宁波、绍兴、温州、台州地区。地域在今浙江沿海相应地区。

⑭山东布政司府：洪武元年（1368）设山东行中书省，洪武九年（1376）改设山东承宣布政使司，下设六府：济南府、兖州府、东昌府、莱州府、青州府、登州府，布政司驻济南府。地域在今山东。

⑮山西布政司府：洪武二年（1369）设立山西行中书省，洪武九年（1376）改设山西承宣布政使司，下设五府二直隶州：太原府、平阳府、汾州府、潞安府、大同府以及沁州、辽州直隶州，布政司驻太

原府。地域在今山西。巩昌铁冶:陕西布政司下辖巩昌府宁远地区产铁,属于铁冶提举司管理,有铁冶业。

⑯北平布政司府:即京师、北直隶。明代在原来元大都地区设立北直隶,洪武元年(1368)北直隶属于河南、山东行省,洪武二年(1369)设立北平行省,洪武九年(1376)改为北平布政司。下设八府二州与北直隶一致。在今北京、天津、河北、内蒙古的部分区域。平阳铁冶:明代山西布政司下辖平阳府所在地区产铁,开设铁冶业。

⑰陕西布政司府:洪武二年(1369)设陕西行中书省,洪武九年(1376)改为陕西承宣布政使司,下辖八府二直隶州:西安府、凤翔府、汉中府、延安府、庆阳府、平凉府、巩昌府、临洮府以及灵州、兴安直隶州,布政司驻西安府。地域在今陕西、甘肃、宁夏、青海部分地区。大宁、绵州盐井:四川布政司下辖夔州府大宁县、成都府绵州县有井盐开发。地域在今重庆奉节和四川成都。

⑱广西布政司府:洪武二年(1369)设广西行中书省,洪武九年(1376)改为广西承宣布政使司,下设十一府九直隶州:桂林府、平乐府、梧州府、浔州府、柳州府、庆远府、南宁府、思恩府、太平府、思明府、镇安府以及田州、归顺州、泗城州、向武州、都康州、龙州、江州、思陵州、凭祥州直隶州,布政司驻桂林府。地域在今广西、广东部分地区。

⑲广东布政司府:洪武二年(1369)设行中书省,洪武九年(1376)改为广东承宣布政使司,下设十府一直隶州:广州府、肇庆府、韶州府、南雄府、惠州府、潮州府、高州府、雷州府、廉州府、琼州府与罗定直隶州,布政司驻广州府。地域在今广东和海南。

⑳海北、海南府:洪武二年(1369)把原属于广西的海北、海南府划归广东行中书省。进贤、新喻铁冶:江西南昌府进贤县、临江府新喻县产铁,开设铁冶所。

㉑四川布政司府：洪武四年（1371）设四川行中书省，洪武九年（1376）改为承宣布政使司，下辖九府六直隶州：成都府、保宁府、顺庆府、夔州府、重庆府、叙州府、马湖府、龙安府、镇雄府以及潼川州、雅州、邛州、泸州、嘉定州、眉州直隶州，另外有乌蒙、乌撒、东川、遵义四个军民府，布政司驻成都府。地域在今四川、云南、贵州的部分地区。黄梅、兴国铁冶：湖广布政司下辖武昌府兴国县、黄州府黄梅县产铁，开设铁冶所。

【译文】

徒刑的五等劳役各自按照徒刑的年限，并从到达发配地当天开始，发配到盐场的每天煎盐三斤，发配到冶铁场冶铁的每天炒铁三斤，所得的盐和铁的数量不算在灶丁、炉丁计算税课的数额之内，另外作为一种类别进行税课结算。

南北直隶各府州的囚徒发配情况：

江南地区的，发送到山东盐场；江北地区的，发送到河间盐场。

福建布政司府分发两淮盐场。

浙江布政司府分发山东盐场。

江西布政司府分发泰安莱芜等处铁冶所。

湖广布政司府分发广东、海北盐场。

河南布政司府分发浙东盐场。

山东布政司府分发浙东盐场。

山西布政司府分发巩昌铁冶所。

北平布政司府分发平阳铁冶所。

陕西布政司府分发大宁、绵州盐井。

广西布政司府分发两淮盐场。

广东布政司府分发浙西盐场。

海北、海南府分发进贤、新喻铁冶所。

四川布政司府分发黄梅、兴国铁冶所。

流三等，照依地里远近[①]，定发各处荒芜及濒海州县安置[②]。

直隶府州流陕西。

福建布政司府分流山东、北平。

浙江布政司府分流山东、北平。

江西布政司府分流广西。

湖广布政司府分流山东。

河南布政司府分流福建。

山东布政司府分流福建。

山西布政司府分流福建。

北平布政司府分流福建。

陕西布政司府分流福建。

广西布政司府分流广东。

广东布政司府分流福建。

四川布政司府分流广西。

【注释】

①地里远近：地界相距的远近。

②荒芜及濒海：荒无人烟的地区以及近海地区。安置：流放犯人和家属在流放地区落户，参与当地社会生活。

【译文】

流放刑三等，依照距离远近，确定发配到各处荒芜及濒海州县安置。

直隶府州流放到陕西。

福建布政司府流放到山东、北平。

浙江布政司府流放到山东、北平。

江西布政司府流放到广西。

湖广布政司府流放到山东。
河南布政司府流放到福建。
山东布政司府流放到福建。
山西布政司府流放到福建。
北平布政司府流放到福建。
陕西布政司府流放到福建。
广西布政司府流放到广东。
广东布政司府流放到福建。
四川布政司府流放到广西。

边远充军[①]：
直隶府州
江南发：
定辽都指挥使司[②]。
北平都指挥使司所辖永平卫[③]。
山西都指挥使司[④]。
陕西都指挥使司所辖兰州卫、河州卫[⑤]。
江北发：
广东都指挥使司所辖海南卫[⑥]。
四川都指挥使司所辖贵州卫雅州千户所[⑦]。
福建布政司府分发北平都指挥使司所辖永平卫。
浙江布政司府分发定辽都指挥使司。
江西布政司府分发山西都指挥使司。
湖广布政司府分发山西都指挥使司。
河南布政司府分发广西都指挥使司所辖南宁卫太平千

户所[8]。

山东布政司府分发广东都指挥使司所辖海南卫。

山西布政司府分发广东都指挥使司所辖海南卫。

北平布政司府分发广西都指挥使司所辖南宁卫太平千户所。

陕西布政司府分发广西都指挥使司所辖南宁卫太平千户所。

广西布政司府分发陕西都指挥使司所辖兰州卫、河州卫。

广东布政司府分发山西行都指挥使司。

四川布政司府分发广西都指挥使司所辖南宁卫太平千户所。

【注释】

①边远充军：发配到边远地区充军。充军刑分五等：附近、边远、边卫、极边、烟瘴。

②定辽都指挥使司：洪武四年（1371）置，洪武八年（1375）改为辽东都指挥使司，治所在定辽中卫（今辽宁辽阳），属于左军都督府，领有辽海卫、铁岭卫、沈阳中卫、定辽右卫、海州卫、盖州卫、金州卫，在今辽宁、吉林部分地区。

③北平都指挥使司：明代北平地区设置行政管理单位北直隶府州，也设有军事单位都司和行都司。洪武二年（1369）八月设燕山都卫，洪武八年（1375）改为北平都指挥使司，永乐元年（1403）撤置。《大明律》是洪武时期制定的，保留了当时的机构名称。在今北京、河北、天津附近。永平卫：永平都司的卫所之一，洪武三年（1370）设，在今河北卢龙。

④山西都指挥使司：明代山西军事机构有山西都司和山西行都司，

从洪武二年(1369)开始不断建制,到宣德二年(1427)山西都司有七卫和三个都司直辖所。随着军事形势变化,卫所设置有变化。在今山西中南部地区、内蒙古部分地区。

⑤陕西都指挥使司:洪武二年(1369)开始在延安、西安一带建卫所,洪武三年(1370)建西安都卫,洪武八年(1375)改为陕西都指挥使司。地域在今陕西、甘肃、青海的部分地区。兰州卫:洪武三年(1370)设,属西安都司管辖,在今兰州附近。河州卫:洪武四年(1371)设,下辖八个千户所,是西部地区的重要军事机构,在今西安到西宁。

⑥广东都指挥使司:洪武五年(1372)设立广东都卫,洪武八年(1376)改广东都司,下有十七个卫,大多设置在沿海岸线一带,进行严密海防,地域在今广东、海南。海南卫:洪武二年(1369)设,后隶属广东都司,治所在今海南琼山地区。

⑦四川都指挥使司:洪武四年(1371)八月在成都设置左、右、中、前、后五卫,九月设成都都卫,洪武八年(1375)成都都卫改为四川都指挥使司。洪武时有十七卫,到万历时期减为十二卫。另有十四个直辖卫所。地域在今四川、云南、青海部分地区。贵州卫:洪武四年(1371)设,最初隶属成都都卫,洪武十五年(1382)改隶于贵州都司,洪武二十四年(1391)改为贵州卫军民指挥使司。根据郭红、靳润成著《中国行政区划通史·明代卷》的观点,"正统三年(1438)贵州卫军民指挥使司下的长官司改隶贵州宣慰司,疑军民司此时废为贵州卫。在此之前,卫、司应为实土"。在今贵州贵阳。雅州千户所:洪武四年(1371)设置雅州守御千户所,后隶属四川都指挥使司,是直辖卫所,在今四川雅安。

⑧广西都指挥使司:洪武六年(1373)设广西都卫,洪武八年(1375)改为广西都指挥使司,下辖九卫,十三都司直辖防御所,一个王府护卫。地域在今广西。南宁卫:洪武三年(1370)设,洪

武六年(1373)隶属广西都卫,洪武八年(1375)隶属广西都指挥使司,在今广西南宁。太平千户所:洪武五年(1372)设太平守御千户所,隶属南宁卫,在今广西崇左。

【译文】

边远充军:

直隶府州各地的充军犯人

江南地区的发配到以下地区:

定辽都指挥使司。

北平都指挥使司所辖永平卫。

山西都指挥使司。

陕西都指挥使司所辖兰州卫、河州卫。

江北地区的发配到以下地区:

广东都指挥使司所辖海南卫。

四川都指挥使司所辖贵州卫雅州千户所。

福建布政司府分发到北平都指挥使司所辖永平卫。

浙江布政司府分发到定辽都指挥使司。

江西布政司府分发到山西都指挥使司。

湖广布政司府分发到山西都指挥使司。

河南布政司府分发到广西都指挥使司所辖南宁卫、太平千户所。

山东布政司府分发到广东都指挥使司所辖海南卫。

山西布政司府分发到广东都指挥使司所辖海南卫。

北平布政司府分发到广西都指挥使司所辖南宁卫太平千户所。

陕西布政司府分发到广西都指挥使司所辖南宁卫太平千户所。

广西布政司府分发到陕西都指挥使司所辖兰州卫、河州卫。

广东布政司府分发到山西都指挥使司。

四川布政司府分发到广西都指挥使司所辖南宁卫太平千户所。

卷第二　吏律一　职制计一十五条

【题解】

吏律规定有关官吏犯罪的专门罪名和刑罚。唐律中有“职制律”，规定官员选任、贪赃等犯罪，元代出现“吏律”的名称，把关于官员犯罪的内容归并在一起，明代沿用了元代的立法体例，总结了之前各朝代官员犯罪的法律内容，进一步归并总结，并加入明代新增官员犯罪的名目，如“奸党罪”等内容，形成“职制”“公式”两门组成的吏律，既有对此前各朝立法成就的吸收，也有本朝立法的创新。在官员犯罪问题上规定了具体的罪名和文书问题的公式，增加了法律的实用性，条文精简，表达准确，提高了对官员犯罪的法律规制技术。

《大明律》自吏律开始，以事类分门，将每部律中同类内容更细致地分门别类，称之为“门”。此种分类方式有助于理清法律内部的逻辑关系，准确辨识案件性质和法律条文之间的关系，有助于法官在适用法律时便捷地找到合适的条文。明律的名例律自成一门，其余六律之下每门一卷，计二十九卷，合计三十门。除名例律外，“门”即律下之类目。

职制门包括官吏职务设置、选用、行使职务、职业道德等方面的规定。王肯堂《王仪部笺释》将其解释为“职司法制”。明初的《诸司职掌》中对机构名称、层级、机构职能、职官数额、官员职责等问题做了明确规定，后来在《明会典》中进一步细化。职官设置、选任权只能归于国家，不允许擅自设立官僚机构和人员。《大明律》职制门有十五个条文，在官吏设置方面有"滥设官吏"一条，选官方面规定了"选用军职"等六个条文，官员履行职责有"擅离职役"等五个条文，为防止官员互相勾结专门设置了"奸党"等三个条文。

选用军职

凡守御去处，千户、百户、镇抚有阙[①]，一具阙本，实封御前开拆；一行都指挥使司，转达五军都督府奏闻，取自上裁选用。若先行委人权管，希望实授者，当该官吏各杖一百，罢职役充军。若选用总旗，须于戳过铁枪人内委用[②]；其小旗从便选充[③]，不拘此律。

【注释】

①镇抚：镇抚司。明代有两种镇抚机构，一种是军队中设置在卫所指挥使下，负责军中纠纷处理工作；另一种是设立在锦衣卫下的司法机构，负责处理嫌犯抓捕、审理等工作。

②戳过铁枪：在实战中使用过铁枪之类的武器，有实际作战经验。这条规定是为了避免没有实战经验的人担任军职时不能承担起相应职责，也防止这些人为了职务行贿奔走勾结上司形成小团体。明代法律中有条例具体规定上述情况如何论罪、降职、调用、降薪俸之类。

③小旗：总旗下辖的军事单位，是军队中的最低级编制。

【译文】

凡是需要防守的地方，千户、百户、镇抚的职位有缺额，一方面书写具体缺位情况的公文，密封上报在皇帝前拆开；另一方面送达文件给都指挥使司，转送给五军都督府奏报给皇帝，听候皇帝裁决选用。如果在皇帝还没有决定之前就先行委派人员暂管，希望获得实际授官的，当事官吏各自杖一百，罢免职役发配充军。如果需要选用的职务是总旗，必须在有实际作战经验的人中选用；如果是小旗就便根据情况选拔任用，不受这条法律限制。

大臣专擅选官

凡除授官员[①]，须从朝廷选用。若大臣专擅选者，斩。若大臣亲戚非奉特旨，不许除授官职，违者，罪亦如之。其见任在朝官员，面谕差遣及改除[②]，不问远近，托故不行者，并杖一百，罢职不叙。

【注释】

①除授：官员任免。

②面谕：面见皇帝，皇帝当面发布任职的谕旨。差遣：被委派担任特定职务，通常为临时职务。改除：改变现有职务任其他职务。

【译文】

凡是官员任免，必须遵从朝廷选拔和任命。如果大臣专断擅自选用的，斩。若是大臣的亲戚不是奉有皇帝特旨，不许任免官职，违反的，同样论罪。现在朝廷任职的官员，面见皇帝并奉皇帝的谕旨被差遣任职以及改任别的职位，不管距离远近，找借口不出发的，都杖一百，罢免官职不再任用。

文官不许封公侯

凡文官非有大功勋于国家而所司朦胧奏请辄封公侯爵

者[①]，当该官吏及受封之人，皆斩。其生前出将入相能除大患[②]，尽忠报国者，同开国功勋一体封侯谥公[③]，不拘此律。

【注释】

①朦胧：含糊。

②出将入相：担任过武职从事军事活动，之后再担任文职承担行政管理工作。

③封侯谥公：生前或死后授予爵位。封侯，封侯拜爵，授予爵位。谥公，谥为古人死后依其生前行迹而为之所立的封号，此处指死后追封为公爵。明代律学家对"封侯谥公"术语的解释是，生前授予爵禄称为"封"，死后赐予爵位加以褒奖称为"谥"，也可以称为"追封""追赠"。本条的封侯谥公所指的侯爵、公爵是各种爵位的泛指，禁止文官生前封爵和死后被追封爵位。明代沿用古代非军功不封侯的传统，并在律典中做出规定。

【译文】

凡是文官不是对国家立有大功勋而所在机构含糊奏请皇帝冒请封赏公爵、侯爵的，负责处理该事务的官吏和受封的人，都处斩。如果生前出将入相能够为国家除去大祸患，尽忠报国的，与开国功勋一样可以封侯爵谥称公，不受这条法律限制。

官员袭荫

凡文武官员应合袭荫职事[①]，并令嫡长子孙袭荫[②]。如嫡长子孙有故，嫡次子孙袭荫。若无嫡次子孙，方许庶长子孙袭荫[③]。如无庶出子孙，许令弟侄应合承继者袭荫[④]。若庶出子孙及弟侄不依次序搀越袭荫者[⑤]，杖一百，徒三年。

其军官子孙年幼未能承袭者,申闻朝廷,纪录姓名,关请俸给[⑥],优赡其家,候年一十六岁,方令袭职,管军办事。如委绝嗣,无可承袭者,亦令本人妻小依例关请俸给[⑦],养赡终身。若将异姓外人,乞养为子,瞒昧官府[⑧],诈冒承袭者,乞养子杖一百,发边远充军。本家所关俸给,截日住罢[⑨]。他人教令者,并与犯人同罪。若当该官司知而听行,与同罪;不知者,不坐。

【注释】

①袭荫:武职和爵位传给后辈称为袭,文官的职位可以带给后辈一定的任职机会,称为荫。

②嫡长子孙:正妻所生的第一个儿子为嫡长子,儿子的嫡妻所生的第一个儿子为嫡长孙。

③庶长子:男子的第一个儿子为妾所生。

④承继者:有继承权的人。自己的儿子为继承人,如果没有儿子以同辈兄弟的儿子为继承人,称为承嗣者。

⑤搀越:越出本分。如越职、越权等。此指越位。

⑥关请俸给:通过法定程序申请发给全俸或者半俸,或者优免其他税课、徭役之类的规定。

⑦依例关请俸给:洪武二十七年(1394)《复位优给例》规定:军官妻无子,并给米五石终身。

⑧瞒昧:隐瞒欺骗。

⑨截日:事发之日。住罢:停止。

【译文】

凡是文武官员应该享有承袭恩荫职位资格的,令嫡长子或嫡长孙袭荫。如果嫡长子孙有合法原因无法继承的,由嫡次子孙袭荫。如果没有嫡次子孙，才允许庶长子孙袭荫。如果没有庶出子孙，允许弟弟或者侄子中符合继承条件的人袭荫。如果庶出子孙以及弟侄不是依照有资格继承者的顺序继承而越位袭荫的，杖一百，徒三年。如果是军官子孙年幼不能承袭的，申报给朝廷，记下姓名，请发给俸禄，优待养赡他的家属，等到年满十六岁，才可以依照法律规定允许袭职，管理军队办理军务。如果确实绝嗣没有可以继承的人，也可以允许他的妻子和孩子按照例的规定领取俸禄，养活终生。如果把没有血缘关系的异姓外人，抱养来作为养子，瞒骗官府，欺诈冒充继承者承袭的，养子杖一百，发配到边远地区充军。本家所领取的俸禄优给，从事发之日起停止。如果是有其他人教唆的，与犯人同罪。如果负责处理事务的官员知情而听任事情进行的，与当事人同罪；不知情的，不论罪。

滥设官吏

凡内外各衙门，官有额定员数而多余添设者，当该官吏一人杖一百，每三人加一等，罪止杖一百，徒三年。若吏典、知印、承差、祗候、禁子、弓兵人等额外滥充者[①]，杖一百迁徙。容留一人，正官笞二十，首领官笞三十，吏笞四十，每三人各加一等，并罪止杖一百，罪坐所由。其罢闲官吏，在外干预官事，结揽写发文案[②]，把持官府，蠹政害民者[③]，并杖八十，于犯人名下追银二十两，付告人充赏，仍于门首书写过名，三年不犯，官为除去，再犯加二等，迁徙。有所规避者，从重论。若官府税粮由帖、户口籍册[④]，雇募攒写者[⑤]，勿论。

【注释】

①知印:衙门中专门设立的掌管印章的职务,负责日常保管、登记、盖章等的具体事务。承差:具体承担衙门书写文稿、传达、看守等事务的人,包括书吏、堂吏、司狱等人员。祗候:掌管衙门物品支出收纳的人员。弓兵:随身携带弓箭在辖区进行治安巡逻,参与缉捕嫌犯的人员,归于地方行政官员管辖,作为地方行政官员的属吏。

②结揽写发文案:承揽书写各种涉及公务的文书。结揽,包揽,收揽。

③蠹(dù)政:损坏、败坏政务。

④税粮由帖:国家征税时以粮食作为实物税,发给应纳税的人纳税明细单称为税粮易知由单,在纳税时出具,由纳税人填写相关信息并签名,作为纳税凭证。

⑤攒写:归总誊录。

【译文】

凡是京城内外各衙门,官员的数额都有定数而又增加多余的人员,负责该事务的官吏每多增添一人杖一百,每多增添三人加一等,最高处刑杖一百,徒三年。如果吏典、知印、承差、祗候、禁子、弓兵等人有定额之外增加的,杖一百并处迁徙到远方的刑罚。多余的人员被容留一人,衙门主官笞二十,首领官笞三十,吏笞四十,每多三人增加一等,最高处刑到杖一百,依照每个人各自所犯的罪确定罪名。已经罢职和赋闲的官吏,在衙门外干预官方的事务,承揽书写有关公务的文书案卷,把控官府,妨害政务祸害百姓的,一并杖八十,在犯人的名下追罚二十两银子,给告发他们的人充当赏银,并在他家门口书写所犯过错的名称,三年不再犯的,官方为他除去名称;如果再犯,处罚增加二等,并发配迁徙。规避法律逃避惩罚的,从重论罪。如果是官府的税粮由帖、户口登记册,雇人填写的,不论罪。

贡举非其人

凡贡举非其人及才堪时用应贡举而不贡举者[①]，一人杖八十，每二人加一等，罪止杖一百。所举之人，知情，与同罪；不知者，不坐。若主司考试艺业技能而不以实者[②]，减二等；失者，各减三等。

【注释】

①贡举：推荐或考核选拔人才。贡，下级进献给上级。最初是地方贡优质特产给国家，《周礼》中有诸侯每年选贡人才给国家，唐代科举制度中由州县考试选拔的人才为贡士，引申为国家举行的各种人才考核。举，向上级举荐人才。我国自古以来即有举荐人才的传统，人才的标准也逐渐明确，汉代有举秀才、孝廉之类，就是按照国家标准举荐人才。汉代起贡举合称，明律的贡举包含科举考试和推荐选拔人才。

②艺业技能：考察和举荐人才需要的具体才华，如文章、骑射、音律、历法、医学、占卜之类。

【译文】

凡是举荐人才名不符实，以及才华可堪任用，应该被举荐而不举荐的，每有一人杖八十，每有二人加一等，最高处刑杖一百。被举荐的人，知情的，与举荐人同罪；不知情的，不论罪。如果主考官不如实考核应试者才艺技能的，比照贡举非人的规定减二等论罪；因过失导致的不实，主考官和考生各自减三等论罪。

举用有过官吏

凡官吏曾经断罪罢职役不叙者，诸衙门不许朦胧保举[①]。

违者，举官及匿过之人[2]，各杖一百，罢职役不叙。

【注释】

①朦胧保举：指隐瞒曾经被罢免职务和具体差事而含糊举荐的。

②匿过：隐瞒曾经有过错的经历。

【译文】

凡是官吏曾经被审判定罪罢免职务和差事不再任用的，衙门不许隐瞒被定罪罢职役的经历而保举。违反规定的，保举的官员和隐匿犯罪经历的人，各自杖一百，罢免他们的职务和差事不再任用。

擅离职役

凡官吏无故擅离职役者，笞四十。若避难因而在逃者[1]，杖一百，罢职役不叙。所避事重者，各从重论。其在官应直不直、应宿不宿[2]，各笞二十。若主守仓库、务场、狱囚、杂物之类[3]，应直不直、应宿不宿者，各笞四十。

【注释】

①避难：逃避难以处理的事务。

②直：值班。宿：值夜班住宿在值班的场所。

③务场：收税的地方。狱囚：被关押的囚犯。狱囚关押地方包括临时关押场所和监牢。杂物：需要看守的各类物品，如临时堆积起来的粮草、建筑物材料等。

【译文】

凡是官吏没有合法理由擅自离开职役的，笞四十。如果是因为逃避难以处理的事务而在逃的，杖一百，罢免职务和差役不再任用。如果所逃避的事务罪名重于擅离职役的，两种罪行依照重的一种论罪。官员在官府处理事务应该值班而不值、应该住宿在衙门而不住宿的，各笞二十。如果负责看守仓库、务场、狱囚、杂物之类事务的官吏，应该值班而不值、应该住宿而不住宿的，各笞四十。

官员赴任过限

凡已除官员，在京者以除授日为始，在外者以领照会日为始[①]，各依已定程限赴任。若无故过限者，一日笞一十，每十日加一等，罪止杖八十，并附过还职。若代官已到，旧官各照已定限期交割户口、钱粮、刑名等项[②]，及应有卷宗、籍册完备[③]。无故十日之外不离任所者，依赴任过限论，减二等。其中途阻风、被盗、患病、丧事不能前进者，听于所在官司给凭以备照勘[④]。若有规避、诈冒不实者[⑤]，从重论。当该官司符同保勘者，罪同。

【注释】

①照会：指相互通知、告知。官吏出任时吏部吏科填写就职情况和日期表以便知会到任交接地作为官方凭证，明代只有布政司领照会，其余衙门用札付。本条单独规定照会，举出比较高的单位和层级的定罪处罚规定，比较低的单位和层级的情况，也是参照这种情况执行，这是古代立法中的一种举重以明轻的立法技术。高级官员赴任迟到笞十，低级官员也要笞十，不需要再列举出来规定，以便立法简明。

②交割户口、钱粮、刑名等项：官员离任和到任双方需要交接所管辖事务的情况，主要包括当地户籍、货币和粮食、税收、财政、司法等

情况。司法包括在侦、在审、在执行等案件的情况。

③卷宗、籍册:处理事务形成的整套文书为卷宗,各种登记册为籍册。

④给凭以备照勘:给出凭证以便勘验证明真实情况。

⑤诈冒不实:欺诈、假冒虚构情形构成的犯罪行为,是明代的一种罪名。

【译文】

凡是已经正式任命的官员,在京城任官的从任命之日开始,在京城之外的地方任职的以领到照会的日期开始,各自依照法律规定的期限赶赴任职地方。如果没有法定理由超过限期的,过限一日笞十,每十日增加一等,最高杖八十,并在记录中附载所犯过错之后仍然担任原职。如果代替原职的官员已经到任,原官员各自按照法定限期交割所在衙门管理的户口、钱粮、刑名等事项,以及应有的卷宗、籍册都必须完备。如果没有法定原因超过十天不离开原任职衙门的,依照赴任过限的规定论罪,减二等处罚。如果赴任、离任中途遇到大风阻碍、被盗、患病、丧事不能继续前进的,允许当时所在的官府给予凭证以备勘验。如果有规避更严重的犯罪、欺诈伪造冒充事实的,依照违法行为中严重的一种情形论罪。如果具体处理事务的官员共同参与出具造假凭证的,与之同罪。

无故不朝参公座

凡大小官员无故在内不朝参①,在外不公座署事,及官吏给假限满无故不还职役者,一日笞一十,每三日加一等,各罪止杖八十,并附过还职。

【注释】

①故:法定免责理由,如发生丧事、生病、被委派到别的地方或者别的差事等。朝参:有资格上朝堂的官员在朝堂上朝见皇帝,没有资格上朝堂的官员参见上级官员。

【译文】

凡是大小官员没有法定原因在京不朝见和参拜皇帝或者上级，在外地的官员不在衙门里的岗位上处理公务，以及官吏假期满之后没有法定原因不返回履行本职工作的，一天笞十，每三天增加一等，各种情况都最高处刑杖八十，并把过错记录在册继续履行职务。

擅勾属官

凡上司催会公事，立案定限①，或遣牌②，或差人行移所属衙门督并③，如有迟错④，依律论罪。若擅勾属官⑤，拘唤吏典听事⑥，及差占推官、司狱、各州县首领官⑦，因而妨废公务者，笞四十。若属官承顺逢迎，及差拨吏典赴上司听事者，罪亦如之。其有必合追对刑名、查勘钱粮、监督造作重事⑧，方许勾问，事毕随即发落，无故稽留三日者，笞二十，每三日加一等，罪止笞五十。

【注释】

①立案：具体事务被官府确定正式开始处理，各种事务均可称为立案，不一定是诉讼。

②遣牌：发公文牌给下属催促公事。牌，最初是写在牌子上的事务、命令等，连同牌子一起移送到接收部门。到宋代，已经成为一种常见的各机构之间发送文书的术语。

③督并：督责以及追查。

④迟错：没有依照法律规定的期限进行公事导致延迟或出错。

⑤勾：征调。

⑥拘唤：拘限属员帮助处理事务，并非现代意义上的传唤问罪。听

事：处理具体事务。

⑦差占：临时借用官员处理事务占用该官吏的办公时间。推官、司狱：皆为掌理刑狱的吏员。

⑧必合追对刑名：必须当面追查证据对质审核刑事案件中的证据、证人、案情等事务。查勘钱粮：检查、勘验税收、粮食等财产方面的事务。监督造作重事：监督国家重大建造工程或者重要物品制作。上述事务必须要当面核对才能临时委派下属协助办理，如果能够通过文书移送办理的事务，不许差占。

【译文】

凡是上级催促知会办理公事，立案确定时限，或者发文书，或者派人移送到所属下级衙门督责追查处理，如果发生迟延错误，依法律规定的迟错定罪。如果擅自从属官中挑出一些人为自己办事，留住使唤属官帮助本部门处理事务，以及临时调用推官、司狱、各州县的首领官，因此妨碍属官使其荒废自身公务者，笞四十。如果属官顺应上级临时调派的要求逢迎上级，以及调拨下属吏典赶赴上司处听任指使的，也同样论罪。有必须追查证据对质审核刑事案件、核对查验钱粮、监督建造工程这些重大公事的，才允许挑选属员帮助处理事务，事情完毕随即让其回归原职，没有法定理由而让其留下来，留三日者，笞二十，每三日加一等，最高处罚到笞五十。

官吏给由

凡各衙门官吏，给由到吏部[①]，限五日付勘完备，以凭类选铨注[②]。若不即付勘完备者[③]，迟一日，吏典笞一十，每一日加一等，罪止笞四十；首领官减一等。若公私过名隐漏不报者[④]，以所隐之罪坐之。若罚赎记过者，亦各以所罚、所记之罪坐之。若报重罪为轻罪者,坐以所剩罪[⑤]。当该官司符同隐漏者,与同罪。承报而差漏,及上司失于查照者,并以失错漏报卷宗科断。其漏附行止者,一人至三人,吏典笞一十,每三人加一等,罪止笞四十。若有增减月日、更易地方、改换出身、蔽匿过名者[⑥],并杖一百,罢职役不叙。有所规避及受赃者,各从重论。

【注释】

①给由:官吏任职期满考核把任职期内所做过的事务、业绩、所犯过错和原因,由任职衙门给出公文上报给上级转达给吏部。

②类选铨(quán)注:吏部考核过后给出不同类别的评价,在考核文书后面写出备注意见,依照类别铨选官员。

③付勘:指吏部考功司发公文给各司查验官吏任职期间的各种经历,即本条规定中的过名、行止、时限、出身等。

④过名:在官吏的记录册内记下曾经所犯过错的名称。隐漏:在记录册内记下过错时有遗漏。

⑤剩罪:报告时如果被考核人所犯的是重罪,填报的是轻罪,以重罪应该处罚的罪和刑减去所报告的轻罪的罪和刑,减去后所剩余的就是剩罪。

⑥出身:官员开始做官之前的身份和做官的途径,如进士、袭荫、举荐、捐官等。

【译文】

凡是各衙门官吏给由到了吏部,限五日内发给具体部门查验处理完毕,以便作为按照凭据内所记载的考核类别铨选官吏。如果没有立即审核完成的,迟延一日,吏典笞十,每日加一等,最高笞四十;首领官减一等。如果在文书中把因公、因私各种过错的名称隐匿不报或者漏报的,以所隐匿的罪名论罪。如果漏报的是处以赎的处罚、记过的，也各自依照被考核人所罚、所记的罪名论罪。如果报重罪为轻罪的，以所剩余的罪论罪。具体负责处理事务的机构官员共同参与隐匿漏报的，与之同罪。如果应该承接报送工作的官吏没有按照规定完成差事漏报的，以及上司失察没有核对知会的，都以过失漏报卷宗的规定断罪。报告中遗漏了应该附载的被考核人在职行为经历的，一人到三人，吏典笞十，每三人增加一等，最高笞四十。如果在报告中有增减月份日期、改变地址、改换出身、隐匿过错记录的，都杖一百，罢免职务和差事不再任用。有规避事实以及接受赃物而导致上述问题的，各自依照所犯的罪名选择从重处理。

奸党

凡奸邪进谗言左使杀人者，斩。若犯罪律该处死，其大臣小官巧言谏免暗邀人心者①，亦斩。若在朝官员交结朋党紊乱朝政者②，皆斩，妻子为奴，财产入官。若刑部及大小各衙门官吏，不执法律，听从上司主使出入人罪者，罪亦如之。若有不避权势，明具实迹，亲赴御前执法陈诉者，罪坐奸臣；言告之人与免本罪③，仍将犯人财产均给充赏；有官者升二等，无官者量与一官，或赏银二千两。

【注释】

①暗邀人心：官员私下里给他人以恩惠获得他人的感激相互结交，使得他人对君主产生怨恨对官员产生感激之情，破坏官僚体系的正常运行，不利于君主对官僚的控制。

②交结朋党：互相结成稳固的关系以便形成破坏国家制度的小群

体，明代称为奸党。其渊源在于汉代的阿党附益，即皇帝身边的官员和地方诸侯的官员之间互相勾结，为诸侯增加收益。紊乱：搅乱，扰乱。

③言告之人与免本罪：告发的人因参与奸党罪本来是犯罪行为，告发官府之后免除了本身的奸党罪责。

【译文】

凡是奸邪之人给皇帝进谗言激怒皇帝借以杀死自己想要杀死的人，处斩。如果被杀的人因犯罪按照法律应该处以死刑，大臣小官花言巧语给皇帝谏言请求免除死刑暗地里笼络人心的，也处斩刑。若是在朝堂的官员相互交结成为朋党祸乱朝政的，都处斩刑，妻子和孩子成为奴隶，财产没收入官。如果刑部和大小衙门的官吏，不执行法律，听从上司主使故意出入人罪，也一样论罪处刑。如果有不畏惧权势，掌握明确真实的案情，亲自赶赴皇帝面前援引法律陈述实情检举揭发的，对奸臣论罪；陈述实情检举揭发的人免除本人的奸党罪责，仍然把犯人的财产都赏给告发的人作为奖赏；有官职的可以升职二等，没有官职的可以酌量授予一个官职，或者赏给银子二千两。

交结近侍官员

凡诸衙门官吏，若与内官及近侍人员互相交结①，漏泄事情，夤缘作弊②，而符同奏启者，皆斩，妻子流二千里安置。

【注释】

①内官：在皇宫中为皇帝服务的各种有职位的人，如司礼太监、女官。近侍人员：指能够接近皇帝协助皇帝处理有关事务的人，如内阁、六科、尚宝司、锦衣卫等官及吏典、校尉之类。

②夤（yín）缘：互相交结托请牵线之类。

【译文】

凡是各衙门的官员和吏役,如果与内臣以及近侍交结,泄露事情,互相托请牵线作弊,由此共同奏报皇帝欺罔君主的,都处斩,妻子和孩子流放二千里在发配的地方落户。

上言大臣德政

凡诸衙门官吏及士庶人等,若有上言宰执大臣美政才德者[①],即是奸党,务要鞫问穷究来历明白[③],犯人处斩,妻子为奴,财产入官。若宰执大臣知情[②],与同罪;不知者,不坐。

【注释】

①上言:上书给皇帝。宰执大臣:职掌政务的高级官员。

②穷究来历:问明上书的人是如何认识、结交以及上言的原因。

【译文】

凡是各衙门官吏以及士人平民等,如果有给皇帝上书称颂职掌国家大政的大臣政绩才德想要依附结交的,就是奸党,务必要审问明白竭力追究上言的前因后果,犯人处以斩刑,他们的妻子和孩子处罚为奴,财产没收入官。如果被称颂的执政大臣知情的,与上言的人同罪;不知情,不论罪。

卷第三　吏律二　公式计一十八条

【题解】

公式门规定公文制作、传递、使用的规则。秦代法律中规定矫诏、矫制的罪名，文书传递的规则。北周令中有《公式令》。唐代《公式令》的内容在传世文献和敦煌文献中部分保存了下来。据日本学者仁井田陞《唐令拾遗》考证，唐代的《公式令》有四十四条，包括诏书式、制书式、奏抄式、露布式、论奏式、奏弹式、关式、解式、移式、牒式、符式、制授告身式、奏授告身式、用印、驿站勘合符、鱼符、鱼袋、木契、公文用字等内容。《唐会要》引述贞元五年（789）《公式令》关于文案传递在路上的期限（卷五十八）；大历十四年（779）的《公式令》，规定驿站给不同品级官员马匹的标准（卷六十一）。

宋代延续了唐代的《公式令》，《宋史·职官志》引述《公式令》条文，"按《公式令》：朝参行立，职事同者先爵，爵又同者先齿。今请宗子官同而兄叔次弟侄者，并虚一位而立"（《宋史》卷一六八志第一二一职官八），规定朝见皇帝时的站位班次。宋代《庆元条法事类》残本有"文书门"，收录关于文书管理等的规定。元代的《大元通制条格》中的《公式令》一篇已经遗失。元朝徐端元《吏学指南·公式》介绍了公文的各种类型：札付、咨、符、关、指挥、牒、咨申、咨呈、申、文解、付予、付身、批帖、呈、引、移文、公文、海行等。《元典章》有"掌印、案牍"细目，规定用印章和公文制作传递等事项。

明代开始，“公式”不再是独立的令，纳入律中，规定了违反公式规则构成的各种犯罪。有直接关于文书的，也有间接关于文书的，如“讲读律令”并不是直接关于文书的，律令无法理解为一般的文书，可以视为一种特殊的文件。“漏泄军情大事”规定泄露军情的一般情形和私自开拆军事文书构成的犯罪。

讲读律令

凡国家律令①，参酌事情轻重，定立罪名，颁行天下，永为遵守。百司官吏务要熟读，讲明律意，剖决事务。每遇年终，在内从察院，在外从分巡御史、提刑按察司官按治去处考校②。若有不能讲解、不晓律意者，初犯罚俸钱一月，再犯笞四十附过，三犯于本衙门递降叙用。其百工技艺诸色人等，有能熟读、讲解、通晓律意者，若犯过失及因人连累致罪，不问轻重并免一次。其事干谋反、逆、叛者，不用此律。若官吏人等挟诈欺公③，妄生异议，擅为更改，变乱成法者，斩。

【注释】

①律令：指《大明律》和《大明令》，为明代基本法律。

②按治去处：官员分管查问惩处的辖区。考校：犹考课。按一定标准对官吏的政绩进行考核，以决定其升降赏罚。

③挟诈欺公：指怀有奸诈心思欺瞒公正之道的。

【译文】

凡是国家颁布的律令，参详斟酌事情的轻重，确定罪名，颁布发行全国，永远遵守。国家机构的官吏务必要熟读，讲解清楚法律的意思，用之剖析决断事务。每年年终,在京官员由都察院,在外官员由分巡御史和提刑按察司官员依照分管查问惩处的辖区考核。如果有被考核官员不能讲解,不知晓法律的意思,初犯罚一个月俸禄钱,再犯笞四十并把过错记录在册,第三次犯在本衙门降职任用。平民百姓如各行各业从事体力劳动或者有技术的手工业者能够熟读、讲解和通晓律意的,如果发生过失犯罪或者被他人连累犯罪的,不管罪行轻重都可以免罪一次。如果犯罪的事实是涉及谋反、谋逆、谋叛的,不适用这条法律。如果官吏以及各种人在处理事务适用法律时存在借助法律之名在公事上假冒欺诈,妄自对法律提出异议,擅自更改法律,改变破坏已经颁布的法律的,处斩刑。

制书有违

凡奉制书有所施行而违者①,杖一百。违皇太子令旨者,同罪。违亲王令旨者,杖九十。失错旨意者②,各减三等。其稽缓制书及皇太子令旨者③,一日笞五十,每一日加一等,罪止杖一百。稽缓亲王令旨者,各减一等。

【注释】

①制书:皇帝的诏敕命令称为制,制作成书面文件称为制书,如诏、敕、谕旨之类。

②失错:指因过失误解制书、令旨中的意思。如果是故意,则不适用本条。

③稽缓:延缓,耽搁。

【译文】

凡是接到皇帝的制书应当执行制书的内容而不遵守实施的,杖一百。不遵守皇太子令旨的,同罪。不遵守亲王令旨的,杖九十。理解旨意有误的，各种情况减三等论罪。搁置拖延制书和皇太子令旨及时执行的，一日笞五十，每增加一日加一等，最高处刑杖一百。延缓亲王令旨的，各种情况减一等论罪。

弃毁制书印信二条

凡弃毁制书及起马御宝圣旨、起船符验[①]，若各衙门印信及夜巡铜牌者，斩。若弃毁官文书者，杖一百。有所规避者，从重论。事干军机钱粮者[②]，绞。当该官吏知而不举，与犯人同罪；不知者，不坐。误毁者，各减三等。其因水、火、盗贼毁失，有显迹者，不坐。

【注释】

①起马御宝圣旨：兵部派拨送达文书的马匹或者人，必须申请领取内府加盖皇帝印玺的圣旨，然后才能发给。起船符验：管理拨派船只作为运输工具的机构发放凭证，与起船使臣所执的符篆印牌合在一起验证真伪。

②军机钱粮：军事情报和机密以及供军需的粮饷。

【译文】

凡是抛弃毁坏制书以及起马御宝圣旨、起船符验，包括各衙门的盖印凭证以及巡夜人作为凭证的铜牌的，处斩刑。抛弃毁坏官方的文书的，杖一百。为了规避而弃毁的，适用重罪论处。事情涉及军事机密和军需粮饷的，处绞刑。具体负责处理事务的官吏知情而不告发的，与犯人同罪；不知情的，不论罪。失误导致毁坏的，上述各种情形的犯罪减三等论罪。因为水灾、火灾、盗贼而导致的毁坏遗失，有明显证据的，不论罪。

凡遗失制书、圣旨、符验、印信、铜牌者，杖九十徒二年半；若官文书，杖七十；事干军机钱粮者，杖九十徒二年半；俱停俸责寻，三十日得见者，免罪。若主守官物遗失簿书以致钱粮数目错乱者[1]，杖八十，限内得见，亦免罪。其各衙门吏典考满替代者，明立案验，将原管文卷交付接管之人，违者，杖八十。首领官吏不候交割，符同给由者，罪亦如之。

【注释】

①主守官物：仓库场地管理事务的官吏，之前条文中所规定的斗级、攒拦等。

【译文】

凡是遗失制书、圣旨、符验、印信、巡牌的，杖九十徒二年半；如果遗失的是官文书，杖七十；遗失的文书涉及军事机密军需粮饷的，杖九十徒二年半；都停发俸禄责其寻找，三十日内找到的，免罪。如果主要负责看守官物的人遗失了登记册以致钱粮的数目错误混乱的，杖八十，限期内能够找到的，也免罪。各衙门吏典任期满考核被代替的，须将有关文书案卷查验明白，把原来管理的文案交付给接管的人，违反规定的，杖八十。首领官吏不等着交接，共同参与给原管文案的离任人员发给离任凭据的，也一样论罪。

上书奏事犯讳

凡上书若奏事误犯御名及庙讳者[1]，杖八十；余文书误犯者[2]，笞四十。若为名字触犯者，杖一百。其所犯御名及庙讳，声音相似，字样分别，及有二字止犯一字者，皆不坐罪。若上书及奏事错误，当言“原免”而言“不免”，当言“千石”而言“十石”之类，有害于事者，杖六十。申六部错误有害于事者，笞四十。其余衙门文书错误者，笞二十。若所申虽有错误，而文案可行，不害于事者，勿论。

【注释】

①犯御名及庙讳：冒犯了皇帝的名字以及其先祖名字的。讳，古人认为名字与本人有密切关系，不可以随便称呼名字，皇帝或者其他尊长者的名字不能直接称呼，需要用其他字代替，称为避讳。

②余文书：除了上文所述上书、奏事的文书，其余下达吏部、户部、礼部、兵部、刑部、工部六部及其他如五军都督府、都察院等衙门的文书。

【译文】

凡是给皇帝上书以及奏报事务失误触犯皇帝的姓名以及各代祖先的名称忌讳的，杖八十；其余的文书中误犯名讳的，笞四十。若是起名字触犯上述名讳的，杖一百。所冒犯的御名以及庙讳，声音相似，字体不同，以及有两个字的名字只有一个字犯讳的，都不论罪。如果上书以及奏事有错误，应当表达为“原免”而表达为“不免”的，应当表达为“千石”而表达为“十石”之类的，如果对事情有妨害，杖六十。申报给六部的文书表达有错误导致妨害事务的，笞四十。其余衙门的文书有错误的，笞二十。如果所申报的文书虽然表达有错误，而文案可行，不妨害事务的，不论罪。

事应奏不奏

凡军官犯罪，应请旨而不请旨，及应论功上议而不上议[①],当该官吏处绞。若文职有犯,应奏请而不奏请者,杖一百。有所规避,从重论。若军务、钱粮、选法、制度、刑名、死罪、灾异及事应奏而不奏者[②],杖八十;应申上而不申上者,笞四十。若已奏已申,不待回报而辄施行者,并同不奏不申之罪。其合奏公事[③],须要依律定拟,具写奏本。其奏事及当该官吏佥书姓名[④],明白奏闻。若有规避、增减紧关情节朦胧奏准,施行已后,因事发露,虽经年远,鞫问明白,斩。若于亲临上司官处禀议公事,必先随事详陈可否,定拟禀说。若准拟者,上司置立印署文薄,附写略节缘由,令首领官吏书名画字以凭稽考[⑤]。若将不合行事务妄作禀准,及窥伺公务冗并[⑥],乘时朦胧禀说施行者,依诈传各衙门官员言语律科罪;有所规避者,从重论。

【注释】

①上议:指奏请皇帝请议军务,如调拨兵马、制作铠甲、兵器之类。

②选法:指吏、兵二部选官的法律规定。制度:制定国家礼乐、仪式等。灾异:水旱等自然灾害为灾,妖魔鬼怪的传言和异常的自然、社会现象为异。

③合奏公事:所有应该奏报给皇帝的公事,既包括军务、定罪量刑等,也包括各种行政管理事务,如选官奏报、灾害救济核实奏报等。

④佥(qiān):同"签",在文书上书写名字。

⑤稽考:查考,考核。

⑥冗并:冗杂。

【译文】

凡是军官犯罪,应该请示皇帝的旨意而不请示,以及应该论功请示皇帝议定而不上请议定的,具体处理事务的官吏处以绞刑。如果是文官犯罪，应该奏请而不奏请的，杖一百。应请不请的原因是有所规避的，依照重的罪名论罪。包括军务、钱粮、选法、制度、刑名、死罪、灾异处理以及事情按规定应该奏请而不奏请的，杖八十；应该申报上级而不申报的，笞四十。如果已经奏请已经申报的，不待回复而立即施行的，都与不奏不申同样论罪。应该奏报的公事，必须依照法律规定拟定结论，写出完整的奏本。奏事以及具体处理事务的官吏应签上姓名，明白地奏报给皇帝知道。如果奏报中有所规避、增减关键情节蒙混奏报批准的，施行之后，因为其他事情被揭露，虽然经过很多年，经审问明白，处斩刑。如果亲自到上司官员处禀报商议公事，必须在禀告事情时先详细说明事情是否可行的处理意见，明确拟定结果禀报陈述。若是批准拟定的结论，上司在本衙门设置盖印公文簿，附写简略的原因，责令首领官吏画押签字以作为查考依据。如果把不应施行的事务假冒为已经禀报批准的，以及暗中观察到公务繁忙冗杂，乘机蒙混禀报施行的，依照诈传各衙门官员言语律论罪；如果这样做是因为有所规避的，选择重罪论处。

出使不复命

凡奉制敕出使不复命、干预他事者[①]，杖一百。各衙门出使不复命、干预他事者，常事杖七十，军情重事杖一百。若越理犯分[②]，侵人职掌行事者[③]，笞五十。若回还后，三日不缴纳圣旨者，杖六十，每二日加一等，罪止杖一百。不缴纳符验者[④]，笞四十，每三日加一等，罪止杖八十。若有所规避者，各从重论。

【注释】

①制敕：皇帝的诏令。

②越理犯分：超越了法律规定的职责范围，不合理地干预分外的事务。

③职掌：指所主管之事，职务。

④符验：出使的公务人员携带的用来证明身份和权力的符节凭证。

【译文】

凡是奉制敕出使不回来复命、干预其他事务的，杖一百。各衙门派出去办事不回来复命、干涉其他事情的，一般的事情杖七十，军情大事杖一百。如果越界干涉分外之事，侵犯别人职权行事的，笞五十。若是出使回来之后，三日不缴纳圣旨的，杖六十，每二日加一等，最高处刑杖一百。不缴纳证明身份的凭证的，笞四十，每三日加一等，最高处刑杖八十。如果这样做是有所规避的，各依照重罪定罪量刑。

漏泄军情大事

凡闻知朝廷及总兵将军调兵讨袭外蕃[①]，及收捕反逆贼徒机密大事[②]，而辄漏泄于敌人者，斩。若边将报到军情重事而漏泄者，杖一百，徒三年；仍以先传说者为首，传至者为从，减一等。若私开官司文书印封看视者，杖六十；事干军情重事者，以漏泄论。若近侍官员漏泄机密重事于人者，斩；常事，杖一百，罢职不叙。

【注释】

①总兵将军：军队中的将领，如征虏、征蛮、镇朔将军之类。外蕃：指外国或外族。

②反逆贼徒：试图推翻政权谋害皇帝的盗贼之徒，对于皇帝来说就是敌人，属于重大犯罪。

【译文】

凡是听闻朝廷以及总兵将军调兵讨伐袭击外蕃,以及抓捕反逆盗贼的机密大事,而立即泄露给敌人的,处以斩刑。如果把边境地区的将领报告给他们的军情大事泄露的,杖一百,徒三年;以最先传播消息的人为首犯,随后传播的为从犯,从犯减一等处罚。如果私自开启官府的密封文书观看的,杖六十;文书内容有关军情大事的,以泄露军情罪论处。如果皇帝身边的官员泄露机密重事给他人的,处以斩刑;一般的事情,杖一百,罢免职位和差事不再任用。

官文书稽程

凡官文书稽程者,一日,吏典笞一十,三日加一等,罪止笞四十;首领官各减一等①。若各衙门遇有所属申禀公事②,随即详议可否,明白定夺回报。若当该官吏不与果决③,含糊行移,互相推调④,以致耽误公事者,杖八十。其所属将可行事件不行区处,作疑申禀者,罪亦如之。其所行公事已果决,行移或有未绝⑤,或不完者,自依官文书稽程论罪。

【注释】

①首领官各减一等:首领官作为负责管理事务的官员,大、中、小事各种类型都减一等。参与处理事件的吏典和首领官论罪,佐贰官员不论罪。

②申禀:禀告,向上级官府报告。

③果决:公事处理完成并执行。

④推调:推托,推辞。

⑤行移或有未绝:公事处理之后有关的公文知会、提取等后续卷宗

文书没有处理完。

【译文】

凡是官文书送达滞留没有按时到达的，一日，吏典笞十，三日加一等，最高处刑笞四十；首领官各减一等。如果各衙门遇到下属申报禀请公事，立即详细讨论是否可行，清楚明白确定结果回报。如果负责处理的官吏没有参与立即决定，没有认真执行文书移送的程序和日期，互相推诿，以至于耽误公事的，杖八十。下属将可以处理移送的事件不进行处理移送，而是作为疑难事务申报上级，也是一样论罪。移送的公事已经确定结果并执行，公文移送的事还没有完全结束的，或者不完成后续公文处理的，自然是依照官文书稽程论罪。

照刷文卷

凡照刷有司有印信衙门文卷①，迟一宗、二宗，吏典笞一十，三宗至五宗笞二十，每五宗加一等，罪止笞四十。府、州、县首领官及仓库、务场、局所、河泊等官各减一等②。失错及漏报一宗③，吏典笞二十，二宗、三宗笞三十，每三宗加一等，罪止笞五十；府、州、县首领官及仓库、务场、局所、河泊等官各减一等；其府、州、县正官、巡检④，一宗至五宗罚俸钱一十日，每五宗加一等，罚止一月。若钱粮埋没、刑名违枉等事⑤，有所规避者，各从重论。

【注释】

①照刷：清理查验核对整饬公文卷宗。有司：朝廷、省、府、州、县等具体处理事务的衙门。

②局所、河泊等官：局所、河泊等机构的官员。局所是处理专门事务

的机构，如浣衣局、牧所；河泊是处理河流、湖泊等事务的机构，如河泊所是掌管收水产鱼税的机构。

③失错：过失导致使用印章不签署姓名之类的公文管理错误称为失错。漏报：卷宗含有多个内容应该全部清理报送而遗漏了部分内容没有报送。

④巡检：巡检司，元代开始设置，明代沿用。设置在地方负责训练士兵，治安巡逻，镇压反叛，归于地方行政官员管辖。

⑤钱粮埋没：钱粮不见下落。刑名违枉：处理刑事案件违反法律规定。

【译文】

凡是清理各府、州、县等具体处理事务的衙门以及盖印的衙门文书卷宗，迟延一宗、二宗，吏典笞十，三宗到五宗笞二十，每五宗加一等，最高处刑笞四十。府、州、县首领官以及管理仓库、务场、局所、河泊等场所的官员各减一等。公文印章缺失等过失错误以及漏报一宗，吏典笞二十，二宗、三宗笞三十，每三宗加一等，最高处刑笞五十；府、州、县首领官及仓库、务场、局所、河泊等官员各减一等；府、州、县正职官员、巡检官员，失错或漏报一宗到五宗罚十日俸钱，每五宗加一等，最高罚一个月俸钱。如果是钱粮不见下落、刑事案件违法枉判等事，失错或漏报是为了有所规避的，各自按照罪名和刑罚严重的罪论处。

磨勘卷宗

凡磨勘出各衙门未完文卷[①]，曾经监察御史、提刑按察司照刷驳问迟错，经隔一季之后，钱粮不行追征足备者，提调官吏以未足之数十分为率[②]，一分笞五十，每一分加一等，罪止杖一百。刑名、造作等事[③]，可完而不完，应改正而不改正者，笞四十，每一月加一等，罪止杖八十；受财者，计赃以枉法从重论。若有隐漏不报磨勘者，一宗笞四十，每一宗加一等，罪止杖八十；事干钱粮者，一宗杖八十，每一宗加一等，罪止杖一百；有所规避者，从重论。若官吏闻知事发，旋补文案以避迟错者，钱粮计所增数以虚出通关论[4]，刑名等事以增减官文书论。同僚若本管上司，知而不举及符同作弊者，同罪；不知情，及不同署文案者，不坐。

【注释】

①磨勘：指逐一对比细磨校勘。

②提调官吏：提举调度的官员，专门委派承担特定事务的官员。

③造作：专门为官方建造或制作指定物品，如置办颜料、织造缎匹之类。

④虚出通关：明代通关指仓库管理程序中钱粮全部交接完毕后给出印信长单作为出门时关卡检查的凭证，虚出指收仓的数量与开出的通关不相符合。

【译文】

凡是在检查校勘时查出各衙门不完整的公文卷宗，曾经经过监察御史、提刑按察司核验督查驳回责问迟错的，经过一个季度之后，钱粮追征不够完备的，提调官吏以不足之数的十分为计算单位，一分笞五十，每增加一分加一等，最高处刑杖一百。迟错文书涉及刑名和造作等事情，可以结案而不结案的，应该改正而不改正的，笞四十，每迟错一月加一等，最高处刑杖八十；接受了当事人财物的，计算赃款以枉法罪选择罪重的一种论罪。如果有隐瞒遗漏不报告核查勘验的，一宗笞四十，每一宗加一等，最高处刑杖八十；事情涉及钱粮的，一宗杖八十，每增加一宗加一等，最高处刑杖一百；如果存在规避的，选择罪重的罪名论罪。如果官吏听说事发，立即补上文案以规避迟错罪的，钱粮按照所增加的数额以虚出通关论罪，刑名等事以增减官文书论罪。共同处理事务的同僚以及直接负责的上司，知道而不检举告发以及共同作弊的，同等论罪；不知情的，以及不是共同负责处理事务并签署文案的，不论罪。

同僚代判署文案

凡应行官文书而同僚官代判署者[1]，杖八十。若因遗失文案而代者[2]，加一等；若有增减、出入，罪重者，从重论。

【注释】

①应行官文书：指各衙门应该移送的各种公文，比如咨文、申报公文、照会公文、牒、札子之类。判：在文书上书写有关事项和日期。署：在公文上署名。

②文案：保存下来的文案卷宗以备检查校勘的。

【译文】

凡是应该移送的官文书而同僚代为书写内容日期署名的，杖八十。如果因为遗失文案为了弥补卷宗而代为书写内容日期署名的，加一等；如果在文书内容上有增减、故意出入人的，构成重罪的，依重罪论。

增减官文书

凡增减官文书者[1]，杖六十；若有所规避，杖罪以上，各加本罪二等，罪止杖一百流三千里；未施行者，各减一等；规避死罪者，依常律。其当该官吏自有所避增减文案者，罪同；若增减以避迟错者，笞四十。若行移文书，误将军马、钱粮、刑名重事"紧关"字样传写失错而洗补改正者[2]，吏典笞三十，首领官失于对同，减一等。干碍调拨军马及供给边方军需钱粮数目者[3]，首领官、吏典皆杖八十。若有规避、故改补者，以增减官文书论；未施行者各减一等，因而失误军机者，无问故失，并斩。若无规避及常行字样偶然误写者，皆勿论。

【注释】

①增减官文书：指增加或者减少文书的内容或者形式等，改变文书状态的。

②洗补：涂改添补。

③干碍：妨碍。

【译文】

凡是增加或者减少官文书的形式、内容的，杖六十；如果有所规避，规避的罪达到杖罪以上，各加本罪二等，最高处刑杖一百流三千里；没有施行的，各减一等；规避死罪的，依照法律的正常规定论罪。具体负责处理事务的官吏因为自己的原因有所规避而增减文案的，同样论罪；如果增减公文是为了规避迟错的，笞四十。如果移送文书时，误将军队马匹、钱粮、刑名重事的卷宗题写“紧关”字样传写失误而涂改添补改正的，吏典笞三十，首领官过失没有核对的，减一等论罪。文书失错导致妨害调拨军马以及供给边防军军需钱粮数目的，首领官、吏典都杖八十。如果有所规避、故意修改填补的，以增减官文书罪论罪；未施行的人各减一等，因此导致失误军机大事的，不论故意过失，都处斩刑。如果没有规避以及普通的文书字样偶然失误写错的，都不论罪。

封掌印信

凡内外各衙门印信，长官收掌，同僚佐贰官，用纸于印面上封记[1]，俱各画字[2]。若同僚佐贰官差故[3]，许首领官封印，违者，杖一百。

【注释】

①封记：把印章包起来密封，在封面上标记。

②画字：签字画押。

③差故：指出公差或有事故。这一条的宗旨在于规定各衙门的印章是官方机构的公器，长官应该掌管，使用印章的时候同僚们一起在纸面上盖印或者在封面上戳记，彼此之间互相监督以防枉法或者逞私心的弊端。

【译文】

凡是京城以及外地各衙门的印章，由长官收执掌管，同僚和佐贰官，用纸在印章的字面上封存标记，都签名画押。如果同僚佐贰官出差或者有法定的原因致使不能封印画押，允许首领官封印，违反的，杖一百。

漏使印信

凡各衙门行移出外文书漏使印信者，当该吏典、对同首领官并承发[1]，各杖六十。全不用印者，各杖八十。干碍调拨军马、供给边方军需钱粮者，各杖一百；因而失误军机者，斩。

【注释】

①对同：负责核对保持文书正副本相同。承发：承接和发送文书。

【译文】

凡是各衙门移送到外面其他衙门的文书盖印章有遗漏的，具体处理事务的吏典、负责核对文书的首领官和承接发送的人，都杖六十。完全不用印章的，各杖八十。阻碍调拨军马、供给边防军队军需粮饷的，各杖一百；因此而导致失误军机的，处斩刑。

漏用钞印

凡印钞不行仔细致有漏印及倒用印者，一张笞一十[①]，每三张加一等，罪止杖八十。若宝钞库不行用心检闸[②]，朦胧交收在内者，罪亦如之。

【注释】

①一张笞一十：宝钞提举司制造纸钞在全国通行，如果主管机关不仔细检查而出现漏印、反印、倒印阻碍通行情况，管理印钞的官吏、工匠将按张数论罪。

②宝钞库：明代把纸币称为宝钞，保存纸币的仓库为宝钞库。检闸：查点数目，检查纸币。

【译文】

凡是印纸币不仔细导致有遗漏印章或者颠倒用印的，一张纸钞笞十，每三张加一等，最高处刑杖八十。如果宝钞库人员不用心点数检查核对，含糊接收漏印错印的纸钞在库内的，同样论罪。

擅用调兵印信

凡总兵将军及各处都指挥使司印信[①]，除调度军马、办集军务、行移公文用使外，若擅出批帖[②]，假公营私，照送物货者，首领官吏各杖一百，罢职役不叙；正官奏闻区处[③]。

【注释】

①总兵将军及各处都指挥使司印信：总兵将军直接掌兵，都指挥使司守护所辖区兵权的印章。印章用来调动兵权、办理军务、移送公文。

②批帖：批准各种申请、禀报等公文札帖。

③正官：即将军、都司掌印官。区处：区分不同情况分别审断罪与非罪。

【译文】

凡是总兵将军以及各处都指挥使司的印章，除了调度军马、办理军务、移送公文使用之外，如果擅自盖印批准公文帖，假公济私，给发凭证运送货物的，首领官吏各杖一百，罢免职务和差事不再任用；总兵将军和都司掌印官的处罚应当报告给皇帝由皇帝做决定。

信牌

凡府、州、县置立信牌[①]，量地远近定立程限，随事销缴[②]，违者，一日笞一十，每一日加一等，罪止笞四十。若府、州、县官遇有催办事务，不行依律发遣信牌，辄下所属守并者[③]，杖一百。谓如府官不许入州衙，州官不许入县衙，县官不许下乡村之类。其点视桥梁圩岸、驿传递铺[④]，踏勘灾伤[⑤]，检尸、捕贼抄札之类，不在此限。

【注释】

①信牌：各府、州、县自上行下以牌为信，称为信牌，包括各种类型可作为凭证的牌。

②销缴：缴回并注销交差。

③下所属守并：亲自到下属管辖区守着督催。因为此类事情扰民，所以定罪处罚。

④圩（wéi）岸：堤岸。圩，南方低洼地区防水护田的堤称圩。以圩所围的田也叫圩。递铺：传递公务的中转站，也称为急递铺。

⑤踏勘灾伤：实地勘察灾害造成的伤害后果。

【译文】

凡是府、州、县设置信牌，根据地理远近设定行程期限，随着事务处理完毕缴回并注销交差，违反的人，一日笞十，每一日加一等，最高处刑笞四十。如果府、州、县官遇到有催办事务，不依律发给信牌，而是亲自到所属下辖区域坐守催迫的，杖一百。指比如府官不许到州衙，州官不许进入县衙，县官不许下乡村之类。监察巡视桥梁堤岸、驿站递铺，实地勘察灾害后果，检验尸体、抓捕贼盗的文书凭证之类，不在此限。

卷第四　户律一　户役计一十五条

【题解】

户律是规定国家户籍登记、人口管理、婚姻、公私财产的篇章。户律的名称出现在汉代萧何定律,《北齐律》中把婚姻问题与户律归为一篇,此后一直沿用到明。户律的户役规定户口管理与相应的国家义务。田宅规定土地房屋不动产的管理。婚姻规定婚姻的成立、解除、家庭关系、收养、继承、拐卖妇女等问题。仓库是国家财物的管理规定。钱债规定公私债务的问题。课程和市廛规定国家税收、贸易管理。这部分内容在当代法律中大多属于民法部门,但是,《大明律》的规定方式基本上是违反上述内容构成犯罪的行为如何处理,除个别条款外,主体部分属于刑法部门。

户役规定户籍登记、收养、国家赋税和家庭财产问题。秦律中效律、傅律、法律答问等有涉及户籍管理的问题,汉代《九章律》增加"户篇",此后各朝代法律中基本保留了户籍方面的规定。《北齐律》有"户婚"篇,把婚姻和户口合并在一起,北周法律中把婚姻和户口分开,分别有"婚姻""户禁"。《唐律》再度合并。元代婚姻、户口、徭役再次分离,户部下有"户计",专门规定户口、继承等问题,明代继承了元代的法律分类,合并了部分内容,在户律之下设立"户役"门。

户是关于人口登记、管理的规定。人口管理包括对家庭和家族亲属团体的管理,也包括对居住在寺庙道观、慈善机构、监狱、乡里等场所的人口管理,所以这个门下有“私创庵院及私度僧道”。出家修道者属于特殊人口,需要获得度牒才被允许离开自己的家庭到寺庙道观中修道。度牒有专门的机构管理,拥有度牒的人可以免除赋役,一旦犯罪就会被取消度牒回归到原来的家庭并登记在原来的户籍中。没有度牒私自出家则是一种逃避国家人口管理的犯罪行为。普通家庭的户籍管理,根据职业、身份、地位不同分类登记,户籍种类大致分为宗室、仕宦、良民、贱籍,宗室贵族和贱籍世代传承,未经法律允许不得私自改变户籍种类,仕宦和良民则可以随着自身的行为而改变,良民可以通过努力入仕获得仕籍,仕宦也可能由于违法犯罪而被削籍成为良民或贱籍。宗室贵族的爵位传承依据户籍而定,“立嫡子违法”条,不仅是对普通人户家庭的嫡子地位和继承的规定,而且是有爵者身份继承的依据。家庭内部人口管理有家庭成员之间尊卑关系、收养、过继问题,所以“户役”门下有“收留迷失子女”“收养孤老”的条文,解决收养非亲生子女成为家庭成员的问题。这条法律的立法基础含有古人对家庭或者家族传承的观念,古人认为自己没有成年儿子会断绝血脉继承,将来去世无人祭祀,没有儿子的情况下需要过继近亲属辈分相当的孩子以承嗣,其中的继嗣违法问题、收养违法问题都需要有法律规定。

本门中关于家庭财产的规定,突出尊亲属对卑亲属有财产权,未经尊亲属允许卑幼不得使用家庭财产,不得随意分家分财产。清代薛允升在比较唐律和《大明律》之后,认为《大明律》有“轻其所轻”的特点,对于家庭伦理道德方面的问题,《大明律》对犯罪的定罪量刑标准比唐律轻,“别籍异财”条文下父母在世,子女不得分家分财产,唐律直接定罪,并且在尊亲属同意的情况下也不允许分家分财产,《大明律》规定如果尊亲属同意的情况下,不作为犯罪对待,除非尊亲属亲自告发才构成犯罪。从薛允升的比较可以看到,明代对于家庭内部的财产关系处理倾向尊重当事人的个人意愿,既维护家庭尊卑伦理关系,维护家长的财产权,也尊重家庭内部财产分配的意愿。在家庭内部的主奴关系上，明代一方面维护主人对奴婢的控制权，另一方面，奴婢的人身权和财产权也获得一定的保护，奴婢的法律地位不再是唐律中的“律比畜产”，与马牛等牲畜同为法律客体，特别是雇工人的法律地位，虽然也受到雇主人身控制，但是可以有自己的人身决定权，雇工人和雇主之间是契约关系。雇工人法律地位获得认可，是明代法律的重要进步。

“户役”门下的役，是民众对国家的义务。民众需要给国家提供一定时间的劳务，也需要给国家纳税。古代人口税与徭役都与户籍登记有关，明代私人所有的农田属于家庭或者家族而非个人所有，农田与户口登记保持一致，国家制定黄册、鱼鳞图册登记户口和土地，因此，户、役、赋关联在一起。

脱漏户口

凡一户全不附籍[①]，有赋役者[②]，家长杖一百；无赋役者[③]，杖八十，附籍当差。若将他人隐蔽在户不报，及相冒合户附籍，有赋役者亦杖一百，无赋役者亦杖八十。若将另居亲属隐蔽在户不报，及相冒合户附籍者，各减二等[④]；所隐之人，并与同罪，改正立户，别籍当差。其同宗伯叔、弟侄及婿自来不曾分居者，不在此限。其见在官役使办事者，虽脱户[⑤]，止依漏口法[⑥]。若隐漏自己成丁人口不附籍，及增减年状妄作老幼、废疾以免差役者，一口至三口，家长杖六十，每三口加一等，罪止杖一百；不成丁，三口至五口笞四十，每五口加一等，罪止杖七十，入籍当差。若隐蔽他人丁口不附籍者，罪亦如之。所隐之人与同罪，发还本户附籍当差。若里长失于取勘[7]，致有脱户者，一户至五户笞五十，每五户加一等，罪止杖一百；漏口者，一口至十口笞三十，每十口加一等，罪止笞五十。本县提调正官、首领官吏脱户者，十户笞四十，每十户加一等，罪止杖八十；漏口者，十口笞二十，每三十口加一等，罪止笞四十；知情者，并与犯人同罪；受财者，计赃以枉法从重论。若官吏曾经三次立案取勘，已责里长文状，叮咛省谕者[8]，事发，罪坐里长。

【注释】

①附籍：一家称为户，人丁称为口，登记册称为册籍，把人丁写入册籍称为附籍。

②有赋役：指有田地的人家需要交税当差。赋，田地税粮。役，成年人每年需要给国家免费当差，承担劳役。

③无赋役：指没有田地税粮，只有作为人口本身需要承担各种杂项差役。

④各减二等：各指有赋役或无赋役。人口到了四岁的年龄开始附籍，十六以上称为成丁，开始有差役；十五以下称为不成丁，与老、疾俱免差役。这是本条规定增减年龄、身体和财产状况的原由。

⑤脱户：脱离户籍登记。摆脱户口登记束缚以及各种国家义务，包括一户人家的人口全不附籍，以及把别家的人口全部隐蔽在自己户籍中不另报册，以及与他人假冒一家人登记户口的，都是脱户。

⑥漏口：户口登记的时候遗漏人口使之不在户口册籍上。

⑦里长：乡里基层社会管理人员。取勘：犹查核。

⑧省谕：明白谕知。

【译文】

凡是一户人家都不附籍的，家里有需要承担赋役的人，家长杖一百；

家里没有需要承担赋役的人,杖八十,把需要承担赋役的人附籍当差。如果把他人隐蔽在家里不报户籍,以及互相冒充一家人合在户籍册中登记,有需要承担赋役的也杖一百,没有赋役的也杖八十。如果把单独居住的亲属隐蔽在家里不申报户口,以及相互假冒成一家人附籍的,各减二等论罪;所隐匿的人,都同样论罪,并改正户籍登记,分开户口登记按规定当差。同宗伯叔、弟侄以及女婿从来没有分家的,不在此限。现在正在给官方服役委派办事的,虽然构成脱户,只依照漏口的规定论罪。如果是隐匿遗漏自己家成年丁口不附籍的,以及增加或减少人口的年龄和身体状况,妄图以老幼、废疾而免除差役的,一口到三口,家长杖六十,每三口加一等,最高处刑杖一百;不成丁的,三口到五口笞四十,每五口加一等,最高处刑杖七十,登记入籍当差。如果隐匿他人的丁口不附籍的,也一样论罪。所隐匿的人同样论罪,发还原本的人家附籍并承担赋役。如果是里长失于查核,导致有脱户的,一户到五户笞五十,每五户加一等,最高处刑杖一百;漏口的,一口到十口笞三十,每十口加一等,最高处刑笞五十。本县提调正官、首领官吏任职期间脱户的,十户笞四十,每十户加一等,最高处刑杖八十;漏口的,十口笞二十,每三十口加一等,最高处刑笞四十;知情的,都与犯人同罪;接受财物导致脱户漏口的,计算赃款数额以枉法赃选择重罪论罪。如果官吏曾经三次对脱漏户口的情况确立为需要处理的事务,并制定文案及查勘清楚,已经把有关文书发给里长责成里长调查实际状况写成文书回禀,反复叮嘱告知的,事发,只对里长论罪。

人户以籍为定

凡军、民、驿、灶、医、卜、工、乐诸色人户[①],并以籍为定,若诈冒脱免[②],避重就轻者,杖八十。其官司妄准脱免,及变乱板籍者[③],罪同。若诈称各卫军人,不当军民差役者[4],杖一百,发边远充军。

【注释】

①军、民、驿、灶、医、卜、工、乐诸色人户:明代按照人们所从事的职业和政治身份等级确定户籍,形成不同的户。军户,是以从军为基本职业的家庭。民户,是普通的居民,没有特殊限定和特殊身份。驿户,专门从事驿站服务、国家航运摆渡的家庭。灶户,是从事晒盐、煮盐、开采盐的家庭。医户,以医疗、医药服务为职业的家庭。卜户,以占卜、风水堪舆、看相等活动为职业的家庭。工户,从事手工业的家庭。乐户,从事歌舞、音乐、杂耍之类娱乐业的家庭,乐户的来源有本身一直从事娱乐业的,也有没收为官奴婢,在官府的教坊司中从事娱乐业的人及其后代。诸色人户,各种身份和职业类型的人家。

②诈冒:军户采用欺诈方式把户籍登记为民的,匠户假冒民户的。

③变乱板籍:改变已经登记的户籍种类,如改军籍为民籍,改民籍为匠籍之类。明代普通平民的户籍登记基本上分为军、民、匠、灶,以明初登记的户籍种类为准,不得随便改变。各种类型的户承担各自户籍确定的差役,如军户需要服兵役,匠户需要为国家做工,变乱板籍的原因通常是为了逃避特定种类的差役,如军户改为民籍逃避服兵役。板籍,也作"版籍",户口册。

④不当军民差役:不承担军户、民户应当承担的差役。指本条规定的诈为卫所军人,但是本身并不是军户的情形,假冒军户实际不是军户不用承担军户的兵役,民户假冒为军户后又可以逃避民户应当承担的差役,如此,就可以既不承担军户差役又不承担民户差役。

【译文】

凡是军、民、驿、灶、医、卜、工、乐各种类型的户籍,都是以户籍登记的种类为定籍，如果欺诈冒充脱离原来的户籍种类以免除差役，逃避重的差役入轻的差役户籍的，杖八十。主管机构和官员私自准许脱离定籍免除差役，以及改变板籍确定的户籍类型的，同罪。如果诈称是各卫所的军人，却不当军人也不承担民户的差役，杖一百，发配边远地区充军。

私创庵院及私度僧道

凡寺观庵院，除见在处所外，不许私自创建增置，违者，杖一百，还俗[①]，僧道发边远充军，尼僧、女冠入官为奴。若僧道不给度牒私自簪剃者[②]，杖八十；若由家长，家长当罪；寺观住持及受业师私度者，与同罪，并还俗。

【注释】

①还俗：道士、和尚、尼姑等出家人脱离出家人身份回到世俗身份。

②度牒：明代国家发给出家人允许出家的凭证，相当于出家人的身份证明。簪剃：指出家为僧道。因道士簪发，和尚剃发，故称。

【译文】

凡寺院道观，除了现有的建筑和设施之外，不许私自创建增置，违反的，杖一百，出家人还俗，僧道发配到边远地区充军，尼姑、女道士没收入官为奴。如果僧道没有获得国家发给的度牒私自簪剃的，杖八十；如果是由家长决定簪剃的，家长承担罪责；如果是由寺院主持以及解释宗教经典的受业师私自决定簪剃的，同样论罪，并还俗。

立嫡子违法

凡立嫡子违法者[①]，杖八十。其嫡妻年五十以上无子者[2]，得立庶长子，不立长子者，罪亦同。若养同宗之人为子[3]，所养父母无子而舍去者，杖一百，发付所养父母收管。若有亲生子及本生父母无子，欲还者，听。其乞养异姓义子以乱宗族者[4]，杖六十。若以子与异姓人为嗣者[5]，罪同，其子归宗[6]。其遗弃小儿，年三岁以下，虽异姓仍听收养，即从其姓。若立嗣，虽系同宗而尊卑失序者，罪亦如之，其子亦归宗，改立应继之人。若庶民之家存养奴婢者[7]，杖一百，即放从良。

【注释】

①嫡子：正妻所生之子。明代法律原则：立子以嫡，无嫡立长，如果舍弃嫡长子而立嫡次子或庶子，及嫡妻无子舍弃庶长子而立庶众子的，构成违法行为，以明嫡庶之分。

②嫡妻：明媒正娶的妻子，区别于妾。

③同宗：有同一个祖宗的五服之内亲属团体。

④乞养：收养。

⑤嗣：男子的儿子作为继承人，不仅继承财产，也继承自己在亲族中的身份。如果有爵位或者其他可以继承的荣耀，需要有后嗣继承。立嗣在观念中也与死后的祭祀人身份有关，因此，男子必须有儿子，如果无子需要过继同宗子侄辈的男子为自己承嗣，俗称延续香火。

⑥归宗：回归自己本宗亲族。

⑦庶民：平民。明代认为只有功臣勋贵之家才可以蓄养使用奴婢，平民之家就应该自己辛勤劳作没资格用奴婢，以此严格区分贵贱尊卑等级。

【译文】

凡是选立继承人时违反立嫡子法原则的，杖八十。嫡妻年龄到五十以上没有生儿子的，可以立庶长子，不立长子的，也同罪。如果收养同宗的人为儿子，养子的生父母无子而舍去自己的儿子的，杖一百，孩子给亲生父母收管。如果养父母有了自己的亲生子以及原生父母没有儿子，想要回家的，允许。要求收养不同姓氏的义子以扰乱宗族血缘关系的，杖六十。如果把自己的儿子给不同姓氏的人作为继承人的，同罪，儿子回归到他本来的宗族去。遗弃的小孩，年龄在三岁以下，虽然是异姓仍然允许收养，并随自己姓。如果是确立继承人，虽然是同宗而不符合尊卑辈分秩序要求的，也是同样论罪，所立的继嗣子回归到原本的宗族关系中，改立符合规则的继承人。如果平民之家保留蓄养奴婢的，杖一百，当即放出改为良民。

收留迷失子女

凡收留人家迷失子女，不送官司而卖为奴婢者，杖一百，徒三年；为妻妾子孙者，杖九十，徒二年半。若得迷失奴婢而卖者，各减良人罪一等[①]；被卖之人不坐，给亲完聚[②]。若收留在逃子女而卖为奴婢者[③]，杖九十，徒二年半；为妻、妾、子、孙者，杖八十，徒二年。若得在逃奴婢而卖者，各减良人罪一等。其被卖在逃之人，又各减一等；若在逃之罪重者，自从重论。其自收留为奴婢、妻、妾、子、孙者，罪亦如之；隐藏在家者，并杖八十；若买者及牙保知情[④]，减犯人罪一等，追价入官；不知者，俱不坐，追价还主。若冒认良人为奴婢者[⑤]，杖一百，徒三年；为妻、妾、子、孙者，杖九十，徒二年半。冒认他人奴婢者，杖一百。

【注释】

①良人：古代不同阶层有不同身份等级，没有犯罪记录的平民为良民。唐代为了避李世民的名讳把良民称为良人，后来的法律沿用了这个表达。相对应的有贱民，包括奴婢、灶户、乐户等隶属贱籍的人。

②完聚：团聚，团圆。

③逃：未经家长允许擅自离开家长的控制范围。

④牙保：促使当事人达成协议的中间人。因为对交易对象有担保的作用，也称为牙保。

⑤冒认：明知对方实际情况以冒充欺诈的方式混淆事实达成自己的目的。如本条的冒认良民为奴婢、冒认他人奴婢，另外还有冒认他人遗失物之类的情况。

【译文】

凡是收留别人家走失的子女，不送到官府而是把他们卖为奴婢的，处以杖一百，徒三年的刑罚；把他们作为妻子、妾、儿子、孙子的，处以杖九十，徒二年半的刑罚。如果得到走失的奴婢后卖出去的，两种罪行各自比照良人的情况减一等处罚；被卖的人不处罚，还给他们的亲人团聚。如果收留他人在逃子女后卖为奴婢的，杖九十，徒二年半；作为妻子、妾、儿子、孙子的，杖八十，徒二年。如果收留在逃的奴婢后卖掉的，各自比照当事人为良人的情况减一等处罚。被卖的在逃人员，也都各自减一等处罚；如果所逃的罪更重，自然是按照重罪论罪。如果是自己把在逃人员收留为奴婢、妻子、妾、儿子、孙子的，也同等论罪；把他们隐藏在自己家里的，杖八十；如果买的人和牙保知情的，比照犯罪人的罪行减一等处罚，买卖的价钱归官府所有；不知情的，都不追究，把卖价追回还给在逃人的主人。如果把良人冒认为奴婢的，杖一百，徒三年；把冒认的人作为妻子、妾、儿子、孙子的，杖九十，徒二年半。冒认他人奴婢的，杖一百。

赋役不均

凡有司科征税粮及杂泛差役[①]，各验籍内户口田粮，定立等第科差[②]，若放富差贫那移作弊者[③]，许被害贫民赴拘该上司，自下而上陈告，当该官吏各杖一百。若上司不为受理者，杖八十，受财者，计赃以枉法从重论。

【注释】

①科征：国家赋予人们的纳税劳役等义务。杂泛差役：明代派差役有两种，一种是依照田地人丁所出的税粮当差称为赋役，依照人丁数征派临时劳役称为杂泛差役，法律上有田粮之差和杂泛之差的说法。

②定立等第科差：赋役和杂泛差役根据户口上登记的税粮人口多寡确立上、中、下三等差役标准。

③若放富差贫那移作弊者：确定应征差役标准时不依照登记的实情，而是挪移贫富的情况作弊，放纵富人逃避差役让穷人承担差役。那移，挪借移用。

【译文】

凡是官方征派税粮和杂泛差役，各种差役查验户口册籍内人口和田地税粮，确定应该征派差役的等级，如果派差役时作弊放纵富人逃避差役征派穷人的，允许被害穷人赶到具体办理事务的官吏的上司那里，自下而上陈诉告状，具体办事的官吏各杖一百。如果上司不受理的，杖八十，接受当事人财物的，计算赃款数额以枉法选择重罪论处。

丁夫差遣不平

凡应差丁夫杂匠而差遣不均平者[①]，一人笞二十，每五人加一等，罪止杖六十。若丁夫杂匠承差而稽留不着役[2]，及在役日满而所司不放回者，一日笞一十，每三日加一等，罪止笞五十。

【注释】

①丁夫：承担官方按照人口和土地数额指派劳役的成年男子。杂匠：指从事手工业的人员在官工作的。差遣不均平：在委派丁夫承担国家义务时，没有平均分担劳动和苦累的情况，以及忙闲不均导致不公平的情形。

②稽留：拖延留在原地不执行劳动。着役：着手服劳役。

【译文】

凡是应该差派丁夫、杂匠而差派不均匀的，一人笞二十，每五人加一等，最高处刑杖六十。如果丁夫、杂匠已经被征派承担差役而拖延不立即开始工作的，以及承担差役的日期结束而主管人员不放还的，一日笞十，每三日加一等，最高处刑笞五十。

隐蔽差役

凡豪民令子孙弟侄跟随官员隐蔽差役者[1]，家长杖一百，官员容隐者与同罪，受财者计赃以枉法从重论，跟随之人免罪充军。其功臣容隐者[2]，初犯免罪附过，再犯住支俸给一半[3]，三犯全不支给，四犯依律论罪。

【注释】

①隐蔽差役：官员单独立有仕籍，本人和家属可以免除差役和一定范围的赋税。因此，明代有豪民企图借助规定让自己子孙随着官

员上任以求免除税役，法律特别规定以消除危害。

②容隐：容留他人在自己的免税名额下登记，隐瞒真实的纳税情况，享有免税特权。

③住支俸给：停止发放俸禄和各种待遇。住，停住，截停。

【译文】

凡是豪民让子孙跟随官员为随从因而隐匿逃避国家的差役的，家长杖一百，官员容留隐瞒的与之同罪，因此接受财物的依照赃数以受赃枉法罪选择重罪论处，跟随的人免罪发配充军。功臣容留隐瞒他人逃避税役的，初次犯罪免除追究罪责但是在记录册上附记过错，再犯停止支给俸禄的一半，第三次犯罪俸禄全部取消不再支给，第四次犯罪依照法律论罪。

禁革主保里长

凡各处人民，每一百户内，议设里长一名，甲首一十名，轮年应役①，催办钱粮、勾摄公事②。若有妄称主保、小里长、保长、主首等项名色生事扰民者③，杖一百，迁徙。其合设耆老④，须于本乡年高有德众所推服人内选充，不许罢闲吏卒及有过之人充应，违者，杖六十，当该官吏笞四十。

【注释】

①轮年应役：每年轮流承担劳役。轮，轮流，依次更替。

②勾摄公事：处理公务。

③妄称：虚假的主张，不是官方设立，也没有告知官方的情况。主保、小里长、保长、主首：基层乡里主管一定范围内的联保家庭事务的人为主保，里长之下的管事人为小里长，乡里联保的人家推举的管事人称为保长，家庭的首脑称为主首。另有主持寺观的僧

道也称为主首。

④耆（qí）老：乡间自行推选的年老有德有威望的人，帮助调解纠纷，处理各种民间琐事的老人。

【译文】

凡是各处人民，每一百户人家，商议设立里长一名，甲首十名，每年轮流承担里长、甲首的劳役，帮助催办税收钱粮、选人派差处理公事。如果有妄称主保、小里长、保长、主首之类的各种职务生出事端扰害民众的，杖一百，迁出原住地。应该设立耆老的，应该在本乡年老有德行人所推崇信服的人中推选充当，不许被罢免赋闲的官吏士卒以及有过错的人充任，违反的，杖六十，具体负责的主管官员笞四十。

逃避差役

凡民户逃往邻境州县躲避差役者[①]，杖一百，发还原籍当差。其亲管里长、提调官吏故纵，及邻境人户隐蔽在己者，各与同罪。若里长知而不逐遣，及原管官司不移文起取，若移文起取而所在官司占吝不发者[②]，各杖六十。其在洪武七年十月以前流移他郡[③]，曾经附籍当差者，勿论；限外逃者，论如律。若丁夫杂匠在役[④]，及工、乐、杂户逃者[⑤]，一日笞一十，每五日加一等，罪止笞五十。提调官吏故纵者，各与同罪；受财者，计赃以枉法从重论；不觉逃者，五人笞二十，每五人加一等，罪止笞四十，不及五名者，免罪。

【注释】

①民户：身份为平民的同一户籍的全部家人。

②占吝不发：截留在当地不允许回到原籍的行为。

③洪武七年：1374年。

④丁夫杂匠：成年的人丁、工匠承担被委派的劳作义务。丁，成年人口达到承担国家赋役的年龄称为丁口或者人丁，也可以简称为丁。夫，具体承担体力劳作差役的男性人丁，如轿夫、河夫等。杂匠，有专业技术能够承担需要技术的劳役，如靴匠、铁匠、木匠、瓦匠等。在役：正在承担国家派给的劳役，完成赋役义务。

⑤工、乐、杂户：除了前文一般的工户、乐户之外，还有国家的官奴婢分配在不同的部门承担不同的工作成为专门的户，承担手工业劳作的为工户，承担音乐歌舞供人娱乐的为乐户，承担其他不确定内容工作的为杂户。官奴婢的来源一般是犯罪的亲属被连坐没收为奴，以及官奴婢的子女生而为奴。

【译文】

凡是民户逃亡到相邻的州县躲避差役的，杖一百，遣送回原籍服差役。直接管理的里长、提调官吏故意放纵，以及邻境的人家把逃亡的人家隐藏在自己家的，各自与逃亡者同罪。如果里长知情而不驱逐遣送，以及原住地主管机构不移送公文把逃亡的人领回来，包括移送公文要求领人而逃亡人所在地的主管机构拖住不发送的，各自杖六十。在洪武七年十月以前流亡迁徙到其他郡的，曾经在当地附籍当差的，不论罪；限期之外逃跑的，依照法律规定论罪。如果丁夫杂匠正在承担差役，以及工户、乐户、杂户逃亡的，一日笞十，每五日加一等，最高处刑笞五十。提调官吏故意放纵的，各自与逃亡者同罪；接受财物的，计赃数额依照枉法赃选择重罪论处；没有觉察而逃亡的，五人笞二十，每五人加一等，最高处刑笞四十，不到五人的，免罪。

点差狱卒

凡各处狱卒，于相应惯熟人内点差应役[1]，令人代替者[2]，笞四十。

【注释】

①惯熟人：经常在一起因此特别熟悉的人。本条惯熟的要求是因为经常在一起不仅熟悉容貌、身材，也熟悉特殊的行为和仪表，防止被人假冒而不能发觉，造成劫狱之类的严重后果。点差应役：点名应差承担应该服的差役。因为监狱看守囚犯事关重大，必须是熟悉认识的人才能承担这种差役，以防止陌生人承担差役混入劫囚之类的人员。使用熟悉的人承担特殊差役是一种安全保障措施。

②令人代替：让别人代替自己。狱卒是特殊看守人员，服役的人必须是可信的，必须保障是本人在服役。明代采用的方法之一是在狱中服役的狱卒彼此之间必须是熟悉的以确认是狱卒本人，如果找他人代替自己服役，其他狱卒对代替的人不熟悉，可能会被破坏监狱管理秩序的人利用，因此禁止找人代替。

【译文】

凡是各处监狱的狱卒，应当在需要承担差役的熟悉的人中点名派差服役，让他人代替的，笞四十。

私役部民夫匠

凡有司官私役使部民，及监工官私役使夫匠出百里之外及久占在家使唤者[1]，一名笞四十，每五名加一等，罪止杖八十，每名计一日追给雇工钱六十文，若有吉凶及在家借使杂役者[2]，勿论。其所使人数不得过五十名，每名不得使过三日，违者，以私役论。

【注释】

①监工官：国家的工程建造和物品制作派官员监工。主管官员和监工可以轻易地驱使所管的民众和工匠，因此设定这条法律，减少此种危害发生。

②吉凶：婚礼、冠礼之类喜庆的事为吉，丧礼或者灾、病之类为凶。

【译文】

凡是国家机构的官员私自役使所管辖的民众，以及监工的官员私自役使所管理的工匠去百里之外或者长期在家里使唤的，一名笞四十，每五名加一等，最高处刑杖八十，每名被役使的民众和工匠一日按雇工钱六十文计算，如果因为有婚丧等吉凶大事以及在家里借用使唤杂役的，不论罪。所使役的人数不得超过五十名，每名不得超过三日，违反的，以私役罪论处。

别籍异财

凡祖父母、父母在，而子孙别立户籍、分异财产者[①]，杖一百。须祖父母、父母亲告乃坐[②]。若居父母丧而兄弟别立户籍分异财产者[③]，杖八十。须期亲以上尊长亲告乃坐[④]。

【注释】

①别立户籍、分异财产：子孙一般与父母合在一起只设立一个户籍，财产是家人共同共有，明代律学家认为别籍和异财不须同时存在，只有一种即可构成本罪。

②亲告：亲自告发。

③居父母丧：处于父母的丧期。子女对父母的丧期是斩衰三年，也可以服丧二十七个月代替三年。在父母丧期内子女服丧不参与社会活动，各种日常活动也受到限制。法律特别做出规定，维护

父母子女之间的伦理关系，这符合当时法律的指导思想。

④期亲：齐衰亲属。本条规定期亲亲告是因为父母去世之后，期亲因为与父母关系近，可能奉有遗命或了解父母的心意，让他们承担亲告的责任有利于处理问题。

【译文】

凡是祖父母、父母在世，而子孙把户籍从父母户籍中分出来、分财产的，杖一百。必须祖父母、父母亲自告发才论罪。若处于父母的丧期期间而兄弟们从父母户籍册上分家分财产的，杖八十。必须是期亲以上的尊长亲自告发才论罪。

卑幼私擅用财

凡同居卑幼不由尊长私擅用本家财物者①，二十贯笞二十，每二十贯加一等，罪止杖一百。若同居尊长应分家财不均平者，罪亦如之。

【注释】

①同居：居住在一起的家人。卑幼：比自己的辈分低的亲属为卑亲属，与自己同辈比自己年龄小的为幼。私擅：卑幼不告知父母而私自使用财产。家中财产是共同共有的，卑幼可以使用，但是不可以擅自使用，尊长掌管财产但是不可以完全出于私心而使用，因此有本条的规定。

【译文】

凡是同居卑幼亲属不告知尊长私下擅自用自己家财物的，二十贯笞二十，每二十贯加一等，最高处刑杖一百。如果同居尊长应当分家产而不能平均分配的，也同样论罪。

收养孤老

凡鳏寡孤独及笃疾之人[1]，贫穷无亲属依倚，不能自存，所在官司应收养而不收养者，杖六十。若应给衣粮而官吏克减者，以监守自盗论[2]。

【注释】

①鳏（guān）寡孤独：丧妻男子称为鳏，丧夫女子称为寡。没有父母亲人的称为孤，没有兄弟姐妹的称为独。明代官方在基层设立养济院、慈幼院之类的地方专门收养鳏寡孤独的人，由国家拨给财物维持。

②监守自盗：看守的人自己盗走财物。发给养济院的财物是国家的物资，因此，扣减国家财物等于私自占有，视为监守自盗。

【译文】

凡是鳏寡孤独以及有笃疾的人，生活贫困且没有亲属可以依靠的，不能自己生存的，所在地的官府机构应该收养而不收养的，杖六十。若是应该发给衣服粮食而官吏克扣减少的，以监守自盗论罪。

卷第五　户律二　田宅计一十一条

【题解】

田宅门规定土地、房屋所有权及相关公、私权利的保护、土地使用、车船官物保护等。田指各种类型的农田，宅是指房屋、庭院、园林等建筑物，田宅概念类似于现代民法中的不动产。田地是农业税收的基本来源，田粮也是国家基本税收。田宅门规定的"欺隐田粮""检踏灾伤田粮"，关注国家田粮的落实。田粮与户口相关，特殊情况可以免除田粮，官宦和宗室及有爵者的家庭可以根据身份免除田粮。发生自然或人为灾害，也可以免除田粮。为了防止有人乘机谎报身份或者灾情，《大明律》中将有关行为规定为犯罪。如"诡寄田粮影射差役"是指为了减免税收，有些人把自己的身份或者土地依附在有免税权的人家，欺骗国家获得免税资格。

"田宅"设定国家和私人财产权保护，对国家财产的保护优先于私人财产保护，同等情况下，国家财产损坏设定民事赔偿和刑事犯罪的保护方式，私人财产主要是民事权利保护方式，这也是传统法典在财产权保护上的特点。盗卖田宅、盗耕田地、私借官车船设定的无权处分，受害人可以获得民事赔偿，土地所有权恢复原状，加害人还会受到刑罚处罚。民事权利同时采用民法和刑法两种保护方式。如盗卖田宅条规定："凡盗卖、换易及冒认，若虚钱实契典卖，及侵占他人田宅者，田一亩、屋一间以下笞五十,每田五亩屋三间加一等,罪止杖八十徒二年,系官者各加二等。……田产及盗卖过田价,并递年所得花利,各还官给主。"盗卖他人土地房屋的处罚结果包括刑事处罚笞、杖、徒刑,还有民事处分方式田宅和价钱都还给原主,即民事权利恢复原状。从明代司法实践来看,法律规定盗卖田宅的民事和刑事处罚中,民事赔偿即田产和田价还给原主的规定通常会在裁判中得到保障,刑事处罚即处笞刑、杖刑、徒刑之类并不一定会被执行,特别是盗卖数额不高处以笞杖刑的情况,司法中一般不执行笞、杖。法律与实践之间出现的差异,体现了明代法律实践对民事权利的重视,虽然古代中国没有民事法律理论,但是,丰富而独特的民事法律实践体现了古代中国法律的独特发展路径。举例,张三把租种李四的八分田地卖给王五,卖价十两银子,事发,法官判决王五把土地还给李四,张三把卖价十两银子还给王五,同时,张三盗卖李四的土地不到一亩,应该处刑笞五十。实践中,法官会判决执行土地返还和田价返还,但是一般不会实际执行笞五十板。这种情况说明,法律规定上,民事案件用民法和刑法两种方式保护当事人的权利;司法实践中,法官积极保护民事权利,淡化民事案件的刑罚部分。法律规定中民刑不分,实践上民刑分化,这与西方法律中民法和刑法分立的情形不同。当代中国的法律体系和理论来自西方,民刑分立被认为是一种标准的法律发展路径,所以说,中国古代的民法发展是独特的路径。

"典卖田宅"条规定的"典"是中国古代独具特色的民事权利处分行为,当事人双方约定期限,出典方可以在不转让土地房屋所有权的情况下,通过出典获得承典人的资金即典价,让渡出典期间的田宅使用权、收益权,到期用典价赎回田宅,双方的权益各自恢复原状,即田宅回归于出典人,资金回到承典人手中。典权让拥有田宅的人在紧急情况下可以迅速获得资金救急,且典权获取资金不需要复杂的抵押程序,双方交易便捷安全。古人认为田宅是家庭或者家族的"业",家族中代代传承,轻易不可丧失所有权,丧失所有权不仅是财产转移的问题,更是不能保有祖业的不孝行为，典权制度可以满足双方的需要，还能符合家族财产观念。

“弃毁器物稼穑等”“擅食田园瓜果”被视为侵权，其目的是保护所有权人的财产。明代法律对器物等动产、田宅不动产的财产保护方式和范围虽然不像当代民法对财产权保护那样完善，但是也适应当时的社会情况做出了比较充分的权利保护。法律设定的侵权损害赔偿，尽可能弥补受害人的财产损失，并通过设定犯罪和刑罚的方式加大保护力度，由于突出刑法处罚弱化了人们对民事权利保护的关注，传统中国法律并非忽视财产权保护，只是没有达到当代法律财产保护的精细程度。

欺隐田粮

凡欺隐田粮、脱漏板籍者①，一亩至五亩笞四十，每五亩加一等，罪止杖一百，其田入官，所隐税粮依数征纳②。若将田土移坵换段③，那移等则④，以高作下，减瞒粮额，及诡寄田粮影射差役⑤，并受寄者，罪亦如之，其田改正，收科当差。里长知而不举，与犯人同罪。其还乡复业人民，丁力少而旧田多者，听从尽力耕种，报官入籍，计田纳粮当差，若多余占田而荒芜者，三亩至十亩笞三十，每十亩加一等，罪止杖八十，其田入官。若丁力多而旧田少者，告官，于附近荒田内验力拨付耕种。

【注释】

①欺隐田粮、脱漏板籍者：欺骗国家隐瞒本户的土地应该缴纳的粮税，整户或者户中有人口没有登记在国家的户籍册中不申报户籍因此而逃避税收。

②依数征纳：指依照所隐瞒的亩数应该缴纳的税款征收。

③移坵(qiū)换段：连成片的小范围区域为坵，坵中所分区为段。此指册籍上登记的土地位置被移动改换。

④那移等则：明代田地的税粮依照田地性质和产量分为不同等级，如水田、旱田、荒滩等，每亩地应纳税的数额不同形成不同等级的税则。把高等级的土地在登记的时候挪换为低等级的，以逃避高等级的税额。

⑤诡寄田粮影射差役：把自己的田地以欺诈手段虚假登记在可以免赋役的人名下，用这种方式把对方的免税免差特权移用到自己身上，逃避税粮和差役。诡寄，用诡诈欺骗的方式把自己的东西寄存在别人名下。影射，像影子投射到空地上，使得原来空无的状态具有了虚拟的来自实体的影子，即，自己本来没有免税免差役的特权，把自己的土地登记在有特权的人名下，特权像虚拟的影子一样投射在己身上，使自己获得了特权。举例来说，张三是平民，土地需要交税承差，把自己的土地登记在做官后免税免差的亲戚李四名下，就可以借助李四获得免税免差权，虚假登记为诡寄，获得免税免差为影射。

【译文】

凡是欺瞒隐匿田地税粮脱漏人口不登记在册的，一亩到五亩笞四十，每五亩加一等，最高处刑杖一百，田地没收入官方，依照所隐匿的田地应纳税粮的数额和年数追缴。如果改变田地的形状和地界，挪移田地应纳税的等级，把高等级土地和税则改为低等级的，减少隐瞒税粮的数额，以及把自己的田地虚假登记在可以免税的人名下试图减免税粮和差役，以及接受诡寄的人，同样论罪，所诡寄的田地改正归原主，征收税粮并征调差役。里长知情不举报的，与犯罪人同罪。流落到外地的人回到家乡恢复生产，成丁少而原有的田地多的，允许尽力耕种，申报官府在当地登记户口入籍，计算田地数额缴纳税粮承担差役，如果占有了多余的土地无法耕种而导致荒芜的，三亩到十亩笞三十，每十亩加一等，最高处刑杖八十，多占的田地没收入官。如果成丁多而原有的田地少的，禀告官府，根据劳力的多少拨给附近荒田耕种。

检踏灾伤田粮

凡部内有水、旱、霜、雹及蝗蝻为害①，一应灾伤田粮②，有司官吏应准告而不即受理申报检踏③，及本管上司不与委官覆踏者，各杖八十。若初覆检踏官吏不行亲诣田所④，及虽诣田所不为用心从实检踏，止凭里长、甲首朦胧供报，中间以熟作荒、以荒作熟、增减分数通同作弊瞒官害民者，各杖一百，罢职役不叙。若致枉有所征免粮数，计赃重者，坐赃论⑤；里长、甲首各与同罪，受财者，并计赃以枉法从重论。其检踏官吏及里长、甲首失于关防致有不实者⑥，计田十亩以下免罪，十亩以上至二十亩笞二十，每二十亩加一等，罪止杖八十。若人户将成熟田地移坵换段冒告灾伤者，一亩至五亩笞四十，每五亩加一等，罪止杖一百；合纳税粮，依数追征入官。

【注释】

①蝗蝻（nǎn）：蝗的幼虫。

②一应灾伤：指水旱等灾害之外其他的灾害，如大风、暴雨等。

③检踏：实地查看测量。

④诣：前往，到。

⑤坐赃：犯罪行为中涉及赃物赃款又没有专门的罪名的，一般用坐赃，《大明律》受赃门类下有坐赃致罪的规定。

⑥失于关防：失于防范，失察。

【译文】

凡是官府所属辖区内有水灾、旱灾、霜冻、冰雹、蝗虫灾害，各种灾害导致田地受灾，负责的官吏应该允准灾民的申告而不立即受理申报实地检查勘验的，以及官员的主管上司不委派官员复查勘验的，各杖八十。如果初次和复查勘验的官吏不亲自到田地所在地，以及虽然到了田地不用心照实情检查勘验的，只凭着里长、甲首含糊报告的，其中以熟田作为荒田、以荒田作为熟田、增加或减少受灾田地的分数共同作弊欺瞒官府祸害灾民的，各自杖一百，罢免职务和差役不再任用。如果因此导致错误征收或者免除税粮数，计算赃数选择重罪论罪，以坐赃论罪；里长、甲首各自同样论罪，接受了财物的，总计赃数以枉法赃的罪名选择从重论罪。检查勘验的官吏以及里长、甲首失察导致没有如实计算的，计算田地十亩以下免罪，十亩以上至二十亩笞二十，每二十亩加一等，最高处刑杖八十。如果田地所有人将成熟田地移换地段冒充受灾报告的，一亩至五亩笞四十，每五亩加一等，最高处刑杖一百；应该缴纳的税粮，依照数额追缴没收入官。

功臣田土

凡功臣之家，除拨赐公田外，但有田土，从管庄人尽数报官[①]，入籍纳粮当差，违者，一亩至三亩杖六十，每三亩加一等，罪止杖一百，徒三年，罪坐管庄之人，其田入官，所隐税粮依数征纳。若里长及有司官吏踏勘不实，及知而不举者，与同罪；不知者，不坐。

【注释】

①管庄：帮助管理他人田地的庄头等人。功臣之家有俸禄和赏赐土地，不用承担税粮和差役，如果另外置田地即为私产，应该承担赋

役，管庄人和土地需要按照人口和田地数纳税当差。

【译文】

凡是功臣之家，除了拨给赏赐的公田外，只要有其他土地，管庄的人把所有的土地如实报官，纳入当地的土地和户籍缴纳税粮承担差役，违反的，一亩至三亩杖六十，每三亩加一等，最高处刑杖一百，徒三年，由管庄人承担罪责，田地没收入官，所隐匿的税粮照数征缴。如果里长以及负责官吏实地勘验不实的，以及知情而不告发的，同样论罪；不知情的，不论罪。

盗卖田宅

凡盗卖、换易及冒认①，若虚钱实契典卖②，及侵占他人田宅者③，田一亩、屋一间以下笞五十，每田五亩屋三间加一等，罪止杖八十，徒二年，系官者各加二等。若强占官民山场、湖泊、茶园、芦荡及金、银、铜、锡、铁冶者，杖一百，流三千里。若将互争及他人田产妄作已业④，朦胧投献官豪势要之人⑤，与者、受者各杖一百，徒三年。田产及盗卖过田价⑥，并递年所得花利⑦，各还官给主。若功臣初犯免罪附过，再犯住支俸给一半，三犯全不支给，四犯与庶人同罪。

【注释】

①盗卖：把他人田地在主人不知情的情况下卖给别人获利。换易：把他人的土地房屋等换成自己的。冒认：业主不知而把他人财产认作自己的产业。

②虚钱实契：指设立买卖文书契约规定支付一定数额的价款，但是实际上并没有支付价款，契约中规定的支付价款的条款是虚假

的。实践中有自愿通过虚钱实契规避法律义务的，也有通过逼迫或者诈骗把他人的产业据为己有的。

③侵占：指侵越界限，占为自己的产业。

④妄作己业：把他人的产业当作自己的。

⑤投献：把自己的土地献给他人以便寻求免税等庇护。

⑥过田价：土地交易过程中支付给卖方的价钱。

⑦花利：孳息，本金孳生出来的利益。盗卖或重复典卖田宅之后，用获得的价钱拿出去放贷或者从事其他经营性活动获得的利息或者收益，如，盗卖田地得三十两银子，用这些钱买了两只羊，一年后生小羊羔一只，价值三两银子，此羊羔即为孳息，归还卖田地的价钱时，要归还原主三十三两银子或者三十两银子加一只羊羔。

【译文】

凡是盗卖、换易以及冒认，包括虚假交付实际写立契约典卖的，以及侵占他人的田地房屋的，田一亩、房屋一间以下的笞五十，每五亩田地三间房屋加一等，最高处刑杖八十，徒二年，涉及的田地和房屋属于官方的各加二等。如果强占官方和民众的山场、湖泊、茶园、芦荡以及金、银、铜、锡、铁冶炼场的，杖一百，流放三千里。如果把所争执的以及他人的田产妄自作为自己产业的，蒙混投献给官位高权势大的人，投献的和接收的各自杖一百，徒三年。田产以及盗卖的过田价，以及每年所得的利息，各自还给官方和田主。如果功臣初犯上述罪行免罪将过错记录在册，再犯只支付一半俸禄，第三次犯分文不支，第四次犯与平民同罪。

任所置买田宅

凡有司官吏，不得于见任处所置买田宅[①]，违者，笞五十，解任，田宅入官。

【注释】

①置买田宅：置办买入田地房屋作为私人产业，如果是置办学田、义田等不属于私产的，不受这条限制。此为防止与民争利，但不反对官员举行公益活动。

【译文】

凡是在各部门任职的官员，不得在现任地方置业买田地和房屋，违反的，笞五十，解除职务，田地和房屋没收归官府。

典买田宅

凡典买田宅不税契者[①]，笞五十，仍追田宅价钱一半入官；不过割者[②]，一亩至五亩笞四十，每五亩加一等，罪止杖一百，其田入官。若将已典卖与人田宅朦胧重复典卖者[③]，以所得价钱计赃准窃盗论[④]，免刺，追价还主，田宅从原典买主为业。若重复典买之人及牙保知情者，与犯人同罪，追价入官，不知者不坐。其所典田宅、园林、碾磨等物年限已满[⑤]，业主备价取赎，若典主托故不肯放赎者，笞四十，限外递年所得花利追征给主，依价取赎。其年限虽满，业主无力取赎者，不拘此律。

【注释】

①典：不动产所有人把自己的产业转让给他人，收取价金，约定一定期限后赎回。不动产所有人称为业主，承典人称为典主。税契：买卖土地房屋需要把契约拿给国家有关部门缴纳契税。

②过割：不动产交付的方式，把所典买的田地过户到自己户籍之下登记开始承担该田地的粮税，房屋不需要附带差役和粮税，所以

条文中过割的处罚规定为田地。

③重复典卖：已经出典又把该产业出卖，或者已经卖掉的产业又出典，存在欺骗之前的典主不知情的事实，所以用“朦胧”表达典主不知情的状态。

④计赃准窃盗论：将重复典卖的价钱数额定性为赃款，比照该数额在窃盗罪中的量刑幅度为之量刑。

⑤年限已满：出典时约定的典期已经届满，出典人可以赎回自己的产业。如果没到期限，强制赎回的，和本条规定已经到期典主故意拖延不肯让原主赎回的，依照不应得为的规定处罚。《大明律·刑律·杂犯》“不应为”条规定：“凡不应得为而为之者，笞四十；谓律令无条、理不可为者。事理重者，杖八十。”典权当事人之间约定典权期限是双方自愿达成的协议，出于诚信双方都要遵守协议，一方不遵守协议，提前强制赎回或者到期不让出典人赎回的，法律不再另外制定规则约束这种行为，而是认为这是不应该做的事情，按照《大明律》不应为的规定，做了不该做的事，后果比较轻的，处笞四十的刑罚，所以本条规定有笞四十。本条没有明文规定典期内强制赎回，但是可以从到期不让赎回属于不应为作完整理解。

【译文】

凡是出典、买卖田地或房屋不缴纳契税的，笞五十，仍然追征出典、买卖田地或房屋价钱的一半没收入官；不过户的，一亩至五亩笞四十，每五亩加一等，最高处刑杖一百，田地没收入官。如果将已经典卖给他人的田地或房屋在典主不知情的情况下又出典或者出卖给他人，以所得的价钱计算数额比照窃盗罪的赃款量刑，免刺字，追缴价钱还给买主，田地或房屋给最初的典主或买主为产业。如果后来的典主或者买主以及牙保知情的，与犯人同罪，追缴价钱没收入官，不知情的不论罪。所出典的田地或者房屋、园林、碾磨等标的物年限已满，业主准备了典价赎回，如果典主借口不肯给业主赎回的，笞四十，典期限满之后每年所得的孳息追缴给业主，依照出典时约定的价格赎回产业。如果典期虽满，业主无钱赎回的，不适用这条法律。

盗耕种官民田

凡盗耕种他人田者[①]，一亩以下笞三十，每五亩加一等，罪止杖八十。荒田减一等。强者[②]，各加一等。系官者，各又加二等。花利归官、主。

【注释】

①盗耕：未经田主允许偷偷耕种他人土地。

②强者：不经田主允许用暴力强行耕种他人田地的行为。

【译文】

凡是盗耕他人的田地的，一亩以下笞三十，每五亩处刑加一等，最高处刑杖八十。盗耕他人荒田的处刑减一等。使用暴力强行耕种他人土地的，每种情况处刑增加一等。盗耕的田地属于官方的，每种情况处刑加二等。所耕种田地获得利益归还给官方或者田主。

荒芜田地

凡里长部内已入籍纳粮当差田地无故荒芜[①]，及应课种桑、麻之类而不种者，俱以十分为率，一分笞二十，每一分加一等，罪止杖八十，县官各减二等[②]，长官为首，佐职为从。人户亦计荒芜田地，及不种桑、麻之类，以五分为率，一分笞二十，每一分加一等，追征合纳税粮还官。应课种桑、枣、黄麻、苎麻、绵花、蓝靛、红花之类[3]，各随乡土所宜种植。

【注释】

①无故：不是因为水旱等自然灾害或者战争、瘟疫等不可抗力而不耕种田地的。荒芜：田地轻微损害称为荒，损害严重的称为芜。明代认为农民应该勤力耕种增加社会总财富，如果撂荒被认为是惰农，里长有监督责任，因此，法律规定了对无故撂荒的惩罚。

②县官各减二等：明代法律规定县官有劝课农桑的职责，如果辖区有田地荒芜导致国家税收减少的，县官需要承担责任，因此，法律规定县官和佐职的区分。

③苎（zhù）麻：多年生草本植物。属荨麻科。茎皮纤维坚韧有光泽，可作编结、纺织、造纸的原料。

【译文】

凡是里长在自己管辖的区域内有已经登记入户籍承担税粮和差役的田地无故撂荒，以及规定应该种植桑、麻之类的作物而不种植的，都以十分为计算单位，一分笞二十，每增加一分处刑加一等，最高处刑杖八十，县官处刑各减二等，长官为首犯，佐贰职官为从犯。农户也计算荒芜田地，以及不种植桑、麻之类的土地数额，以五分为计算单位，一分笞二十，每增加一分处刑加一等，追征应该缴纳的税粮给官府。要求种植桑、枣、黄麻、苎麻、棉花、蓝靛、红花之类的，随各地方适宜的种类种植。

弃毁器物稼穑等

凡弃毁人器物及毁伐树木、稼穑者[1]，计赃准窃盗论，免刺；官物加二等。若遗失及误毁官物者，各减三等，并验数追偿；私物者，偿而不坐罪。若毁人坟茔内碑碣、石兽者[②]，杖八十；毁人神主者[③]，杖九十。若毁损人房屋、墙垣之类者[④]，计合用修造雇工钱坐赃论，各令修立，官屋加二等；误毁者，但令修立，不坐罪。

【注释】

①稼穑（sè）：指农作物，庄稼。

②坟茔（yíng）：坟墓，坟地。碑碣（jié）、石兽：用于陵墓前祭祀死者的器物。陵墓前立的墓碑为碑碣。石兽，古代陵墓按照墓主人的身份等级摆放石质的守墓兽。

③神主：说明死者身份姓名的墓主人的牌位。

④墙垣（yuán）：墙壁。

【译文】

凡是毁坏、抛掉他人器物以及毁坏砍伐树木、庄稼的，计算所毁物品的价值按照盗窃的赃款数额处刑，免除刺字；所毁弃的物品属于官方的，处刑加二等。如果是遗失以及过失毁损官物的，各种情形减三等处刑，并查验数额追偿；毁损的是私人物品的，追偿但是不论罪。如果毁损他人坟地内的墓碑、石兽的，杖八十；损坏他人神主的，杖九十。如果毁损他人房屋、围墙之类的，计算修造或树立毁损物雇工应给的价钱以坐赃论罪，让毁坏者修造或树立，如果是官府的房屋处刑加二等；过失导致毁损的，只责令修造或树立，不论罪。

擅食田园瓜果

凡于他人田园擅食瓜果之类[①]，坐赃论；弃毁者，罪亦如之。其擅将去及食系官田园瓜果，若官造酒食者，加二等；主守之人给与及知而不举者，与同罪。若主守私自将去者，并以监守自盗论。

【注释】

①擅：私自取人财物，不掩盖行为让别人知道为擅。如果掩盖行为不让人知道称为窃。

【译文】

凡是在他人的田园中擅自食用瓜果之类的，以坐赃论罪；毁坏抛弃的，同样论罪。擅自拿走以及食用属于官府的田园中的瓜果，包括官方酿造的酒和食物的，处刑加二等；负责看守的人给予的以及知情不检举告发的，与之同罪。如果负责看守的人私自拿走的，以监守自盗论罪。

私借官车船

凡监临主守将系官车船、店舍、碾磨之类私自借用[①]，或转借与人，及借之者，各笞五十，验日追雇赁钱入官[②]，若计雇赁钱重者[③]，各坐赃论[④]，加一等。

【注释】

①店舍：店铺和房屋。碾磨：压碎研细谷物的器具。借用车船的术语用雇，借用店舍、碾磨的术语用赁。

②验日追雇赁钱：按照犯罪时雇佣、租赁的价钱日期累计应当支付的价款进行追缴。

③计雇赁钱重者：计算雇用和租借车船、店铺之类的价钱较高获罪较本罪处罚重，参照坐赃的量刑标准定罪量刑。

④各坐赃论：涉及本罪的各个主体，即监临主守、借者、转借者，按照坐赃论罪。

【译文】

凡是监临主守把属于官府的车船、店铺、碾磨之类私自借用,或者转借给他人,以及借的人,各笞五十,计算每天雇佣或者租赁的价钱追缴给官府,如果雇佣或者租赁的钱数额较高所获罪责高于本罪的,各自按照坐赃论罪,各加一等论处。

卷第六　户律三　婚姻计一十八条

【题解】

婚姻门规定婚姻成立的条件、限制性条件及离婚条件。婚姻的目的是延续家族，不以当事人的意愿为基本条件，而是赋予家长主婚权，无论是结婚、离婚都要尊重家长的意志，充分体现父权、夫权。

明代沿袭了历代缔结婚姻的目的和条件。我国在远古时期就已经认识到近亲结婚不利于后代繁衍，利用图腾禁忌产生了“图腾族外婚”的观念，后来演变出“同姓不婚”的规则，相同姓氏的人们之间不得缔结婚姻关系。早期相同姓氏的人们之间有血缘关系，这一规则可以尽量减少近亲结婚，促进优生。随着社会的发展，变姓、赐姓、改姓、以氏为姓等情形导致姓氏与血缘之间的密切关系松动，尽管到了明代，相同姓氏的人们之间不一定有血缘关系，或者有血缘关系的同姓之人结婚已经不构成近亲结婚影响后代的情况，《大明律》中还是规定了同姓不婚。民国以后，我国法律已经通过血亲的亲等关系确定近亲等级，不再规定同姓不婚的限制性条件，但是，民间关于同姓不婚的习俗直到20世纪仍然有一定的影响力。

婚姻成立后在一定条件下也可以离婚。离婚的一般条件是“七出三不去”，离婚的权利掌握在夫家手中，无须过问妻子的意见。汉代女子可以提出和离，唐律中明确规定夫妻之间可以协议离婚，《大明律》也保留了“和离”的规定，这在一定程度上尊重了妇女的意志，但是，如果丈夫不同意，妻子并不能实现离婚目的，一旦离开家庭就构成背夫而亡的罪名。而丈夫的离婚意愿得到充分尊重，妻子不愿离婚，丈夫可以休弃，妻子却不能有同等的权利。“七出”与“和离”之外，唐律中规定的“义绝”，《大明律》也做了同样的规定。

明代婚姻制度清除了元代遗留的收继婚，禁止父兄去世后，侄子或弟弟收婶婶或嫂子为妻妾，否则以乱伦处以重刑。明代婚姻制度既保存了传统婚姻制度，也适应当时社会情况做了调整和发展。

男女婚姻

凡男女定婚之初，若有疾残、老幼、庶出、过房、乞养者[①]，务要两家明白通知，各从所愿写立婚书[②]，依礼聘嫁。若许嫁女已报婚书，及有私约[③]，谓先已知夫身疾残、老幼、庶养之类。而辄悔者，笞五十；虽无婚书，但曾受聘财者[④]，亦是。若再许他人，未成婚者杖七十，已成婚者杖八十；后定婚者，知情，与同罪，财礼入官；不知者，不坐，追还财礼，女归前夫；前夫不愿者，倍追财礼给还，其女仍从后夫。男家悔者，罪亦如之，不追财礼。其未成婚男女有犯奸盗者，不用此律。若为婚而女家妄冒者[⑤]，杖八十，谓如女有残疾，却令姊妹妄冒相见，后却以残疾女成婚之类。追还财礼。男家妄冒者，加一等，谓如与亲男定婚，却与义男成婚。又如，男有残疾，却令弟兄妄冒相见，后却以残疾男成婚之类。不追财礼；未成婚者，仍依原定[⑥]；已成婚者，离异。其应为婚者，虽已纳聘财，期约未至，而男家强娶，及期约已至，而女家故违期者，并笞五十。

若卑幼或仕宦，或卖买在外，其祖父母、父母及伯叔父母、姑、兄、姊后为定婚，而卑幼自娶妻已成婚者，仍旧为婚；未成婚者，从尊长所定，违者，杖八十。

【注释】

①庶出：妾所生的儿子。过房：自己没有儿子，从同辈兄弟的子侄中选取男性立为自己的继承人，该继承人从自己原来的家庭转移到立嗣人的家庭为过房。

②婚书：男女双方订立婚约，通过媒人写成正式文书，约定有关婚姻成立的事项，特殊情况如招赘，需要在婚书中说明赘婿的权利义务、财产安排等。明初婚书受到元代法律的影响。《元典章》规定了婚书的内容和形式："凡婚书不得用彝语虚文，须要明写聘财、礼物，婚主并媒人各各画字。女家回书，亦写受到聘礼数目，嫁主并媒人亦合画字。仍将两下礼书背面大书'合同'字样，分付各家收执。如有词语朦胧，别无各各画字，并'合同'字样，争告到官，即同假伪。"男方家先出婚书，女方家还报婚书，在媒人面前合婚书并写"合同"二字骑缝，对双方有契约的约束力。明代法律没有明确规定婚书的形式、内容和效力，明初婚俗中婚书的情况可能是类似的。

③私约：没有媒人而私下约定的婚姻。

④聘财：男方家为缔结婚姻送给女方家的财物。有时没有写立婚书，有聘财也可以认为订立了婚约。

⑤妄冒：欺骗冒充。

⑥未成婚者，仍依原定：此指原定的与亲生儿子、没有残疾的儿子之类的婚约。

【译文】

凡是男女双方订婚之初，如果当事人有残疾、年龄太大或太小、庶出、过房、养子的，必须要两家都清楚明白地通知对方，各自依照自己的愿望书写婚书，依照礼仪程式聘娶出嫁。如果已经许诺嫁女报送了婚书，以及有私约，指之前已经知道了未婚夫身体有残疾、年龄老幼、庶出、养子之类的情况。却又悔婚的，笞五十；虽然没有婚书，但是曾经接受聘财的，也是同样论罪。如果已有婚约又许配他人，没有成婚的杖七十，已经成婚的杖八十；后来确定婚约的，如果知情，同样论罪，财礼没收入官；不知情的，不论罪，把财礼追回来，女子归于前夫；前夫不愿意的，加倍追回财礼还给前夫，女子仍然归于后夫。男方家悔婚的，同样论罪，不追回财礼。没有成婚的男女有犯奸淫和盗窃罪的，不适用这条法律。如果在成立婚姻的过程中女方家有欺骗假冒的情形，杖八十，指如女方有残疾，却让姐妹冒充见面，后来却让残疾的女子成婚之类。男方家追回财礼。男方家欺骗冒充的，处刑加一等，指如与亲生的儿子订立婚约，却与养子成婚。又比如，男方有残疾，却让弟兄冒充相见，后来却以残疾的儿子成婚之类。不追回财礼；没有成婚的，仍然依照原定婚约；已经成婚的，离婚。应该成婚的，虽然已经给了聘财，约定的婚期没到，而男方家强娶的，以及约定的婚期已到，而女方家故意违反婚期的，都笞五十。如果卑幼因为做官，或者做生意在外地，其祖父母、父母以及伯叔父母、姑姑、哥哥、姐姐等有主婚权的人在他们走后为他们确定婚约，而卑幼自己娶妻已经结婚的，仍然承认婚姻有效；没有成婚的，遵从尊长者所定的婚姻，违反的，杖八十。

典雇妻女

凡将妻妾受财典雇与人为妻妾者[①]，杖八十；典雇女者，杖六十，妇女不坐。若将妻妾妄作姊妹嫁人者，杖一百，妻妾杖八十。知而典娶者，各与同罪，并离异，财礼入官；不知者，不坐，追还财礼。

【注释】

①将妻妾受财典雇与人为妻妾：接受钱财，约定时间之后归还钱财并取回典物的称为典。将自己的所有物给他人，按日期计算价钱的，称为雇。此指将自己的妻子、妾或者女儿出典或出租给他人作为妻妾的情况。

【译文】

凡是接受他人钱财把自己的妻子、妾出典、出租给他人作为妻妾的，杖八十；出典、出租自己女儿的，杖六十，妇女不论罪。如果把妻妾假冒姐妹嫁人的，杖一百，妻妾杖八十。知情而承典或者娶的人，各自同样论罪，都离婚，财礼没收入官；不知情的，不论罪，追回财礼。

妻妾失序

凡以妻为妾者，杖一百。妻在，以妾为妻者，杖九十，并改正。若有妻更娶妻者，亦杖九十，离异。其民年四十以上无子者，方许娶妾，违者，笞四十。

【译文】

凡是把妻子作为妾的，杖一百。妻子在世，把妾作为妻子的，杖九十，并改正妻妾的身份——妻子仍然是妻子，妾仍然是妾。如果有妻子又娶妻的，也杖九十，离婚。民众年龄在四十以上妻子没有生儿子的，才允许娶妾，违反的，笞四十。

逐婿嫁女

凡逐婿嫁女，或再招婿者[①]，杖一百，其女不坐。男家知而娶者，同罪；不知者，亦不坐，其女断付前夫，出居完聚[②]。

【注释】

①招婿：男子至女方家成婚，并成为其家庭成员，也称为入赘。

②出居：入赘的女婿与妻子同住在岳父家，属于岳父家的人，发生逐婿嫁女，翁婿情分已尽，允许女儿女婿离开岳父家独自居住。

【译文】

凡是入赘之家驱逐赘婿把女儿嫁出去，或者重新招女婿的，杖一百，女儿不论罪。男方家知情而娶该女的，同罪；不知情的，也不论罪，女子裁断给前夫，女儿女婿离开岳父家出外居住团聚。

居丧嫁娶

凡居父母及夫丧而身自嫁娶者[①]，杖一百。若男子居丧娶妾，妻、女嫁人为妾者，各减二等。若命妇夫亡再嫁者[②]，罪亦如之，追夺并离异[③]，知而共为婚姻者，各减五等；不知者，不坐。若居祖父母、伯叔父母、姑、兄、姊丧而嫁娶者，杖八十，妾不坐。若居父母、舅姑及夫丧而与应嫁娶人主婚者[④]，杖八十。其夫丧服满愿守志[⑤]，非女之祖父母、父母而强嫁之者，杖八十；期亲强嫁者，减二等，妇人不坐，追归前夫之家，听从守志；娶者，亦不坐，追还财礼。

【注释】

①父母及夫丧：子女对父母、妻对夫属于斩衰丧，丧期三年，实际可以减为二十七个月。

②命妇：受过封诰的妇人。

③追夺：追回、剥夺。

④舅姑：公公和婆婆。对女子而言，对父母、公婆、丈夫都是斩衰三年丧。

⑤守志：寡妇在丈夫去世后不再出嫁，守着与丈夫一生一世的志愿为守志。

【译文】

凡是处于父母以及丈夫的丧期而自主决定出嫁娶妻的，杖一百。如果男子在丧期内娶妾，妻子、女儿嫁给别人作为妾的，各自减二等处刑。如果命妇丈夫去世后再嫁的，同等论罪，并追缴夺去已经授予的诰命册封和服饰并离婚，知情而缔结婚姻的，各自减五等处刑；不知情的，不论罪。如果是处于祖父母、伯叔父母、姑姑、兄长、姐姐的丧期而嫁娶的，杖八十，嫁为妾或者娶为妾的不论罪。如果处于父母、公婆以及丈夫的丧期而给应该嫁娶的人主婚的，杖八十。女子在丈夫去世三年服丧期满愿意为前夫守志不嫁，不是女子的祖父母、父母而强迫女子出嫁的，杖八十；期亲强嫁的，减二等处刑，妇女不论罪，从后夫家追回给前夫家，按自己的意愿守志；娶的人，也不论罪，追回财礼。

父母囚禁嫁娶

凡祖父母、父母犯死罪被囚禁而子孙嫁娶者[1]，杖八十；为妾者减二等；其奉祖父母、父母命而嫁女、娶妻者，不坐，亦不得筵宴。

【注释】

①被囚禁：祖父母、父母因为犯罪被捕在监狱中，子孙应当为其忧虑，不得举行喜庆活动，否则为不孝。

【译文】

凡是祖父母、父母犯死罪被囚禁而子孙出嫁或娶妻的，杖八十；嫁娶为妾的减二等处刑；奉祖父母、父母的命令而嫁女、娶妻的，不论罪，也不得举办宴席。

同姓为婚

凡同姓为婚者①，各杖六十，离异。

【注释】

①同姓为婚：同样的姓氏不得缔结婚姻。远古时代，我国的先民已经认识到有较近血缘关系的人之间缔结婚姻会出现不健康的后代，不利于生殖繁衍，因此形成了图腾族外婚的观念，信奉同一图腾的氏族内的人之间不得缔结婚姻。这一规则作为习惯演变为习惯法，西周礼制中已经有同姓不婚的规定，春秋战国成文法典成为基本法律形式，同姓不婚被纳入法典延续到《大明律》。同样的姓氏早期有血缘关系，后来虽然不一定有血缘关系或血缘关系较远，但是为了避免后代不健康，法律禁止同姓结婚。这一规定也含有避免有血缘关系的人之间缔结婚姻出现乱伦的情形。

【译文】

凡是有同样姓氏的人缔结婚姻的，各杖六十，离婚。

尊卑为婚

凡外姻有服尊属、卑幼共为婚姻①，及娶同母异父姊妹，若妻前夫之女者，各以奸论②。其父母之姑舅、两姨姊妹及姨若堂姨[3],母之姑、堂姑[4],己之堂姨及再从姨、堂外甥女[5],若女婿及子孙妇之姊妹[6],并不得为婚姻,违者,各杖一百。若娶己之姑舅、两姨姊妹者[7],杖八十,并离异。

【注释】

①外姻有服尊属:指外祖父母、母亲的兄弟姐妹、妻子的父母。外姻,因为缔结婚姻而产生的亲属关系。卑幼:指外姻有服卑幼,指外孙、外甥女、姨外甥女、女婿。本条是关于外姻亲属之间结婚的限制性规定。

②以奸论:外姻有服尊亲属和卑亲属之间缔结的婚姻关系,虽然有缔结婚姻的形式,但不符合法律规定的婚姻条件,因此是无效婚姻,按照构成亲属相奸的罪名,依奸淫论罪。

③父母之姑舅、两姨姊妹:指父母的姑姑或者父母的舅舅所生之女儿,与自己父母之间的关系为姑舅姐妹;父母的姨姨所生的女儿与父母的关系为两姨姐妹,与父母同辈的亲属,自己的尊亲属。姨若堂姨:父母的姨和堂姨,父母的姨指祖母、外祖母的姐妹,即自己的祖姨母;父母的堂姨,指祖母、外祖母的堂姐妹,即自己的从祖姨母。

④母之姑:指外祖母的姐妹,即自己的外祖姑母。堂姑:母之堂姑,指外祖母的堂姐妹,即自己的外堂祖姑母。

⑤己之堂姨:自己的堂姨,即母亲的堂姐妹。再从姨:母亲的再从姐妹。从,同祖的亲属之间为从,同曾祖亲属之间的关系为再从,同高祖亲属之间的关系为三从。堂外甥女:自己的堂姐妹所生的女儿。以上可参见《大明律》附服制图。

⑥子孙妇之姊妹:自己的儿媳、孙媳的姐妹。

⑦己之姑舅、两姨姊妹:自己的姑姑、舅舅、姨姨的女儿,即自己的姑表姐妹和姨表姐妹,与姑表、姨表姐妹之间的婚姻关系就是民间

所说的中表婚,《大明律》禁止中表婚。

【译文】

凡是与自己的外姻有服尊亲属、卑亲属缔结婚姻,以及娶同母异父姐妹,以及妻子前夫的女儿的,各自以奸淫论罪。父母的姑舅、两姨姐妹以及姨母以及堂姨母,母亲的姑姑、堂姑,自己的堂姨以及再从姨、堂外甥女,包括女婿以及子孙妻子的姐妹,都不可以缔结婚姻,违反法律规定的,各自处刑杖一百。若是娶自己的姑舅、两姨姐妹的,处刑杖八十,都要离婚。

娶亲属妻妾

凡娶同宗无服之亲及无服亲之妻者[①],各杖一百。若娶缌麻亲之妻,及舅甥妻[②],各杖六十,徒一年;小功以上,各以奸论。其曾被出及已改嫁而娶为妻妾者[③],各杖八十。若收父祖妾及伯叔母者[④],各斩。若兄亡收嫂、弟亡收弟妇者,各绞;妾,各减二等。若娶同宗缌麻以上姑、侄、姊妹者,亦各以奸论,并离异。

【注释】

①同宗无服之亲:有共同父系血缘关系的五服以外的亲属。

②舅甥妻:舅舅娶外甥的妻子,外甥娶舅舅的妻子。

③被出:被出妻,即妻子被休弃。

④收父祖妾及伯叔母:来自元代遗存下来的收继婚。男子去世后,晚辈或者同辈男性近亲属娶其妻妾为妻妾,一般是子收父妾、侄收婶母、弟收嫂。此种婚姻在元代为合法,并影响到中原地区,与中原传统的伦理观念相悖,明代法律禁止收继婚。

【译文】

凡是娶同宗没有服制的亲属以及无服亲属的妻子的，各自杖一百。如果娶五服中缌麻亲属的妻子，以及舅舅、外甥的妻子的，各自杖六十，徒一年；小功以上亲属，各自以奸淫论罪。曾经被休弃以及已经改嫁的人妻而娶为妻妾的，各自杖八十。如果收父亲、祖父的妾以及伯叔母的，都处斩。如果兄长去世收嫂、弟弟去世收弟媳妇的，各自处绞刑；收为妾的，各减二等处刑。如果娶同宗缌麻以上姑姑、侄女和姐妹的，也都各以奸淫论罪，并离婚。

娶部民妇女为妻妾

凡府、州、县亲民官①，任内娶部民妇女为妻妾者②，杖八十。若监临官娶为事人妻妾及女为妻妾者③，杖一百，女家并同罪，妻妾仍两离之，女给亲，财礼入官；强娶者，各加二等，女家不坐，不追财礼。若为子孙弟侄家人娶者，罪亦如之，男女不坐。

【注释】

①府、州、县亲民官：基层府、州、县官直接处理民众事务，称为亲民官。

②部民：任职地区所属的居民统称为部民。

③为事人：有上下级管辖督责权力的人因管辖而产生事务上的联系，称为事人。

【译文】

凡是府、州、县任职的官员，在任期内娶任职地区所属的居民妇女为妻妾的，杖八十。如果是有管辖督责权的监临官娶所管事务范围内的人员妻妾或者女儿为妻妾的，杖一百，女方家同罪，妻妾离婚，女子还回自己的亲属家，财礼没收入官；强娶的，各自加二等处刑，女方家不论罪，不追回财礼。如果是为自己的子孙、弟弟、侄子家人娶的，同样论罪，当事男女不论罪。

娶逃走妇女

凡娶犯罪逃走妇女为妻妾，知情者与同罪，至死者减一等，离异；不知者，不坐。若无夫会赦免罪者，不离。

【译文】

凡是娶犯罪逃亡妇女为妻妾，知情的与妇女同罪，达到死刑的减一等处罚，离婚；不知情的，不论罪。如果妇女没有丈夫遇到发布赦令免除罪责的，不用离婚。

强占良家妻女

凡豪势之人①，强夺良家妻女②，奸占为妻妾者，绞。妇女给亲③。配与子孙、弟、侄、家人者④，罪亦如之。男女不坐。

【注释】

①豪势之人：有武力或者有权势的人。

②良家妻女：户籍为良民，没有犯罪记录、不属于贱民或者不从事乞讨、卖艺之类贱业的人家的妻子和女儿。

③妇女给亲：还给妇女的亲人。妻子还给丈夫，女儿还给父母。

④家人：除了本条法律中已经提到的子孙、弟弟、侄子之外的其他亲属。

【译文】

有武力或权势的人,使用暴力或者权势夺取良家妻子女儿,强奸并占有作为妻子或者妾的,处绞刑。被害妇女交还给丈夫或者父母家人团聚。强夺良家妇女给自己的儿孙、弟弟、侄子、其他家人,将该女子奸占为妻妾的,同样论罪。涉案的子孙、弟弟、侄子、家人之类的男子和受害女性不论罪。

娶乐人为妻妾

凡官吏娶乐人为妻、妾者①,杖六十,并离异②。若官员子孙娶者③,罪亦如之,附过,候荫袭之日,降一等于边远叙用。其在洪武元年已前娶者④,勿论。

【注释】

①乐人:指教坊司乐妓。

②并离异:娶的乐人不能判给官员以及后文所说的官员子孙。

③官员子孙:此处官员包括文官和武官,后文的官员子孙荫袭,指有爵位的人,文官的职位不在荫袭之列。

④洪武元年:1368年。已前:以前。古代"已""以"二字通用。

【译文】

凡是官吏娶教坊司的乐妓为妻、妾的,杖六十,并且离婚。如果是官员的子孙娶乐人的,同样论罪,在记录册中附载过错,等到可以荫袭爵位的时候,把应该承袭的爵位降一等,在边远地区任职。如果是洪武元年之前就已经娶乐妓的,不论罪。

僧道娶妻

凡僧道娶妻妾者，杖八十，还俗，女家同罪，离异；寺观主持知情与同罪[①]，不知者不坐。若僧道假托亲属或僮仆为名求娶[②]，而僧道自占者，以奸论[③]。

【注释】

①寺观主持：寺庙或道观的主持人，负责人。因为对寺观事务负有管理责任，承担同等责任。

②托：假借他人之名，或者捏造名称伪托的，都是托。

③奸：和奸和强奸都包括在内。

【译文】

凡是僧人或道士娶妻妾的，杖八十，还俗，女方家同样论罪，离婚；寺院道观的主持知情的同样论罪，不知情的不论罪。如果僧道假托亲属或者仆人为名求娶，但是僧道自己占有的，依照和奸或强奸论罪。

良贱为婚姻

凡家长与奴娶良人女为妻者[①]，杖八十；女家减一等，不知者不坐。其奴自娶者，罪亦如之；家长知情者，减二等；因而入籍为婢者[②]，杖一百。若妄以奴婢为良人而与良人为夫妻者，杖九十，各离异，改正。

【注释】

①奴：奴隶，身份低贱的社会最低阶层，男子称为奴，女子称为婢，法律上视为财产，没有独立法律人格，国家户籍管理设立独立的奴

籍，可以被买卖。奴婢有官贱和私贱，官贱也即官奴婢，来源有犯罪人家属被没收为奴婢的，也有卖身给国家机构为奴婢的；私贱一般来源于买卖或者主人家的奴婢所生子女成为主人的奴婢。一旦平民入了奴籍轻易不可改变身份。

②入籍：被记入奴籍而成为奴的身份。女子出嫁后随丈夫的户籍等级登记入丈夫的户籍中，具有丈夫户籍的属性，因此，条文中言明入籍婢女，男子不入女方户籍，不规定入籍男性奴仆。

【译文】

凡是家长给奴娶良人女子为妻的，杖八十；女方家减一等处刑，不知情的不论罪。奴隶自己娶良人女子为妻的，同样论罪；家长知情的，减二等处刑；女子因此而被列入贱籍成为婢的，杖一百。如果奴婢假冒良人而与良人结为夫妻的，杖九十，离婚，各自改回到自己的身份。

蒙古色目人婚姻

凡蒙古、色目人听与中国人为婚姻①，务要两相情愿。不许本类自相嫁娶②，违者，杖八十，男女入官为奴。其中国人不愿与回回、钦察为婚姻者③，听从本类自相嫁娶，不在禁限。

【注释】

①色目人：元代法律中规定的一种人种类别，眼睛的颜色不同于中国人的黑色，主要是回族或者其他人种。

②本类：同一人种或者民族。

③钦察：元代和明代法律中将之视为回族中的一种，卷发、高鼻、黄头发、蓝眼睛。

【译文】

凡是蒙古人、色目人允许与中国人结为婚姻，务必双方同意才可以。不许同一民族的人之间嫁娶，违反的，杖八十，男女当事人没收为官奴婢。中国人不愿意与回族、钦察人缔结婚姻的，允许同一民族之间相互嫁娶，不在禁止的范围。

出妻

凡妻无应出及义绝之状而出之者[①]，杖八十。虽犯七出有三不去而出之者[②]，减二等，追还完聚。若犯义绝应离而不离者，亦杖八十。若夫妻不相和谐而两愿离者[③]，不坐。若妻背夫在逃者[④]，杖一百，从夫嫁卖[⑤]，因而改嫁者，绞。其因夫逃亡，三年之内不告官司而逃去者，杖八十，擅改嫁者，杖一百，妾各减二等。若婢背家长在逃者，杖八十；奴逃者，罪亦同。因而改嫁者，杖一百，给还家长。窝主及知情娶者[⑥]，各与同罪，至死者，减一等；不知者，俱不坐。若由期亲以上尊长主婚改嫁者[⑦]，罪坐主婚，妻妾止得在逃之罪。余亲主婚者[⑧]，余亲谓期亲卑幼及大功以下尊长、卑幼，主婚改嫁者。事由主婚，主婚为首，男女为从；事由男女，男女为首，主婚为从；至死者，主婚人并减一等。

【注释】

①应出：应该离婚的七个条件——无子、不顺舅姑、有恶疾、口多言、淫、妒、盗，即结婚一定年限内没有生儿子、不顺从公婆、有重大恶性疾病、传闲话惹是非、奸淫、嫉妒、偷盗，称为“七出”，符合其中的一种，男方及其家长就可以单方面解除婚姻，称为休弃或休妻。义绝：夫妻双方的亲属中有伤害对方亲属的事情发生，夫妻必须离婚。古人认为婚姻是结二姓之好，双方因为婚姻而产生情谊，

如果存在亲属之间的伤害,破坏了这种情谊,导致婚姻基础丧失,必须离婚。

②三不去:三种不允许离婚的限制条件——与更舅姑三年丧、前贫贱后富贵、有所取无所归,即妻子为丈夫的父母守孝三年、结婚时贫贱婚后富贵发达、妻子娘家没有人在世离婚将导致妻子无家可回。三个条件具备其一,男方不能单方面对妻子解除婚姻。守丧的条件认为妻子已经为夫家尽了最大的孝道,不能离弃。婚后富贵不能离婚,特别是依靠妻子才富贵的情况,离婚会导致社会道德败坏。无所归宁的情况,女子离婚既无夫家可去,又无娘家可回,导致流离失所,过于残酷,增加社会不安定因素。因此,设定三种不能离婚的条件。

③两愿离者:夫妻双方自愿离婚,各自都有离婚的权利。

④背夫:在丈夫不知情的情况下偷偷逃走的。

⑤嫁卖:允许丈夫把妻子嫁出去收财礼或者卖出去。女子婚后被认为从属于丈夫,违背丈夫的意思逃走,丈夫可以像处置财产或者奴婢一样处置妻子。

⑥窝主:做主窝藏包庇的人。

⑦主婚:负责决定是否缔结婚姻的人,享有婚姻决定权,称为主婚权。

⑧余亲:除了上述所规定的期亲尊长之外的其他五服内亲属,条文内小注指出,余亲的范围包括期亲中的卑幼亲属,也即期亲中比自己年龄小辈分低的亲属,还包括大功以下的尊长和卑幼亲属。

【译文】

凡是妻子没有七出和义绝的情况而休弃的,杖八十。虽然妻子有七出的情形同时符合三不去的条件却休妻的,减二等处刑,追回妻子团聚。如果犯有义绝应该离婚而不离婚的,也杖八十。如果夫妻不能和谐相处而双方自愿离婚的,不论罪。如果妻子背着丈夫逃亡的,杖一百,允许丈夫把她嫁出去或者卖掉,因为背夫逃亡而改嫁的,处绞刑。因为丈夫逃亡，三年内不告诉官府主管机构而逃亡的，杖八十，擅自改嫁的，杖一百，妾各种情形减二等处刑。如果婢女背着家长逃亡的，杖八十；男奴隶逃亡的，同样论罪。因此而改嫁的，杖一百，追回给原家长。窝主以及知情而娶逃亡妇女的，各自与之同罪，达到处死刑的条件的，减一等处刑；不知情的，都不论罪。如果是由期亲以上的尊长主婚而改嫁的，论主婚人的罪，妻妾只论逃亡的罪。余亲主婚的情况，余亲指期亲卑幼以及大功以下的尊长、卑幼，作为主婚人做主改嫁的。事情是由主婚者决定的，主婚人为首犯，当事男女为从犯；事情由当事男女自己决定的，当事人男女为首犯，主婚人为从犯；处刑可以达到死刑的情况，主婚人都可以减一等处刑。

嫁娶违律主婚媒人罪

凡嫁娶违律，若由祖父母、父母、伯叔父母、姑、兄、姊及外祖父母主婚者，独坐主婚。余亲主婚者，余亲谓期亲卑幼，及大功以下尊长、卑幼主婚者。事由主婚，主婚为首，男女为从；事由男女，男女为首，主婚为从。至死者，主婚人并减一等。其男女被主婚人威逼①，事不由己，若男年二十岁以下②，及在室之女③，亦独坐主婚，男女俱不坐。未成婚者，各减已成婚罪五等。若媒人知情者，各减犯人罪一等，不知者不坐。其违律为婚，各条称离异、改正者，虽会赦犹离异、改正。离异者，妇女并归宗④。财礼，若娶者知情，则追入官；不知者，则追还主。

【注释】

①威逼：以威力、权势逼迫人。

②男年二十岁：古代男子二十岁行冠礼，头发用冠束起来，称为加

冠，表示成年，可以在一定范围内独立做决定且承担责任。

③在室之女：女子未结婚前与父母一起生活，称为在室，对应的已经出嫁的称为出嫁女。

④归宗：已婚妇女离婚后回到自己的亲属团体中。已婚妇女在婚姻存续期间亲属关系从属于夫家，从婚礼庙见程序女方的名字登记在男方家族族谱或宗祠中起，妻子的亲属关系转移到夫家。离婚导致妻子和夫家的亲属关系解除，妻子的亲属关系回归自己的宗族。

【译文】

凡是嫁娶违背法律的，如果是由祖父母、父母、伯叔父母、姑姑、兄长、姐姐以及外祖父母主婚的，只论主婚人的罪。其余的亲属主婚的，余亲指期亲中的卑幼亲属，以及大功以下尊长、卑幼亲属主婚的。事情由主婚的人决定的，主婚人为首犯，当事男女为从犯；事情由当事男女自己决定的，当事男女为首犯，主婚人为从犯。造成严重后果达到可以处死刑的程度，主婚人都可以减一等论罪。男女被主婚人以威势逼迫，婚事不是由自己做主的，如果男子年龄在二十岁以下，以及女方为在室女的，也只追究主婚人的罪，男女都不论罪。没有完成婚姻缔结过程的，各减已经成婚罪行五等处刑。如果媒人知情的，各自减犯人的罪行一等处刑，不知情的不论罪。违反法律缔结婚姻，相关各法律规定的条文中有规定离异、改正的，虽然遇到赦免令也要离异、改正。离异的，妇女都归宗。财礼，如果娶的人知情，则没收入官；不知情的，追回给原主。

卷第七　户律四　仓库计二十四条

【题解】

秦律中已经有独立的仓律，后来的发展中，仓库管理和厩苑类的法律一度合并规定，特别是北齐到宋律中"厩库"为一篇。《元典章》户部下有"仓库"一篇，钞法是独立类目。明代仓库门中包含了钱法、钞法。钱法规定铜钱的问题，钞法规定纸币的问题，都是货币，钱法有自古遗留下来的法律规则，钞法的规则并不成熟，在当时情况有区别，因而分别规定。

我国在唐代已经出现纸币，但没有成为国家发行的货币。宋代国家发行了一定范围内通行的交子、会子等纸币。元代初期发行了以皇帝年号为名的纸币如至元宝钞，在全国范围内通行。元代纸币与铜钱、白银、黄金并行为通用货币，对纸币流通有比较严格的管理方式。明代初期政权稳定下来后，洪武八年（1375）开始制作纸币并强制推行洪武宝钞，专门规定纸币的发行、使用、管理。纸币从洪武晚期就开始贬值，到明代中期已经贬值到无法流通因而退出了货币流通领域，这也导致《大明律》中关于纸币的规定与实践之间出现巨大反差。

"仓库"门主要的规定是官物保护，保存在仓库中的钱粮来源于国家的税收，各种官物收支使用必须符合国家法律规定，防止贪污挪用。

钞法

凡印造宝钞[①]，与洪武、大中通宝及历代铜钱相兼行使[②]，其民间买卖诸物，及茶、盐商税诸色课程[③]，并听收受，违者，杖一百。若诸人将宝钞赴仓场、库务[④]，折纳诸色课程[⑤]，中买盐货[⑥]，及各衙门起解赃罚[⑦]，须要于钞背用使姓名私记，以凭稽考。若有不行用心辩验，收受伪钞，及挑剜描辏钞贯在内者[⑧]，经手之人，杖一百，倍追所纳钞贯，谓误收伪钞，并挑剜描辏钞一贯，倍追宝钞二贯。伪挑钞贯烧毁。其民间关市交易，亦许用使私记，若有不行仔细辩验，误相行使者，杖一百，倍追钞贯，止问见使之人。若知情行使者，并依本律。

【注释】

①宝钞：明代国家印制发行的纸币。

②通宝：国家铸造的铜钱，铜钱上有铸造时皇帝的年号，以年号称某通宝，洪武年代铸造的称为洪武通宝。

③诸色课程：各种应该纳税的项目和物品，如田税、关税、契税等。

④仓场：官方收纳粮食和其他物资的场所。

⑤折纳：纳税时可以用别的物品代替法定交税方式，例如，用丝绸代替粮食，用货币代替粮食等。

⑥中买：到官府依照指定的方式和价格买入货物。入中制度，国家专卖物品或者国家特殊需要的物品设定招投标价格，要求购买的人提供国家需要的实物或者货币到指定场所，领取凭证，再从其他指定场所获取专卖物，到指定的区域售卖，一般用于中盐、中茶之类的大型专卖物资。

⑦起解赃罚：押送各种违法罚款或者没收的赃物。

⑧挑剜描辏钞贯：更改纸币中的文字、面额，把纸币拆折成两张之类破坏、伪造纸币的做法。挑剜，把纸币中的部分挑掉，或者挖掉，由此毁掉纸币原来的完整状态。描，在纸币原有的图案上描补其他数额和纹样，改变纸币面额，或者把图样模糊应当被销毁的纸币描补清楚使之能够继续使用。辏，把不同的纸币拼接起来，或者纸币不完整的地方补足。

【译文】

凡是国家印刷制造的纸钞，与洪武、大中通宝以及历代铜钱可以同时使用，民间买卖各种物品，以及缴纳茶、盐各种商税，都允许接受，违反的，杖一百。如果人们拿着宝钞去仓场、库务，折纳各种应该纳税的项目，投标竞买盐和货物，以及各衙门押送赃物和罚款，必须在纸币背后用姓名和私印标记，以便作为核查的凭据。如果有不用心辨别查验，接受了伪造的纸币，以及折解描补变造纸币的，经手的人，杖一百，加倍追缴应该缴纳的纸币，指误收假币，并拆折变造纸币一贯，加倍追缴纸币二贯。伪造的纸币烧毁。民间货物运输关口和市场做交易的，也允许使用私记，如果有不仔细辨别查验，过失导致流通使用假币的，杖一百，加倍追缴纸币，只对现在使用的人论罪。如果知情而使用的，都依照本条律文规定。

钱法

凡钱法设立宝源等局鼓铸[①]，洪武通宝铜钱与大中通宝及历代铜钱相兼行使，折二、当三、当五、当十[②]，依数准算。民间金银、米麦、布帛诸物价钱并依时值[③]，听从民便，若阻滞不即行使者，杖六十。其军民之家，除镜子、军器及寺、观、庵院钟、磬、铙、钹外，其余应有废铜，并听赴官中卖[④]，每斤给价铜钱一百五十文。若私相买卖,及收匿在家,不赴官中卖者,各笞四十。

【注释】

①钱法:关于金属货币的法律制度。纸币的法律制度为钞法。宝源局:国家专门设立的铸造货币的机构。鼓铸:铸造金属货币,用鼓风炉扇火熔炼金属矿制作,称为鼓铸。

②折二:当二,每个当二钱重二钱,使用的时候价值相当于两个重一钱的铜钱。明代律学家高举认为折二钱和当二钱意思相同,用"折"不用"当"是当时的习惯表达。明代初期铸造洪武通宝、大中通宝与历代铜钱为流通货币,洪武通宝钱的钱式为五等,即当十钱、当五钱、当三钱、折二钱、小钱,即当十钱一个相当于十个小钱,当五钱一个相当于五个小钱,当三钱一个相当于三个小钱,折二钱一个相当于两个小钱,小钱一个是一钱。每种钱的重量不同价值不同,当十钱每个重一两,用铜一两即十钱(重量单位斤、两、钱中的钱),可以当作十个一钱的铜钱用;当五钱每个重五钱,用铜五钱,可以当作五个一钱的铜钱使用;当三钱每个重三钱,用铜三钱,可以当作三个一钱的铜钱使用;折二钱即当二钱,每个重二钱,用铜二钱,可以当作两个一钱的铜钱使用;小钱是洪武通宝最小的币值单位,每个铜钱重一钱,用铜一钱,币值即是面值一钱。明初铜钱用铜的重量在洪武二十二年、二十三年铸币时有变化。

③布帛:棉布和丝绸。时值:当时的价格。针对价格有变动的物品,依据当时的状况估价。明代金银、大米、小麦、织成匹的布帛都可以直接作为货币交易,根据物产的丰歉情况以及货币贬值、升值情况,价格并不完全固定,需要依照当时的价格确定交易的标准。明初规定一两银子等于一石大米,等于一千个铜钱,等于一钞贯,但是后来纸币贬值,大米在丰年和歉年价格并不固定,交易时通

常依照时值。

④中卖：专卖物按照官府给定的价格出卖。

【译文】

凡是关于钱法的事务设立宝源局等机构铸造，洪武通宝铜钱与大中通宝以及历代铜钱都可以共同行使，折二钱、当三钱、当五钱、当十钱，依据法律规定的数额标准计算。民间的金银、米麦、布帛等物品的价钱都依照当时的价格换算，听从民便，如果阻挡不许流通使用的，杖六十。军民家中，除了镜子、军用器物以及寺院、道观、尼姑庵的钟、磬、铙、钹之外，其余所有的废铜，都允许到官府依照规定的价格出售，每斤价格是铜钱一百五十文。如果私下买卖，以及偷偷藏在家里，不去官府按价出售的，各种情况都笞四十。

收粮违限

凡收夏税于五月十五日开仓①，七月终齐足，秋粮十月初一日开仓②，十二月终齐足，如早收去处预先收受者，不拘此律。若夏税违限至八月终，秋粮违限至次年正月终不足者，其提调部粮官、吏典、分催、里长、欠粮人户③，各以十分为率④，一分不足者，杖六十，每一分加一等，罪止杖一百，受财者计赃以枉法从重论⑤。若违限一年之上不足者，人户、里长杖一百，迁徙，提调部粮官、吏典处绞。

【注释】

①夏税：夏天所收的税粮主要是小麦，有的地区也包括丝绸、布匹之类。

②秋粮：秋天粮食收成之后所收的各种粮食大米。明代田税包括夏

税和秋粮，秋粮交税的方式主要是秋收的粮食。

③提调部粮官：户部委派负责收税粮运输管理的官员。吏典：直接承担具体事务的负责人。分催：地方自己招募的各种催粮胥吏或者民间差役。

④各以十分为率：各是指上述各种负有责任的人员，官吏以一州县应当缴纳的税粮数额计算，里长以一里中需要缴纳的税粮数额计算，民众按照一户应该缴纳的税粮数额计算，总数以十分为计算单位，因此表述为各以十分为率。

⑤计赃以枉法从重论：本条规定了两种罪名，一是收粮违限，一是受赃枉法，论罪的时候，选择一个重罪定罪量刑。如果收粮违限处刑重，依据收粮违限；如果受赃枉法处刑重，以受赃枉法定罪量刑。本条的从重，不是单指受赃枉法罪内从重量刑。本律内的犯二罪及以上条文中规定的从重、从轻，皆是此种理解。

【译文】

凡是收夏税在五月十五日开仓，七月末收齐，秋粮十月初一开仓，十二月末收齐，如果早收的地方预先收税粮的，不受这条法律限制。如果夏税违反期限到八月末，秋粮违反期限到次年正月末没有收齐的，负责收税粮的提调粮官、吏典、分催、里长、欠粮户，各自以应收缴的税粮数额十分为计算单位，欠一分的，杖六十，每一分加一等，最高处刑杖一百，收受财物包庇拖欠的计算赃款以枉法赃依照罪重的论罪。如果违反期限一年以上不收齐的，欠粮户、里长杖一百，迁到远方，户部提调粮官和吏典处以绞刑。

多收税粮斛面

凡各仓收受税粮，听令纳户亲自行概①，平斛交收②，作数支销，依令准除折耗③。若仓官、斗级不令纳户行概④，踢斛、淋尖多收斛面者[5]，杖六十；若以附余粮数计赃重者坐赃论[6]，罪止杖一百；提调官吏知而不举，与同罪，不知者不坐。

【注释】

①概：量谷物时刮平斗斛的器具。此指刮平、修平，不使过量。

②平斛：堆满斛斗的平面，不超出来。如此规定是为了避免收粮官借口多收粮食。

③依令：依照《大明令》的规定。折耗：折损消耗，运输保存粮食的时候预先留出的损耗，在征收的时候加入税粮数中。《大明令》："每米一石除耗米七合。谓正数之外，多加以防折耗也。"规定折耗是为了减轻官员管理费用的负担。

④仓官：管理仓库的官员。斗级：管理粮仓计量器物，并具体操作计量粮食的人。

⑤踢斛：称粮食的斛斗被装满之后，用脚踢斛使之沉实，以便再装。淋尖：斛斗满了之后在平面上堆积到满尖。在交给国家的时候只需要虚斛和平斛，踢斛、淋尖都是为了多装粮食，是收粮的人多收粮食以便占为己有的方法。

⑥附余粮数：通过踢斛、淋尖多收的粮累积出的剩余之数。

【译文】

凡是各粮仓收受税粮时，允许交粮的农户亲自把收粮的斛装满，用平斛缴纳和接收税粮，收税粮的各种开销计算出数额，依照《大明令》准许在收到的粮食中除掉损耗。如果仓官、斗级不让纳粮户亲自装满斛斗，踢斛、淋尖从斛面上多收粮食的，杖六十；如果以多收的粮食数额计赃罪重的以坐赃论，最高处刑杖一百；提调官吏知情不举报的，同罪，不知情的不论罪。

隐匿费用税粮课物

凡送本户应纳税粮课物及应入官之物[①]，而隐匿、费用不纳，或诈作损失[②]，欺妄官司者，并计所亏欠物数，准窃盗论，免刺。其部运官吏知情，与同罪；不知者，不坐。

【注释】

①本户：纳税户本人，有别于官物和他人纳税的财物。财物属于本户所有，应该交给官府但是处于运输阶段，还不属于官物，因此在运输中被官员侵占，依照盗窃而不是监守自盗论罪。课物：缴纳税收的实物，如蚕丝、铜、铁之类。

②诈作损失：假冒过失导致毁损，如水、火、盗贼之类。

【译文】

凡是运送纳税户应该缴纳的税粮和各种纳税物品以及应该归入官府的物品，藏匿或者花费掉了物品而不缴纳的，或者假作毁损，欺骗官府主管机构的，计算所亏欠的物品数额，依照盗窃论罪，免去刺字。户部主管运输官员知情的，同罪；不知情的，不论罪。

揽纳税粮

凡揽纳税粮者[①]，杖六十，着落赴仓纳足，再于犯人名下追罚一半入官。若监临主守揽纳者，加罪二等。其小户畸零米麦[②]，因便辏数于纳粮人户处附纳者[③]，勿论。

【注释】

①揽纳：包揽别的人家税粮代其交纳，以取利的行为。

②小户畸零米麦：人口少的人家不足以成为一个户的，土地零散无法成为一亩的，需要交纳的米麦零碎。

③辏：聚集。

【译文】

凡是包揽别人家的税粮缴纳事务的，杖六十，采取措施赶到粮仓交足，再在犯人名下追缴罚款的一半交入官府。如果监督负责的官员包揽纳税的，加罪名二等定罪量刑。小户人家的零碎米麦纳税，因此与纳税的人家凑在一起缴纳的，不论罪。

虚出通关朱钞

凡仓库收受一应系官钱粮等物不足，而监临主守通同有司提调官吏虚出通关者[①]，计所虚出之数并赃，皆以监守自盗论[②]。若委官盘点钱粮数本不足，符同申报足备者，罪亦如之。受财者，计赃以枉法从重论。其监守不收本色[③]，折收财物，虚出朱钞者[④]，亦以监守自盗论；纳户知情减二等，免刺。原与之赃入官，不知者不坐，其赃还主。同僚知而不举者，与犯人同罪；不知及不同署文案者，不坐。

【注释】

①虚出：不足数而捏造作为足数。通关：应该缴纳的物品全部交完之后给出盖印的单据称为通关。

②皆：指监守及有司提调官吏不分首从，都按照全罪论罪。

③本色：缴纳给国家的物品按照法律规定的物品本身缴纳称为本色，不需要按照规定的物品缴纳可以折换成其他的物品或者货币的，称为折色。

④朱钞：仓库每天收到物品并给予红色笔墨签字的凭据照票。

【译文】

凡是仓库接收所有属于官方的钱粮等物品数额质量不足，而监临主守与主管机构的提调官吏共同作弊虚出通关凭据的，计算所有虚出物品的价值数额一并计赃，都以监守自盗论罪。如果委派的官员盘点钱粮数额本来就不足，一起申报足够数额的，同样论罪。在此过程中接受财物的，计算收受赃款以枉法赃选择重罪论罪。如果监督管理的人不接受本来应该缴纳的物品，而是折算成其他物品货币，虚出朱钞凭据的，也以监守自盗论罪；缴纳物品的人知情的减二等处刑，免刺字。原来给予主守官吏的赃物没收入官府，不知情的不论罪，赃物赃款归还给原主。同僚知情而不告发的，与犯人同罪；不知情以及不同署文案的人，不论罪。

附余钱粮私下补数

凡各衙门及仓库，但有附余钱粮①，须要尽实报官，明白正收作数②。若监临主守将增出钱粮私下销补别项事故亏折之数③，瞒官作弊者，并计赃以监守自盗论。若内府承运库收受金帛④，当日交割未完者⑤，许令附簿寄库⑥。若有余剩之物，本库明白立案正收⑦，开申户部作数。若朦胧擅将金帛等物出外者，斩；守门官失于盘获搜检者，杖一百。

【注释】

①附余钱粮：国家规定的应纳税额之外多收的加耗银钱、米粮之类的。

②正收作数：清楚明白地开列附余的数额另立项目开支，不是作为国家规定的应收正数钱粮，但是可以作为官物，也需要列入正式的开销中。

③销补：开销补贴。事故亏折：处理事务中出现的故意或过失造成的损害，比如物品保存方法不对，粮食没有及时晾晒，没有察觉到官物被盗之类造成的损失。此类损失负责处理事务的官员需要承担一定责任，因此，官员会想办法补贴销账。

④内府：国家的府库。承运库：收储金银丝绢的府库，有内承运库和外承运库，内府有内承运库。根据《明太祖实录》记载，洪武六年更改“内府库为承运库，仍设大使、副使，皆以内官为之”。另据《明史·职官志》记载：“内承运库，掌印太监一员，近侍、佥书太监十员，掌司、写字、监工无定员。掌大内库藏，凡金银及诸宝货总隶之。……承运，掌贮黄白生绢。”

⑤交割：转移交付过程。

⑥附簿：附记在簿册上。

⑦立案：设立文书档案，确立事务开始办理。

【译文】

凡是各衙门以及仓库只要有多余收的钱粮，必须要如实详尽报告给官府，清楚明白地列出法律规定应收钱物的标准数量。如果负有监督管理责任的监临主守官吏把多出的钱粮私下开销补贴别的事项亏空折耗的数额，欺瞒官府作弊的，都合并计算赃款数以监守自盗论罪。如果内府承运库接受的金银布帛，当天没有完成交付的，允许把物品附记在登记簿上，寄存在库房里。如果有剩余的物品，接受物品的库房清楚书写文案记录应该接收的物品，开出文牍申报给户部计数。如果企图蒙混私自将金银布帛等物品带出外面的，处斩刑；守门的官员盘问搜查失职的，杖一百。

私借钱粮

凡监临主守将系官钱粮等物私自借用①，或转借与人者，虽有文字[②]，并计赃以监守自盗论，其非监守之人借者，以常人盗仓库钱粮论[③]。若将自己物件抵换官物者，罪亦如之。

【注释】

①系官钱粮：属于官府的钱和粮食，泛指官有财物。

②文字：借贷记录的票据、文书、簿册、账目等文档凭据。

③常人盗：非有特殊身份的平常人盗窃，区别于监守自盗或官员等有职务的人盗窃。

【译文】

凡是监临主守私自借用属于官府的钱粮等物，或者转借给他人的，虽然有文字记录，都合并计算价值作为赃款按照监守自盗论罪，不是负责监督管理的人而借用的，依照常人盗窃仓库钱粮罪论罪。如果是把自己的物品抵偿或者折抵交换官方物品的，同样论罪。

私借官物

凡监临主守将系官什物、衣服、毡褥、器玩之类私自借用[①]，或转借与人，及借之者，各笞五十，过十日，各坐赃论减二等。若有损失者[②]，依毁失官物律坐罪，追赔。

【注释】

①什物：日用器具。

②损失：损坏或遗失。

【译文】

凡是监临主守官吏把属于官府的日用器具、衣服、毛毡褥子、器物珍玩之类私自借用，或者转借给他人，以及借的人，各自笞五十，借用超过十日，各自以坐赃论罪减二等处刑。如果有损坏遗失的，依照毁失官物律论罪，追缴赔偿。

那移出纳

凡各衙门收支钱粮等物，已有文案勘合[①]，若监临主守不正收、正支，那移出纳还充官用者[②]，并计赃准监守自盗论，罪止杖一百，流三千里，免刺。若不给半印勘合[③]，擅出权帖[④]，或给勘合不立文案放支，及仓库不候勘合或已奉勘合不附簿放支者，罪亦如之。其出征镇守军马经过去处，行粮、草料明立文案[⑤]，即时应付，具数开申，合于上司准除[⑥]，不在擅支之限[⑦]，违者，杖六十。

【注释】

①文案勘合：政府机构将应收支各项钱粮写在文件中保存以便备案待查，把关键信息填写在用来核验的凭据表格中，给仓库监守的人，照表格核验所列各项收支，皆符合的，即是正收正支。勘合，用来作为凭证的文书或符印之类的凭据，在文书中间盖骑缝章，或写有特殊标记的字句，或在符印内部制作标记符号，把文书或符印剖为两半，一半给掌管者，一半给接受者。物品或者权力、军队之类交接时，接受者凭借手中的一半文书或符印与另一半合起来，能够对得上，即可支付，对不上标记，即不予支付。是古代一种交付安全保障技术。

②那移出纳：收入和支出没有按照规定的方式进行，而是把规定收入和支出另外安排，比如，夏税挪作秋粮，秋粮挪移作为夏税的。充官用：抵充官府其他公用项目。

③半印勘合：作为凭证的一半文书、符印。

④权帖：临时给出的没有加盖公章的票据文书之类。

⑤行粮、草料：军队行军发给士兵的粮饷为行粮，发给的马匹为草料。

⑥合干上司：所有经手负责处理该事务的上司。准除：准许拨付支给粮草。

⑦擅支：没有文书和勘合擅自决定给予支付的行为。行军打仗事出紧急，可以不用正常收支程序、文书、勘合，直接给予拨付开销。法律特别做出规定，事急从权的处理方式不属于擅支。

【译文】

凡是各衙门收支钱粮等物品，已经有文书和勘合，如果监临主守不按照规定进行正常收、支，把某项收支挪移到别的项目下官物充作官用但是不符合收支程序的，按物品价值计赃依照监守自盗论罪，最高处刑杖一百，流放三千里，免刺字。如果不给出作为收支凭证的半块符印勘合，擅自发出没有盖印的票据文书，或者给了勘合而不写立文书支出，以及仓库不等查验勘合或已经查验勘合却没有附记在账簿册籍中就支出的，同样论罪。军事活动中出征、镇守的军马经过的地方，军队行粮、草料的支付写明文书记录，实时支付，写明具体支付的数量种类报告上级，所有负责该事务的上司批准开销，不在擅支的限制性规定中，违反的，杖六十。

库秤雇役侵欺

凡仓库、务场、局院库秤、斗级若雇役之人[①]，侵欺、借贷、移易系官钱粮[②]，并以监守自盗论。若雇主同情分受赃物者[③]，罪亦如之；其知情不曾分赃而符同申报瞒官，及不首告者，减一等，罪止杖一百，不知者不坐。

【注释】

①仓库:收粮称为仓,收财称为库。务场:对物收税的场所和机构称为务,比如都税司等衙门;堆积物品的场所称为场,比如草场、盐场等。局院:具体进行特定活动的场所称为局、院,如织染局、文思院。库秤:在库房从事称量事务的人员。斗级:在粮仓进行粮食收纳称量的人。雇役:临时雇佣给付工资从事特定劳务的人。

②侵欺:侵占、诈骗。移易:把此项转移到彼项,彼此移换的行为。

③同情分受赃物:知情而参与分赃的行为,与盗窃相同,因此按照监守自盗论罪。

【译文】

凡是仓库、务场、局院的库秤、斗级以及雇佣的劳务人员,欺诈侵占、借贷、转移属于官府的钱粮,都按照监守自盗论罪。如果雇主知情而参与分赃的,同样论罪;知情没有参与分赃但共同向官府申报隐瞒实情,以及不自首告发的,减一等处刑,最高处刑杖一百,不知情的不论罪。

冒支官粮

凡管军官吏、总旗、小旗冒支军粮入己者[①],计赃准窃盗论,免刺。

【注释】

①管军官吏:军队中参与管理军队的文官和武官。冒支:假冒领取军需物资的人员之名支领钱粮占为己有。

【译文】

凡是军队官吏、总旗、小旗在自己所管的部队中假冒他人之名领取军粮占为己有的,计算赃物价值依照盗窃论罪,免除刺字。

钱粮互相觉察

凡仓库、务场官吏、攒拦、库子、斗级皆得互相觉察[1]，若知侵欺、盗用、借贷系官钱粮，已出仓库匿而不举，及故纵者，并与犯人同罪；失觉察者，减三等，罪止杖一百。若官吏虚立文案那移出纳[2]，及虚出通关，其斗级、库子、拦头不知者，不坐。

【注释】

①觉察：相互监督，发现问题。

②虚立文案那移出纳：书写虚假的文书记录和凭证把仓库的钱粮转移出去。

【译文】

凡是仓库、务场工作的官吏、攒拦、库子、斗级都需要互相纠察，如果知道存在欺诈侵占、盗用、借贷属于国家的钱粮，已经出了仓库隐瞒不举报，以及故意纵容的，都与犯人同罪；没有察觉到的，减三等处刑，最高处刑杖一百。如果官吏写虚假的文书把仓库中登记的此项挪作彼项支付交接的，以虚假文书凭据通过关口查验的，斗级、库子、拦头不知情的，不论罪。

仓库不觉被盗

凡有人从仓库中出[1]，守把之人不搜检者，笞二十；因不搜检以致盗物出仓库而不觉者，减盗罪二等；若夜直更之人不觉盗者[2]，减三等；仓库直宿官攒、斗级、库子不觉盗者，减五等，并罪止杖一百；故纵者，各与盗同罪；若被强盗者，勿论。

【注释】

①人：此指一般的人，如果是有职务的人或者负责管理看守的人不用本条。

②直更：被盗当时正在值夜班看守的人。

【译文】

凡是有人从仓库中出来，看守把门的人不搜查检验的，笞二十；因为不搜检而导致出库的人偷盗了东西而没有察觉的，减盗窃罪二等论罪；如果是夜晚值守的人没有察觉盗窃的，减盗窃罪三等论罪；仓库里当时值宿的官员攒头、斗级、库子没有察觉盗窃的，减盗窃罪五等论罪，都最高处杖一百；故意放纵的，各种情形都与盗窃同罪；如果是被强盗的，上述值守人员不论罪。

守支钱粮及擅开官封

凡仓库官攒、斗级、库子役满得代，所收钱粮官物并令守支尽绝，若无短少方许给由。其有应合相沿交割之物[①]，听提调官吏监临盘点见数，不得指廒、指库交割[②]，违者，各杖一百。若官物有印封记，其主典不请原封官司而擅开者[③]，杖六十。

【注释】

①相沿交割：存放在库房中的物品并不是即时支付，而是需要存放一段时间，在看守人职务交接的时候仍然沿用过去的存放方式的，需要办理交接手续，查明物品情况并登记在册，交给后来者看管。

②廒（áo）：存放粮食的仓库称为廒，存放物品的仓库称为库。

③请：请示，如果近距离需要请原来封存的机构来人解封，如果远距离可以通过文书移送请示解封。原封官司：原初给官物盖上封印保存的机构。

【译文】

凡是仓库官攒、斗级、库子服役期满需要被代替的，所接收的钱粮官物需要支放的都要让看守者完全支放清楚，如果没有短缺才允许发给任满考核文书凭据。如有应该继续保存在仓库中的物品需要办理交接手续，要求提调官吏到现场监督盘点现存实数，不得指着仓廒、库房就完成交割，违反的，各自杖一百。如果官物上有封印的标记的，负责看守和交接的官员不请示当初封印的机构而擅自打开的，杖六十。

出纳官物有违

凡仓库出纳官物，当出陈物而出新物[①]，应受上物而受下物之类[②]，及有司和雇、和买不即给价[③]，若给价有增减不实者，计所亏欠及多余之价，坐赃论。若应给俸禄未及期而预给者，罪亦如之。其监临官吏知而不举，与同罪，不知者不坐。

【注释】

①当出陈物：应当交付陈旧的物品而把新收的物品交出去。

②应受上物而受下物：上物、下物，分别指上等品质和下等品质的物品。如，应该接受的丝织品光滑、细密、织法和尺寸合规定，此为没有瑕疵的上物，但是接受了不合规、品质有瑕疵的下物。

③和雇、和买：经过双方协商同意的雇佣和买卖称为和，如果一方不

同意强迫进行的称为强。

【译文】

凡是仓库接受和支付官方的物品，应该给出陈旧的物品而给出新物品的，应该收进来上等物品而接受下等物品之类，以及主管机构经过双方协商同意雇佣、买入不当时给价钱的，包括给价钱有所增减不如实给付的，计算所亏欠的以及多给的价钱，以坐赃论罪。如果应该给付俸禄还没有到给付的日期而预先给的，也是同样论罪。负有监督责任的官吏知情而不检举，与之同罪，不知情的不论罪。

收支留难

凡收受、支给官物，其当该官吏无故留难刁蹬不即收支者[①]，一日笞五十，每三日加一等，罪止杖六十徒一年。守门人留难者，罪亦如之。若领物、纳物之人到有先后，主司不依次序收支者，笞四十。

【注释】

①无故：不是因为法定的原因，或者客观上不可抗拒的原因导致的接收或支付不及时的情况。留难刁蹬：应当接收的不立即接收，应当支付的不立即支付，导致收受的人停留守候，阻碍公务顺利进行。

【译文】

凡是接收、支付官有物品，具体负责处理事务的官吏无故刁难不立即接收和支付的，一天笞五十，每三天加一等，最高处刑杖六十徒一年。守门人阻碍刁难的，同样论罪。如果领取物品和接收物品有先后次序的，主管人员不依照顺序接收和支付的，笞四十。

起解金银足色

凡收受诸色课程、变卖物货、起解金银[①]，须要足色。如成色不及分数[②]，提调官吏、人匠[③]，各笞四十，着落均陪还官[④]。

【注释】

①诸色课程：国家规定的各种税收具体缴纳的物品，有货币和实物不同种类。诸色，不同种类。变卖物货：国家收到的各种物品出卖为货币，包括税收所得物品、赃物、民众上交的埋藏物、遗失物、无主物等。起解金银：国家把一地的物品或者人员转移到另一地，通常由军队或者官府派特定人员依据特定路线和交接验收程序进行。金银需要经常运送到保存或是使用的地方，为保障安全需要专门的人员和程序进行。

②成色：物品的质量分级标准，用分数表达，比如达到三分成色即是达到百分之三十的质量标准。

③人匠：熔炼金银的工匠和估算物品价值的人员。

④着落：责成，命令。

【译文】

凡是接收各种税收物品钱款、变卖货物、运送金银，必须品质达到要求的成色，达不到要求的成色分数，负责运输调动的提调官员、熔炼金银和物品估价的人员，各笞四十，责令将因为工作失误导致的亏欠赔偿给官府。

损坏仓库财物

凡仓库及积聚财物主守之人[①]，安置不如法，晒晾不以时[②]，致有损坏者，计所损坏之物坐赃论，着落均陪还官。若卒遇雨水冲激、失火延烧、盗贼劫夺[3]，事出不测而有损失者，委官保勘覆实显迹明白[4]，免罪不陪。其监临主守若将侵欺、借贷、那移之数，乘其水、火、盗贼虚捏文案[5]，及扣换交单、籍册申报瞒官者[6]，并计赃以监守自盗论。同僚知而不举者，与同罪；不知者，不坐。

【注释】

①积聚：堆积起来集中保存的物品，如粮食、草料等。

②晒晾不以时：需要晾晒的物品如粮食、书籍、丝绸等需要防虫、防潮的，要按照季节和天气在规定的期间内晾晒，如粮食在农历六月天气晴朗阳光充足的时候晾晒，药材按照物性在不同时间翻检晾晒之类，称为以时，不按照规定或者物品保存特质按时进行的，称为不以时。

③失火延烧：别处发生火灾蔓延到相邻的物品被烧到。

④保勘：核查勘定。覆实：审察核实。显迹：确凿的证据。

⑤虚捏：虚构捏造。

⑥扣换交单、籍册：指折算钱粮的数量和成色分数，改换接收单据登记册，把侵占、欺骗官府的财物在登记册中算作正常折耗损失的。

【译文】

凡是仓库以及堆积财物的主要看守人员，安排处置物品不按照规定的方式，晾晒不按照规定的季节和天气，导致有损坏的，计算所损坏物品的价值依照坐赃论罪，被损坏的物品落实有关责任人员赔偿给官府。如果突然遇到大雨水灾冲激、失火蔓延燃烧、盗贼抢劫，事出不测而产生损失的，派官员现场核查勘定，审察核实后证据确凿清楚的，免罪不用赔偿。监督看守的官员如果把侵占、借贷、挪用的官物数额，乘水灾、失火、偷盗时虚假捏造文案，以及折算和改换交接单据、登记簿册欺瞒官府的，都计算赃款赃物数额以监守自盗论罪。同僚知情而不检举的，与之同罪；不知情的，不论罪。

转解官物

凡各处征收钱帛、买办军需、成造军器等物[①]，所在州县交收，差有职役人员陆续类解本府[②]。若本府不即交收，差人转解，勒令人户就解布政司者[③]，当该提调正官、首领官、吏典，各杖八十。若布政司不即交收，勒令各府就解部者，首领官、令典罪亦如之。其起运官物，长押官及解物人安置不如法[④]，致有损失者，计所损失之物，坐赃论，着落均陪还官。若船行卒遇风浪，及失火延烧，或盗贼劫夺，事出不测而有损失者，申告所在官司，委官保勘覆实显迹明白，免罪不陪。若有侵欺者，计赃，以监守自盗论。若起运官物不运本色，而辄赍财货于所纳去处，收买纳官者[⑤]，亦计赃，以监守自盗论。

【注释】

①钱帛：如铜钱、纸币、金银、丝绢之类。军需：军队所需物品，如棉衣、棉裤、鞋袜之类。明代把军队用的棉衣称为胖袄。成造军器：把原材料制作成武器。军器，武器，如弓箭、弓弦、绳子之类。

②有职役：必须是官方派出的有正式官方身份的人员押解，保证物品不会中途出错，武器流散民间。类解：分类押解运送。

③就解：就地直接押解。按照规定县交给府，府交给布政司，如果府为免劳累，要求直接押解给布政司，即为违法。

④长押官：负责管理长途押运的官员。

⑤赍财货于所纳去处，收买纳官：应当押解本地原定应当缴纳的物品却没有押解，而是带着财物到接收地买了其他的物品交给接收物品的官府，以图在接收货物的地方低价购买赚取差价，要把赚取的盈利作为赃物论罪，因为是运输者本身责任范围内故意利用官物牟利，如同监守自盗，因此按照监守自盗论罪。原本应缴纳并押解的物品与后来购买的物品之间有差异，法律不允许私自购买其他代替原定物品。

【译文】

凡是各地征收货币布帛、采买置办军需、制造兵器等，所在地的州县交接收纳，派出有职务的人员陆续按类押解到本州县所属府。如果所在属府不立即接收，派人转解，勒令没有身份的平民就地押解到布政司的，当时应该负责运送调配的提调正官、首领官、吏典，各自杖八十。如果布政司不立即接收，勒令各府就地押解到中央部门的，首领官、令典同样论罪。起运官物，长途押解的官员以及具体运送物品的人员对物品的处置不合规定，导致产生损失的，计算所损失的物品，以坐赃论罪，落实各自责任赔偿给官府。如果船在行程中突然遇到风浪，以及失火被牵连烧到，或者被贼盗抢夺，事出不测而有损失的，申报给所在地的主管机构，委派官员到现场核查勘验，证据确凿清楚的，免罪不用赔偿。如果有侵占欺诈的，计算赃物价值，依照监守自盗论罪。如果起运物品的人员没有运输原定的物品，而是携带财务到应当缴纳物品的接收地，购买物品缴纳给接收地官府的，也计算赃款，依照监守自盗论罪。

拟断赃罚不当

凡拟断赃罚财物[①]，应入官而给主，及应给主而入官者，坐赃论，罪止杖一百。

【注释】

①拟断赃罚：案件审理判决时对涉案赃款赃物的处置。如案件当事人都有罪的赃物、禁止民间持有的物品，没收入官；强取、索贿之类的，或者没收入官，或者还给个人。

【译文】

凡是案件拟定裁断中作为赃款赃物罚没的财物，应该没收入官而还给主人的，或者应该还给主人而没收入官的，以坐赃论罪，最高处刑杖一百。

守掌在官财物

凡官物当应给付与人，已出仓库而未给付；若私物当供官用[①]，已送在官而未入仓库，但有人守掌在官[②]，若有侵欺、借贷者，并计赃，以监守自盗论。

【注释】

①供官用：特供官府用的物品，如上供品或征用物品之类。

②守掌在官：物品暂时处在官方掌控下的情形，由负有看管职责的人看守。

【译文】

凡是官方所有的物品应该给付个人，已经出了仓库还没给付；私人所有物品应当供给官府使用，已经送到官府还没有完成入库的手续，只要是物品暂时处在官方看管下的，如果有侵占欺诈、借贷的，都计算赃物价值，以监守自盗论罪。

隐瞒入官家产

凡抄没人口、财产，除谋反、谋叛及奸党系在十恶，依律抄没，其余有犯，律不该载者，妻、子、财产不在抄没入官之限，违者，依故入人流罪论。若抄札入官家产而隐瞒人口不报者[①]，计口以隐漏丁口论；若隐瞒田土者，计田以欺隐田粮论；若隐瞒财物、房屋、孳畜者[②]，坐赃论，各罪止杖一百，所隐人口、财产并入官，罪坐供报之人[③]。若里长同情隐瞒，及当该官吏知情者，并与同罪，计所隐赃重者，坐赃论，全科[④]；受财者，计赃以枉法各从重论。失觉举者，减三等，罪止笞五十。

【注释】

①抄札：同"抄扎"，查抄没收。家产：即是上文中所规定的人口、田产、财物。

②孳（zī）畜：牲畜，包括繁殖的幼畜。

③供报之人：即抄写报告抄家文册和文书的人。

④全科：指依照坐赃律的规定完整地定罪量刑，让当事人承担最重的惩罚。

【译文】

凡是抄家没收人口、财产，除了谋反、谋叛以及奸党罪属于十恶的罪名，依照《大明律》条文的规定抄家没收，其余的犯罪，律文没有详细规定的，妻、儿、财产不在抄家没收给官府之列，违反的，依照故意使人被判决流放的罪名论罪。如果抄家登记没收入官的家产文书而隐瞒人口没有登记上报的，计算人口数额以隐漏丁口罪论罪；如果在登记的时候隐瞒田地的，计算田地数额以欺隐田粮罪论罪；如果隐瞒财物、房屋、牲畜的，以坐赃论罪，各种罪名最高处刑杖一百，所隐瞒的人口、财产都没收入官，给登记报告的人论罪。如果里长同情犯人而隐瞒的，以及当时负责处理事务的官吏知情的，都与登记报告之人同罪，计算所隐瞒的财物赃重的，以坐赃论罪，按照赃物的全部价值论罪；接受财物而隐瞒的里长和处理事务的官吏，计算赃物数额以枉法赃各自从重论罪。失察没有检举的，减三等处刑，最高处刑笞五十。

卷第八　户律五　课程计一十九条

【题解】

课程规定商税、茶盐专卖问题。商税与农业赋税虽然都是税收，但是商税主要在交易中产生，“课程”关于税的规定有一条涉及户的内容，更多的与户籍关系不大，因而，两种税分别规定在户役和课程类目中。

课程规定的专卖物管理包含了盐法、茶法、私矾。专卖法是国家增加收入的重要途径，从汉代开始盐铁专卖，重要的基本物资由国家专卖，不允许私人开采、买卖，利益都归于国家。盐、茶专卖涉及普通人的日常生活，特别是盐使用量大，开采、买卖程序繁杂。采用盐专卖实行入中法，由商人缴纳国家需要的粮草等物品到指定的边境等地区，国家发给买卖盐的凭证即盐引，商人凭借盐引到指定的地方领取盐，再到指定的地方卖盐。不到指定的地方领取盐或者超出指定范围卖盐都构成犯罪。明代继承了宋代的入中法，商人送粮草等实物到国家指定的地区，换取盐引，同样到指定盐场、行盐地区领盐和卖盐。明代盐场使用灶户或者囚徒生产盐，每个盐场生产的盐指定卖给持有盐引的盐商，盐场和行盐地区对应。盐法规定商人的盐引批注领盐的盐场和卖盐的行盐地区，没有盐引而贩卖盐的行为构成贩私盐重罪。明代盐的收入用于支付军费等重大开支，国家对其管理极其严格，只要参与贩私盐就构成犯罪，包括盐场私贩、商人私贩、官员和军队参与私贩，私贩也包括明知私贩而买私盐的人。《大明律》中的盐法十二条分别规定了贩卖私盐的各种犯罪。

明代茶也实行专卖制度。明律中对茶专卖的规定是“凡犯私茶者，同私盐法论罪”，与盐法一样也有严格制度。明代初期在实践中严格推行茶法，但是，明中期茶法专卖逐渐松弛，没有像盐法一样推行下去。明代的海外贸易在《大明律》中只做了简单规定，无法适应明代逐渐发达的海外贸易。

盐法一十二条

凡犯私盐者[①]，杖一百，徒三年；若有军器者，加一等；诬指平人者[②]，加三等；拒捕者，斩。盐货、车船、头匹并入官[③]。引领、牙人及窝藏、寄顿者[④]，杖九十，徒二年半；挑担、驮载者，杖八十，徒二年。非应捕人告获者[⑤]，就将所获私盐给付告人充赏，有能自首者，免罪，一体给赏[⑥]。若事发，止理见获人、盐[⑦]，当该官司不许展转攀指[⑧]，违者，以故入人罪论。谓如人盐同获，止理见发。有确货，无犯人者，其盐没官，不须追究。

【注释】

①私盐：明代盐属于重要的官方专卖物资，必须经过合法程序取得许可之后，才有资格经营盐业买卖。经过国家的招投标过程，按照规定的价格缴纳货币或者财物取得贩卖盐的凭证盐引，到指定地区销售，称为官盐；没有取得盐引卖盐和超出指定范围的卖盐行为，称为私盐。

②诬指平人：诬告指证没有参与贩私盐的人。

③头匹：贩私盐时用来运输驮载货物的马、牛、骆驼之类的牲畜，按照头或者匹计数。

④引领：领路、指路的人。牙人：牙保，买卖或者各种契约订立时的中间人，同时兼有保证人的义务，有官牙、私牙。窝藏：窝赃，包括私盐和贩私盐的人。寄顿：寄存私盐，以及给贩私盐者提供停留歇脚处所者。

⑤非应捕人：不是负有抓捕责任的人。

⑥一体给赏：指共同贩私盐的人，或者参与贩私盐的引路人之类，其中一人或几人能够自首，把该团体所得的私盐及其他物品作为奖赏，与一般人告发私盐奖赏一样，以此鼓励告发私盐。

⑦止理见获人、盐：只处理当时抓捕获得的人或者私盐，如果不是当场抓获，恐怕诬告牵连，不予受理。

⑧攀指：攀扯，诬指。

【译文】

凡是贩私盐的，杖一百，徒三年；如果持有武器的，加一等处刑；诬告指认普通人的，加三等处刑；拒捕的，处斩刑。所贩卖的私盐、车子和船、驮载用的马匹之类都没收入官。引路的人、中间牙人以及窝赃、提供寄存落脚的人，杖九十，徒二年半；挑担子、赶牲畜驮载的人，杖八十，徒二年。不是负有应该抓捕责任的人告发捕获的，就把所获得的私盐给付告发的人充当赏赐，有能够自首的，免罪，一样给予奖赏。如果事发，只处理当时抓获的人和私盐，负责处理的官府机构不许牵连攀扯其他人，违反的，以故入人罪论罪。指如果人和私盐一起被抓获，只处理现在发现的。有确实存在的私盐，没有犯人的，私盐没收入官，不再进一步追究。

凡盐场灶丁人等①，除正额盐外②，夹带余盐出场③，及私煎货卖者④，同私盐法。百夫长知情故纵⑤，及通同货卖者⑥，与犯人同罪。

【注释】

①灶丁:灶户家承担义务的成年男丁。明代盐专卖,在专门设定的盐场中,由灶户负责煮海水晒海盐。

②正额:灶丁每天应该煎盐的数量标准。

③夹带余盐出场:将盐场设定的应该缴纳的课盐数额之外多出来的盐,偷偷夹带出盐场。

④私煎:私自煎煮盐的行为。灶丁必须在指定场所用指定方式和工具煮晒盐,此外超出国家监控管理的煮盐行为即是私煎。

⑤百夫长:明代军队管理单位,每一百人设定百夫长一名,盐场是国家设定的专卖场所,由军队负责日常事务的管理。

⑥通同:串通,勾连。

【译文】

凡是盐场煎盐的灶丁等人,除了法律规定煎盐数额之外,把多余的盐夹带出盐场,以及私自煎盐买卖的,适用贩私盐的规定论罪。百夫长知情纵容,以及串通贩私盐者,与犯人同罪。

凡妇人有犯私盐,若夫在家[1],或子知情[2],罪坐夫男。其虽有夫而远出,或有子幼弱,罪坐本妇。

【注释】

①夫在家:丈夫没有离开家,不管知情与否,都由丈夫承担责任。

②子知情:儿子对于母亲犯有私盐罪的行为知情才承担责任,不知情,不承担责任。

【译文】

凡是妇女犯有私盐罪,如果丈夫在家,或者儿子知情的,由丈夫或儿子承担罪责。虽然有丈夫但是丈夫出远门不在家,或者儿子年龄小,由犯罪妇女本人承担责任。

凡买食私盐者[①],杖一百,因而货卖者[②],杖一百,徒三年。

【注释】

①买食私盐:知其为私盐而买来食用的。

②因而货卖者:因为购买私盐得知获利途径之后参与贩卖私盐获利的。参与贩私盐与一般贩私盐罪行无异,因此适用贩私盐的规定定罪量刑,危害性不同于只是购买自己食用。

【译文】

凡是明知是私盐购买食用的,处刑杖一百,因此而参与买卖私盐的,处刑杖一百,徒三年。

凡守御官司及盐运司、巡检司巡获私盐[①],即发有司归勘[②],各衙门不许擅问[③]。若有司官吏通同脱放者[④],与犯人同罪;受财者,计赃,以枉法从重论。

【注释】

①守御官司:指各卫所守护地方治安的官府机构。盐运司:明代实行盐专卖设立都转运盐使司,负责运输官盐的机构。巡检司:地方负责巡察的机构,隶属地方行政机构管辖(详见"诈冒给路引"条的巡检司注释)。

②有司:指府、州、县及问刑衙门,即前条所说的官司。

③各衙门:指守御官司、盐运司、巡检司而言。

④通同脱放:指守御等官共同参与帮助被捕人员逃亡的,或放掉被抓捕的人。下文规定受财的处罚,从重论罪,是指脱放构成一种罪,受赃构成一种罪,计算赃物数额,在脱放和受赃罪中选择重罪

论罪。

【译文】

凡是各地设立守护地方的卫所机构以及盐运司、巡检司在巡查时抓获私盐，立即转发案件到有权处理私盐案件的机构勘察审理，守御官司、盐运司、巡检司不允许擅自审问。如果审问机构和驻守、运盐、巡察机构中有人共同参与帮助犯人逃亡放掉犯人的，与犯人同罪；接受财物的，计赃物赃款数额，以枉法赃按重罪论罪。

凡守御官司及有司、巡检司设法差人于概管地面①，并附场紧关去处②，常川巡禁私盐③，若有透漏者，关津把截官及所委巡盐人员④，初犯笞四十，再犯笞五十，三犯杖六十，并附过还职；若知情故纵，及容令军兵随同贩卖者，与犯人同罪⑤；受财者，计赃以枉法从重论。其巡获私盐入已不解官者，杖一百，徒三年；若装诬平人者⑥，加三等。

【注释】

①设法：设定巡察的规则。概管地面：所属管辖的全部地区。

②附场：所辖区域内有设定的盐场，是所属地区的附属设施。紧关去处：关键紧要的场所。

③常川：日常反复不断地进行，就像河水川流不息。

④关津：关，关口，设置用来检查和收税的路口。津，渡口，通常也设置关口。把截官：在关口和渡口拦截人或者物检查或收税。

⑤及容令军兵随同贩卖者，与犯人同罪：军队负责巡察守卫抓捕贩私盐的人，长官默认使士兵参与贩卖私盐，与贩卖私盐性质相同，因此，与犯人同罪。容令，容忍，默认。

⑥装诬平人：伪装嫁祸并诬告不相干的普通人，军人把自己的犯罪

行为嫁祸给其他普通人的行为,危害尤其严重,因此,处刑时加三等,比不把发现的私盐押解到官府的罪行加三等处刑,处以杖一百,流三千里。

【译文】

凡是守御机构和地方政府机构、巡检司设定规则派人在所管辖的地区,以及设在该地区的盐场重要场所,日常巡逻查禁私盐,如果有人透露出巡察信息,关口、渡口把守拦截的官员以及所委派的巡盐人员,初犯笞四十,再犯笞五十,第三次犯杖六十,并在记录册中附过仍然保留原职;如果是知情故纵,以及允许军队的士兵参与贩卖的,与犯人同罪;接受财物的,计算赃款价值以枉法赃选择重罪论处。巡察获得的私盐私占不运送到官府的,杖一百,徒三年;如果把自己侵占私盐的行为伪装嫁祸给不相干的普通人并诬告的,加三等处刑。

凡军人有犯私盐[①],本管千、百户有失钤束者[②],百户初犯笞五十,再犯杖六十,三犯杖七十,减半给俸;千户初犯笞四十,再犯笞五十,三犯杖六十,减半给俸,并附过还职。若知情容纵,及通同贩卖者,与犯人同罪。

【注释】

①军人:指地方驻军守御机构内所有的军人,不单指专门进行巡盐抓捕的军人。

②本管千、百户:本人所在的千户、百户的千户长、百户长。钤束:按照职务要求严格管束的职责。

【译文】

凡是军人有贩私盐罪的,主管的千户长、百户长有失职疏于管束的,百户长初犯笞五十,再犯杖六十,第三次犯罪杖七十,俸禄减半;千户长初犯笞四十，再犯笞五十，第三次犯杖六十，俸禄减半，并在记录册上附过保留职务。如果知情故纵的，以及串通参与贩卖的，与犯人同罪。

凡起运官盐①，每引二百斤为一袋②，带耗五斤③，经过批验所依数掣挚秤盘④，但有夹带余盐者⑤，同私盐法。若客盐越过批验所⑥，不经掣挚关防者⑦，杖九十，押回盘验。

【注释】

①官盐：国家批准允许运输出卖的盐。

②每引二百斤为一袋：官盐批准的时候以引为单位，每引二百斤为一个单位装一袋，作为每引的额定标准。

③带耗五斤：盐在装袋、运输过程中损失、消耗的部分预先计算在包装里，每二百斤加五斤盐作为预先留出的损耗。

④批验所：政府设立的检查监督机构。依数：依照每一盐引规定的标准数额和加耗数额作为检验标准。掣挚：随手抽取盐袋并从中随机抽检称量轻重。秤盘：过秤盘验，所有的盐袋全部盘点查验。掣挚与秤盘两者并存，既保证效率，也保证检验质量。

⑤夹带：在官盐允许的范围之外增加多余的盐，私自带出。

⑥客盐：明代盐法每一盐引在指定的区域销售，不得超过该引设定的区域，否则为贩私盐。获得同意贩卖的官盐运送到所在销售区域，在途经其他区域时，称该盐为客盐。

⑦关防：过关口的时候查验过关允许凭证。

【译文】

凡是起运官盐的，每一张盐引定额二百斤为一袋，附带五斤为折耗，经过批验所按照数额抽查或盘点检验过秤，一旦有夹带多余的盐，与私盐法同样对待。如果其他地方的盐运输经过批验所，不经过抽查检验凭证的，杖九十，押运回批验所重新盘点检验。

凡客商贩卖官盐,不许盐引相离,违者,同私盐法。其卖盐了毕[①],十日之内不缴退引者[②],笞四十。若将旧引影射盐货者[③],同私盐法。

【注释】

①了毕:结束,完成。

②缴退引:交回退还盐引。因为盐引是国家批准的贩卖盐的凭证,用完之后,为防止利用旧引买卖盐引发贩卖私盐,需要退回给国家主管发证机构。

③影射:以此冒充彼,如影子与实物之间相互影响关联,产生不真实的后果。官盐凭借盐引买卖,卖完退缴,防止用旧盐引冒充正引,被人误以为旧引有效引发混乱。

【译文】

凡是客商贩卖官盐过程中,不许盐和盐引相离,违反的,适用私盐法。卖盐完成之后,十日内不退还盐引的,笞四十。如果用旧盐引冒充正引买卖盐的,同样适用私盐法。

凡起运官盐,并灶户运盐上仓,将带军器及不用官船起运者[①],同私盐法。

【注释】

①官船起运:所有官盐必须统一使用官船运输,防止私人运输管理混乱,被利用来贩卖私盐。不许带武器是为了防止发生拒捕事件。

【译文】

凡是起运官盐,以及灶户运送盐到仓库的,带着武器以及不用官船运输的,同样适用私盐法。

凡客商将官盐插和沙土货卖者[①]，杖八十。

【注释】

①插和沙土：掺和沙子或泥土到盐中，既为了图利，又阻碍官盐顺利买卖。

【译文】

凡是客商把官盐掺和沙子泥土出卖的，杖八十。

凡将有引官盐不于拘该行盐地面发卖[①]，转于别境犯界货卖者[②]，杖一百。知而买食者，杖六十；不知者，不坐，其盐入官。

【注释】

①拘该行盐地面：盐运司限定每个盐场出产的盐在指定地区售卖运输，该地区称为行盐地面。如淮盐不许过浙，浙盐不许过淮之类。

②别境犯界货卖：盐专卖要求在指定的区域售卖，不得跨越界限，防止破坏盐法。犯界货卖是指盐商把取得了盐引的官盐不在指定区域出售的，跨越限定界限售卖的行为。

【译文】

凡是把有盐引的官盐不在盐引指定的地区售卖，跨境转卖到别的区域的，杖一百。知情而买盐食用的，杖六十；不知情的，不论罪，盐没收入官。

监临势要中盐

凡监临官吏诡名[①]，及权势之人中纳钱粮、请买盐引勘合侵夺民利者[②]，杖一百，徒三年，盐货入官。

【注释】

①监临官吏:指监督主管盐法之官吏,如布政司、盐运司、盐课司官吏之类。诡名:不以自己的名字而是捏造虚假的名字。

②中纳钱粮、请买盐引勘合:明代盐法使用盐引作为官方允许买卖盐的凭证,获得盐引需要依照规定标准和方式缴纳钱粮之后,请买盐引并附带运输、买卖的勘合作为关防凭证。明代认为官盐交给商人买卖是让利于民,如果权势之家参与中纳钱粮请买户部盐引勘合,则盐利归于权势之家,是夺取民间的利益,因此加以限制。

【译文】

凡是监督主管盐业的官员捏造假名,以及权势之家和豪民参与中纳钱粮、请买盐引勘合凭证与民争利的,杖一百,徒三年,所买的盐和用来买盐、买盐引的财货没收入官。

阻坏盐法

凡客商中买盐引勘合,不亲赴场支盐,中途增价转卖,阻坏盐法者,买主、卖主各杖八十,牙保减一等,盐货价钱并入官。其铺户转买、拆卖者[①],不用此律。

【注释】

①铺户:开设商铺买卖百货的人,是盐的终端出售者,允许小额转卖,拆整为零,不妨害盐法。

【译文】

凡是客商交纳钱粮中买了盐引和勘合,不亲自到盐场支取盐,在中途加价转卖盐引和勘合,毁坏盐法的,买主、卖主各自杖八十,中间人牙保减一等处刑,盐和相关物品以及卖盐所得都没收入官。开商铺的商户转买和拆开整包盐出售的,不适用这条法律。

私茶

凡犯私茶者[①],同私盐法论罪。如将已批验、截角退引入山影射照茶者[②],以私茶论。

【注释】

①私茶:明代茶叶采用专卖法,具体规定和违法处罚与盐专卖相同。凡是客商贩卖茶叶,需要按照法律规定用钱粮缴纳给官府,按照指定的价格中买茶引,按照茶引规定的区域,在固定茶场买茶,到固定的地方卖茶。

②批验、截角退引:茶引已经官验过并截角,即为退引,应当交回给官府。茶引在每次查验使用之后,都要截去一角,证明当时获得茶叶是合法的,但是此后,被截角的茶引不再具有效力。影射照茶:已经退缴的茶引,即退引,重复假冒按照茶引到茶场取得茶叶。

【译文】

凡是私自贩卖茶叶的,同样适用私盐法论罪。如果把已经批验、截角的退引拿到山中茶场假冒正引获取茶叶的,以私茶论罪。

私矾

凡私煎矾货卖者[①],同私盐法论罪。

【注释】

①私煎:不属于官方开办的烧矾窑厂,以及新开山烧矾,而不报告给官府办理缴纳税赋的登记。矾属于专卖物品,不得私自开采、烧造提炼以及买卖。买卖矾需要像买卖盐和茶一样的程序和途径中买,取得凭证之后才允许合法开采并买卖。按《明会典》的规

定："洪武三年，令庐州府黄墩、昆山及安庆府桐城县岁纳矾课，每岁二十二万七百斤，每三斤为一引，官给工本钱一百五十文，私煎者论如私盐法。"这是矾课设立的由来。

【译文】

凡是私自煎煮矾出售的，同样适用私盐法论罪。

匿税

凡客商匿税，及卖酒、醋之家不纳课程者[①]，笞五十，物货、酒醋一半入官。于入官物内以十分为率，三分付告人充赏；务官、攒拦自获者，不赏。入门不吊引[②]，同匿税法。其造酒醋自用者，不在此限。若买头匹不税契者[③]，罪亦如之，仍于买主名下追征价钱一半入官。

【注释】

①课程：商税。

②吊引：买卖物品需要按照买卖物品的种类进行纳税，取得纳税凭证称为引帖。每个城门口设置引帖，凡是进城客商的货物需要先拿出引帖查验货物和纳税凭证之间是否一致，是否纳税，查验一致后收起。进城门时不取出引帖，引帖与货物不一致，视为违法。

③头匹：按照头或者匹计算的牲畜和动物，指代牲畜动物。

【译文】

凡是客商逃税，以及卖酒、卖醋的人家不纳税的，笞五十，货物和酒醋的一半没收入官。其中入官的货物以十分为计算单位，拿出三分赏给告发的人；纳税场所的人和拦截检查的人自己抓获的，不给赏。客商入城不取出纳税引帖的，同逃税法一样论罪。自己制造的酒和醋自己使用的，不适用这条法律。如果买卖牲畜动物不纳税的，同样论罪，仍然在买主的名下追缴价钱的一半没收入官。

舶商匿货

凡泛海客商舶船到岸①，即将物货尽实报官抽分②，若停塌沿港土商、牙侩之家不报者③，杖一百，虽供报而不尽者，罪亦如之，物货并入官。停藏之人同罪④，告获者官给赏银二十两。

【注释】

①泛海客商：从事外贸从海上把别国的货物运输回来的商人。舶船：海中大船。

②物货：海外贩运来的货物。本条称为匿货而不是匿税，缘于外贸货物价值大，货物不可有任何隐匿，是当时严格管理对外贸易的特殊措施。抽分：海外运输回来的货物需要报告给官府按照货物比例抽取实物作为税，比例称为分，纳税的标准常常是规定几分，这种按照分数抽取的纳税方式称为抽分。

③停塌：停靠抛锚。土商：在当地有固定商铺的坐商，不从海外运输货物，但是也参与海外贸易中的接货销售，或者把国内土货贩卖出海。牙侩（kuài）：牙人是中间人，侩是担保人。

④停藏：船只、车马等停靠，窝藏包庇犯罪。

【译文】

凡是通过海洋运输的商人的船舶到岸，立即把货物如实报告给官府进行抽分纳税，如果停靠地的港口坐商、牙侩之家不上报的，杖一百，虽然上报了但不如实的，同样论罪，货物全部没收入官。停靠地的人、窝藏的人同样论罪，告发捕获的人官府给奖赏二十两银子。

人户亏兑课程

凡民间周岁额办茶、盐、商税诸色课程[①]，年终不纳齐足者，计不足之数，以十分为率，一分笞四十，每一分加一等，罪止杖八十，追课纳官。若茶盐运司、盐场、茶局及税务、河泊所等官[②]，不行用心办课，年终比附上年课额亏兑者[③]，亦以十分论，一分笞五十，每一分加一等，罪止杖一百，所亏课程着落追补还官。若有隐瞒、侵欺、借用者，并计赃以监守自盗论。

【注释】

①周岁额办：以一年为周期办理的定额税。

②茶盐运司：明初有茶运司，后来裁撤。因为《大明律》是明初制定的，此后不准更改一字，因此律文中有茶、盐运司，后来只有盐运司。茶局：专门为茶专卖设定的机构。税务：检查货物收税的场所。河泊所：元代在建康、安庆、池州等处设置的掌管鱼税的官署，明代广为设置，用来检查过往船只收税的机构。

③亏兑：亏欠。

【译文】

凡是民间每一年为周期定额办理茶、盐、商税各种应纳税的种类，年终不能足额纳税的，计算不足的数额，以十分为单位，一分笞四十，每一分加一等处刑，最高处刑杖八十，追缴应纳税额给官府。如果茶盐运司、盐场、茶局以及税务、河泊所等机构，不用心办理税课，年终比较上年同期税额有亏欠的，也以十分为计算单位论罪，一分笞五十，每一分加一等，最高杖一百，所亏欠的税额落实追缴补足给官府。如果有隐瞒、侵占欺诈、借用的，都计算赃款数以监守自盗论罪。

卷第九　户律六　钱债计三条

【题解】

钱债门包括私人之间借贷、寄存、遗失物、埋藏物的问题的各条文。这些内容在唐律中是规定在“杂法”中的，元代已经从杂法中区分出来成为独立的钱债篇。

借贷中规定了禁止高利贷的规则。中国古代法律中一直禁止高利贷，西周时期法律已经规定了不准超过国家标准取利，历代法律都规定了借贷利息的最高标准，超过法定标准即为“取息过律”构成犯罪。借贷利息不得超过本息，更不准复利，以此保护高利贷受害者。

《大明律》对遗失物的处理也比唐律严密，《唐律疏议》规定了拾得遗失物不送官的处罚方式，“诸得阑遗物，满五日不送官者，各以亡失罪论”。明代规定拾得遗失物需要在五天内送官，找到失主后，拾得人可以获得遗失物一半的价值，另一半还给失主。如果无人认领，则可以全给拾得人。这些规定比唐律的规定有助于促使拾得人归还失物，拾得人可以合法获得拾得物的部分价值，失主通过丧失部分失物的所有权换取失物的所有权回归，这部分失去的所有权也是失主自己对自己物品的管理不够精心的代价，明律的规定从拾得人和失主各自的权利义务的角度做了平衡。

钱债在当代法律体系中属于民法的范畴，明律关于钱债的规定有债务履行、寄存契约履行的民事契约思维,也有违反法律定罪量刑的刑事法律思维。古代法律中的这种民事思维和刑事思维同时存在的情形,一度被认为"民刑不分"。从《大明律》中的钱债条文规定可以看出,民事与刑事法律行为虽然是规定在同一个条文中,但是,所处理的问题并不相同,违反民事约定适用民事法律后果,高利贷、以人抵债等违反刑事法律造成严重损害后果的行为,适用刑事处罚,二者之间随着损害后果的变化而不同,民事与刑事性质的法律区分清晰。

违禁取利

凡私放钱债及典当财物①,每月取利并不得过三分②,年月虽多不过一本一利③,违者,笞四十,以余利计赃重者④,坐赃论罪,止杖一百。若监临官吏于所部内举放钱债、典当财物者⑤,杖八十,违禁取利,以余利计赃重者,依不枉法论,并追余利给主。其负欠私债违约不还者,五贯以上,违三月,笞一十,每一月加一等,罪止笞四十;五十贯以上,违三月,笞二十,每一月加一等,罪止笞五十;二百五十贯以上,违三月,笞三十,每一月加一等,罪止杖六十,并追本利给主。若豪势之人不告官司,以私债强夺去人孳畜、产业者⑥,杖八十,若估价过本利者,计多余之物坐赃论,依数追还。若准折人妻妾子女者⑦,杖一百;强夺者,加二等,因而奸占妇女者,绞;人口给亲,私债免追。

【注释】

①放钱债:以收取利息为目的,借钱给他人。典当:不动产抵押借贷

约定期限归还为典，动产抵押借贷约定期限赎回为当。

②三分：利息为本金的百分之三，如月利三分，一百贯月取利三贯。这是法定最高利息，限制高利贷。

③年月虽多不过一本一利：时间虽很长，但是计算利息的时间不是无休无止的。利息不得超过本金的数额，禁止利滚利和高利贷。

④余利：法律规定的三分利息之外多取的利息。

⑤举放钱债：举钱，即借钱；放债，借钱出去获利。监临官对所辖地区有督责管理的权力，防止借助权力在当地借钱和放债谋取私利，破坏官僚制运行。借钱和放债均禁止，防止以借钱的名义夺取他人财产。禁止典当财物的规定立法意图也是同样的。

⑥以私债强夺：因为私人之间的债务强夺债务人的财物。法律禁止这种行为，不允许债务的私力救济，必须经过官府的支持才可以强制取得债务人的财产保障债权实现。

⑦准折人妻妾子女：协商同意以债务人的妻妾、子女抵充债务。明代人的法律地位提高，除了奴婢之外，人不能与财物相提并论。因债务而奸占他人妻女的，是依照强占良家妻女的法律规定处刑的。该条规定限制了债权人和债务人之间协商以妻妾和子女这样的弱势群体抵债，如果抵债或者强夺，不仅受到刑罚处罚，而且免除债务，这也是对债权人行为的一种限制，防止强势债权人以协商方式伤害债务人妻妾、子女实现债权，也存在对债权人的限制和对女性、子女的保护。明代一般认为放债者多豪势之家，举债者多不得已，放债者为保障债务无所不为，举债者在不得已时也会突破底线，因此做出这条规定。该条规定只规定禁止以人口抵债，但不禁止双方同意的准折财物、产业之类抵债，遵从民便，尊重私人协商的债务处理方式。

【译文】

凡是私人放债以及典当财物，每个月收取的利息不得超过三分，虽然持续很长时间，最多取利不得超过原来的本钱数额，违反的，笞四十，以剩余多收的利息计赃重的，以坐赃论罪，最高处刑杖一百。如果负有监临职责的官吏在所管辖的区域内举债放钱、典当财物的，杖八十，违反法律的禁止规定收取利息的，以剩余利息数额计赃罪重的，依照不枉法赃论罪，都追缴剩余的利息给原主。债务人欠私债到期违约不还的，五贯以上，违约三个月，笞十，每个月加一等，最高处刑笞四十；五十贯以上，违约三个月，笞二十，每一个月加一等，最高处刑笞五十；二百五十贯以上，违约三个月，笞三十，每一个月加一等，最高处刑杖六十，并追回本金和利息给债权人。如果豪民权势之家不告到官府，因为私债强夺债务人的财物牲畜、产业的，杖八十，如果估价所夺取的财物价值超过本金和利息的，计算多余财物的价值以坐赃论罪，照数额归还。如果经协商同意用债务人的妻妾、子女折抵债务的，杖一百；强夺的，加二等处刑，因此而奸占妇女的，处绞刑；人口归还给亲人，私债免除。

费用受寄财产

凡受寄人财物、畜产而辄费用者①，坐赃论，减一等。诈言死、失者，准窃盗论，减一等，并追物还主。其被水、火、盗贼费失及畜产病死有显迹者②，勿论。

【注释】

①费用：花费，用掉，把受托寄存的财物消耗掉了。

②盗贼费失：盗贼偷走了所寄存的财物，然后花费或者遗失了。显迹：明显确实的痕迹可以作为证据证明事实发生。

【译文】

凡是接收他人寄存财物、牲畜而使用花费掉的，按照坐赃论罪，处刑减一等。欺诈物主说是死亡、遗失的，比照盗窃罪论罪，处刑减一等，并追回财物还给主人。遭受水灾、火灾、盗贼偷走花费或者遗失以及牲畜病死有确实证据的，不论罪。

得遗失物

凡得遗失之物[①]，限五日内送官。官物还官，私物召人识认，于内一半给与得物人充赏，一半给还失物人；如三十日内无人识认者，全给；限外不送官者，官物坐赃论，私物减二等，其物一半入官，一半给主。若于官私地内掘得埋藏之物者[②]，并听收用。若有古器、钟鼎、符印、异常之物[③]，限三十日内送官，违者，杖八十，其物入官。

【注释】

①遗失之物：过失导致物不在物主控制之内。失物必有主，因此，此条规定如何还给主人。

②埋藏之物：隐藏在土地或者其他物品中的物，属于无主物。

③异常之物：非寻常之物，被认为不当为民间所有，归属于国家所有。

【译文】

凡是得到遗失的物品，限五天之内送到官府。属于官府的物品归官府，私人的物品招人辨认，其中一半给予拾得的人充当奖赏，一半还给遗失物的人；如果三十天内无人认领，全部都给拾得的人；限定的时间内不把遗失物送到官府的，官物以坐赃论罪，私物以坐赃论罪减二等处刑，遗失物一半归官府，一半还给原主。如果在官府或者私人的土地内挖掘得到埋藏的物品，允许收起使用。如果是古董、钟鼎、符印、异常的物品，限三十天内送到官府，违反者，杖八十，物品归官府。

卷第十　户律七　市廛计五条

【题解】

市廛(chán)规定市场管理。其中“私充牙行、埠头”一条,从当代法律体系来理解并不属于市场管理内容。从明代市场管理来看,牙行、埠头在当时并非完全自由职业,受到国家严格管理,行业组织与个人都需要登记,严密监管,与市廛类目中国家对物价、量器的管理思维一致,法律条文的分类符合当时的认知。

市场管理和征收交易税的问题在西周法律中就有规定,孟子在他的学说中讨论了国家市场管理中应当“廛而不征”的观点,认为国家应当对市场进行管理,但是不应当征税。秦代律令规定了比较详细的市场管理法,要求市场参与者公平交易,明码标价,不得欺诈。秦代统一度量衡,官方制作每种量器的标准件,为交易双方提供公平交易的条件。市场管理法要求双方平等交易且基于自愿,将强买强卖规定为犯罪行为,不仅要求赔偿、恢复原状,还规定刑罚处罚。秦以后的法律在市场管理方面基本上延续了秦代法律的规定。唐律中专门规定了“买卖不和较固”,“和”的术语在《大明律》中也延续下来,“把持行市”条文中规定“买卖诸物两不和同”处刑杖八十。“和”是古代的一个重要术语,《说文解字》解释“和,相应也”。共同行为的当事人之间充分表达自己的意思,同时对对方的意思充分理解,在此基础上双方做出互相应和。传统文化中“和”的意思用在契约法律规范中，与当代民法中的基本原则“意思自治”“诚实信用”相对应，民事交易中首先保证双方是平等的，不允许强买强卖，也即不允许一方把自己的意志强加在对方身上，必须是相互尊重的条件下平等地建立交易行为。在民事地位平等的基础上双方各自充分表达自己的真实意思，不存在欺骗、诱导、胁迫，完全是出于自己的内心愿望通过语言或者行为表达出来，对方能够充分理解表达者的意思，并做出符合自己意愿的表达或行为，双方都基于各自的意愿对对方的表达做出回应，相互之间达成意思一致，并对自己做出的许诺能够认识到后果并承担后果，在这一过程中实现基于意思自治符合诚实信用的民事交易目的。

传统中国虽然没有专门的民法，但是对民事行为的基本要素有明确的法律规定，当代基于西方法学理论对民法的理解与中国传统法律文化并非无法沟通，需要从规范出发理解内在的意思。

私充牙行埠头

凡城市、乡村诸色牙行及船埠头①，并选有抵业人户充应②，官给印信文簿③，附写客商、船户住贯、姓名、路引字号、物货数目④，每月赴官查照。私充者，杖六十，所得牙钱入官⑤。官牙、埠头容隐者⑥，笞五十，革去⑦。

【注释】

①牙行：牙人指专门充当交易中间人，促使交易达成，赚取中介费用的人，其所属的行业有行业协会称为牙行。船埠头：码头上介绍接引船只停泊、货物进港并促成交易的人，并赚取中介费，作用类似牙行。

②有抵业人户：指相关人员有家庭有产业，万一发生损害可以用来抵偿客户的货物损失。牙行与埠头不仅促成交易，也承担一定的担保责任，因此要求有产业的人充当。此项措施，在于保障交易安全，提高交易效率，维护交易秩序。

③印信文簿：印章、凭证以便取信，文书簿册用来登记信息，保障信息真实性，国家可以掌握交易的情况。

④住贯：住址和籍贯，登记该信息便于掌握商人和船户踪迹，发生意外可以查寻。路引字号：古代限制居民流动，流动人口需要持有当地政府发给的凭证，称为路引。路引一般有编号，写在路引上，是为路引字号。

⑤牙钱：牙人作保促成交易后获得的合法费用。

⑥官牙：官方组织的牙行，招募牙人充当，属于官府的认可服务机构。官埠头性质作用类似。

⑦革去：官牙和官埠头是官府承认的组织，有官府的登记和保障，属于一种有营利的差役，违法之后革除登记，丧失官府赋予的身份。

【译文】

凡是城市、乡村各色牙行以及船埠头，都要选有家业的人家充当，官府发给印章凭证和文册，文册内附写客商、船户的住址、籍贯、姓名、路引的编号、货物数目，每个月赶到官府查验登记。私自充当牙人、埠头的，杖六十，所得的牙钱没收入官。官牙行、埠头包庇隐瞒私充的，笞五十，革除牙行和埠头的名字不准再做差役。

市司评物价

凡诸物行人评估物价①，或贵或贱令价不平者②，计所增减之价，坐赃论；入己者，准窃盗论，免刺。其为罪人估赃不实③，致罪有轻重者，以故出入人罪论；受财者，计赃以枉法从重论。

【注释】

①诸物行人：各种行业涉及货物的有本行的牙人，为行人。因为掌握各行业的各种情况，明了物品价值和价格变化，充当物品估值的人。

②价不平：价格不公平。

③估赃不实：为赃物估价的时候不能如实估价。

【译文】

凡是涉及各种物品的行人评估物价，估价过高或过低导致价格不公平的，计算所增加或减少的价钱，以坐赃论罪；增减的部分占为己有的，比照盗窃罪论处，免予刺字。为犯罪人的赃物估价不真实，导致定罪量刑出现轻重差异的，以故出入人罪论罪；接受财物的，计算赃物价值以枉法赃选择重罪论罪。

把持行市

凡买卖诸物两不和同[①]，而把持行市专取其利[②]，及贩鬻之徒通同牙行共为奸计[③]，卖物以贱为贵，买物以贵为贱者，杖八十。若见人有所买卖，在傍高下比价以相惑乱而取利者[④]，笞四十。若已得利物，计赃重者，准窃盗论，免刺。

【注释】

①和同：买卖双方当事人出于各自内心的真实意愿，平和协商之后对买卖达成一致意见，完成买卖行为。和同是古代民事合同中专门表达意思自治的术语，强调买卖双方在订立合同、完成买卖行

为时主观意愿的真实、自愿、平等、有效。意思自治是当代民法的基本原则之一,民事行为当事人特别是合同的当事人出于自己的真实意愿,做出决定、建立民事法律关系、产生预期民事法律后果,当事人能够完全理解自己的行为后果并且理解对方行为的后果,不存在欺诈、胁迫、误解等意思表达不真实的可能性,简单说就是当事人能够自己做主,意思表达真实有效。

②把持行市:在市场中把买卖控制在自己手中,不允许别人自由买卖,或者强制他人买自己的东西以及强制他人把东西卖给自己,以及不允许别人在场进行买卖,还有欺骗、误导、强迫人们进行买卖的各种违法行为。把持,控制。行市,行业和市场交易。

③贩鬻(yù):贩卖。贩,从异地买卖物品。鬻,出售。

④高下比价:比较物品的价格高低之类,误导当事人高价买或低价卖,从而获利的人,当代所称的"托"或者"黄牛",民法上的故意误导,达成显失公平的交易。

【译文】

凡是买卖各种物品双方之间不是出于自愿达成共识,而是把持行市欺诈胁迫他人获利的,以及贩卖的人和牙行勾结共同作弊,出售物品时故意抬高价格,进货时故意压低价格的人,杖八十。如果发现有人买卖物品,在一旁指点价格高低比较以误导当事人而获利的,笞四十。如果已经获利,计赃重于本罪的,比照盗窃罪论罪,免予刺字。

私造斛斗秤尺

凡私造斛斗、秤尺不平在市行使[①],及将官降斛斗、秤尺作弊增减者[②],杖六十,工匠同罪。若官降不如法者,杖七十;提调官失于较勘者[③],减一等,知情与同罪。其在市行使斛斗、秤尺,虽平而不经官司较勘印烙者[4],笞四十。若仓库官吏私自增减官降斛斗、秤尺,收支官物而不平者[5],杖一百,以所增减物计赃,重者,坐赃论,因而得物入己者,以监守自盗论。工匠杖八十[6],监临官知而不举者,与犯人同罪,失觉察者减三等,罪止杖一百。

【注释】

①斛斗、秤尺不平:是指称量丈量的工具不合法导致结果不公平,不符合法律规定。斛斗,称量粮食的量器。斛,十斗为一斛。秤,称重量的量器。尺,丈量距离的工具。

②官降:官方颁布的量器。

③较勘:同"校勘",比较核对。

④较勘印烙:查验校正量器之后打印记。

⑤收支官物而不平:指多收少支之类导致的不公平。

⑥工匠:参与制造违法量具的工匠,上述所有的导致量器不符合规定的行为,参与制作量器的工匠参与了违法行为,因此受到处罚。

【译文】

凡是不按法律规定的标准度量私自制造斛斗、秤尺在市场上使用,以及在官方颁布的斛斗、秤尺上作弊擅自增加或减少度量标准的,杖六十,工匠同罪。如果官方颁发的称量工具不合规定的,杖七十;具体处理该事务的提调官没有进行检查校正的,减一等处刑,知情的与当事人同罪。在市场中使用的斛斗、秤尺,虽然符合计量标准但是不经过官府主管机构查验校正并打上标记的,笞四十。如果仓库工作的官吏私自增减国家颁发的斛斗、秤尺的标准,用来接收、支付官物导致不公平的,杖一百,以所增减的物品价值计算赃值选择重罪论罪,赃物价值重于所增减的物价的按照坐赃论罪,因此而把获得的物品归入自己的,以监守自盗论罪。参与制作增减标准的量具的工匠杖八十，管理监督的官员知情而不举报的，与犯人同罪，没有察觉到所发生的事情的减三等处刑，最高处刑杖一百。

器用布绢不如法

凡造器用之物①，不牢固真实②，及绢布之属纰薄、短狭而卖者③，各笞五十，其物入官。

【注释】

①器用之物：有固定形状使用价值的物品。

②真实：制作物品应该按照本来的材质和方式制作，不增加或减少材料和程序，例如丝绸夹杂棉线、用榫卯连接改为胶粘或钉子减少工序之类，偷工减料使得结果不符合制作物品的质量要求，不能真实反映物品的实际情况，丝绸夹棉线做的丝绵冒充丝绸，假货冒充真货。

③绢布：丝绸和棉布可以作为交换的中间物类似货币的作用，法律规定此种情形下绢布有规定的质量、尺寸、重量标准，不符合标准不允许流通。纰（pī）薄：丝织品经线纬线单薄不均匀，纺织成品单薄有纰漏瑕疵。

【译文】

凡是制造器物、用品，不牢固不真实，以及丝绢棉布之类粗糙单薄、长度不够和幅宽狭窄而出卖的，各种情形都笞五十，物品没收入官。

卷第十一　礼律一　祭祀计六条

【题解】

礼律规定祭祀、礼仪方面的问题。礼的法律规定由来久远，早期中国法律的两个起源分别是礼和刑，“礼起源于祭祀，刑起源于兵”，祭祀所用的礼仪形成人们的行为规范。西周国家法律的形式为礼和刑，周公制礼总结夏商和周初的礼产生国家基本法律。西周礼与刑相辅相成，礼规定人们的基本行为准则，违反礼受到刑罚处罚，即出于礼而入于刑。春秋战国时期礼崩乐坏，各诸侯国逐渐开始成文法改革，成文法典成为基本法律形式，礼的部分内容被纳入律中。秦朝建立后，选择《周礼》中朝堂礼仪、国家祭祀、部分身份等级的规则建立了秦代的国家礼，后人评价为“隆朝廷而贱黎庶”。此后各朝代，礼的内容一部分规定在律中，一部分规定在令中，还有部分规定在专门的礼典中。汉到唐，法律的基本形式为律令，律中分散规定祭祀和仪式内容，令有专门的《祀令》规定祭祀的目的、礼仪等问题。唐代礼的内容一部分在《唐律疏议》中有分散规定，一部分在令中有专门的《祠令》，还有《大唐开元礼》等国家基本礼典，宋代延续了唐代礼的规定。元代《大元通制条格》有“仪制”令，《元典章》采用六部体例，礼律开始成为独立的篇目。《大明律》中吸收了元代法典中礼律的部分，删除了其中关于学校和宗教的规定，对唐律关于祭祀、仪式方面的规则进行了归纳，确定了律典中的礼律篇章。此外，还制作了《大明集礼》。

祭祀门规定对国家祭祀的保护、禁止邪术。本类规定维护国家认可的公共信仰，打击可能造成公众迷惑、恐慌的邪术。祭祀通过仪式和规范强化和宣传君权合理性和合法性，对民众进行思想规训，达成统一思想建立共同意识和公众记忆的目的。国家法律规定的祭祀仪式保障国家祭祀顺利进行，也打击任何破坏国家共同意识的邪术、禁术之类影响公众认识的行为。

《大明律》祭祀共有六个条文，其中五个是维护国家认可的祭祀对象的规则，一个条文是禁止私巫邪术，分别保护正常祭祀和打击邪术维护国家秩序。巫术在西周以前被社会认可参与国家政治行动，西周开始巫术逐渐远离国家政治，进入民间形成私巫融入社会习俗中。唐律中规定巫蛊魇魅为重大犯罪行为，《大明律》的“不道”罪名继承了唐律的规定，防止巫师利用邪术伤害民众身体或者蛊惑民众认知造成社会秩序的混乱。

祭享

凡大祀及庙享[①]，所司不将祭祀日期预先告示诸衙门者[②]，笞五十，因而失误行事者[③]，杖一百。其已承告示而失误者，罪坐失误之人。若百官已受誓戒[④]，而吊丧、问疾、判署刑杀文书及预筵宴者[⑤]，皆罚俸钱一月。其知有缌麻以上丧，或曾经杖罪遣充执事及令陪祀者，罪同；不知者，不坐。若有丧、有过，不自言者，罪亦如之。其已受誓戒人员散斋不宿净室[⑥]，罚俸钱半月；致斋不宿本司者[⑦]，罚俸钱一月。若大祀，牲牢、玉帛、黍稷之属不如法者[⑧]，笞五十；一事缺少者，杖八十；一座全缺者，杖一百。若奉大祀牺牲[⑨]，主司喂养不如法[⑩]，致有瘦损者[⑪]，一牲笞四十，每一牲加一等，罪止杖八十，因而致死者，加罪一等。中祀有犯者[⑫]，罪同。余条准此[⑬]。

【注释】

①大祀：祭祀天地。庙享：在皇家宗庙对本朝历任帝王举行祭祀。

②所司：主管祭祀的机构，主要是礼部和下属机构太常寺。太常寺先将日期告知各衙门准备斋戒。祭祀前二日，太常寺官住在官署中，次日早晨写好奏本奏报给皇帝，第三日早晨到皇宫的大殿上传皇帝的制书要求百官受誓戒。祭祀之前需要按照日期举行规定的活动，所以本条特别指出日期的问题。例如，三月初三举行祭祀，祭祀前二日官员住在官署斋戒，就是三月初一日住到官署；次日，即三月初二日早晨，写奏本给皇帝；第三日举行誓戒，就是三月初三日。

③行事：助祭、陪祭之类的祭祀事务。

④誓戒：宣誓斋戒。在举行祭祀之前，拟参与人员需要先举行宣誓、洗澡、更衣、不饮酒、不食用荤腥、不探病、不吊丧、不听音乐、不审理刑事案件、不与妻妾同处，以保持身体和心灵的洁净，从而做到对祭祀的虔敬。

⑤吊丧：去死者家参加丧礼、慰问亲属、追悼死者的行为。问疾：去病人身边慰问、看望。判署刑杀文书：在判处刑罚和死刑的裁判文书上署名，也即参与判决刑事案件并对犯罪做出处以杖刑、徒刑、流放刑或死刑的裁决。预筵宴：出席酒席和带有歌舞娱乐的宴会。一般认为丧、疾、判刑的行为会带来不吉利的影响，筵席娱乐则会使人心神散乱。这几种情形都不适合祭祀所要求的身心洁净、安宁、虔诚，所以法律规定了相应的处罚。

⑥散斋：大祭祀前七日，已经誓戒之后，要求在自己的家中保持斋戒的状态，居住在干净的房间（也即净室）中。

⑦致斋：大祭祀前三日，居住在官方指定的场所，一般是本人所在官署。

⑧牲牢：祭祀用的牛、羊、猪等祭品。玉帛：祭祀用的玉器、丝绸、货币。黎稷：祭祀用的各种食品，不单指小米、小麦，也包括果品之类。不如法：指宰割的顺序、烹调的方式、陈设的位置之类不符合法律规定。

⑨牺牲：牲之未宰曰牺，祭祀用的牛羊之类贡物。

⑩主司：主管某项工作的官员或部门。

⑪瘦损：用来做牺牲的动物比起平时消瘦有损伤。

⑫中祀：祭祀山川、大河、历代帝王、先师孔子之类。

⑬余条准此：其余关于大祭祀和中祭祀出现类似上述情形，而法律没有做出明确规定，可以适用本条的规定。如下条大祀丘坛毁损及弃毁大祀神御，罪名和行为有不同，如果是中祭祀有关于损害祭坛、神御物品的，也可以按照大祭祀的规定论罪。因此，条文中规定准此，是一种法律上预先做出规定的技术性处理。

【译文】

凡是大祭祀以及庙享，负责祭祀事务的机构没有把祭祀日期预先发布告示告知各衙门的，笞五十，因此而导致参与祭祀活动的人行为有失误的，杖一百。已经接到告示而出现失误行为的，失误的人承担罪责。如果百官已经接受宣誓斋戒，又参加丧礼、看望生病的人、在处死刑的判决书上署名以及参与宴席的，都罚一个月俸禄。主管祭祀的官员知道人家有缌麻以上的亲属去世，或者曾经受过杖刑仍派遣其充当执事以及令其陪同祭祀的，同样论罪；不知情的，不论罪。如果存在缌麻以上亲属去世、受过杖刑以上犯罪经历，没有自己申明的，同样论罪。已经接受了宣誓的斋戒人员散斋时不居住在净室的，罚半月的俸禄钱；致斋时不住在本人所在官署的，罚一个月俸禄钱。如果大祭祀的时候，祭祀用的牲牢、玉帛、黍稷之类没有按照法律规定处理好，笞五十；缺少一种的，杖八十；一个祭台上的祭品全缺的，杖一百。若是在大祭祀中供奉的牺牲，主管机构不按照规定喂养，导致出现消瘦损伤的，一个牺牲笞四十，每一个牺牲加一等，最高处刑杖八十，因为喂养不合法而致死的，加一等论罪。中祀中出现上述犯罪的情况，同样论罪。其余涉及大祀、中祀的情况可以比照该条文适用法律。

毁大祀丘坛

凡大祀丘坛而毁损者①，杖一百，流二千里；壝门②，减二等。若弃毁大祀神御之物者③，杖一百，徒三年；遗失及误毁者，各减三等。

【注释】

①丘坛：祭天用的圆形堆土，通常上面有圆形的建筑，称为天坛。祭祀土地用的方形土堆，通常也在上面建有方形的建筑，称为地坛，取天圆地方的意思。破坏严重的为毁，破坏不严重的称为损。

②壝（wēi）门：天坛或者地坛之外的墙垣，有门可以供出入。

③神御之物：祭祀时用的供给神的物品，称为神御，如床、几、帷、幔、祭器之类。

【译文】

凡是毁坏大祭祀的天坛和地坛建筑的，杖一百，流放二千里；毁坏壝门的，减二等处刑。如果毁坏或者抛弃大祭祀时用的神御之物的，杖一百，徒三年；遗失或者过失导致毁坏的，各种情况减三等处刑。

致祭祀典神祇[①]

凡社稷、山川、风云、雷雨等神[②]，及圣帝明王、忠臣、烈士载在祀典[③]，应合致祭[④]，神祇所在，有司置立牌面[⑤]，开写神号、祭祀日期于洁净处[⑥]，常川悬挂[⑦]，依时致祭。至期失误祭祀者，杖一百。其不当奉祀之神而致祭者[⑧]，杖八十。

【注释】

①神祇：天地之神。天神曰神，地神曰祇。祇，同“祇”。

②社稷：社神是土地神，稷神是谷物神，土地粮食是人生存和国家存在的基础，合称为社稷神，代表国家。

③圣帝明王：圣明的帝王。烈士：忠于国家，为国家而死的英烈人士。祠典：国家专门记录祭祀的法典，明代主要是《大明集礼》《诸司职掌·礼部》《明会典·礼部》等。

④致祭：在祭祀的日期对应该被祭祀的对象举行祭祀。

⑤牌面：写有神的名号、性质之类的牌位。

⑥神号：神的名号，如五岳之类。

⑦常川：经常，时常。

⑧不当奉祀之神：不应该被祭祀的神。明代国家和民间信奉各种神祇，但是，神的信仰受到国家的控制，在国家承认的各种神祇信仰之外的各种鬼神之类信仰不允许公开信奉，特别是不允许在国家的祭祀等信仰活动中出现，以此控制信仰和人们的精神世界。

【译文】

凡是社稷、山川、风云、雷雨等神祇，以及规定在礼制祭祀部分中的圣帝明王、忠臣、烈士，应该举行祭祀活动的，神庙中神祇所在的位置，主管祭祀的机构设立牌位，在牌位的干净空白处写明神号、祭祀的日期，日常悬挂,按时举行祭祀。过失导致到期不祭祀的,杖一百。祭祀不应该被祭祀的神祇,杖八十。

历代帝王陵寝

凡历代帝王陵寝[1],及忠臣、烈士、先圣、先贤坟墓[2],不许于上樵采、耕种及牧放牛羊等畜[3],违者,杖八十。

【注释】

①陵寝:山陵寝庙,帝王的坟墓一般建在山陵中,称为陵寝。

②先圣:古代的圣人,比如尧、舜、孔子、孟子等。先贤:古代的各种贤德的人。坟墓:在坟墓上堆土为坟,种植各种树木为墓。该条文的宗旨在于,先代帝王曾经君临天下统一一国,忠臣、烈士、圣人、贤才足以作为指引人们行为的典范教化世人移风易俗,他们虽然是先前朝代的人,但是他们的陵墓是埋身的地方,需要保持敬畏。如果在坟墓上砍伐、耕犁、牛羊践踏,有失国家尊崇褒奖往圣先贤的意思。

③樵采:打柴。

【译文】

凡是历代帝王的陵墓,以及忠臣、烈士、先圣、先贤的坟墓,不允许在其上砍柴、耕种以及放牧牛羊等牲畜,违反的人,杖八十。

亵渎神明

凡私家告天拜斗[1],焚烧夜香[2],燃点天灯、七灯[3],亵渎神明者[4],杖八十。妇女有犯,罪坐家长[5]。若僧道修斋、设醮而拜奏青词、表文[⑥]，及祈禳火灾者[⑦]，同罪，还俗。若有官及军民之家纵令妻女于寺观神庙烧香者，笞四十，罪坐夫男，无夫男者，罪坐本妇；其寺观神庙住持及守门之人不为禁止者，与同罪。

【注释】

①告天拜斗：祭告上天，礼拜北斗星。明代律学家认为北斗星在古代天象学中有特殊意义，与皇权变化有关系，普通人不能祭拜。

②焚烧夜香：夜间烧香祭拜。

③天灯：象征天象的灯，也可能是点燃加热后能够升起来的孔明灯。七灯：排列出日月星辰形象的七盏灯，不是北极星的七星灯。

④亵渎神明：祭拜国家不承认的神祇，被认为是对国家认可的神明和信仰的亵渎。

⑤坐家长：由家长承担刑事责任。女性犯罪之后，认为家里的男性才是家长，有教导家庭成员的责任，由家长承担责任。女子未婚由父亲为家长，已婚之后由丈夫或者成年的儿子承担家长的责任。

⑥修斋：佛教信仰中的一种祈福的法事。设醮（jiào）：道教里的祈福法事。青词：赞颂用的文辞，用青色的纸来写。表文：赞颂的文章，用黄纸写。

⑦祈禳（ráng）：用于祛除灾害的仪式。

【译文】

凡是私人在家里祭拜天地北斗星辰，夜间烧香，点燃天灯、七灯，亵渎神明的，杖八十。妇女犯罪的，由家长承担罪责。如果僧人、道士设立祭坛举行法事活动而祭拜天帝星辰念诵青词、表文，以及祈祷消除火灾的，同罪，还俗。如果有官员以及军户、民户人家纵容妻子女儿在寺院、道观、神庙烧香的，笞四十，由丈夫或儿子承担罪责，没有丈夫或儿子的，由妇女本人承担责任；寺院、道观、神庙的住持以及守门人不禁止的，与犯人同罪。

禁止师巫邪术

凡师、巫假降邪神、书符、咒水、扶鸾、祷圣①，自号端公、太保、师婆②，及妄称弥勒佛、白莲社、明尊教、白云宗等会③，一应左道乱正之术④，或隐藏图像⑤，烧香集众，夜聚晓散，佯修善事，扇惑人民⑥，为首者，绞；为从者，各杖一百，流三千里。若军民装扮神像，鸣锣击鼓，迎神赛会者⑦，杖一百，罪坐为首之人。里长知而不首者，各笞四十。其民间春秋义社⑧，不在禁限。

【注释】

①师：法师。巫：自称能降神的人。假降：假装请来了神灵。书符：符纸上写各种祈祷、赞颂神灵的文字或符号。咒水：水中加入特殊的物品或者念咒认为产生了特殊效果。扶鸾：也称为扶乩，一种请神问事的迷信活动。

②端公、太保：男巫之称号。师婆：女巫之称号。

③弥勒佛、白莲社、明尊教、白云宗：当时人们所信仰的佛教、白莲教、明教、道教不同宗派。

④左道：非正道的邪术。

⑤隐藏图像：把他们信仰的弥勒、宗师之类图像隐藏起来。

⑥扇惑：同“煽惑”，煽动蛊惑。

⑦迎神赛会：聚众迎接主办者信仰的神祇，举办各种比赛活动。

⑧春秋义社：民间自发举行的春天祈福、秋天禳灾的活动，虽然聚众

迎神赛社，但是不被禁止。

【译文】

凡是法师、巫师假借降神邪术、书写符纸、咒水、扶鸾、祷圣，自己号称端公、太保、师婆，以及妄称自己是弥勒佛、白莲社、明尊教、白云宗等宗教团体，所有的旁门左道祸乱正道的法术，或者隐藏图像，聚众烧香，夜晚聚会白天散去，佯装做善事，煽动迷惑民众，主犯，处绞刑；从犯，各自杖一百，流放三千里。如果军人百姓装扮成神的形象，敲锣打鼓，引神赛会的，杖一百，对为首的人论罪。里长知情而不告发的，各自笞四十。如果是民间举行的春社、秋社，不在禁止限制之列。

卷第十二　礼律二　仪制计二十条

【题解】

仪制门规定公共生活和私人生活中的礼仪、皇帝衣服用品以及官吏迎送、立碑等事宜。合和御药、乘舆服御物、公差人员欺凌长官、服舍违制、匿父母丧、弃亲之任、丧葬条分别是对十恶罪名中大不敬、不孝、不义的细化。仪制部分细化了祭祀立法宗旨,规定了对具体行为的约束,如私藏禁书及私习天文、失占天象、妄言祸福、亲属的祭祀规则等。这些规则与祭祀的立法宗旨都在于保障国家思想和意识形态的主导地位。禁书包含了国家不允许传播的内容,禁书的传播影响民众对家国正统思想的接受,造成民众认识的困惑。

仪制在政治生活中维持着人们的身份,官员参与公共政治活动的衣着、言行、举止均需要符合法律规定的等级尊卑规则,维持等级社会的基本准则。传统中国的精英政治要求官员的言行举止符合道德礼仪,成为社会的典范。政治活动之外,公共社会生活和私人生活中人们的言行举止也需要遵守社会公认的准则,仪制部分规定的乡饮酒礼要求人们遵守基层社会公共生活的基本礼制,僧道拜父母、匿父母丧、弃亲之任、丧葬这些条文规定要求人们在私人生活中遵守公认的准则,通过保障这些仪制规则约束人们的行为、引导人们的思想,以此维护公共秩序的稳定。如,乡饮酒礼是古老的基层社会公众礼仪,《周礼》中记载的九种礼制之一,《仪礼》有“乡饮酒礼”一篇记载具体的仪制。乡饮酒礼延续了国家祭祀礼统一思想的宗旨,《唐会要》(卷二十六)记载唐贞观六年诏书:“比年丰稔,闾里无事,乃有堕业之人,不顾家产,朋游无度,酣宴是耽,危身败德,咸由于此。每览法司所奏,因此致罪,实繁有徒,静言思之,良增轸叹。自非澄源正本,何以革兹俗弊?当纳之轨物,询诸旧章。可先录《乡饮酒礼》一卷,颁行天下。每年令州县长官,亲率长幼,齿别有序,递相劝勉,依礼行之。庶乎时识廉耻,人知敬让。”清晰地说明了乡饮酒礼移风易俗教化民众的作用。明代沿袭了历代乡饮酒礼,在《大明律》中规定违反乡饮酒礼的处罚,完成礼法合一,体现出传统法律的特色。

合和御药

凡合和御药误不依本方①,及封题错误,医人杖一百;料理拣择不精者②,杖六十。若造御膳误犯食禁③,厨子杖一百。若饮食之物不洁净者,杖八十;拣择不精者,杖六十;不品尝者笞五十;监临、提调官各减医人、厨子罪二等④。若监临、提调官及厨子人等,误将杂药至造御膳处所者,杖一百,所将杂药就令自吃。门官及守卫官失于搜检者,与犯人同罪,并临时奏闻区处⑤。

【注释】

①合和:把药方上的各种药材按照药方的要求混合在一起,制成一副完整的药的制药过程。御药:天子所用的药,称为御药。天子的食物为御膳。本方:应该使用的药方。

②料理:炮制熬洗等预先处理材料的活动。

③食禁:食谱所记载的不宜同吃的食物,或者食物制作、食用的各种

禁忌。传统医药发现有些食物之间存在相互排斥的性质，在一起食用会导致对身体的伤害，这些彼此之间有排斥的食物禁止一起食用形成食忌，本条规定制作皇帝的食物、饮品失误导致犯了食忌的处罚。

④监临、提调官：指负责主管事务的官员和临时调度处理具体事务的人员，如太医院的院使、院判、御医、医人，御膳所的官员和厨子的监管和临时调度。

⑤临时奏闻区处：事情发生时讨论处理拟出结论，如何决定由皇帝做出，事关重大，须慎重对待。

【译文】

凡是依照药方配制皇帝吃的药过失导致没有遵照方子所记载的内容，以及封题出现错误，医人杖一百；药物炮制熬洗、拣择不精细的，杖六十。如果是制作皇帝吃的食物过失触犯食忌的，厨子杖一百。如果饮食所用的材料不干净的，杖八十；食材拣择不精细的，杖六十；不先品尝就献给皇帝的，笞五十；监临和提调官各减医生、厨子的罪二等处罚。如果监临、提调官以及厨子等人，过失把杂药带到制作御膳的场所的，杖一百，把所带来的杂药自己吃掉。守门的官员和侍卫过失没有搜检的，与犯人同罪，并在事发时奏报给皇帝听候裁决。

乘舆服御物

凡乘舆服御物收藏修整不如法者①，杖六十。进御差失者②，笞四十。其车马之属不调习③，驾驭之具不坚完者④，杖八十。若主守之人将乘舆服御物私自借用，或转借与人，及借之者，各杖一百，徒三年；若弃毁者，罪亦如之；遗失及误毁者，各减三等。若御幸舟船误不坚固者，工匠杖一百；

若不整顿修饰，及在船篙棹之属缺少者[⑤]，杖六十，并罪坐所由，监临、提调官各减工匠罪二等，并临时奏闻区处。

【注释】

①服御物：专供皇帝使用的衣服、被褥之类。

②差失：应该准备好送进去却不准备好，不应当送进去的却送进去。

③车马之属：驾驶马车所需的器物，如车辕上的横木之类。调习：调教训练。

④驾驭之具：驾驭马车的工具，如缰绳、鞭子之类。

⑤船篙棹：指船上的竹篙、船桨。棹，船桨。

【译文】

凡是皇帝的车马衣服和各种物品收藏整理不按照正确方法进行的，杖六十。进献给皇帝的物品有差错的，笞四十。马和车子不调教配合好，驾车的用品不坚固完备的，杖八十。若负责看守的人把御用车马器物私自借给别人用，或者转借给别人，以及借的人，各杖一百，徒三年；如果抛弃毁掉的，同罪；丢失和过失毁坏的，各减三等处罚。如果制作皇帝乘坐的船过失导致不坚固的，工匠杖一百；如果不整理修饰，以及船上的竹篙、船桨之类不齐备的，杖六十，并对具体负责处理事务的人论罪，监临主守和提调官员各减二等论罪，并当时奏报给皇帝听候裁决。

收藏禁书及私习天文

凡私家收藏玄象器物、天文图谶应禁之书[①]，及历代帝王图像、金玉符玺等物者[②]，杖一百。若私习天文者[③]，罪亦如之，并于犯人名下追银一十两给付告人充赏。

【注释】

①玄象器物:观察天象的器物,如璇玑、玉衡、浑天仪之类。天文:记录星象推测应验的书,用来占卜吉凶祸福之类。图谶:带有图画的谶纬预测的书籍。谶纬是汉代以来各种迷信预测的书,例如推背图之类。明代人认为玄象器物可以查看天运,天文图谶足以迷惑世人使民心不稳,因此都在应禁之列。

②帝王图像:帝王画像。金玉符玺:用金属制作的符,可以从中间剖开,用的时候合起来表示可信,用玉石制作的印章用来盖印确认,有些属于历代遗留的文物,明代认为都不是民间所宜有。

③私习天文:用来推测吉凶、祸福、命运、未来,验证预言之类,不是普通人应该学习的知识,私人不得学习。私习之人如果已经学成,刑罚执行完毕之后,送钦天监充天文生。

【译文】

凡是私家收藏观测天象的器物、天文图谶等应该被禁的书,以及历代帝王的图像、黄金做的符或玉石制成的印章之类的物品,杖一百。如果私自学习天文的,同样论罪,并在犯人的财产中追征十两银子赏给告发的人。

御赐衣物

凡御赐百官衣物[①],使臣不行亲送[②],转附他人给与者,杖一百,罢职不叙。

【注释】

①御赐百官衣物:皇帝赏赐的衣服和用品是重大的恩典,因此规定如何送。衣物,衣服和用品。

②使臣:送赏赐的衣服物品的人,负有特殊使命,不得转给他人代为

递送。

【译文】

凡是皇帝赏赐百官衣服和物品，被派去的人不亲自去送，辗转附在给他人的物品中送去的，杖一百，罢免职务不再任用。

失误朝贺

凡朝贺及迎接诏书[①]，所司不预先告示者，笞四十。其已承告示而失误者，罪亦如之。

【注释】

①朝：朝见。贺：庆贺。高级官员可以在朝堂上直接面见皇帝表达祝贺，负责管理的机构在中央是礼部、鸿胪寺，在地方是布政司、府、州、县。朝贺接诏都是朝廷大礼，必须预先告示知会官员们，以免发生失误。

【译文】

凡是官员朝贺以及迎接诏书，承担事务的机构不预先发告示的，笞四十。已经接到了告示却发生失误的，也同样论罪。

失仪

凡祭祀及谒拜园陵[①]，若朝会，行礼差错及失仪者[②]，罚俸钱半月。其纠仪官应纠举而不纠者[③]，罪同。

【注释】

①祭祀：即“祭享”条规定的大祀、中祀。园陵：帝王陵寝之处有园田，称为园陵，明代把皇家陵墓称为园陵，历代皇家陵墓称为陵

寝，区分的目的是表达对历代陵寝的敬畏。

②失仪：礼仪举止不当的行为，如掉了帽子、衣带松开、摔倒、站错位置、咳嗽、吐唾沫、交头接耳之类的行为举止。

③纠仪官：指监察御史、鸿胪寺官，在朝廷上公开场合纠举官员礼仪失错的行为。

【译文】

凡是祭祀以及拜谒皇家陵墓，还有朝会，出现行礼出错以及失仪的，罚半个月俸禄钱。纠仪官应该纠察举告而不举告的，同罪。

奏对失序

凡在朝侍从官员特承顾问[①]，官高者先行回奏，卑者以次进对，若先后失序者，各罚俸钱半月。

【注释】

①侍从官员：在皇帝面前侍从以备顾问的官员，如有资格上朝直接面对皇帝的内阁、六部官员、监察官之类。

【译文】

凡是在朝堂上跟随皇帝随时等着问事，官职高的先回话，官职低的依次上前应对，如果应对时先后顺序有错的，各罚半月的俸禄。

朝见留难

凡仪礼司官将应朝见官员人等托故留难阻当[①]，不即引见者，斩；大臣知而不问，与同罪，不知者不坐。

【注释】

①仪礼司：明初掌管礼典事务的衙门，后改为鸿胪寺。

【译文】

凡是仪礼司的官员对应该朝见的官员等人借故为难阻挡，不立即引见的，处斩刑；大臣知情而不过问，同样论罪，不知情不论罪。

上书陈言

凡国家政令得失、军民利病[①]，一切兴利除害之事，并从五军都督府、六部官面奏区处，及听监察御史、提刑按察司官各陈所见[②]，直言无隐。若内外大小官员，但有本衙门不便事件，许令明白条陈实封进呈[③]，取自上裁。若知而不言苟延岁月者[④]，在内从监察御史，在外从按察司纠察。若百工技艺之人，应有可言之事，亦许直至御前奏闻，其言可用即付所司施行[⑤]。各衙门但有阻当者，鞫问明白，斩。其陈言事理，并要直言简易，每事各开前件[⑥]，不许虚饰繁文。若纵横之徒[⑦]，假以上书，巧言令色希求进用者[⑧]，杖一百。若称诉冤枉于军民官司，借用印信、封皮入递者[⑨]，借者及借与者，皆斩。

【注释】

①政：政事。令：国家发布的法令。

②各陈所见：各自陈述所见所闻。

③条陈：分条陈述。

④苟延：苟且拖延。

⑤付所司施行：交给主管的机构实施，如财政问题交给户部，刑事案

件审判执行交给刑部之类。

⑥各开前件：各自说明所陈述的事情如何施行，某件事情如何裁决之类。

⑦纵横之徒：先秦时期有纵横家，本是合纵和连横两家，擅长外交辞令，谋划分析，在不同势力之间出谋划策，纵横捭阖，影响局势。本条规定是借用纵横家的典故。

⑧巧言令色：设词巧妙，脸色谄媚希图讨好获利的言行。

⑨印信：印章、符书等凭据。封皮：公文书的封面。

【译文】

凡是国家政令得失、民众利弊，一切为民谋利益除祸害的事情，都在五军都督府、六部官员前当面说清楚如何兴办，允许监察御史、提刑按察司的官员们各自陈述自己的见解，直接陈述不能隐瞒。如果朝堂内外大小官员，只要本衙门有不便的事情，允许清楚明白地逐条如实写下密封呈送给皇帝，听候皇帝裁决。如果知而不言苟且拖延时间的，朝堂内部的官员由监察御史纠察，朝堂外的官员由按察司纠察。如果普通的平民工匠之类的人，有应该陈告的事，也允许直接到皇帝面前奏报，如果所说的建议是可用的立即交给主管机构施行。各衙门只要有阻挡的，审问明白后，处斩刑。陈告的言辞需要直接简明，每件事各自分开说明所陈述事情如何施行或裁切，不许虚词修饰表达繁复。如果有纵横家之类的人，假借上书，巧言令色希图获得赏识被任用的，杖一百。如果在军民主管机构前陈诉冤枉，借用官府的印信、文书封面递进的，借的人和借给的人，都处斩。

见任官辄自立碑

凡见任官实无政迹，辄自立碑、建祠者①，杖一百。若遣人妄称己善，申请于上者②，杖八十；受遣之人，各减一等。

【注释】

①立碑:建造石碑写上官员的政绩,希图传颂博取名望的行为。建祠:修建祠堂让百姓歌功颂德,传扬名声,获取声望的。

②申请:地方里长、乡老之类的基层管理者向上级申请奏报地方官员的政绩,为其担保,请求国家建立碑碣、祠堂的程序。

【译文】

凡是现任官员没有政绩,却自己为自己立碑、建祠的,杖一百。如果派人假称自己的善政德行,向上级申请立碑、建祠的,杖八十;接受派遣的人,各自减一等处刑。

禁止迎送

凡上司官及使客经过[①],若监察御史、按察司官出巡按治[②],而所在各衙门官吏出郭迎送者[③],杖九十。其容令迎送不举问者,罪亦如之。

【注释】

①上司官:本级机构的直接上级管理机构的官员。使客:泛指奉皇帝命令,代皇帝出使的官员。

②监察御史:明代督察院根据地方十三个行政区设立了相应的监察御史,对地方事务进行监督检查的专职监察官员。出巡按治:监察官对地方事务的监察采用巡视地方和针对特定事务监督检查处理的方式。

③出郭迎送者:出城迎接、送别,不但造成阿谀谄媚的风气,而且所在地方机构各衙门官吏迎送耽误处理公务的时间、妨害政务,因此规定,上级和监察官出使地方巡察,所在各衙门官吏出郭迎送构成犯罪。

【译文】

凡是上级官员以及中央派遣出使的人员经过，以及监察御史、按察司的官员到地方巡察处理具体事务，而所在地各衙门官吏出城迎接送别的，杖九十。被迎送的官员默认不检举纠问的，同样论罪。

公差人员欺凌长官

凡公差人员在外不循礼法[①]，欺凌守御官[②]，及知府、知州者[③]，杖六十，附过还役，历过俸月不准[④]。若校尉有犯[⑤]，杖七十；祗候、禁子有犯[⑥]，杖八十。

【注释】

①公差：被上级委派到地方办理公务，主要指在京差使的人而言，如监生承差之类。

②欺凌：欺负凌辱，此指举止傲慢、出言不逊之类，不是指殴打之类严重伤害行为。守御官：即各地驻防卫所指挥之类，也指掌印正官。

③知府：府的主政官员。知州：州的主政官员。

④历过俸月不准：出差期间本来应该提供的俸禄不准计算在领取俸禄的时间内。

⑤校尉：基层武官。

⑥祗候：衙门里负责收发物资、被役使的差役。

【译文】

凡是被上级委派到地方出差办理公务的人员不遵循礼制和法律，欺负凌辱当地驻防守御官员，以及知府、知州的，杖六十，在官员行为记录册中附载过错仍然保留原职，出公差期间经过的支领俸禄的时间不计算在内。如果校尉犯该罪，杖七十；祗候、禁子犯该罪，杖八十。

服舍违式

凡官民房舍、车服、器物之类各有等第①，若违式僭用②，有官者杖一百，罢职不叙；无官者笞五十，罪坐家长；工匠并笞五十。若僭用违禁龙凤纹者③，官民各杖一百，徒三年，工匠杖一百，连当房家小④，起发赴京⑤，籍充局匠⑥；违禁之物并入官⑦。首告者，官给赏银五十两。若工匠能自首者，免罪一体给赏。

【注释】

①房舍、车服、器物：明代在《大明令》中规定，不同身份的人衣食住行所涉及的房屋、车马、衣服、器物之类的规格和装饰等都有等级。

②违式僭（jiàn）用：《大明令》所规定的礼仪制度规格等级，每一等级有相应的器物和衣服的样式和标准，故意不遵令制而僭用的都是违式，如庶民僭用官员的规格，低级官员僭用高级官员的规格之类。

③僭用违禁龙凤纹者：龙凤纹是皇帝专属的御用之物，非官民所宜有，僭用称为违禁。

④当房家小：儿子成家后自己连同妻子、子女成为一房，其子孙后代也都属于一房。每个儿子各自成为一房。当房家小，包括自己、妻子、子女、孙辈、曾孙辈等家属，但是不包括父母、兄弟和兄弟的家属。

⑤起发赴京：押解到京城送到各个工匠管理局充作该局的工匠。

⑥籍充局匠：明代居民都有户籍，户籍依照身份不同专门登记为不同类别，工匠登记入匠籍，匠籍的工匠由专门的工匠管理局管理并承担具体工作。自由民的户籍登记为民户，做工可以是兼职或

者自由职业,不入国家的专门匠籍管理,充入匠籍就要受到专门的工匠管理,并世代延续,轻易不可改变。

⑦违禁之物:违反法律规定使用了本身的身份不应当使用的物品,特别是御用物品,必须没收归国家。

【译文】

凡是官员和平民的房屋、车子衣服、器物之类各自都有规定的等级,如果违反礼制规定的规格形式越级使用,有官职的杖一百,罢免职务不再任用;没有官职的笞五十,由家长承担罪责;参与制作器物的工匠都笞五十。如果越级使用禁止其他人使用的龙凤纹样的,官员民众各自杖一百,徒三年,工匠杖一百,连同自己一房的所有家属,起解押赴到京城,户籍改充制造局的工匠;违禁的物品都没收入官。自首告发的,官员赏给银子五十两。如果工匠能够自首的,免罪同样给奖赏。

僧道拜父母

凡僧尼、道士、女冠并令拜父母、祭祀祖先,丧服等第皆与常人同①,违者,杖一百,还俗。若僧道衣服止许用䌷、绢、布匹,不许用纻、丝、绫、罗②,违者,笞五十,还俗,衣服入官。其袈裟、道服不在禁限③。

【注释】

①丧服等第:参与丧礼时由于亲属间亲疏远近的等级不同,穿的丧服也不同。参考前文丧服解释。

②纻(zhù):精细的苎麻制作的纺织品。明代国家控制人们的身份等级,把消费品的精细珍贵程度与身份等级联系,不同身份的人允许使用不同等级的用品,高等级可以用低等级的,但是低等级

不允许用高等级的人使用的物品。罗:稀疏而轻软的丝织品。

③袈裟:和尚穿的从事佛法活动的衣服。道服:道教的信徒穿的衣服。

【译文】

凡是僧人、尼姑、道士、女道士都允许他们拜见父母、祭祀祖先,参加亲属的丧礼所用的丧服等级样式和平常人一样,违反的,杖一百,令其还俗。僧人、道士日常的衣服只允许用绸子、绢、棉布,不允许用精细制作的苎麻、丝、绫、罗,违反的,笞五十,令其还俗,衣服没收入官。用于礼仪正式场合的袈裟、道服不在禁止之限。

失占天象

凡天文垂象[①],钦天监官失于占候奏闻者[②],杖六十。

【注释】

①天文垂象:古人认为天垂异象是一种对现实政治的预示或者警告,祥瑞、灾异告诫当权者警觉修德。垂象,日月星辰之类呈现出特殊的景象,如太阳出现日冕影轮,云彩出现五色云霞,以及彗星、日月蚀之类。

②占候:钦天监对天象占卜解释。

【译文】

凡是天文显示出异象,钦天监的官员没有对其进行准确预测和解释并奏报给皇帝的,杖六十。

术士妄言祸福

凡阴阳术士[①],不许于大小文武官员之家妄言祸福,违者,杖一百。其依经推算星命、卜课者[2],不在禁限。

【注释】

①阴阳术士:学习阴阳术数的人士,给人测算祸福,语言荒诞容易迷惑人。

②推算星命:推算星象变化预测命运,为人占卜算卦预测未来运势的。

【译文】

凡是阴阳术士,不许在大小文武官员家里妄言祸福,违法的,杖一百。依照《易经》之类书籍推算星象命运、为人占卜算卦的,不在禁止之限。

匿父母夫丧

凡闻父母及夫之丧,匿不举哀者,杖六十,徒一年。若丧制未终[1],释服从吉[2],忘哀作乐及参预筵宴者[3],杖八十。若闻期亲尊长丧[4],匿不举哀者,亦杖八十。若丧制未终,释服从吉者,杖六十。若官吏父母死应丁忧[5],诈称祖父母、伯叔、姑、兄、姊之丧不丁忧者,杖一百,罢职役不叙;无丧诈称有丧,或旧丧诈称新丧者,罪同;有规避者[6],从重论。若丧制未终,冒哀从仕者[7],杖八十;其当该官司知而听行,各与同罪,不知者不坐。其仕宦远方丁忧者,以闻丧月日为始,夺情起复者[8],不拘此律。

【注释】

①丧制:五服亲属每等有丧期,丧期遵守相应规则,为丧制。

②释服从吉:脱掉丧服换上吉服。丧制期间,不同服制的亲属要穿相应等级服制的丧服或凶服,这种服装制作简单,颜色暗淡,材质

粗陋,没有装饰。吉服,参加祭祀时穿的衣服,后来泛指礼服,通常制作精美,装饰华丽,材质优良,颜色鲜亮。

③作乐:进行各种娱乐活动。筵宴:大规模的宴会,通常带有歌舞娱乐。

④期亲尊长:祖父母、伯叔父母、兄、姑、未嫁姊之类。

⑤丁忧:官员在父母亲去世后需要离职回家为父母守丧三年。

⑥规避:为了躲避职务上的特定要求而以上述所列举的各种情形丧事为借口。

⑦冒哀从仕:应该丁忧的情况贪恋职位冒着丧事的哀痛为官的。

⑧夺情:本来应该丁忧的官员,因为特定职责无法替代,皇帝不允许丁忧,夺去其守丧尽哀之情的。起复:官员离任之后经过一定时间,符合规定的条件可以重新出任职务。本条所指的起复针对的是丁忧期间离职,丁忧结束后或者被夺情的情况,重新被任职为官。

【译文】

凡是听到父母及丈夫去世,隐瞒消息不举行哀哭丧礼的,杖六十,徒一年。如果丧制没有结束,就脱掉丧服穿上吉服的,忘记哀伤进行游乐以及参加宴席的,杖八十。如果听到期亲尊长的丧事,隐瞒丧事不举行哀哭丧礼的,也杖八十。如果丧制没有结束,脱掉丧服穿上吉服的,杖六十。如果官吏的父母去世应该丁忧的,假称祖父母、伯叔、姑姑、兄长、姐姐的丧事而不丁忧的,杖一百,罢职不再任用;没有丧事假称有丧事,或者以前的旧丧假称新丧的,同罪;有所规避的,按照重罪论罪。如果在丧期内冒着哀痛从政做官的,杖八十;具体主管的机构知情而允许的,各自与犯人同罪,不知情的不论罪。在远方做官的人丁忧的,以听到丧事的月份日期为开始计算丁忧的日期,如果被夺情不用丁忧再次任官的,不受这条法律限制。

弃亲之任

凡祖父母、父母年八十以上，及笃疾，别无以次侍丁[①]，而弃亲之任，及妄称祖父母、父母老疾，求归入侍者[②]，并杖八十。若祖父母、父母及夫犯死罪被囚禁，而筵宴作乐者[③]，罪亦如之。

【注释】

①别无以次侍丁：没有可以排行的成年男子，即既没有兄长也没有成年的弟弟，没有其他成年兄弟的情形。以次侍丁，年龄挨着自己进行排行的兄弟，可以承担侍奉老疾尊亲的成年男子。

②求归：请求回家。

③筵宴作乐：参加宴会参与娱乐活动。本条与祖父母、父母被囚禁嫁娶类似，不同之处是，本条关注宴会和作乐，律意是祖父母、父母、丈夫被囚禁，家人应当忧戚而不应当忘记亲属的困厄参与娱乐活动。

【译文】

凡是祖父母、父母年龄在八十以上的，以及笃疾，家里没有其他成年男子可以侍奉祖父母、父母，而抛下亲人去上任的，以及假称祖父母、父母年老笃疾，请求离职回家侍奉的，都杖八十。如果祖父母、父母以及丈夫因犯死罪而被囚禁，孙、子或妻子举办或参与宴会举行娱乐活动的，同样论罪。

丧葬

凡有丧之家[①]，必须依礼安葬[②]，若惑于风水[③]，及托故停柩在家经年暴露不葬者[4]，杖八十。其从尊长遗言将尸烧化，及弃置水中者，杖一百；卑幼并减二等。若亡殁远方[5]，子孙不能归葬而烧化者，听从其便。其居丧之家修斋设醮[6]，若男女溷杂、饮酒食肉者[7]，家长杖八十，僧道同罪，还俗。

【注释】

①丧：本条所指的丧包括各种去世举行丧礼的情形。

②依礼安葬：依照国家的礼制规定所定的安葬时间、方式等。

③风水：古代认为去世者的陵墓所在地必须符合一定的规则，从而影响子孙后代的生活，由此形成的一整套关于陵墓位置的知识，如龙脉之类迷信说法。

④暴露：人去世后埋入墓中为葬，不安葬则是暴露。

⑤亡殁（mò）：死亡。

⑥修斋设醮（jiào）：佛教、道教的祈福仪式，参见前文解释。

⑦溷（hùn）杂：杂乱，混杂。

【译文】

凡是有人去世的人家，必须按照礼制的规定安葬，如果迷惑于风水之说，以及找借口把灵柩停放在家里多年不安葬的，杖八十。遵照尊长者的遗嘱把尸体火化，以及抛在水中的，杖一百；卑幼都减二等处刑。如果在远方去世，子孙无法将其带回家安葬而火化的，听从其便。处在丧期的人家请僧人道士举办祈福仪式的，如果男女混杂、喝酒吃肉的，家长杖八十，僧人和道士同罪，还俗。

乡饮酒礼

凡乡党叙齿[1]，及乡饮酒礼[2]，已有定式[3]，违者，笞五十。

【注释】

①乡党：同乡人，邻里亲戚。叙齿：古人认为年龄和牙齿有关，故有以牙齿代替年龄的说法。各自说明年龄以便排出年龄顺序，为叙齿。民间平日相见、逢年过节举办宴会的活动中，以齿相尚，长者居前，少者居后，有顺序先后，为基本礼仪修养。

②乡饮酒礼：是一种古老的礼制。《仪礼》记载了详细的乡饮酒礼仪式，《礼记》记载了乡饮酒礼的意义，即明确尊卑长幼秩序，教化乡里。西周之后，乡饮酒礼保持了教化乡里和举荐人才的目的，在基层社会中持续存在。到明代，洪武五年（1372）发布诏书要求地方举行乡饮酒礼，由地方官、学官、耆老等在各地学校中讲习阅读法律，当地居民按照年龄高低排序参与活动，是基层社会的一种重要活动。明代的乡饮酒礼不仅继承了传统的饮酒习射、教化乡里，更重视讲读法律，宣传国家政令，但是弱化了举荐人才的功能，国家选拔人才的主要途径转移到科举考试。

③定式：明代国家在法律中规定乡饮酒礼的规则，地方长官率领德高望重的人在乡间聚集乡党举行仪式，为定式。

【译文】

凡是乡党相见、宴饮，依照年龄高低安排顺序，举行乡饮酒礼，都有法律规定的仪式和规则，违反的，笞五十。

卷第十三　兵律一　宫卫计一十九条

【题解】

兵律规定国家和宫廷安全防卫、军事管理、关口边境、畜牧业、驿站的问题。战国李悝的《法经》杂律有城禁规定安全防卫事宜，秦汉简牍中发现有安全防卫、厩苑、关津、军事管理的篇章或者零散的规定，晋律中有宫禁篇，北齐关禁把关禁管理纳入安全防卫中，唐律卫禁沿用了北齐的规定，还有独立的厩库篇规定上述问题。元代法律中出现兵律，规定军役、军器、驿站、捕猎等的相关法度，明代沿用了元代的内容并把关津、厩牧收入，形成了与军事有关的完整规定。

国家和宫廷保卫事关国家或者皇帝的安危，因此，有关犯罪处刑较重。《汉书·胡建传》记载了我国最古老的城市安全保卫规则，“《黄帝李法》曰：壁垒已定，穿窬不繇路，是谓奸人，奸人者杀”。大意是说城市或者房屋修建完成后，不从规定的门庭路径进出而是翻墙出入的，就是奸人，对奸人要处以死刑。这条法律规则的逻辑结构中行为模式和法律后果并存，行为模式明确，法律后果清晰，已经是比较成熟的法律条文。到西周时期，有关宫廷、城市、乡野等国家领域内的安全保卫规则内容丰富、职责明确，融入国家法律体系中发挥着安全保卫的作用。《周礼·秋官司寇》：“士师之职，掌国之五禁之法，以左右刑罚：一曰宫禁，二曰官禁，三曰国禁，四曰野禁，五曰军禁。皆以木铎徇之于朝，书而县于门闾。”司寇下属的士师掌管宫廷、官府、城市、乡野、军队五种区域中的禁令的刑罚，防止擅入以保障安全，这些法律需要告知人们并写出来悬挂在门上。西周的国家安全防卫法律不仅注重规则，还注重法律宣传实施。此外，法律还规定了城市安全防守的武器用法，《周礼・夏官司马》：“枉矢、絜矢利火射，用诸守城、车战。”枉矢、絜矢是系着火的箭，枉矢用于弓、絜矢用于弩，在城市防守和车战中使用这两种箭。

春秋战国时期各国开始制定成文法，安全保卫的法律规则纳入法典，战国《法经・杂法》有“越城”一条，规定不得擅自翻越城墙。《睡虎地秦墓竹简・秦律杂抄》有：“《戍律》曰：同居毋并行，县啬夫、尉及士吏行戍不以律，赀二甲。”大意是《戍律》规定：居住在一起的亲属不要同时征发他们去承担戍边的义务，县啬夫、县尉以及士吏不按照法律征发戍边人员，处以赀二甲（罚款二甲）的处罚。此后，国境、城市、宫殿的安全保卫内容逐渐增加，发展出独立的法律篇目，汉代有《宫卫令》，曹魏新律出现了“惊事律”，规定惊变急事和烽燧的规则，《晋律》中“卫宫律”把宫廷安全保卫的规则总结为律中的一个独立的篇目，《北齐律》有“禁卫律”，《唐律疏议》继承了之前的规定有“卫禁律”，宋代沿用，元代放弃了传统律典及其体例。《元典章》用六部体例，卫禁的内容分散在不同篇章中。《大明律》拆分了唐律的卫禁篇，归纳出宫卫十九条，其中十六条是关于皇宫和皇帝安全保卫，三条是城市安全保卫的条款。《大明律》宫卫门对出入宫廷的人员做出严格规定，必须持有证明身份的腰牌，登记年龄样貌等身体特征，还需要有熟人担保，这些措施既保障皇帝的安全，也维护皇帝的特殊等级身份，保证皇权凌驾于普通人之上，如直行御道规定皇帝专用的御道，其他人不得行走也不得轻易越过。规定御道、御桥之类的路径为皇帝专属，通行作用和特权象征并存，这也是古代等级特权在法律上的体现。

太庙门擅入

凡擅入太庙门[①]，及山陵兆域门者[②]，杖一百；太社门[③]，杖九十；未过门限者[④]，各减一等。守卫官故纵者，各与犯人同罪；失觉察者，减三等。

【注释】

①太庙门：太庙，即宗庙、祖庙，皇家放置祖先牌位、祭祀祖先的建筑。本条太庙门是指太庙的外门，不是殿门。

②兆域门：在皇家陵墓边界所设的门。兆域，墓地四周的疆界。亦以称墓地。

③太社门：社稷的门。太社，天子祭祀五土之神的场所，各有守御官以采取防护措施，所有不应当进入的人都不得擅自进入。皇室建筑中，左祖右社，即左边是太庙，右边是社稷。两者都是重要的场所，不允许擅自进入。

④门限：门槛所在的位置，当时称为阃（kǔn）域。

【译文】

凡是擅自进入太庙门，以及皇家陵墓兆域门的，杖一百；擅入太社门，杖九十；没有过了门限的，各减一等处刑。守卫官故意放纵的，各与犯人同罪；没有发现的，减三等论罪。

宫殿门擅入

凡擅入皇城午门、东华、西华、玄武门及禁苑者[①]，各杖一百。擅入宫殿门[②]，杖六十，徒一年。擅入御膳所及御在所者[③]，绞；未过门限者，各减一等。若无门籍冒名而入者[4]，罪亦如之。其应入宫殿未著门籍而入，或当下直而辄入[5]，及宿次未到而辄宿者[6]，各笞四十。若不系宿卫应直合带兵仗之人，但持寸刃入宫殿门内者[7]，绞；入皇城门内者，杖一百发边远充军。门官及宿卫官军故纵者，各与犯人同罪；失觉察者，减三等，罪止杖一百；军人又减一等，并罪坐直日者。余条准此。

【注释】

①午门、东华、西华、玄武门：皇城四门。禁苑：皇宫中的苑囿，皇城被称为紫禁城，宫中的苑囿禁止他人进入。

②宫殿门：宫门指某个宫廷的门，如乾清宫。殿门，具体的宫殿的门，如太和殿。

③御膳所：御厨房。御在所：皇帝停驻之处。

④门籍：有资格进入皇宫的人员被登记在册，包括守卫和官员等。冒名而入：本人没有登记在门籍册上，没有资格进入，假冒有门籍的人姓名进入。

⑤当下直：皇宫内排班轮流巡守，排到的人当值期满下班为下直。直，当值，值勤。

⑥宿次未到：排定的值夜班班次未到，在其他时间的班次值宿的。

⑦持寸刃：持有极短小的带刃刀。寸用来形容其尺寸小，任何刀具都不可以带入，说明极小如寸也是不可以的，并不是一寸以下就可以带入。应该带刀的有特殊规定，以防不测。

【译文】

凡是擅自闯入皇城的午门、东华门、西华门、玄武门以及皇家禁苑的，各杖一百。擅自闯入皇宫门或者宫殿门的，杖六十，徒一年。擅自闯入皇帝饮食制作区域以及皇帝停留的场所，处绞刑；没有过门槛的，各减一等处刑。如果没有门籍而冒名顶替进入的，同样论罪。有资格进入宫殿却没有在门籍中登记而进入的，或者完成值班应当下值离开而进入的，以及排班入宿值夜顺序未到而值宿的，各笞四十。如果不属于值宿守卫可以带兵器的人，只要持有哪怕一寸长的刀进入宫殿门内的，处绞刑；进入皇城门内的，杖一百发边远之地充军。守门官以及值宿守卫的官军故意纵容的，各自与犯人同罪；没有察觉到的，减三等处刑，最高处刑杖一百；军人再减一等处罚，同时对值班的人论罪。其余条文规定的类似情况也比照本条处理。

宿卫守卫人私自代替

凡宫禁宿卫①，及皇城门守卫人应直不直者②，笞四十。以应宿卫、守卫人私自代替③，及替之人，各杖六十。以别卫不系宿卫、守卫人冒名私自代替，及替之人，各杖一百，百户以上各加一等。若在直而逃者，罪亦如之。京城门减一等，各处城门又减一等。亲管头目知而故纵者，各与犯人同罪，失觉察者，减三等，有故而赴所管告知者④，不坐。

【注释】

①宿卫：是在宫廷内部守护值班，住在宫廷内，巡察、检查以防止外来人进入以及假冒防卫人进入宫廷内。

②守卫：守在门口对进出的人进行稽查的人。

③以应宿卫：用本来属于有宿卫职责范围内的人来替代自己，代替者本身也属于宿卫的卫队，只是不当值代替当值的人。与后文别卫对应。

④有故：有合理的理由，如生病、出公差、家有丧事等法律认可的理

由。若不是法律认可的理由,则为无故。

【译文】

凡是宫廷禁苑值夜守卫,以及皇城门守卫的人应当值班而不值班的,笞四十。应该宿卫、守卫的人让其他同样有宿卫、守卫职责的人代替,以及代替的人,各杖六十。用别的不属于宿卫、守卫的人冒名代替自己的,以及代替的人,各杖一百,百户长以上各加一等处刑。如果正在值班却逃班的,同样论罪。京城门的守卫减一等论罪,各地城门的守卫又减一等。负有直接管理责任的人故意纵容的,各自与犯人同罪,没有察觉到的,减三等论罪,有合理理由到管理人处告知的,不论罪。

从驾稽违

凡应从车驾之人违期不到①,及从而先回还者,一日笞四十,每三日加一等,罪止杖一百,百户以上各加一等。若从车驾行而逃者,杖一百,发边远充军,百户以上,绞。亲管头目故纵者,各与犯人同罪,失觉察者,减三等,罪止杖一百。

【注释】

①车驾:皇帝出门巡视时乘坐的车马队伍。

【译文】

凡是应该跟随皇帝的车马出行的人超过时限不到场的,以及跟着去却先回来的,一日笞四十,每三日加一等处刑,最高处刑杖一百,百户长以上各自加一等处刑。如果跟随皇帝的车马出行而逃走的,杖一百,发到边远地方充军,百户长以上,处绞刑。直接主管人员故意纵容的,各自与犯人同罪,没有察觉到的,减三等处刑,最高处刑杖一百。

直行御道

凡午门外御道至御桥[①]，除侍卫官军导从车驾出入[②]，许于东西两傍行走外，其余文武百官、军民人等无故于上直行，及辄度御桥者，杖八十。若于宫殿中直行御道者，杖一百，守卫官故纵者，各与犯人同罪，失觉察者减三等。若于御道上横过，系一时经行者，不在此限。

【注释】

①御道：专供皇帝走的直道，又称宫殿中之御道。御桥：承天门外的中桥，至正阳门都是金水桥。

②导从：古时帝王、贵族、官僚出行时，前驱者称导，后随者称从，因谓之导从。

【译文】

凡是午门外皇帝专用的御道、御桥，除了侍卫官员和守军引导皇帝车马进出，允许在东西两侧旁边的路上走之外，其余的文武官员、军民百姓等人无故在御道上行走，或者随便过御桥的，杖八十。如果是在宫殿中的御道上行走的，杖一百，守卫官故意纵容的，各自与犯人同罪，没有发现的减三等处刑。如果在御道上横过，属于临时路过的，不在本条规定之限。

内府工作人匠替役

凡诸色工匠行人[①]，差拨赴内府及承运库工作[②]，若不亲身关牌入内应役[③]，雇人冒名私自代替，及替之人，各杖一百，雇工钱入官。

【注释】

①工匠行人:各行各业的工匠,如铁匠、瓦匠之类。

②差拨:各行业的工匠由管理匠户的机构派出到内府各织造、制作监或局以及承运库等承担具体劳役工作。承运库:具体承担运输工作的机构。

③关牌:工匠被差到内府做工之前发给的核对身份用的凭证,一般是个小牌子可以挂在腰间以便随时核对。

【译文】

凡是各种行业的工匠,被派出到内府以及承运库做工的,如果不是亲自领了关牌到内府应役,而是雇人冒名私自代替的,以及代替的人,各杖一百,做工应领的雇工钱没收入官。

宫殿造作罢不出

凡在宫殿内造作①,所司具工匠姓名报门官及守卫官,就于所入门首逐一点视②,放入工作,至申时分③,仍须相视形貌照数点出。其不出者,绞。监工及提调内使监官、门官、守卫官军点视④,如名数短少,就便搜捉,随即奏闻;知而不举者,与犯人同罪;失觉察者,减三等,罪止杖一百。

【注释】

①造作:修理建造之类。

②点视:点名查看本人特征防止假冒。

③申时:15时正至17时正。

④内使监官:宫殿内的各处监、库、局所管的太监。

【译文】

凡是在宫殿内进行修理建造的工作，主管机构把工匠的姓名报给守门的官员以及把守的官员，在工匠进入的门口逐一点数查看身形，放进去工作，到申时，仍必须查看身形外貌照进去的人数点名出来。不出来的，处绞刑。负责监工的官员以及当时具体负责该事务的提调内使监官、门官、守卫的官军点数查看身形，如果人数不够或样貌不对，立即搜查捕捉，随即奏报给皇帝；知情不举报的，与犯人同罪；没有发现情况的，减三等处刑，最高处刑杖一百。

辄出入宫殿门

凡应出宫殿而门籍已除辄留不出[①]，及被告劾，已有公文禁止，籍虽未除辄入宫殿者，各杖一百。若宿卫人已被奏劾者，本司先收其兵仗[②]，违者，罪亦如之。若于宫殿门，虽有籍至夜皆不得出入，若入者，杖一百；出者，杖八十；无籍入者，加二等；若持仗入殿门者[③]，绞。

【注释】

①应出：在宫殿中值守的人员可以出入宫殿，值守结束应该离开。

②兵仗：兵器的总称。

③持仗：手持武器。

【译文】

凡是应该离开宫殿而门籍已经除名却停留不离开的，以及被起诉弹劾，已经有公文禁止进入，虽然门籍还没有除名却进入宫殿的，各杖一百。如果宿卫值班的人已经被参奏弹劾的，本管机构先没收他的兵器，违反的，同样论罪。如果在某个具体的宫殿门，虽然有门籍到了夜晚都不得自由出入，如果进入的，杖一百；出的，杖八十；没有门籍进入的，加二等处刑；如果带着武器进入殿门的，处绞刑。

关防内使出入

凡内使监官并奉御内使①，但遇出外，各门官须要收留本人在身关防牌面②，于簿上印记姓名、字号，明白附写前去某处，干办是何事务，其门官与守卫官军搜检沿身别无夹带，方许放出，回还一体搜检，给牌入内，以凭逐月稽考出外次数③。但搜出应干杂药④，就令自吃。若不服搜检者，杖一百，充军。若非奉旨，私将兵器进入皇城门内者，杖一百，发边远充军；入宫殿门内者，绞；门官及守卫官失于搜检者，与犯人同罪。

【注释】

①奉御内使：常随在皇帝身边的太监。

②关防牌面：随身携带的出入凭证牌子。

③稽考：查考，考核。

④应干：犹言一切有关的。杂药：不属于宫内使用或者规定可以进入宫廷的各种药物。

【译文】

凡是内使监官以及奉御内使，遇到外出的事情，各门官需要把本人挂在身上的关防牌子收回来，在簿册上登记姓名、编号，写明前去某处，办理何事，门官与守卫官军全身搜检看有无夹带，才允许放出去，回来后同样搜检，把牌子还给宫内登记管理机构，以便作为凭据逐月查考外出次数。如果搜检出各种不属于宫内的杂药，当时就命令其人吃掉。如果不服搜检的，杖一百，充军。如果不是奉旨，私自把兵器带进皇城门内的，杖一百，发边远充军；带入宫殿门内的，处绞刑；门官和守卫官没有搜检的，与犯人同罪。

向宫殿射箭

凡向太庙及宫殿射箭、放弹、投砖石者[①]，绞；向太、社，杖一百，流三千里，但伤人者，斩。

【注释】

①放弹：放射弹丸。投砖石：投掷砖头、石块。

【译文】

凡是向太庙、宫殿射箭、放射弹丸、投掷砖石的，处绞刑；向太庙、社稷庙射箭、投掷砖石之类，杖一百，流放三千里，如果有伤到人的，处斩刑。

宿卫人兵仗

凡宿卫人兵仗不离身，违者，笞四十。辄离职掌处所[①]，笞五十；别处宿，杖六十，百户以上各加一等；亲管头目知而不举者，与犯人同罪；失觉察者，减三等。

【注释】

①职掌处所：指宿卫的人各分有固定的工作负责区域。

【译文】

凡是在宫廷值夜宿卫的人兵器不能离开身体，违反的，笞四十。随便离开自己职责所在的，笞五十；住宿于别处的，杖六十，百户长以上各加一等处刑；直接主管官员知情不举报的，与犯人同罪；没有发现的，减三等处刑。

禁经断人充宿卫

凡在京城犯罪被极刑之家[1]，同居人口随即迁发别郡住坐，其亲属人等并一应经断之人[2]，并不得入充近侍，及宿卫守把皇城、京城门禁。若朦胧充当者，斩；其当该官司不为用心详审，或听人嘱托，及受财容令充当者，罪同。若有特旨选充[3]，曾经覆奏明立文案者[4]，不在此限。

【注释】

①极刑：死刑。

②亲属人等：前述犯人除了被迁徙流放到别处，仍然留在本地的其他亲属。经断：违反法律的行为经过官府审理之后做出处罚的裁判。

③特旨：皇帝特别颁布的圣旨，做出特别的决定，不具普遍性。

④覆奏：再次奏报给皇帝进行复核。

【译文】

凡是在京城犯罪被处以死刑的人家，同财共居的人口随即迁徙发遣到别的郡居住谋生，亲属等人以及所有经过官府审理判处刑罚的人，都不得进入皇宫充当皇帝身边的侍卫，以及值夜守卫皇城、京城大门。如果蒙混其中充当上述人员的，处斩刑；具体负责处理事务的官员不用心审核，或者接受别人嘱托，以及接受了钱财允许充当的，同罪。如果皇帝特别发布圣旨选择充当守卫，曾经再次奏报给皇帝复核并明白写入公文的，不在此限。

冲突仪仗三条

凡车驾行处[①]，除近侍及宿卫护驾官军外，其余军民并须回避[②]，冲入仪仗内者[③]，绞。若在郊野之外，一时不能回避者，听俯伏以待。其文武百官非奉宣唤无故辄入仪仗内者，杖一百；典仗护卫官军故纵者[④]，与犯人同罪，不觉者减三等。

【注释】

①车驾：皇帝出行的车马队伍。行处：经过的地方。

②回避：见到皇帝的车队，离开经过的道路躲避到一旁。

③仪仗：皇帝出行伴随的各种仪式队列。

④典仗：负责举行仪仗的官员。

【译文】

凡是皇帝出行车马行经之处，除了近身侍卫以及宿卫护驾的官员和军队外，其他军民都必须回避，冲入仪仗队伍的，处绞刑。如果是在荒郊野外，一时无法回避的，允许俯身伏地等待车马过去。文武百官没有接到皇帝传呼无故进入仪仗队里的，杖一百；负责仪仗守卫的官军故意放纵的，与犯人同罪，没有发现的，减三等处刑。

凡有申诉冤抑者[①]，止许于仗外俯伏以听，若冲入仪仗内而所诉事不实者，绞；得实者，免罪。

【注释】

①冤抑：冤情。

【译文】

凡是有人申诉冤情的，只许在仪仗队列之外俯身伏地陈述，如果冲入仪仗队内而所陈述的事情不实的，处绞刑；确实的，免罪。

凡军民之家纵放牲畜[①]，若守卫不备，因而冲突仪仗者，杖八十；冲入皇城门内者，杖一百。

【注释】

①纵放牲畜：家养的牲畜放纵在外，不收留在家的。

【译文】

凡是军民之家，把自己家的牲畜放养在外，如果守卫的官员和军人没有防备，因此冲入仪仗的，杖八十；冲入皇城门内的，杖一百。

行宫营门

凡行宫外营门、次营门与皇城门同[①]，若有擅入者，杖一百。内营牙帐门与宫殿门同[②]，擅入者，杖六十，徒一年。

【注释】

①行宫：皇帝在皇宫外临时居住之处。有时是专门的建筑，也可以是临时搭建的住处。临时搭建的住所，也可以称为行营。

②牙帐：将帅所居的营帐。

【译文】

凡是皇帝出行的行宫外营门、次营门与皇城门的安全守卫规则相同，如果有擅自闯入的，杖一百。内营牙帐门与宫殿门的安全保卫规则相同，擅自闯入的，杖六十，徒一年。

越城

凡越皇城者[①]，绞；京城者，杖一百，流三千里；越各府、州、县、镇城者，杖一百；官府公廨墙垣者[②]，杖八十。越而未过者，各减一等。若有所规避者，各从重论。

【注释】

①越：不从门走，翻越城墙进出的行为。城门都有看守检查通行凭证，翻越城墙破坏了城内防守规则。

②公廨（xiè）：官员办公的地方，衙门所在的建筑。

【译文】

凡是翻越皇城墙的，处绞刑；翻越京城墙的，处杖一百，流放三千里；翻越各地府、州、县、镇城墙的，杖一百；翻越官府办公地围墙的，杖八十。翻墙但是还没有翻过去的，各减一等处刑。如果翻墙是为了逃避罪责，各从重罪论罪。

门禁锁钥

凡各处城门应闭而误不下锁者[①]，杖八十。非时擅开闭者，杖一百。京城门，各加一等。其有公务急速非时开闭者[②]，不在此限。若皇城门应闭而误不下锁者，杖一百发边远充军；非时擅开闭者，绞；其有旨开闭者，勿论。

【注释】

①各处城门：即上条各府、州、县、镇城门。误不下锁：城门开关都有固定时间和规则，每次关城门都要落锁，锁起来以防止随便开关。

②公务急速：紧急的公务需要按照特殊情况开关城门，例如紧急军务传递、突发人为或者自然灾害等。

【译文】

凡是各地方城镇的城门应该关闭而过失没有落锁的，杖八十。不按照规定的时间开关的，杖一百。京城门的开关，照前述各种情况加一等处刑。有紧急公务需要不按照规定时间开关的，不在此限。如果皇城门应关闭而过失不落锁的，杖一百发配边远充军；不按照规定的时间擅自开关的，处绞刑；有皇帝的圣旨特别规定开关的，不论罪。

悬带关防牌面

凡朝参文武官及内官①，悬带牙牌、铁牌②，厨子、校尉入内，各带铜、木牌面，如有遗失，官罚钞二十贯③，厨子、校尉罚钞一十贯；若有拾得随即报官者，将各人该罚钞贯充赏；有牌不带，无牌辄入者，杖八十；借者及借与者，杖一百；事有规避者，从重论；隐藏者，杖一百，徒三年；首告者，于犯人名下追钞五十贯充赏。诈带朝参及在外诈称官员名号有所求为者④，绞；伪造者，斩；首告者，于犯人名下追钞一百贯充赏。

【注释】

①朝参：在朝堂宫殿内参见皇帝。内官：在皇宫内服务的官员，包括太监、女官等。

②牙牌：象牙制作的身份牌子，为文武官员所用，写有身份、职位名称和编号。后文所称名号即此。铁牌：用铁制作的牌子，厨子、校尉带的身份牌子。

③钞：纸币。

④诈带：把捡来的牌子带在身上假冒官员身份。求为：借助假冒官员的身份求取财物或者办理事务之类。

【译文】

凡是入朝参见皇帝的文武官员以及内官，必须在身上悬挂证明身份和进入理由的牙牌、铁牌，厨师、校尉进入皇宫，各自带铜牌、木牌，如果有丢失的情况，官员罚纸币二十贯，厨师、校尉罚纸币十贯；如果有人拾到立即报告给官府，把遗失者应该交的罚款作为奖励；有牌子不带，没有牌子却进入的，杖八十；借给别人以及借的人，杖一百；为了逃避事情而借的，按照重罪论罪；隐藏丢失牌子的情况，杖一百，徒三年；检举告发的，在犯人名下追缴五十贯作为奖赏。拾得遗失的牌子带在身上假冒官员上朝参见皇帝以及在外假冒官员身份求索财物或办理事务的，处绞刑；伪造牌子的，处斩刑；首先告发的，在犯人名下追缴一百贯作为奖赏。

卷第十四　兵律二　军政计二十条

【题解】

军政门是有关军队征战、操练、军需、军人管理、夜禁等的规定。明代军队实行调军权和管军权分离的方式，驻军使用卫所制度，重点防护北方边境和东南沿海及西南边境，军队战时和平时管理都有法律明确规定，也限定文官和军队的私下来往。明代初期为了防止军队的将领掌握完整的军权，设五军都督府掌管军队，兵部提供后勤等服务，皇帝直接掌握调兵权。军队将领在非战争等紧急情况不得调兵，擅自调兵构成重罪，军队日常和战时行动、后勤管理等都必须及时报告给皇帝，听候皇帝决定，从而保障皇帝对军权的绝对控制。

明代军队卫所驻扎在全国各地，重点驻扎在东北、东南、西南边境。东北边境卫所防守北部游牧民族，东南边境卫所主要防守日本倭寇海盗，西南边境卫所防守当地复杂多民族边境区域。卫所制度和军户制度并行，军户是军人的来源，由军户家成年男丁带余丁到军队。军队编制实行小旗、总小旗、百户、千户制度，卫所上设有都司、指挥使司。每个小旗十人，长官一人；五个小旗为一个总小旗，设长官一人；每个百户所领两个总旗，每个千户领十个百户。《大明律》中规定从小旗到指挥使司的管理，有关术语频繁出现在条文中。军政类目中规定的夜禁，是古代的宵禁制度，夜间入更之后除了元宵节等节日以及看病、分娩、丧葬等特殊情况，一般不允许擅自在城市中活动。宵禁制度便于保护城市安全，防止夜间破坏公共安全的行为，但是，宵禁制度限制了人们的活动时间，加强国家对个人的控制。

擅调官军

凡将帅部领军马、守御城池及屯驻边镇[①]，若所管地方遇有报到草贼生发[②]，即时差人体探缓急声息[③]，须先申报本管上司转达朝廷奏闻，给降御宝圣旨调遣官军征讨。若无警急，不先申上司，虽已申上司不待回报，辄于所属擅调军马及所属擅发与者，各杖一百，罢职发边远充军。其暴兵卒至，欲来攻袭，及城镇屯聚军马之处，或有反叛，或贼有内应，事有警急及路程遥远者，并听从便火速调拨军马乘机剿捕。若寇贼滋蔓，应合会捕者[④]，邻近卫所虽非所属亦得调发策应[⑤]，并即申报本管上司转达朝廷知会。若不即调遣会合，或不即申报上司，及邻近卫所不即发兵策应者，并与擅调发罪同。若亲王所封地面有警调兵，已有定制。其余上司及大臣将文书调遣将士，提拨军马者，非奉御宝圣旨不得擅离信地[⑥]。若军官有改除别职，或犯罪取发[⑦]，如无奏奉圣旨，亦不许擅动，违者，罪亦如之。

【注释】

①屯驻：屯营驻扎。

②草贼：民间反叛者称为草寇，组织群体反抗者也称为盗贼。

③体探：体察刺探情报、军情。声息：消息，军情，对方活动的具体

细节。

④合会：不同统属管辖地区的军队汇合起来。

⑤调发：调动发兵。策应：一方行动另一方配合行动，共同完成军事行动。

⑥信地：军队驻扎和管辖的地区。

⑦取发：犯罪之后取证、发配，调查人证之类，需要押解离开原地。

【译文】

凡是将军元帅部署统领军马、防守城市、驻扎边境，如果在驻扎管辖的地方接到有发生贼盗的报告，立即派人实地探查情况缓急的具体消息，必须先上报给自己的主管上司转达给朝廷知道，皇帝颁下带有御玺的圣旨调遣军队出征讨伐。如果没有紧急情况，没有先申报给上级，或虽然已经申报给上级不等上级回报，就在自己统领的军队中调拨军马以及自己所统领的军队擅自征发给别人的，各杖一百，罢免职务发配边远地方充军。如果有发生暴乱的军队突然到来，准备攻打，以及城镇驻扎军队的地方，或是发生了反叛，或是贼盗有内应，事发紧急以及路程遥远的，都允许就便火速调拨军队乘机围剿捕捉。如果贼盗叛乱蔓延开来，应当会合各地方军队一起抓捕的，邻近卫所虽然不是自己所统属的军队也可以调拨配合，并立即申报自己直接的主管上级转达给朝廷知道。如果不立即调遣军队会合，或者不立即申报给上司，以及邻近的卫所不立即发兵配合的，都与擅自调遣征发军队同罪。如果封给亲王的地方发生了紧急情况需要调兵，已经有法律规定的制度。其余没有亲王封藩地区的驻军上司和大臣用文书调派军队将士，调拨军队的，如果没有接到盖有皇帝御玺的圣旨不得擅自离开自己的常驻地。如果军官被改派别的职务，或者犯罪被押解，如果没有奏报并接到圣旨，也不许擅自离开驻地，违反的，同样论罪。

申报军务

凡将帅参随总兵官征进[1],如总兵官分调攻取城寨[2],克平之后[3],随将捷音差人飞报[4],一申总兵官,一申五军都督府,一行兵部,另具奏本实封御前。若贼人数多出没不常,如所领军人不敷,须要速申总兵官,添拨军马设策剿捕[5],不速飞申者,从总兵官量事轻重治罪。若有来降之人,即便送赴总兵官,转达朝廷区处,其贪取来降人财物因而杀伤人,及中途逼勒逃窜者,斩。

【注释】

①参随:参赞随从,随同军队出征协助参谋。总兵官:总领统帅军队行动的最高军事长官,类似军事行动的司令。征进:进军征伐。

②分调:分别调拨军队进行军事行动。

③克平:攻克城寨平定盗贼叛乱。

④捷音:得胜消息。飞报:用最快的传递军情消息的驿站或军报线路派人飞速传递。下文“飞申”相同。

⑤设策:设定计策或策略,以便进行有效军事活动。

【译文】

凡是将帅跟随总兵官出征进发,如果总兵官分别派人攻城取寨,攻克城寨平定叛乱之后,将帅随即把胜利的消息派人迅速报告,一份报告给总兵官,一份送给五军都督府,一份送给兵部,另外把实情写成奏疏密封送到皇帝前。假如敌人数量多行踪不定,如果所统帅的军队人数不够,必须迅速申报给总兵官,添派军队设法围剿抓捕,不迅速申报的,听从总兵官裁量事情的轻重治罪。如果有来投降的人,立即就便送到总兵官处,转达朝廷如何处理,贪婪收取来投降的人的财物并因此杀伤人的,以及押送的路上逼迫勒索导致逃窜的，处斩刑。

飞报军情

凡飞报军情，在外府、州差人①，一申布政司，一申都指挥使司，及行移本道按察司②。其守御官差人行移都指挥使司。都指挥使司差人，一行本管都督府，一具实封；布政司一差人行移兵部，一具实封，俱至御前开拆。按察司差人具实封直奏。在内直隶军民官司③，并差人申本管都督府及兵部④，另具实封，各自奏闻。若互相知会，隐匿不速奏闻者，杖一百，罢职不叙，因而失误军机者，斩。

【注释】

①在外：指十三省。

②本道按察司：明代地方每道设置按察司负责地方司法事务，本条指发生军情所在道的按察司接收军情并实封奏报给皇帝。

③在内：指南、北直隶区域。

④并：指的是上文所述军事和行政各自有上级主管机构，分别申报各自的上级机构，军事机构申报都督府，行政机构申报兵部。

【译文】

凡是飞速传递军情，在外各府、州派人，一份送到布政司，一份送到都指挥使司，以及送公文给本道的按察司。地方各驻军卫所守御官派人送公文到本管都指挥使司。都指挥使司派人送一份到直接主管都督府，一份如实密封奏报；布政司派人送一份到兵部，一份如实密封奏报，都在皇帝面前拆开。按察司派人如实密封直接奏报给皇帝。在内直隶区域内管理军民的机构派人申报各自主管的都督府或者兵部，另外如实密封,各自奏报给皇帝。如果相互之间通知消息,隐瞒不迅速奏报的,杖一百,罢免职务不再任用,因此而耽误军机大事的,处斩刑。

边境申索军需

凡守边将帅但有取索军器、钱粮等物①,须要差人,一行布政司,一行都指挥使司,再差人一行五军都督府,一行合干部分②,及具奏本实封御前。其公文若到,该部五军都督府须要随即奏闻区处,发遣差来人回还③,若稽缓不即奏闻④,及各处不行依式申报者⑤,并杖一百,罢职不叙,因而失误军机者,斩。

【注释】

①军器、钱粮:武器和军饷、军粮、军装以及车马、营帐之类的军需物资。

②合干部分:有关物资的主管部门,如军务由兵部主管,武器由工部制造,钱粮后勤物资由户部主管,各自分别主管分别处理。

③发遣差来人回还:打发各边境驻地原差人役回去。

④稽缓:迟延、扣留之类不立即处理,导致积压公务,延误军机。

⑤依式:依照规定的公文格式和递送、处理方式传递和处理公文。式,一种专门规定文书格式和程序的法律形式。

【译文】

凡是边境驻守的将帅只要有索要武器、钱粮等物资,必须要派人送一份公文到布政司,送一份到都指挥使司,再派人送一份到五军都督府,送一份到有关物资的主管部门,并书写奏疏如实禀明情况密封奏报给皇帝。公文到了的时候,主管的五军都督府必须要随时奏报给皇帝听候处理,打发派来送公文的人回去,如果延迟、扣留不立即奏报的,以及各处机构不依照法定的文书格式和程序申报的，都杖一百，罢免职务不再任用，因此而耽误军情的，处斩刑。

失误军机

凡临军征讨[①]，应合供给军器、行粮、草料，违期不完者，当该官吏各杖一百，罪坐所由[②]。若临敌缺乏[③]，及领兵官已承调遣不依期进兵策应[④]，若承差告报军期而违限[⑤]，因而失误军机者，并斩。

【注释】

①临军征讨：已经准备好将要出征之时。

②罪坐所由：在供给武器、粮草等环节中各机构和官员没有按照法律规定承担起应该承担的责任和遵循应有的规则，从而导致违期的结果，根据各自所违反的规则和罪名定罪，例如上司没有及时批准，下级没有及时准备物资，运送的人延误、克扣之类，各自承担责任。

③临敌：面对敌人。

④已承调遣：已经接到统领军队的最高指挥官的调遣。

⑤承差告报军期而违限：军队配合作战需要提前告知各部队行动时间，因承接告知任务的人耽误而导致到期无法完成配合作战，属于严重的耽误军机大事。

【译文】

凡是军队出征时，应该供给的武器、行军粮、草料，不按照期限完成征集发放的，所有负责各环节事务的官吏各杖一百，依照各自犯罪的原因论罪。如果面对敌人时缺乏上述物资，以及领兵官员已经接到调遣的命令却不按照期限发兵配合，还有已经承接了告知军队会合日期的任务却违反规定没有按时告知，因此而导致耽误军机大事的，都处斩刑。

从征违期

凡军官、军人临当征讨[①]，已有起程日期而稽留不进者[②]，一日杖七十，每三日加一等。若故自伤残[③]，及诈为疾患之类以避征役者，各加一等，并罪止杖一百，仍发出征。若军临敌境，托故违期，一日不至者，杖一百，三日不至者，斩。若能立功赎罪者，从总兵官区处[④]。

【注释】

①军人：如果没有特指，军人一般包括作战军人、侦察军人和各种后勤、服务人员。

②稽留不进：停留不前进。

③伤残：明代法律规定征兵需要军户中身体健康的成丁承担兵役，如果伤残到笃疾不堪征进者，依律科杖一百之罪，收赎，不在征发之列。因此，有人利用该规定自残以求免役，但是，在将要上战场之前自残的，使用本条规定，杖刑之后仍然征发。古代以德治国，天生伤残则可以免除各种役。

④区处：处置，办理。

【译文】

凡是军官、军人在将要出征之时，已经确定了启程的日期而停留不前进的，一日杖七十，每三日加一等。如果故意自残，以及假冒为患病之类以便逃避出征的，各自加一等，最高处刑杖一百，仍然要出征。如果已经到了敌人边境，找借口拖延，一日不到的杖一百，三日不到的，处斩刑。如果能够立功赎罪的，听从总兵官处置。

军人替役

凡军人不亲出征雇倩人冒名代替者[1]，替身杖八十，收籍充军[2]；正身杖一百，依旧充军。若守御军人雇人冒名代替者，各减二等；其子孙弟侄及同居少壮亲属自愿代替者，听。若果有老弱残疾，赴本管官司陈告，验实与免军身。若医工承差关领官药[3]，随军征进，转雇庸医冒名代替者[4]，各杖八十，雇工钱入官。

【注释】

①雇倩：雇用。

②收籍：被雇用的人原有自己的户籍，受雇冒名顶替之后，在原有户籍册上除名，收回原有户籍种类，纳入军户的户籍中永远承担兵役。明代初期采用军户制，军户之家登记为军籍，世代承担兵役，每一代人必须由身体健康的成年男丁承担当兵义务，直到户绝为止。如果本来不是军户，因为替役民籍被改为军籍，必须世代承担兵役。明代的充军刑有终身和永远两种，终身是本人在军队中服役，本人去世后即结束；如果是永远，本人去世后需要由后代继续充军直到户绝，家中再无男丁为止。

③医工：军队中的医生。关领：按照法律规定的种类和程序从国家府库中领取物品。

④庸医：医术差的医生。

【译文】

凡是军人不亲自出征雇请他人冒名顶替的，替身杖八十，没收原有户籍充入军籍；军人自身杖一百，依旧充入出征的军队。如果在地方驻兵守卫的守御军人雇人冒名顶替的，各减二等处刑；如果是自己的儿子、孙子、弟弟、侄子以及居住在一起的年轻力壮的亲属自愿代替的,允许。如果确实老弱残疾,到本人的主管机构说明情况,查验核实后免除军人身份。如果军医承接了差事领取了国家的药物,随军出征,转而雇佣庸医冒名顶替的,各自杖八十,雇工的钱没收归官府。

主将不固守

凡守边将帅被贼攻围城寨[①],不行固守而辄弃去,及守备不设为贼所掩袭[②],因而失陷城寨者,斩。若与贼临境,其望高巡哨之人失于飞报[③],以致陷城损军者,亦斩。若被贼侵入境内掳掠人民者[④],杖一百发边远充军。其官军临阵先退,及围困敌城而逃者,斩。

【注释】

①城寨:边境的城镇或者民居的寨子。我国古代西南地区居民常居住在寨子中。

②掩袭:乘其不备而袭取。

③望高巡哨之人:军队驻守时刻派遣巡逻放哨侦察瞭望敌情的军人,在高处瞭望,或在各处巡逻。

④掳掠:俘虏人口和抢劫财物。

【译文】

凡是守卫边境的将帅被敌人围攻城寨,不坚持守卫而随便抛弃职责离开,以及不安排守卫防备被敌人偷袭,因而导致城池陷落的,处斩刑。如果处在与敌人相邻的边境地方,高处瞭望巡逻放哨的人没有立即报告敌情,以至于城寨陷落军队受损的,也处斩刑。如果被敌人入侵我方境内俘虏人口抢劫财物的,杖一百发配边远充军。如果官军临阵先退,以及在围困敌城的战斗中逃亡的,处斩刑。

纵军掳掠

凡守边将帅非奉调遣私自使令军人于外境掳掠人口、财物者[①]，杖一百，罢职，充军。所部听使军官及总旗[②]，递减一等，并罪坐所由。小旗、军人不坐[③]。若军人不曾经由本管头目，私出外境掳掠者，为首杖一百，为从杖九十；伤人，为首者，斩；为从，杖一百，俱发边远充军。若本管头目钤束不严，杖六十，附过还职。其边境城邑，有贼出没，乘机领兵攻取者，不在此限。若于已附地面掳掠者[④]，不分首从，皆斩。本管头目钤束不严，各杖八十，附过还职。其知情故纵者，各与犯人同罪。

【注释】

①外境：国家的边境以外的地区。边境不得擅自出入，必须奉有调遣命令才允许。

②所部：下命令的军官所统领的军队部下。听使：听从驱使，使唤。

③小旗、军人不坐：前文所述听使军官和总旗是军队中负有领导职责的人，总旗为正七品官，管辖五个小旗。他们受到唆使出境掳掠，要承担责任，因其本身有管军的责任，必须判断行动的性质和是否有命令，是否需要行动。小旗是最低级别的军官，品级为从七品。小旗和军人作为听命参与的人，不承担责任。明代军官层级可参见下条“不操练军士”所述指挥使至小旗的内容。

④已附：已经归附的人。原来处于外境或者其他地方的人来归附，接受管辖，即同属本国人民，对其掳掠是严重犯罪行为，因此处斩刑。

【译文】

凡是守卫边境的将帅不是奉命调遣而是私自命令军人在边境之外

俘虏人口抢劫财物的,杖一百,罢免职务,充军。所统属的部下军官和总旗听从命令,各自递减一等处罚,依照各自所犯的罪论罪。小旗、军人不论罪。如果军人没有经过本管上级的同意,私自外出边境掳掠的,首犯的杖一百,为从犯的杖九十;掳掠中伤人的,为首犯的,处斩刑;为从犯的,杖一百,都发配边远地区充军。如果本管上级管束不严,杖六十,在记录册中附载所犯过错仍然保留职务。边境的城镇,有敌人出现,乘机率领军队攻打的,不在此限。如果在已经归附的地方进行掳掠的,不分首犯从犯,都处斩刑。本管上级管束不严,各杖八十,在记录册中附载所犯过错仍然保留职务。知情故纵的,各自与犯人同罪。

不操练军士

凡各处守御官不守纪律,不操练军士,及城池不完①,衣甲、器仗不整者②,初犯杖八十,附过还职;再犯杖一百,指挥使降充同知③,同知降充佥事④,佥事降充千户,千户降充百户,百户降充总旗,总旗降充小旗,小旗降充军役,并发边远守御。若提备不严⑤,抚驭无方⑥,致有所部军人反叛者,亲管指挥、千户、百户、镇抚各杖一百⑦,追夺发边远充军⑧。若弃城而逃者,斩。

【注释】

①城池不完:驻防所在的城市不进行完整的防御安排设计。

②器仗:武器。

③指挥使降充同知:明代兵制以省为单位设都司称为都指挥使司,下辖卫所,卫所设卫指挥使司,长官为正三品指挥使,下设指挥同知从三品,指挥佥事正四品,还有其他官员。指挥犯罪之后降一

级到同知。

④同知降充佥（qiān）事：指挥同知降一级到指挥佥事。同知、佥事辅助指挥使完成管理卫所训练军队的工作。

⑤提备：防备，防守。

⑥抚驭：安抚、控制、驾驭。

⑦镇抚：在卫所设置的管理刑狱审理案件的辅助官员。明代还有锦衣卫所设镇抚司，专管皇帝交办的诏狱案件。

⑧追夺：追回之前授予的官职、爵位、荣誉、奖励之类。

【译文】

凡是各处守御官不守军队的纪律，不操练军士，主守城池防守安排不完整，军备铠甲、武器配备不完备的，初次犯罪杖八十，在记录册中附载所犯过错仍保留职务；再犯杖一百，指挥使降职为同知，同知降职为佥事，佥事降职为千户，千户降职为百户，百户降职为总旗，总旗降职为小旗，小旗降职为军役，都发到边远地方守御。如果防守不严密，管理部下不得法，导致所统领的部下军人有反叛的，负有直接管理责任的指挥、千户、百户、镇抚各自杖一百，追回他们的职务和荣誉，发到边远地方充军。如果因为叛军致使放弃所驻守的城池逃亡的，处斩刑。

激变良民

凡牧民之官[①]，失于抚字[②]，非法行事，激变良民[③]，因而聚众反叛，失陷城池者，斩。

【注释】

①牧民之官：基层府、州、县官直接管理民众，被认为代天子牧民，也被称为牧民官。

②抚字：管理民众事务，安抚民众。牧民官的职责主要在于管理、安

抚，施政以德，怀有爱民之心，尽力给民以惠，因此，其行政以抚字为基本要求。

③激变良民：基层官员的虐民行为激发民众反抗，发生民变。

【译文】

凡是基层行政官员，没有尽职管理安抚，有非法行为，导致激起民变，民众因而聚集发动叛乱，城池被攻陷的，处斩刑。

私卖战马

凡军人出征获到马匹，须要尽数报官[①]，若私下货卖者，杖一百；军官卖者，罪同，罢职充军；买者，笞四十，马匹价钱并入官。军官、军人买者勿论[②]。

【注释】

①尽数报官：战马在明代是国家管控的物资，不允许民间私自买卖，所有马匹无论养在民间还是官府，都要登记准确数目，以便国家管控。

②军官、军人买者勿论：本条买马获罪针对普通人，军人可以买卖战马。军人的战马由国家配置，但是，如果遇到战马出事故不能使用，无法及时替换时，允许私人补充。

【译文】

凡是军人在出征中缴获马匹，必须全部如实报告长官，如果私下出售的，杖一百；军官出售的，同罪，罢免职务充军；买马的人，笞四十，买马之钱没收入官。军官、军人买马的，不论罪。

私卖军器

凡军人关给衣甲、枪刀、旗帜一应军器[①]，私下货卖者，杖一百，发边远充军；军官卖者，罪同，罢职充军；买者，笞四十。应禁者[②]，以私有论罪[③]，军器价钱并入官。军官、军人买者，勿论。

【注释】

①关给：发放或领取。一应军器：所有军队应用到的物品。

②应禁：法律规定禁止私人拥有或者禁止公开流通的物品，称为禁物，前文有专条。

③私有：私人拥有禁止拥有的物品，本条所说的应禁品。

【译文】

凡是军人用的军装铠甲、枪刀、旗帜等各种物品都是从国家领取，私下出售的，杖一百，发配到边远充军；军官出售的，同罪，罢免职务充军；购买的人，笞四十。如果买卖禁止私人拥有的军用品，以私有禁物论罪，武器买卖的价钱没收归官府。军官、军人购买的，不论罪。

毁弃军器

凡将帅关拨一应军器[①]，征守事讫，停留不回纳还官者，十日杖六十，每十日加一等，罪止杖一百。若辄弃毁者，一件杖八十，每一件加一等，二十件以上，斩。遗失，及误毁者，各减三等，军人各又减一等，并验数追陪。其曾经战阵而有损失者，不坐不陪。

【注释】

①关拨：领取和拨给。

【译文】

凡是将帅领取和拨给的各种军用物资，在出征驻守结束后，保留该物资不交回官的，十日杖六十，每十日加一等，最高处刑杖一百。如果抛弃毁坏的，一件杖八十，每一件加一等，二十件以上处斩刑。遗失的，以及过失毁坏的，各减三等，军人再各减一等，并核验数目追回或赔偿。曾经在战场上使用而有损坏丢失，不论罪不赔偿。

私藏应禁军器

凡民间私有人马甲、傍牌、火筒、火炮、旗纛、号带之类[①]，应禁军器者，一件杖八十，每一件加一等。私造者，加私有罪一等，各罪止杖一百，流三千里；非全成者，并勿论，许令纳官。其弓、箭、枪、刀、弩及鱼叉、禾叉，不在禁限。

【注释】

①人马甲：人用的铠甲和马用的防护甲衣。傍牌：证明身份的牌子，时刻依傍不离身。旗纛（dào）：用鸟羽装饰的大旗。

【译文】

凡是民间私有人的铠甲或马的防护甲衣、傍牌、火筒、火炮、旗帜、号带之类，以及应该禁止民间拥有军器的，拥有一件杖八十，每一件加一等。私自制造的，加私有禁物罪处刑加一等，各罪最高处刑杖一百，流放三千里；私造还没有完成的，都不论罪，允许交给官府。私造弓、箭、枪、刀、弩和鱼叉、挑柴叉，不在禁止之列。

纵放军人歇役

凡管军百户及总旗、小旗、军吏[①]，纵放军人出百里之外买卖，或私种田土，或隐占在己使唤[②]，空歇军役者[③]，一名杖八十，每三名加一等，罪止杖一百，罢职充军。若受财卖放者[④]，以枉法从重论，所隐军人并杖八十。若私使出境，因而致死，或被贼拘执者，杖一百，罢职发边远充军；至三名者，绞。本管官吏知情容隐不行举问，及虚作逃亡，符同报官者[⑤]，与犯人同罪。若小旗、总旗、百户纵放军人，其本管指挥、千户、镇抚当该首领官吏知情故纵，或容隐不行举问，及指挥、千户、镇抚故纵军人，其百户、总旗、小旗知而不首告者，罪亦如之。若钤束不严致有违犯，及失于觉举者，小旗名下一名，总旗名下五名，百户名下十名，千户名下五十名，各笞四十；小旗名下二名，总旗名下十名，百户名下二十名，千户名下一百名者，各笞五十，并附过还职，不及数者不坐。若军官私家役使军人，不曾隐占歇役者，一名笞四十，每五名加一等，罪止杖八十，并每名计一日追雇工钱六十文入官。若有吉凶借使者[⑥]，勿论。

【注释】

①军吏：前文“军官军人犯罪免徒流”条有律注。

②隐占：隐藏在自己控制范围内，占为己有。本条规定是隐占军人，作为自己的劳力使用。

③空歇军役：指军人本身应该承担的军役落空无法履行，国家对军人和军队设定的安全保卫职责无法实现。

④卖放：收受他人钱财把军人从军营中放出，让这些军人帮助他人做生意、耕田之类。

⑤符同：参与共同犯罪。

⑥吉凶：婚嫁为吉，丧礼为凶，借指民间的婚丧嫁娶之事。

【译文】

凡是负有管理军人职责的百户以及总旗、小旗、军吏，放纵军人外出百里之外做买卖，或者私自耕种田地，或者隐藏在自己名下为自己劳作，致使国家对军人的军役落空无法完成的，一名杖八十，每三名加一等处刑，最高处刑杖一百，罢免职务充军。如果接受财物出卖军人并放纵军器出营的，以枉法赃按照重罪论罪，所隐占的军人一并杖八十。若私下派军人出境，因而导致死亡，或者被敌人抓获的，杖一百，罢免职务发配到边远卫所充军；到三名的，处绞刑。直接主管官吏知情隐瞒不纠举查问，以及假作军人逃亡，共同造假报给上级的，与犯人同罪。如果小旗、总旗、百户放纵军人，管理他们的指挥、千户、镇抚等直接管理的上级官吏知情故纵，或者隐瞒不纠举查问，以及指挥、千户、镇抚故意放纵军人，而所管理的下级百户、总旗、小旗知情不告发的，同样论罪。如果管束不严导致发生犯罪，以及没有发现无法纠举的，小旗名下放纵一名军人，总旗名下五名，百户名下十名、千户名下五十名，各笞四十；小旗名下两名，总旗名下十名，百户名下二十名，千户名下一百名的，各笞五十，都在记录册中附过保留职务，没有到本条规定的数额不论罪。如果军官在自己家里使唤军人，但是没有隐藏占为己有导致军人职责无法履行的，一名笞四十，每五名加一等，最高处刑杖八十，每名军人按照一日六十文的标准追缴雇工钱没收入官。如果因为有婚丧嫁娶的事情而借用军人帮忙干活的，不论罪。

公侯私役官军

凡公侯非奉特旨[1]，不得私自呼唤各卫军官、军人前去役使，违者，初犯、再犯免罪附过，三犯准免死一次[2]。其军官、军人听从，及不出征时辄于公侯之家门首伺立者，军官各杖一百，罢职，发边远充军，军人罪同。

【注释】

①公侯：受封公爵、侯爵的人，属于高等级的爵位，本条是对高等级爵位特权的一种规定。

②三犯准免死一次：明代公侯受封都有皇帝赐给的铁券，根据功勋高低在铁券上写明免死次数，如免死三次、二次、一次之类，私自役使军人三次折抵一次免死，如铁券写明免死二次，本人三次私下役使军人折抵一次，还有一次免死机会。诸如此类。

【译文】

凡是公侯勋贵之家除非奉有皇帝特旨，不得私自叫各卫所的军官和军人在自己跟前使唤，违反的，初犯、再犯免罪在记录册中附过，三犯折抵免死券一次。军官、军人听从公侯使唤，以及不出征时在公侯之家守门伺候的，军官各杖一百，罢免职务，发配边远充军，军人同罪。

从征守御官军逃

凡军官、军人从军征讨，私逃还家[1]，及逃往他所者，初犯杖一百，仍发出征；再犯者，绞；知情窝藏者，杖一百，充军；里长知而不首者，杖一百。若军还而先归者，减五等，因而在逃者，杖八十。若在京各卫军人在逃者，初犯杖九十，发付近卫分充军。各处守御城池军人在逃者[②]，初犯杖八十，仍发本卫充军[③]；再犯并杖一百，俱发边远充军；三犯者，绞；知情窝藏者与犯人同罪，罪止杖一百，充军；里长知而不首者，各减二等；本管头目知情故纵者，各与同罪，罪止杖一百，罢职，充军。其在逃官军，一百日内能自出官首告者，免罪；若在限外自首者，减罪二等；但于随处官司首告者[④]，皆得准理。若各卫军人转投别卫充军者[⑤]，同逃军论。其亲管头目不行用心钤束，致有军人在逃，小旗名下逃去五名者，降充军人；总旗名下逃去二十五名者，降充小旗；百户名下逃去一十名者减俸一石，二十名者减俸二石，三十名者减俸三石，四十名者减俸四石，逃至五十名者，追夺降充总旗[⑥]；千户名下逃去一百名者减俸一石，二百名者减俸二石，三百名者减俸三石，四百名者减俸四石，逃至五百名者降充百户；其管军多者，验数折算减降[⑦]，不及数者，不坐。若有病亡、残疾、提拔等项事故者[⑧]，不在此限。

【注释】

①还家：回到原籍地。

②各处：除京城以外其他地方。

③本卫充军：本卫所本来是军人兵役的所在，如果在本卫所充军，虽然还在本卫所作为军人，但是已经改变为犯罪人执行刑罚的身份，因此，本卫所也可以作为执行充军的场所。

④随处官司：任何地方的军事或者行政主管机构都可以。

⑤别卫充军：此处的充军并非作为刑罚的充军，而是军户成丁作为军人身份进入规定的卫所服兵役充当军人，不可以转而投身到别

的卫所充当军人。

⑥追夺：追回、夺回军官被授予的职位。另外，军官在立有军功时可能还被授予爵位、荣誉之类，同时赏赐特定的服饰、身份牌等，犯罪降职处罚时，追回之前授予的爵位、荣誉、服饰之类，防止滥用。

⑦验数折算减降：根据具体情况按照计算单位推算应该如何给予减俸降职之类的处罚。如千户名下逃百名，减俸一石，至五百名降充百户。百名的标准是以其管军一千名为计算单位，如果是管军人数到一千五百名，则以逃一百五十名折算为百名才到减俸的标准，至七百五十名才达到降职百户的标准，百户、总旗、小旗也都是以所管军人数量多少定相应计算单位，作为处罚标准，计算方法以此类推。

⑧提拨：调拨。

【译文】

凡是军官、军人随着军队出征，私自逃回家，以及逃亡到其他地方的，初犯杖一百，仍然随军出征；再犯的，处绞刑；知情却窝藏的，杖一百，充军；里长知情不告发的，杖一百。如果军队回归却先回的，减五等，因此而逃跑的，杖八十。如果在京城各卫所军人逃亡的，初犯杖九十，发配到附近卫所充军。地方驻守城池的军人在逃的，初犯杖八十，仍然发配到本地卫所充军；再犯杖一百，都发配到边远充军；三犯的，处绞刑；知情窝藏的与犯人同罪，最高处刑杖一百，充军；里长知情不告发的，各减二等；主管官员知情故意放纵的，与之同罪，最高杖一百，罢免职务，充军。在逃的军人，一百日内能够自己出来向官府自首的，免罪；如果在一百天外自首的，减二等处刑；在任何地方的官府自首，都允许受理。如果各卫所的军人转投到其他卫所充当军人的，与逃亡军人同样论罪。直接管理的上级不认真管束，导致军人逃亡的，小旗名下逃走五名军人的，降职充当军人；总旗名下逃走二十五名的，降职充当小旗；百户名下逃走十人的减俸禄一石，二十名的减俸禄二石，三十名的减俸禄三石，四十名的减俸禄四石,逃走的军人到五十名的,夺去职位追回荣耀降职充任总旗;千户名下逃走一百名的减俸禄一石,二百名的减俸禄二石,三百名的减俸禄三石,四百名的减俸禄四石,逃跑军人到五百名的降职充当百户;管理的军人多的,查验数额折算应减的俸禄和降职,没有达到数额的,不论罪。如果有生病死亡、残疾、调拨等原因离开的,不在本条规定之限。

优恤军属

凡阵亡、病故官军回乡①,家属行粮脚力②,有司不即应付者,迟一日笞二十,每三日加一等,罪止笞五十。

【注释】

①阵亡:在战争中因为作战死亡。病故:出征或者在营中生病去世。

②脚力:人力运输中承担运输的人,脚力是计算运费的术语。

【译文】

凡是军官、军人阵亡、病故运回家乡,家属在路上的粮食和运输费用主管机关不立即支付的,迟一日笞二十,每三日加一等,最高处刑笞五十。

夜禁

凡京城夜禁,一更三点钟声已静①,五更三点钟声未动②,犯者,笞三十。二更、三更、四更犯者,笞五十③。外郡城镇④,各减一等。其公务急速、疾病、生产、死丧不在禁限⑤。其暮钟未静,晓钟已动,巡夜人等故将行人拘留⑥,诬执犯夜者⑦,抵罪。若犯夜拒捕及打夺者,杖一百;因而殴人至折伤以上者,绞;死者,斩。

【注释】

①一更三点钟声已静：更与点为古代夜间的计时单位。一夜分五更，一更分五点。从晚上戌时开始入更，即十九点到二十一点为一更，亥时即二十一点到二十三点为二更，子时即二十三点到凌晨一点为三更，丑时即凌晨一点到三点为四更，寅时即凌晨三点到五点为五更。一更三点夜禁的钟声已经结束，四周安静下来，此时，夜禁已经开始，不允许随便在城市中行动。钟声，每天入更前开始敲钟，一更三点时钟声结束，开始夜禁；早晨五更三点再次敲钟，解除夜禁。钟声提醒夜禁的开始和结束时间。

②五更三点钟声未动：钟声还没有开始，夜禁还未结束。五更三点敲钟开始解除夜禁，钟声响了才允许在城中行走。在傍晚钟声已经停止和早晨钟声还未敲响的时间内，都处于夜禁期间，即使在五更三点的时刻，只要钟声还未敲响，有所行动就属于犯夜。

③二更、三更、四更犯者，笞五十：二更、三更、四更犯夜禁笞五十，钟声刚停下和即将开始时笞三十，笞数不同，是因为钟声刚静止时，人们还在从行动状态转到静止状态，容易出现违反规则的事情，到了二更、三更、四更已经正式进入夜禁一段时间，仍然无故行动的，就有故意违反规则的意思，危害性比刚入夜禁大，因此，处刑重。五更三点的情况也是如此。

④外郡：京城之外的其他城市。

⑤公务急速：紧急公务需要立即处理的，在夜里行动。生产：产妇生孩子。

⑥巡夜：夜禁开始后，为制止人们在城内随意行走巡逻检查。

⑦诬执：诬蔑被抓捕的人为犯夜人。

【译文】

京城夜晚禁止行动，一更三点钟声已经静下来，到五更三点钟声还没有敲响的时候，违犯规定行走的，笞三十。二更、三更、四更违犯夜禁的，笞五十。在外地的城镇违犯夜禁的，各自减一等处罚。如果是有紧急公务、急性病发作、生孩子、死亡发丧的不在禁止的限制内。如果傍晚的钟声还没有安静下来，早晨的钟声已经开始敲击的时候，巡夜的人故意把行走的人抓捕拘留，诬陷其为犯夜禁的，为被抓捕的人抵罪。如果犯夜禁拒捕以及打架斗殴、抢夺人财物的，杖一百；因为殴打导致被殴打者折断肢体以上的伤的，处以绞刑；导致被殴打者死亡的，处以斩刑。

卷第十五　兵律三　关津计七条

【题解】

明代属于传统的农业国家，不允许民众私自流动，所有离开居住地的行动都必须申请官府批准获得路引，没有路引或者路引使用不当都构成犯罪。国家在人口流动的道路关口、河流渡口都设有检查机构，不经检查通过关口、渡口都是犯罪行为。检查机构也用来检查各种可能的奸细、逃亡人口。

明代国家并不禁止对外交流，但是必须在国家的管控下进行，不允许私自出海及出国，特别是私自携带人口、违禁物品逃往境外。明代虽有郑和下西洋的航海壮举，也通过发达的对外贸易出口丝绸、茶叶、瓷器等奢侈品，然而明初制定的《大明律》中仍然保留古典时代抑商思维，控制对外交流的渠道和内容，防范对外交流可能带来的内部危害。同一时期，西方通过大航海劫掠的黄金被输入中国以购买物资，对外贸易的繁荣与法律的海禁之间存在张力，明代中后期通过条例拟补立法的不足。“私出外境及违禁下海条例”条文一方面维持整体上的国家控制外贸、出境的行为，另一方面规范对外贸易活动，加强对外交流中的国防安全保护，在法律的稳定性和灵活性中寻求适当性。《大明律》关津检查、日常巡查沿用了元代的弓兵制度，从军事和行政两方面实现对关津管理的法律目的。

私越冒度关津

凡无文引私度关津者[①]，杖八十。若关不由门、津不由渡而越度者[②]，杖九十。若越度缘边关塞者[③]，杖一百，徒三年；因而出外境者[④]，绞；守把之人知而故纵者，同罪；失于盘诘者[⑤]，各减三等，罪止杖一百；军兵又减一等，并罪坐直日者。余条准此。若有文引，冒名度关津者，杖八十；家人相冒者，罪坐家长；守把之人知情与同罪，不知者不坐。其将马骡私度、冒度关津者，杖六十；越度，杖七十。私度，谓人有引，马骡无引者。冒度，谓马骡冒他人引上马骡毛色、齿岁者[⑥]。越度，谓人由关津，马骡不由关津而度者。

【注释】

①文引：通过关卡的凭据，通行证，记载过关的事由、批准印章和编号。关津：陆地上的关口，河流、海洋的港口。

②越度：没有通关的文书凭据，不从关口而是从不设立关口的地方通过边境线的偷渡行为。

③关塞：边境上设立的关卡和要塞，进出边境、检查、防卫的关口。

④外境：边界线的外边，到了边境之外，离开本国进入其他国家或者区域。

⑤盘诘：盘查诘问，检查过关口的人或物品是否符合规定。

⑥齿岁：家畜通过牙齿看年龄，称为齿岁。

【译文】

凡是没有文引私自偷渡关口和渡口的，杖八十。如果过关口不走大门、过河港不走码头而过的，杖九十。如果没有凭证过边境上的关口要塞的，杖一百，徒三年；因此出边境的，处绞刑；看守关塞的人知情故纵的，同罪；没有进行盘问检查的，各自减三等处刑，最高处刑杖一百；军人士兵在此基础上又减一等处刑，并对当时值班检查的人论罪。其余条文中类似的情况都依据本条的规定论罪。如果有通行证，假冒他人的名字过关口港口的，杖八十；家人相互假冒的，由家长承担罪责；把守的人知情与当事人同罪，不知情的不论罪。如果带着马、骡之类的私自过关、假冒他人名义过关的，杖六十；偷渡的，杖七十。私度，指人有通关文引，所带的马骡没有文引的。冒度，指马骡假冒他人文引上的马骡的毛色和年龄。越度，指人是从关津通过的，马骡不是从关津而是从其他地方偷渡的。

诈冒给路引

凡不应给路引之人而给引①，及军诈为民，民诈为军，若冒名告给引及以所给引转与他人者②，并杖八十。若于经过官司停止去处倒给路引③，及官豪势要之人嘱托军民衙门擅给批帖影射出入者④，各杖一百；当该官吏听从，及知情给与者，并同罪；若不从及不知者，不坐。若巡检司越分给引者⑤，罪亦如之。其不立文案，空押路引私填与人者⑥，杖一百，徒三年。受财者，计赃以枉法，及有所规避者，各从重论。若军民出百里之外不给引者，军以逃军论，民以私度关津论。

【注释】

①路引：古代的通行凭证。古代社会人们不允许自由流动，离开自己原籍需要取得国家的批准，路引即为批准凭证。

②告给引：申请人把自己的姓名、年龄、籍贯、出行理由等情况告知官府申请路引，官府需要把这些情况登记、审核记录在文案，如果

符合要求,发给盖章路引。

③倒给路引:旧引换成新引。原有旧引在行程中出现问题或改变行程等情况,在行程经过的地方倒换成新的路引,由于经过机构并不了解出行人的情况,不能保证新给路引记录情况的真实性。

④嘱托:私下传话委托办事。批帖:批准的文书。影射:此指将虚无不存在情况假冒实情,混淆视听。

⑤巡检司:明代在关津、要塞等关键区域设置的稽查机构,是卫所的补充,也是与里老制度并行的基层机构,主要负责巡察路引、缉捕犯罪、检查走私等巡查、抓捕工作,但不参与侦查、审判发路引等具体司法和行政管理事务。明代宣德以后巡检司逐渐归于地方缉捕犯罪,承担基层治安防治工作。巡检司设立始于五代,宋、元沿用,元代在人口稀少的地区官方设立协助地方进行管理,明初沿用元代设置,并在洪武年间大规模设立后又部分裁撤,设立和裁撤比较灵活。巡检司可以另有民兵性质的弓兵,可以拥有武器,但是不属于军队设置,行政上属于地方基层行政机构管辖、考核,但其职能相对独立。越分:超越自己的职责范围处理事务的行为,即行政上的无权处分而处分。

⑥空押:空白盖印的文书。

【译文】

凡是不应当给路引的人给发了路引,以及军人假冒为民众,民众假冒为军人,包括假冒他人之名申请路引以及将发给的路引转借给他人的,都杖八十。如果行程中在经过国家机构的地方停留把旧的路引换成新的,以及官员豪民权势之家的人传话要求军事或者行政机构擅自发给批准文书蒙混出入的,各杖一百;具体负责处理事务的官吏听从请托,以及知情而发给的,都同罪;如果不听从以及不知情的,不论罪。如果巡检司超越职责范围发给路引的,同样论罪。不建立案卷,把盖章的空白路引私自填写给人的,杖一百,徒三年。接受财物发给空引的,计算赃物以枉法论罪，以及为了逃避罪责而发给路引的，各自依照重罪论罪。如果军人或者民众没有路引离开所在地管辖区百里之外的，军人依照逃军论罪，民众依照私度关津论罪。

关津留难

凡关津往来船只，守把之人不即盘验放行，无故阻当者，一日笞二十，每一日加一等，罪止笞五十。若官豪势要之人乘船经过关津不服盘验者[①]，杖一百。若撑驾渡船稍水[②]，如遇风浪险恶不许摆渡[③]，违者，笞四十。若不顾风浪故行开船，至中流停船勒要船钱者，杖八十；因而杀伤人者，以故杀伤论。

【注释】

①官豪势要之人：官员、豪强、有权势的人家。这些人员和家族在当地或者社会上有较大影响力，容易造成危害国家管理秩序的违法行为，明代法律对这些人做出了特殊的规定，防止他们利用自己的影响力危害社会。

②稍水：船工、水手之类驾船的人。

③摆渡：明代国家在河流渡口设有船只专门驾船接过河。

【译文】

凡是关口和港口往来船只，把守关津的人没有立即查验来历路引之类放行，或无故阻止通行的，一日笞二十，每一日加一等，最高处刑笞五十。如果官员、豪强、权势之人乘船经过关津不服从查验的，杖一百。撑篙驾船摆渡的人，遇到风高浪险条件恶劣时不许摆渡，违反的，笞四十。如果不顾风浪故意开船，到了河流中央停船勒索钱财的，杖八十；因而杀伤人的，以故意杀人或伤人论罪。

递送逃军妻女出城

凡在京守御官军，递送逃军妻女出京城者[1]，绞；民犯者，杖一百。若各处守御城池及屯田官军[2]，递送逃军妻女出城者，杖一百，发边远充军；民犯者，杖八十；受财者，计赃以枉法从重论；其逃军买求者，罪同。守门之人知情故纵者，与犯人同罪；失于盘诘者，减三等，罪止杖一百；军人，又减一等。若递送非逃军妻女出城者，杖八十；有所规避者，从重论。

【注释】

①递送：接引迎送，帮助接送逃跑。逃军妻女：逃亡军人的妻子和女儿。军人和家属有专门的管理和规则，不同于民人，本条是针对军人的规定。《大明律》所指逃军妻女范围较广，包括已故军人的妻子女儿逃亡；军人在外地卫所，留守家中的妻子女儿逃亡的；犯罪军人的妻子孩子被押送到发配服劳役地区而逃亡的；军人逃亡时妻子女儿跟随逃亡的。

②屯田：军队在特定区域驻守同时耕田。

【译文】

凡是在京城守卫的军队中的军官或军人，接引送出逃亡的军人妻女出京城的，处绞刑；民人犯递送逃军妻女的，杖一百。如果各地方驻守城镇和屯田军队中的军官军人递送接引逃亡军人的妻女出城的，杖一百，发配到边远充军；民人犯该罪的，杖八十；接受财物而犯罪的，计算所得赃款依照枉法赃选择重罪论罪；逃亡军人用钱财贿买请求递送的，适用同样论罪规则。守门人知情故纵的，与犯人同罪；没有盘问查验的，减三等处刑，最高处刑杖一百；军人，再减一等处刑。如果接引送出城的并不是逃亡的军人妻女，杖八十；为了逃避罪责而递送的，依照重的罪名论罪。

盘诘奸细

凡缘边关塞及腹里地面①，但有境内奸细走透消息于外人②，及境外奸细入境内探听事情者，盘获到官，须要鞫问接引起谋之人③，得实，皆斩。经过去处守把之人知而故纵，及隐匿不首者，并与犯人同罪；失于盘诘者，杖一百，军兵杖九十。

【注释】

①缘边：沿着边境线的区域。腹里地面：边境以内的腹地区域。

②奸细：间谍，细作，敌对方刺探传递军事机密、国家秘密，或在敌对国进行各种破坏行为的人。走透：走漏消息，过失导致也属于走漏；透漏，故意告知对方，或以告知对方为目的，故意的行为。

③鞫（jū）问：审问，详细查问核对证据，以便发现实情。起谋：最先产生谋划犯罪的想法，首谋犯罪。

【译文】

凡是沿着边境的关口要塞以及内地各处，只要有境内的奸细透漏消息给外人，以及边境外的奸细进入境内探听事情的，盘问抓获到官府，必须要审问接送引见和首谋的人，得到实情之后，都处斩刑。奸细经过的地方把守防卫的人知情而故纵，以及隐瞒不告发的，都与犯人同罪；对路过奸细没有进行盘问的，杖一百，军人杖九十。

私出外境及违禁下海

凡将马牛、军需铁货、铜钱、段匹、䌷绢、丝绵[①]，私出外境货卖及下海者[②]，杖一百；挑担驮载之人减一等，物货船车并入官，于内以十分为率，三分付告人充赏。若将人口、军器出境及下海者，绞；因而走泄事情者，斩。其拘该官司及守把之人通同夹带[③]，或知而故纵者，与犯人同罪，失觉察者减五等，罪止杖一百，军兵又减一等。

【注释】

①军需铁货：可以作为军需的铁原料和制品，但是还没有成为武器或军需用品的，包括铁矿石、铁锭、武器初制品之类可以用作军需品的铁。铜钱：金属铜制作的货币。铜钱不能外流，一方面是因为货币流通需求量大，外流过多可能影响货币流通；另一方面，制作钱的铜被熔化之后可以制作武器之类军需品。段匹：棉布的布匹。

②下海：通过海洋运输货物进行贸易。明代对海外贸易有控制地开放，海上运输和贸易必须经过官方批准。

③拘：人口、武器、军需、货币之类有专门的机构拘束管理。本条指专门拘管的机构。夹带：将违禁之物藏在身上或混入他物中秘密携带。

【译文】

凡是把马牛、军需铁货、铜钱、棉布、䌷绢、丝绵，私自带出边境外出售以及带到海船上运送出去的，杖一百；帮助运输的挑担驮载的人减一等处刑，货物和运输工具车船都没收归官府，在其中以十分为计算单位，分出三分给告发的人充当赏赐。如果把人口和武器带出边境或者海上的，处绞刑；因此而泄露国家大事的，处斩刑。应该拘管这些事务的机构以及把守的人共同参与夹带，或者知情故纵的，与犯人同罪，没有发现的减五等处刑，最高处刑杖一百，军人再减一等处刑。

私役弓兵

凡私役弓兵者[①]，一人笞四十，每三人加一等，罪止杖八十；每名计一日追雇工钱六十文入官。当该官司应付者[②]，同罪，罪坐所由。

【注释】

①弓兵：负责地方巡逻、缉捕之事的兵士。其来源是所有应当承担国家差役的当地成年男子，服役一年，属于巡检司统领，县尉、兵马司也可以调动，类似于民兵的性质。本为把守防卫之用，若私借给别人供其役使，即构成本罪。

②当该官司：具体负责管理、安排弓兵防守的机构和官员。应付：没有严格执行自己的职责，导致出现弓兵私役的情况。

【译文】

凡是私自役使弓兵的，一人笞四十，每三人加一等，最高处刑杖八十；每名弓兵每一日计算雇工钱六十文追缴收归官府。弓兵主管机构允许他人使役弓兵的，同罪，根据具体职责和违反的法律规定追究罪责。

卷第十六　兵律四　厩牧计一十一条

【题解】

传统中国的农业以农耕为主，牧养家畜为辅，形成农牧业互补。早期畜牧业种类杂，既有马、羊之类后来常见的家畜，也有猛兽、禽鸟之类用于祭祀的动物。马匹牧养是官畜牧业中的特殊存在，具有军事价值，秦代先祖还因为善于养马获得嘉奖。《周礼·夏官司马》规定校人整体掌管马的管理，巫马负责医疗，牧师管牧草，庾人负责驯马，圉师管理马的日常饲养使用，圉人具体负责饲养马匹，形成一套关于马匹牧养管理的法律制度。

目前发现最早的有关厩牧成文法法典是秦代的《厩苑律》，规定官畜牧业的机构、日常管理责任、处罚标准等。对比秦律《厩苑律》和唐律《厩库》中关于官畜牧业的规定，发现二者之间高度相似，传承到《大明律》，有关规定大体相似，只是机构名称、处罚标准变了，立法基本思路不变，二千多年法律规范传承不绝。明代官畜牧业中马匹牧养的军事和国防战略意义突出，国家设有专门的马政机构——太仆寺。明代实行国家控制下官民合作牧养，不允许私自牧养、贩卖等。古代法律中另一种重要的家畜是牛，牛是特殊生产畜力，古代一直禁止私宰，牛的宰杀需要获得官府批准，牛筋、牛角之类要卖给国家用于制作军需用品。

牧养畜产不如法

凡牧养马、牛、驼、骡、驴、羊，并以一百头为率，若死者、损者、失者，各从实开报。死者，即时将皮张、鬃、尾入官①，牛筋、角、皮张亦入官②。其群头、群副每一头各笞三十③，每三头加一等，过杖一百，每十头加一等，罪止杖一百，徒三年。羊减马三等，驴、骡减马、牛、驼二等。若胎生不及日时而死者④，灰腌⑤，看视明白，不坐。若失去，陪偿；损伤不堪用⑥，减死者一等坐罪，其死损数目并不准除⑦。

【注释】

①鬃、尾：马背和马尾巴上的长毛，交给官府用来制作专门的器物。

②牛筋、角、皮张亦入官：牛筋之类的物品可以用于军队制作武器、防卫、驻扎时的物品，特别是牛筋可以做弓弦，牛角可以入药或者做号角，牛皮可以制作战靴、野外驻守的防护品之类，此类物资有军用价值，要将其入官。皮张，兽皮。

③群头、群副：一百头牲畜为一群，负责该群的主管人为群头，群头的副职为群副。

④胎生：哺乳动物怀胎一定时间，到期出生。如果不到期，胎死腹中，或不足日期而出生，不易养活，此种情况也可能造成母畜的死亡，因此，本条规定此种类型的死亡可以免责。

⑤灰腌：未足月的胎生动物死亡，用灰埋起来，防止腐坏，等着检查人员来查看。

⑥损伤不堪用：用作畜力的动物如马、牛、驴、骡之类受伤严重，如腿断之类，无法再使用。

⑦不准除：因为本条前文规定死亡、损失需要赔偿，补充数目，所以

总数目不准减掉死亡损失的数目，在计算上述刑罚的计算单位的时候，也不准把该数目免除。

【译文】

凡是放牧饲养马、牛、骆驼、骡、驴、羊，都以一百头为计算单位，如果有死亡、受伤、走失的，各自如实写明上报。死亡的，立即把皮、鬃毛、尾巴处置好收入官府，牛筋、牛角、牛皮也都收入官府。牲畜每死亡一头，牧群的主管人和副职各自处刑笞三十，死亡牲畜每增加三头处刑加一等，累计处刑超过杖一百，死亡牲畜每增加十头处刑加一等，最高处刑杖一百，徒三年。羊的死亡比照马的死亡处刑减三等，驴、骡比照马、牛、骆驼处刑减二等。如果怀胎不到出生时间而死亡的，用灰埋起来，等着检查人员查看检视清楚，不论罪。如果牲畜丢失的，赔偿；受伤导致不能使用的，比照死亡的情况减一等论罪，死亡和受伤的数目不准从总数目中减除。

孳生马匹

凡群头管领骒马一百匹为一群[①]，每年孳生驹一百匹[②]。若一年之内止有驹八十匹者，笞五十；七十匹者，杖六十。都群所官不为用心提调者[③]，各减三等；太仆寺官[④]，又减都群所官罪二等。

【注释】

①骒（kè）马：母马。

②孳生：母马怀胎生小马驹为孳生。

③都群所：太仆寺下辖机构，专管具体放牧的群头、群副。负责母马、繁殖的具体调配事务，如果因为调配职责履行不尽责导致马群孳生数目不足，要承担责任。

④太仆寺：官署名。秦、汉九卿中有太仆，为掌车马之官。北齐定制，以寺为官署名，寺卿为官名。隋、唐均沿用。宋马政原属群牧司，元丰改制，归属太仆寺。南宋并太仆寺归兵部。辽设，金不设。元马政机构很多，太仆寺仅辖其中部分。明代太仆寺的职责是牧养马，归属到兵部，并在滁州（今安徽滁州）设南京太仆寺。太仆寺在马匹牧养、孳生中负有巡视检查责任，因此，需要承担监管责任。

【译文】

凡是太仆寺下属机构都群所的各群头每一名管理属于官府的母马一百匹为一群，每年需要孳生一百匹小马驹。如果一年之内只孳生马驹八十匹的，笞五十；孳生七十匹的，杖六十。都群所的官员没有用心调度管理的，各自减三等处刑；太仆寺的官员，再减都群所的官员二等处刑。

验畜产不以实

凡相验分拣官马、牛、驼、骡、驴不以实者[①]，一头笞四十，每三头加一等，罪止杖一百。验羊不以实，减三等；若因而价有增减者，计所增减价坐赃论；入己者，以监守自盗论；各从重科断。

【注释】

①相验分拣：检查牲畜的状态好坏，分别拣选以定其高下等级。

【译文】

凡是查验分拣属于官方的马、牛、骆驼、骡子、驴结果不符合实际的，一头笞四十，每三头加一等处刑，最高处刑杖一百。查验羊不符合实情的，减三等处刑；如果因此而导致羊价有增加或者减少的，计算增减的价钱作为赃数以坐赃论罪;如果将增减的价钱占为己有,以监守自盗的罪名论罪;都以重罪论罪。

养疗瘦病畜产不如法

凡养疗瘦病马、牛、驼、骡、驴不如法[①],笞三十;因而致死者,一头笞四十,每三头加一等,罪止杖一百;羊减三等。

【注释】

①养疗:牧养、医治,是针对养羊的人,或者是兽医。

【译文】

凡是没有按照规则牧养医治瘦弱生病的马、牛、骆驼、骡子、驴的,笞三十;因此而导致牲畜死亡的,一头笞四十,每三头加一等,最高处刑杖一百;养疗羊的情况减三等处刑。

乘官畜脊破领穿

凡官马、牛、驼、骡、驴乘驾不如法[①],而脊破领穿[②],疮围绕三寸者[③],笞二十;五寸以上,笞五十。若牧养瘦者,计百头为率,十头瘦者,牧养人及群头、群副各笞二十,每十头加一等,罪止杖一百;羊减三等[④]。典牧所官各随所管群头多少通计科罪[⑤]。太仆寺官各减典牧所官罪三等。

【注释】

①乘驾:指有资格乘坐官畜产的人,如果是无资格者,适用私借官畜条。

②脊破领穿：没有按照正确、常规使用方式使用牲畜，导致牲畜背脊、脖颈等处受伤，不一定限于背脊和脖颈。

③疮围：创伤的伤口外围，伤口一圈的周长。

④羊减三等：羊的计算方法比照马牛等减三等。马牛等是每十头起算，减三等比照起算数减三等，十头和二十头都减到了尽头，从三十头起算，笞十，每十头加一等，最高到杖七十。

⑤典牧所：太仆寺下辖管理官畜牧业的机构。通计科罪：计算所有的数额一起论罪，确定应该判定的处罚标准，如典牧所官员管群头五名，则计马、牛、骆驼、骡、驴共五百头为计算单位，若五十头瘦，笞二十，每五十头加一等诸如此类，总计全部数额的计算方法。

【译文】

凡是使用官方的马、牛、骆驼、骡、驴方法不当，而造成畜产背脊或脖颈等处损伤的，创口周长在三寸以上的，笞二十；创口周长在五寸以上的，笞五十。如果在牧养过程中牲畜瘦了，以一百头为计算单位，每瘦十头，牧养人、群头和副职，各笞二十，每十头加一等，最高处刑杖一百；牧养羊的，羊瘦了，牧羊人、群头、副职的处罚减三等。典牧所官员根据所管理的群头数量多少计算每个群头具体管理的牲畜总数量刑。管理畜牧业的太仆寺官员，比照典牧所官员减三等量刑。

官马不调习

凡牧马之官听乘官马[1]，而不调习者[2]，一匹笞二十，每五匹加一等，罪止杖八十。

【注释】

①牧马之官：太仆寺下辖典牧所、牧马所之类的专门饲养官马的机构，不仅负责饲养，还负责训练。需要时常骑马以便使马适应乘

骑，所以本条规定允许乘官马。

②调习：训练马，调整马的习性使之适应乘坐。如训练马使之能够奔驰、突然停止、慢慢行走之类。

【译文】

凡是牧养官马的官员允许乘坐官马，但是没有对马进行适当的训练使之不能适应乘骑的，一匹马笞二十，每五匹马加一等，最高处刑杖八十。

宰杀马牛

凡私宰自己马、牛者[①]，杖一百；驼、骡、驴，杖八十[②]；误杀者，不坐。若病死而不申官开剥者[③]，笞四十，筋、角、皮张入官。若故杀他人马、牛者，杖七十，徒一年半；驼、骡、驴，杖一百，若计赃重于本罪者[④]，准盗论。谓故杀他人马、牛，估价计赃得罪重于杖七十，徒一年半，驼、骡、驴价计赃得罪重于杖一百者，并准窃盗断罪；系官者，准常人盗官物断罪[⑤]，并免刺，追价给主。若伤而不死，不堪乘用，及杀猪、羊等畜者，计减价亦准盗论[⑥]，各追陪所减价钱；价不减者，笞三十。减价，谓马、牛等畜，直钱三十贯，杀讫止直钱一十贯，是减二十贯价。损伤不死，止直钱二十贯，是减一十贯价，即以所减价钱计赃，亦准窃盗断罪。系官者，亦准常人盗官物断罪之类；仍于犯人名下追征所减价钱陪偿。价不减者，谓畜产直钱一十贯，虽有杀伤，估价不减，仍直钱一十贯，止笞三十，罪无所陪偿。其误杀伤者，不坐罪，但追陪减价。为从者，各减一等。若故杀缌麻以上亲马、牛、驼、骡、驴者，与本主私宰罪同；杀猪、羊等畜者，计减价坐赃论，罪止杖八十。其误杀及故伤者，俱不坐[7]，但各追陪减价。若官私畜产毁食官私之物因而杀伤者，各减故杀伤三等，追陪所减价，畜主陪偿所毁食之物。若放官私畜产损食官私物者，笞三十，赃重者，坐赃论；失者，减二等，各陪所损物。若官畜产毁食官物者，止坐其罪，不在陪偿之限。若畜产欲触抵、踢、咬人，登时杀伤者[8]，不坐罪，亦不陪偿。

【注释】

①私宰：私自宰杀。古代农业社会马、牛是重要的农耕畜力，马兼有军事作用，不允许随便宰杀，如果宰杀必须经过批准。

②驼、骡、驴，杖八十：骆驼之类的牲畜比起马牛适用范围和重要程度相对低一些，因此处刑轻于马牛。

③开剥：牲畜死亡后打开肚腹剥下兽皮。开剥牲畜必须申请官府批准。

④计赃重于本罪：计算所杀或伤的牲畜价值，如果按照盗窃论罪，同等数额的价值按照盗窃的刑罚处刑高于故意杀伤他人牲畜的，则依照盗窃罪论罪，盗窃罪重于故意杀伤牲畜本罪。

⑤常人盗官物：此为普通人盗窃官有物品，相对于有职务或者职责的人盗窃官有物品的罪名做出的区别性规定，如监守自盗。

⑥减价：因为受伤或杀死而导致牲畜的价值减损。

⑦俱不坐：都不论罪。过失杀死或故意伤害五服内亲属的牲畜，因为有亲属关系在其中，因此，首先尊重伦理关系，由私人之间解决问题，不引入国家强制力定罪量刑，只是追究财物损失。

⑧登时杀伤者：在受到伤害的时刻，伤害正在进行中，立即采取防卫措施杀死牲畜，无罪，也不承担民事赔偿责任。

【译文】

凡是私自宰杀自己的马、牛的，杖一百；骆驼、骡子、驴，杖八十；误杀的，不论罪。如果私人的马牛病死后不报告给官府直接开始剥皮之类，笞四十，马牛的筋、角、皮归官府。如果是故意杀死他人的马、牛的，杖七十，徒一年半；杀死骆驼、骡子、驴的，杖一百，如果计算价值作为赃款数额超过本条规定的处罚标准的，比照盗窃论罪。指故意杀死他人的马、牛，估价计算的数额作为赃款所得的罪名处刑高于杖七十，徒一年半，骆驼、骡子、驴的价值计算赃款数额所得论罪处刑高于杖一百的，都比照盗窃罪论罪；前述马牛之类属于官府的，比照常人盗官物论罪，都免于刺字，追缴价钱给牲畜的所有人。如果牲畜受伤但是没有死亡，没法再用了，以及杀死猪、羊等牲畜的，计算因为受伤而减损的价值也比照盗窃论罪，各自追缴赔偿所减的价钱；如果没有减少价钱的，笞三十。减价，指马、牛等牲畜，值三十贯，杀死后只值十贯，就是减价二十贯。损伤不死的情况，只值二十贯，就是减价十贯，就以所减的价钱计算赃款数额，也是比照盗窃论罪。属于官府的牲畜，也是比照常人盗官物论罪之类；仍然在犯人名下追缴所减的价钱赔偿。价钱没有减少的，是说畜产值十贯，虽然有杀伤，但估价不减，仍然值十贯，只笞三十，只论罪不用赔偿。误杀伤的，不论罪，只是追缴赔偿所减的价钱。从犯，各减一等处刑。如果故意杀死缌麻以上亲属的马、牛、骆驼、骡子、驴的，与本人私自宰杀同罪；杀伤猪、羊等牲畜的，计算所减的价钱以坐赃论罪，最高处刑杖八十。误杀以及故意伤害的，都不论罪，只是各自追缴赔偿所减的价值。如果官府和私人的牲畜毁坏、吃掉官府或者私人的物品因而被杀伤的，各自减故杀伤三等论罪，追缴赔偿所减的价钱，牲畜的所有人赔偿被毁坏或吃掉的物品。如果放纵官府的牲畜毁坏或吃掉官府的物品，笞三十，毁掉、吃掉的物品价值计赃高于处刑笞三十的，以坐赃论罪；过失的情况，减二等论罪，各自赔偿所损毁的物品。如果是属于官府的牲畜毁坏、吃掉属于官府的物品的，只论罪，不用赔偿。如果牲畜正要用角抵人、用脚踢人、用口咬人的，当时立即杀伤的，不论罪，也不用赔偿。

畜产咬踢人

凡马、牛及犬，有触抵、踢、咬人，而记号拴系不如法[①]，若有狂犬不杀者，笞四十；因而杀伤人者，以过失论[②]。若故放令杀伤人者，减斗杀、伤一等[③]。其受雇医疗畜产[④]，及无故触之而被杀伤者，不坐罪。若故放犬令杀伤他人畜产者，各笞四十，追陪所减价钱。

【注释】

①记号：牲畜标记，如烙印、截耳之类，根据法律的规定，马、牛、狗需要做出明确标记表明所属，以便明确责任。拴系：马、牛、狗应当拴牢控制，防止失控伤害他人。

②以过失论：以过失杀伤人的罪名论罪。

③斗杀、伤：斗殴杀死或伤人的罪名。

④受雇医疗：兽医受雇于人给牲畜做治疗，应该能够掌握控制生病牲畜的技术，如果因为自身能力不足导致没有控制好动物，造成损害的，牲畜主人不认为构成犯罪。

【译文】

凡是马、牛以及狗，有用头角抵撞人、踢人、咬人，身上应有的标记不明确，拴系控制的方法不正确，包括有狂犬病而不杀死的情况，笞四十；因为上述原因而杀死或伤人的，以过失杀伤人论罪。如果故意放纵让马、牛、狗杀伤人的，减斗杀、伤人罪一等处刑。接受雇佣医治牲畜的兽医没有能力控制牲畜，或是无故触碰动物而被杀死或受伤的，不论罪。如果故意放出狗让它杀死或伤害他人牲畜财产的，各种情形都笞四十，赔偿受伤牲畜财物减损的价值。

隐匿孳生官畜产

凡牧养系官马、骡、驴等畜，所得孳生[①]，限十日内报官，若限外隐匿不报，计赃准窃盗论；因而盗卖或抵换者[②]，并以监守自盗论罪。其都群所、太仆寺官知情不举，与犯人同罪；不知者，俱不坐。

【注释】

①孳生：马、驴等生了小马驹、小驴驹之类。骡子不能繁育小骡子，此处规定主要是指马、驴的情况。

②盗卖：未经物主同意偷偷卖掉不属于自己的东西，即民法上的无权处分。抵换：抵充、置换以图利，如用普通马的小马驹换官马生产的汗血马小马驹之类。

【译文】

凡是放牧饲养属于官有的马、骡子、驴等牲畜，繁育了后代，限十日内报告给官府，如果限期外隐瞒不报的，计算价值按照赃款比照盗窃论罪；限期不报是为了盗卖或者换掉的，都以监守自盗论罪。都群所、太仆寺的官员知情不报的，与犯人同罪；不知情的，都不论罪。

私借官畜产

凡监临主守将系官马、牛、驼、骡、驴，私自借用，或转借与人，及借之者，各笞五十。验日追雇赁钱入官[①]，若计雇赁钱重者，各坐赃论加一等[②]。

【注释】

①雇赁钱：雇佣租赁的费用。

②加一等：本条规定出借的处罚标准，如果借出的数量少借的日期长，或者借出的数量多日期短，每种情形计算雇赁的具体数额，如果雇佣的钱数按照坐赃罪处刑高于笞五十，那么就以坐赃罪名加一等论罪，如借马一匹用三十天，雇赁价钱每日五贯，共一百五十贯，坐赃论罪处刑杖六十徒一年，再加一等是杖七十徒一年半，以此类推。此种立法技术，在明律中普遍适用。

【译文】

凡是监临主守看守属于官府的马、牛、骆驼、骡子、驴，私自借用，或转借给他人，以及借用的人，各自笞五十。核对借出去的日期按天数追缴雇佣租赁的价钱归官府，如果计算出来的雇佣租赁的价钱按照坐赃罪的处刑标准超过笞五十的，各自按照坐赃加一等处刑。

公使人等索借马匹

凡公使人等承差经过去处[①]，索借有司官马匹骑坐者，杖六十；驴、骡，笞五十。官吏应付者[②]，各减一等，罪坐所由。

【注释】

①公使人等：出公差的人员。承差：承担具体的工作。

②应付：应该提供马匹供其使用。

【译文】

凡是承担公差出使的人出差路过的地方，向有关机构索要借用马匹乘坐的，杖六十；驴、骡子，笞五十。主管机构的官员提供马、骡、驴的，各自减一等处刑，由具体提供马匹供其使用的人承担违反本职规定罪责。

卷第十七　兵律五　邮驿计一十八条

【题解】

邮驿门规定国家驿站、急递铺进行官方公文递送、交通问题。邮驿运行主要由军队负责、实行军事化管理，因此列入兵律中。在全国各地道路、河流渡口设立驿站，形成全国消息和人员传递网络。各地驿站根据人力、畜力的承载能力确定各站之间的距离，修筑道路和房屋等设施，提供人员接待服务。驿站不仅传递信息，也接送出差、赴任的官员，为其提供住宿补给服务，驿站间接力提供此项服务。根据使用者的不同地位，驿站提供的服务有差异，法律做出明确的规定，那些要求提供超过自己级别的服务或者擅自增加服务项目都构成犯罪。

驿站的交通工具和物品属于国家公物，不允许利用职务之便为私人目的使用交通工具等。唐代法律就规定不许“乘驿马赍私物”，不许公车私用，即用公车运送私人物品。《大明律》中同样规定不许公车私用的各种情形，包括乘驿马赍私物、乘官畜产车船附私物、多乘驿马、多支廪给、私役铺兵、私占驿站上房、私借驿马等。《大明律》的规定既要防止驿站不能及时提供服务耽误国家公务，也防止官员利用驿站服务的便利侵害国家利益。当代公车私用问题一般用纪律处分或者行政处分的方式解决，古代规定在法典中用刑罚的方式解决，严厉打击危害国家法律秩序的行为。驿站规则延伸到借口给国家提供服务而侵害私人利益，如官员出行私自役使民夫抬轿，将承接国家运送的差事转给他人代为完成之类。《大明律》中还特别规定了富豪之家不许私自役使佃户为自己抬轿。这个规定可以视为对佃户的保护，与其他条文中关于雇工人的保护相呼应。允许老弱妇女雇人抬轿，也体现了同样的立法思想。

明代驿站提供服务时，使用勘合技术验证身份，有资格使用驿站的人员从官府领取证明身份的符牌等凭证，驿站勘合验证登记确认。邮驿规则保障国家及时掌握信息、输送人员，在国家领域内实现对各地区的有效控制。

递送公文三条

凡铺兵递送公文[①]，昼夜须行三百里，稽留三刻笞二十，每三刻加一等，罪止笞五十。其公文到铺不问角数多少[②]，须要随即递送，不许等待后来文书，违者，铺司笞二十[③]。

【注释】

①铺兵：明代每十里地设有递送公文的中转站称为急递铺，每个急递铺设有铺兵，承担来回递送的事务。

②角数：公文的单位，份数，封。

③铺司：急递铺设置的总管事务的官吏为铺司，负责分发、安排铺兵递送公文及其他日常事务。

【译文】

凡是铺兵传递公文，每一昼夜需要走三百里，停滞延迟三刻笞二十，每三刻加一等处刑，最高处刑笞五十。公文送到递铺之后不问有多少份，必须立即传递，不允许等待后来的文书一起传递，违反的，铺司笞二十。

凡铺兵递送公文，若磨擦及破坏封皮不动原封者[①]，一角笞二十，每三角加一等，罪止杖六十。若损坏公文，一角笞四十，每二角加一等，罪止杖八十。若沉匿公文[②]，及拆动原封者，一角杖六十，每一角加一等，罪止杖一百。若事干军情机密文书，不拘角数，即杖一百。有所规避者，各从重论。其铺司不告举者，与犯人同罪；若已告举，而所在官司不即受理施行者，各减犯人罪二等。

【注释】

①磨擦及破坏封皮不动原封：传递过程中文件外封受到摩擦封皮被破坏，但是没有造成原来的封印、火漆等文件内容保密方式被破坏的情形。

②沉匿：沉没，藏匿。军情机密只能用保密的方式通过特定渠道连续传递，中间如果有人把传递中的文件截留藏匿，或者拆开密封的文件，只要拆开看一下文字就会泄密，因此，后一句用“及拆动原封”，沉匿及拆封，两者是前后相承的关系。

【译文】

凡是铺兵传递公文，如果公文被磨损以及破坏了封面但是还没有改变原来的密封状态的，一份笞二十，每三份加一等，最高处刑杖六十。如果损坏公文，一份笞四十，每二份加一等处刑，最高处刑杖八十。如果隐匿公文，以及拆开原初的封印的，一份杖六十，每增加一份处刑加一等，最高处刑杖一百。如果公文涉及军情机密大事，不限份数，立即杖一百。隐匿公文是为了逃避事情的，本罪和所逃避的罪选择重罪论罪。铺司不告发的，与犯人同罪；如果已经告发，而所在地的主管机构不立即受理执行的，各自减犯人的罪二等论罪。

凡各县铺长[1]，专一于概管铺分往来巡视。提调官吏，每月一次亲临各铺刷勘[2]，若失于检举者，通计公文稽留，及磨擦破坏封皮不动原封，十件以上，铺长笞四十；提调吏典笞三十；官笞二十。若损坏及沉匿公文，若拆动原封者，与铺兵同罪，提调吏典减一等，官又减一等。府州提调官吏失于检举者，各递减一等[3]。

【注释】

①铺长：府、州、县急递铺设置司吏一名，往来巡视各铺的官吏称为铺长。

②刷勘：检查核对公文。

③府州提调官吏失于检举者，各递减一等：指州官吏减县官吏，府官吏减州官吏各一等。若县不隶州，则府官吏只依照当时的设置减县一等。

【译文】

凡是各县的铺长，只在自己所管理的各递铺往来巡视。提调官吏每月一次亲自到各个递铺检查核验公文递送的记录，如果发现问题不检举的，总计所有稽留的公文，以及磨损破坏了封皮但是原来的封印没有改动的，十件以上，铺长笞四十；具体负责提调的吏典笞三十；主管官员笞二十。如果损坏以及隐匿公文，包括拆开原来的封印的，与铺兵同罪，提调吏典减一等处刑，主管官员再减一等。府、州提调官吏没有检举的，各自递减一等处刑。

邀取实封公文

凡在外大小各衙门官，但有入递进呈实封公文至御前[1]，而上司官令人于中途急递铺邀截取回者[2]，不拘远近，从本铺铺司、铺兵赴所在官司告举[3]，随即申呈上司转达该部[4]，追究得实，斩。其铺司、铺兵容隐不告举者，各杖一百；若已告举而所在官司不即受理施行者，罪亦如之。若邀取实封至五军都督府、六部、察院公文者，各减二等。

【注释】

①入递：传递到本机构的公文。进呈：准备进一步传递给上级的公文。实封：如实书写具体情况，然后密封起来，等到最后接收公文的人才能拆开。

②邀截：拦截。

③所在官司：急递铺所在地行政主管机构，如急递铺在某县，该县为所在官司，特别是县令。

④转达该部：将实封公文所涉及的事务转达给相应的中央六部的部门处理，如钱粮问题转达给户部，刑案问题转达给刑部之类。

【译文】

凡是在京城以外的各大小衙门官员，只要有送进来准备进呈给皇帝写有实情密封的公文，官员的上司命令人在传送中途的急递铺中拦截取回的，不问路途远近，听从本铺的铺司、铺兵到本地行政主管机构告发，地方主管机构随即申报给上司转送到处理该事务的朝廷的部门，追查属实的，处斩刑。铺司、铺兵隐瞒包庇不告发的，各自杖一百；如果已经告发而所在地的行政主管机构不立即受理上报追究的，同样论罪。如果拦截取回准备送到五军都督府、六部、都察院的书写实情的密封公文的，各自减二等处刑。

铺舍损坏

凡急递铺舍损坏不为修理[①]，什物不完[②]，铺兵数少不为补置[③]，及令老弱之人当役者，铺长笞五十，有司、提调官吏各笞四十。

【注释】

①急递铺舍：急递铺的房屋。

②什物：家具、物品。根据《大明令》的规定，每铺什物：十二时辰转子一个，及灯烛、夹板、油、绢、登记簿册之类。

③铺兵数：每铺设铺兵四名，铺司一名，必须年轻力壮。

【译文】

凡是急递铺的房屋损坏不修缮，必需物品不完整，铺兵的数量短缺不补充，以及让老弱病残的人充当铺兵的，铺长笞五十，当地主管机构官员和提调官吏各笞四十。

私役铺兵

凡各衙门一应公差人员，不许差使铺兵挑送官物及私己行李[①]，违者，笞四十。每名计一日追雇工钱六十文入官。

【注释】

①挑送官物：公差人员出门办差携带的各种办公物品。差使铺兵为违法，但是如果铺兵休息期间雇佣铺兵为自己挑送物品，双方合意，不违法。

【译文】

凡是各衙门所有出差的人员，不许使用铺兵运输挑送办公物品和自己的行李，违反的，笞四十。每名铺兵按一日六十文的价钱计算被差遣期间的工钱没收入官。

驿使稽程

凡出使驰驿违限①，常事一日笞二十②，每三日加一等，罪止杖六十；军情重事加三等③，因而失误军机者，斩。若各驿官故将好马藏匿，推故不即应付，以致违限者，对问明白④，罪坐驿官。其遇水涨路道阻碍经行者，不坐。若驿使承受官司文书，误不依题写去处错去他所而违限者⑤，减二等；事干军务者，不减。若由公文题写错者，罪坐题写之人，驿使不坐⑥。

【注释】

①出使驰驿：被派出处理紧急公差的人应该快马加鞭在驿站之间迅速奔驰，而不是按照常规的方式行走。

②常事：通常的事情。

③重事：特殊的重大事情。

④对问：当面对质审问清楚明白。

⑤题写去处：在公文的封面上书写接收地址。

⑥驿使不坐：由于地址书写错误导致公文延期送达，错不在驿站，因此驿站人员不承担责任。

【译文】

凡是被委派出使各地要求在驿站之间快马奔驰到达目的地却违反期限的，一般的事务迟到一日笞二十，每三日加一等处刑，最高处刑杖六十；涉及军情的重大事项加三等处刑，因此而导致失误军机，处斩刑。如果各地驿站管理者故意把好马藏起来，找借口不立即提供通行服务，以致使用驿站通行的人违反期限的，双方对质审问明白，对驿站的官员论罪。遇到河水上涨道路被破坏无法通行的情况，不论罪。如果驿站人员接到各机构的公文，因失误没有送到写在封面上的地址处而是送到其他地方造成违期的，减二等处刑；涉及军务的，处罚不减刑。若是公文上书写的地址有误的，对书写地址的人论罪，驿站的人员不需要对延期送达公文承担罪责。

多乘驿马

凡出使人员应乘驿船、驿马，数外多乘一船、一马者，杖八十；每一船、一马加一等。若应乘驴而乘马，及应乘中等、下等马而勒要上等马者，杖七十；因而殴伤驿官者，各加一等；若驿官容情应付者[①]，各减犯人罪一等。其应乘上等马，而驿官却与中等、下等马者，罪坐驿官；本驿如无上等马者，勿论。若枉道驰驿[②]，及经驿不换船、马者[③]，杖六十；因而走死驿马者，加一等，追偿马匹还官。其事非警急，不曾枉道而走死驿马者，偿而不坐。若军情警急，及前驿无船马倒换者，不坐、不偿。

【注释】

①容情：出于情面而做出让步。应付：提供服务。

②枉道：绕道。

③经驿不换船、马：驿站常备马或者船，经过一站需要更换，以便维修船只，或者让马休息，保存运力。不更换使得驿站不能即时维护，可能造成损伤。下文走死驿马，即属于此种情形。

【译文】

凡是出公差的人员应该乘坐驿站的船或马，在定额数量之外多乘一船、一马的，杖八十；每多乘一船、一马加一等处罚。如果应该骑驴而要求骑马，应该骑中等、下等马而索要上等马的，杖七十；因此而打伤驿站人员的，各自加一等处刑；如果驿站官员讲情面而提供索要的服务的，各减犯罪人一等处刑。应该骑上等马，而驿站官员却提供中等、下等马的，对驿站官员论罪；如果本驿站没有上等马的，不论罪。如果绕道快速通过驿站，以及经过驿站不更换船、马的，杖六十；因此而累死驿马的，加一等处刑，追缴马匹的价值给官府。如果不是紧急的事情，没有绕道而累死驿马的，赔偿驿马的价钱但是不论罪。如果遇到紧急军情，以及下一个驿站没有船或马可以更换而累死马的，不论罪、不赔偿。

多支廪给

凡出使人员多支廪给者①，计赃以不枉法论。当该官吏与者，减一等，强取者②，以枉法论，官吏不坐。

【注释】

①多支廪（lǐn）给：明代出差人员每日供给的费用有定例，明初廪给经过三升，宿住五升，后来改为二升。公差费用都有定例，额外多领即为非法。廪给，国家给付的费用。

②强取：勒索强要的。

【译文】

凡是出公差的人员多领费用的，计算数额作为赃款以不枉法论罪。负责处理事务的官吏听任多付给的，减多支廪给犯人一等处刑，出公差人员勒索强取的，以枉法赃论罪，被勒索的官吏不论罪。

文书应给驿而不给

凡朝廷调遣军马[①]，及报警急军务至边将，若边将及各衙门飞报军情诣朝廷文书，故不遣使给驿者[②]，杖一百，因而失误军机者，斩。若进贺表笺及赈救饥荒、申报灾异、取索军需之类重事[③]，故不遣使给驿者，杖八十。若常事不应给驿而故给驿者，笞四十。

【注释】

①调遣军马：调动派遣军队。

②不遣使给驿：明代规定重事、常事分别给驿或入递，重大事件即本条所规定的军事及行政大事用驿站传递信息，普通事件用递铺传递信息。

③进贺表笺：官员给皇帝呈递的祝贺各种事项的贺文、笺，写在精致纸张上的短小文辞。赈救饥荒：发生灾害导致粮食歉收，民无所食，国家采取措施赈济救助为赈救饥荒。申报灾异：向上级报告地方发生的异常情况。汉代董仲舒天人感应说认为，天人之间有感应，天地之间出现任何异常状态被认为是上天的预示，包括祥瑞和灾异，灾异是突发狂风暴雨、山崩地裂之类的异常情况。

【译文】

凡是朝廷调动军队，以及报告紧急军务给边境驻防将领，包括边境将领以及各衙门飞报军情给朝廷的公文，驿站故意不派人传递的，杖一百，因此导致失误军机的，处斩刑。如果是进呈给皇帝的贺表、文笺以及赈济饥荒、报告灾异、申领军需物资之类的重大事件的文书，故意不派遣驿站人员传递的，杖八十。如果平常的事情不应该提供驿站服务而故意提供的，笞四十。

公事应行稽程

凡公事有应起解官物、囚徒、畜产[①]，差人管送而辄稽留[②]，及事有期限而违者，一日笞二十，每三日加一等，罪止笞五十。若起解军需随征供给而管送违限者，各加二等，罪止杖一百；以致临敌缺乏失误军机者[③]，斩。若承差人误不依题写去处，错去他所，以致违限者，减二等，事干军务者，不减。若由公文题写错者，罪坐题写之人，承差人不坐。

【注释】

①官物：属于官府所有的物品。

②管送：押解过程中的管理运输事务。

③临敌：在战场上面对敌人开战的情形。缺乏：军队随征物品如武器、军粮之类因为押解管理失误而导致战场上物资匮乏。失误军机：耽误了军情可能造成战争失利。

【译文】

凡是公事涉及应当押送官物、囚徒、牲畜，委派了人管理并押送却停留不前，以及事情有期限而违期的，一日笞二十，每三日加一等处刑，最高处刑笞五十。如果起解押送的是供给军队出征用品而管理押送违期的，各自加二等处刑，最高处刑杖一百；如果由此导致军队在战场上物资缺乏耽误军机的，处斩刑。具体承担押解管理事务的人过失没有按照公文书写的地址送达，而送去其他地方，导致违期的，减二等处刑，事情涉及军务的，量刑不减等。如果因为书写公文的人写错地址，由书写的人自己承担责任，承差押送的人不论罪。

占宿驿舍上房

凡公差人员出外干办公事，占宿驿舍正厅上房者[①]，笞五十。

【注释】

①占宿：占据住宿。驿舍：驿站专门准备的用来接待过往办理公务的人员的房屋。正厅上房：房屋的正厅和装饰设置高级的房屋。

【译文】

凡是京城外出办公差的人员，占据住宿驿站房屋的正厅上房的，笞五十。

乘驿马赍私物

凡出使人员应乘驿马[①]，除随身衣仗外[②]，赍带私物者[③]，十斤杖六十，每十斤加一等，罪止杖一百；驿驴减一等，私物入官。

【注释】

①应乘驿马：指出使给颁符验，可以使用驿站提供的车马等服务。

②衣：衣服。仗：弓箭、武器之类皆随身应带物品。

③赍（jī）带：携带，夹带。

【译文】

凡是出差人员符合规定乘骑驿马，除了随身衣服和常备弓箭等应带物品外，夹带私人物品的，十斤杖六十，每增加十斤加一等处刑，最高处刑杖一百；乘骑驿驴减一等处刑，夹带的私人物品没收归官府。

私役民夫抬轿

凡各衙门官吏及出使人员役使人民抬轿者[①]，杖六十，有司应付者，减一等。若富豪之家役使佃客抬轿者[②]，罪亦如之，每名计一日追给雇工钱六十文。其民间妇女若老病之人及出钱雇工者，不在禁限。

【注释】

①人民：此指除了有官职和为官府服务的人之外的其他人。

②佃客：租种田地的人。

【译文】

凡是各衙门官吏以及出差的人员役使民众给他们抬轿的，杖六十，官府的官员为他们找人提供服务的，减一等处罚。如果豪强富户之家役使自己家的佃户抬轿的，同样论罪，每名每一日按雇工钱六十文追缴付给抬轿人。民间的妇女、老人、生病的人以及出钱雇人抬轿的，不在本条规定之限。

病故官家属还乡

凡军民官在任以理病故[①]，家属无力[②]，不能还乡者，所在官司差人管领应付脚力[③]，随程验口，官给行粮递送还乡[④]，违而不送者，杖六十。

【注释】

①以理病故：任职期间自然死亡或者意外病故，不是犯罪被处死刑。

②无力：没有财力承担回乡的费用和人力。

③脚力：承担运输事务的人夫、马匹、车船。

④行粮：在路上需要用掉的粮食。

【译文】

凡是军事或行政官吏在任职期间出于合理的原因死亡，家属没有财力，不能将其运送回乡的，死亡地的行政机构派人提供运输的人夫或车船马匹，根据行程和所有家属人数核验数量，官方发给行粮沿途相接送回原籍，违反规定不送的，杖六十。

承差转雇寄人

凡承差起解官物、囚徒、畜产①，不亲管送而雇人、寄人、代领送者②，杖六十，因而损失官物、畜产及失囚者③，依律各从重论④，受寄、受雇人各减一等。其同差人自相替放者⑤，各笞四十，取财者，计赃以不枉法论；若事有损失者⑥，亦依损失官物，及失囚律追断⑦，不在减等之限。

【注释】

①承差：承接押解差事。起解囚徒：案件审理过程或者判决后囚徒被押解到规定的场所，特别是流刑、充军、发遣的刑罚，囚徒需要长途押解到执行场所。起解，旧时指犯人被押送上路。

②寄人：转寄给他人代为押送。代领送：代替他人领取需要被押送的差事和物资或囚徒，并押送。

③失囚：囚徒逃亡失去控制，此指过失造成的失囚。如果故意，另外有专条论罪。

④依律各从重论：承差起解的人不亲管而是找人代替的犯罪，与因此造成损失构成的犯罪相比，哪种罪处刑重，依照哪种罪名的规

定论罪。

⑤同差人自相替放：同时承接差事的人相互之间代替领取押送的行为。

⑥事有损失：同差人之间互相替放导致起解的事情没有按照规定完成带来了损失。

⑦追断：追缴损害赔偿，裁断应该判处的罪名和刑罚。

【译文】

凡是承接差使押送官物、囚徒、畜产，不亲自管理运送而是雇人、转寄他人、代替他人领送的，杖六十，因此而导致官物、畜产有损失以及囚徒逃亡的，依照每种结果的严重程度按照法律规定各自选择重罪论罪，受寄和受雇的人各自减一等处刑。同时承接差事的人之间互相代替领取押送的，替者和放者各自笞四十，承替者收取放者贴补财物的，计赃依照不枉法论罪；如果因为上述同差人自相替放而不亲自管送的行为导致损失的，也依照损失官物，以及囚徒逃走的法律规定追缴赔偿或者定罪量刑，不在减等的规定之限。

乘官畜产车船附私物

凡因公差，应乘官马、牛、驼、骡、驴者，除随身衣仗外，私驮物不得过十斤，违者，五斤笞一十，每十斤加一等，罪止杖六十。不在乘驿马之条。其乘船、车者，私载物不得过三十斤，违者，十斤笞一十，每二十斤加一等，罪止杖七十；家人随从者，皆不坐。若受寄私载他人物者，寄物之人同罪[①]，其物并入官，当该官司知而容纵者，与同罪；不知者，不坐。若应合递运家小者[②]，不在此限。

【注释】

①寄物之人同罪：乘坐官府的车船等运输工具接受他人寄托运送物件，委托寄送物品的人同样论罪。

②家小：家人和孩子。

【译文】

凡是办理公事，应该乘坐官有马、牛、骆驼、骡子、驴的，除了随身衣服和弓箭之类的器物之外，可以驮载的私物不得超过十斤，违反的，超过十斤之后五斤以内笞十，每十斤加一等，最高处刑杖六十。本条所规定的不是乘驿马赍私物。乘船、乘车的，所载私物不得超过三十斤，违反的，超过三十斤之后，十斤以内笞十，每二十斤加一等，最高处刑杖七十；家人随从所载的私物，都不论罪。如果接受他人委托私载其物品的，委托的人同罪，物品没收归官府，主管机构的官员知情纵容的，与当事人同罪；不知情的，不论罪。如果属于应当运送家属的，不在本条限制之内。

私借驿马

凡驿官将驿马私自借用①，或转借与人，及借之者，各杖八十；驿驴减一等，验日追雇赁钱入官。若计雇赁钱重者②，各坐赃论，加二等。

【注释】

①私自借用：出于私人目的而使用。驿站的驿马、驿驴之类畜力，车船之类工具都是为办理公差准备的，不得用作私人目的。

②计雇赁钱重：借驿马按照雇用驿马对待，计算雇赁的日期追缴价钱，如果所追缴的价钱的数额按照坐赃论罪处的刑罚重于私借驿马的杖八十，那么按照坐赃论罪。

【译文】

凡是驿站的官员私自借用驿马,或者转借给他人,以及借驿马的人,各自杖八十;驿驴减一等处刑,核对借出的日期按照雇用或租赁计算价钱归入官府。如果计算雇赁的价值依照坐赃论罪处刑重于借用的处刑,按照坐赃论罪,加二等处刑。

卷第十八　刑律一　贼盗计二十八条

【题解】

刑律是关于财产和人身伤害犯罪及抓捕审理的犯罪篇章。《大明律》把唐律以来法典中贼盗、斗讼、诈伪、杂律、捕亡、断狱的中涉及人身和财产侵害以及诉讼方面的条文进行了归纳总结，重新分为贼盗、人命、斗殴、骂詈、诉讼、受赃、诈伪、犯奸、杂犯、捕亡、断狱共十一门。其中的杂犯和诉讼、捕亡、断狱是对有关行为中的犯罪的规定，是刑法的性质。十恶中的犯罪行为大多在刑律中做出具体罪名的规定，在名例和各门之间形成呼应和关联，提升了律典的技术，使之更加简洁、凝练，但不失于疏漏。

贼盗门包括人身伤害和盗取财物类的犯罪。《尚书》中已经出现了杀人越货的罪名。战国李悝在阐述《法经》的主导思想时提出“王者之政莫急于盗贼”，把盗贼视为最重要的犯罪，并且在法典中把“盗法”“贼法”设为法典的第一篇和第二篇，以体现其重要性。后来在各朝代法典发展演变过程中，盗贼篇的地位逐渐降低，到《唐律疏议》十二篇中，“贼盗”为第七篇。贼盗篇的地位下降并不是贼盗犯罪不重要，而是随着的法典技术发展，人们对法律原则、法律规则、罪名和刑罚之间关系的认识逐渐深入而对法典体例中各篇顺序做出的调整。《大明律》采用的六部体例把唐、宋律典贼盗篇中的内容拆分出来，将谋反、谋叛、盗窃、抢劫归入贼盗门。其中,谋反、大逆、谋叛、盗大祀神物各条文,分别细化了十恶中的谋反、谋大逆、谋叛和大不敬罪名,使之从名例篇中的概括性罪名成为可操作的具体罪名,这些罪名是整部律典中最严重的。

北齐以前各朝代盗律和贼律独立为篇,《北齐律》把二者合为贼盗一篇。贼盗律中规定的罪名体现了中国古代法律对人身安全的严格保护,特别是设定了无限防卫规则,允许受害人在人身受到伤害时可以杀死对方而无罪。重视人身权保护在西周时期就已经有明确的规则,西周法律中规定"凡盗贼军,乡邑及家人,杀之无罪",贼盗犯罪团伙持军械盗抢财产伤害人身,被害人所在地的人们杀死罪犯不论罪。这条规定已经赋予了盗贼犯罪的受害人无限防卫权,允许杀死罪犯保护自己的人身和财产。西周以后到唐代的法律文献缺失,无法考证各时代法律具体如何规定这条规则,《唐律疏议》"夜无故入人家"条规定"夜无故入人家,主人登时杀者,勿论",与西周允许受害人杀死贼盗的法律规定相似,明确赋予受害人无限防卫权。此后,宋、元、明、清律都继承了这一规则,人身权和财产权保护成为我国古代法律的传统。

《大明律》有关盗的犯罪也体现了这一传统,盗区分强盗、窃盗,对强盗特别是团伙作案的强盗设定了极其严格的惩罚规定,由此保护人们的人身和财产。"略人略卖人"条的规定同样体现了中国传统上对自由民人格尊严、人身自由的保护。当代法学界推崇希腊、罗马法中保护人身权和财产权的法律传统,对我国古代法律中保护人身权和财产权的法律传统重视不足,本书通过译注《大明律》,期待能够引起当代学者对中国古代优秀法律文化的重视。

谋反大逆

凡谋反[①],谓谋危社稷。及大逆[②],谓谋毁宗庙山陵及宫阙。但共谋者[③],不分首从,皆凌迟处死[④]。祖父、父、子、孙、兄弟及同居之人，不分异姓[⑤]，及伯叔父、兄弟之子不限籍之同异，年十六以上，不论笃疾、废疾，皆斩。其十五以下，及母、女、妻妾、姊妹，若子之妻妾，给付功臣之家为奴，财产入官。若女许嫁已定[⑥]，归其夫。子孙过房与人及聘妻未成者[⑦]，俱不追坐。下条准此。知情故纵隐藏者，斩。有能捕获者，民授以民官，军授以军职，仍将犯人财产全给充赏。知而首告，官为捕获者，止给财产；不首者，杖一百，流三千里。

【注释】

①谋反：谋划危害国家安全，皇帝个人安全的行为。社稷是国家的代称，皇帝是国家的代表。本条所涉及的术语在名例律"十恶"和相关条文中都有注解。

②大逆：谋大逆，谋划危害皇家的宗庙、陵墓、宫廷的行为，对皇家威严和皇帝人身安危有损害的可能性，即构成本罪。

③但共谋：只要有共同谋划，有想法不一定有行动，就构成本罪。

④凌迟：割碎肢体的残酷死刑执行方式。

⑤不分异姓：不区分是同姓还是异姓，只要是居住在一起的人即处刑，是针对共财同居之人的规定，如本宗无服亲属及外祖、外孙之类。如果不是同居之人，则不可适用。

⑥女许嫁：女儿已经与他人缔结婚约，写立婚书，但是没有举行婚礼。

⑦过房与人：过继给同辈的宗亲为子孙的。

【译文】

凡是谋反，指图谋危害国家和皇帝。以及谋大逆，指图谋破坏皇家宗庙陵墓宫殿。只要是共同谋划的，不分首犯从犯，都处凌迟死刑。祖父、父亲、儿子、孙子、兄弟以及同居的人，不分同姓异姓，以及伯叔父、兄弟的儿子不限户籍在不在一起，年龄在十六岁以上，不论笃疾、废疾，都处斩刑。

十五岁以下的男子，以及母亲、女儿、妻妾、姊妹，包括儿子的妻妾，交与功臣家为奴婢，财产全部没收归官府。如果女儿已经与他人缔结婚约，允许入夫家。子孙已经过继给别人以及下了聘礼的未婚妻，都不追究论罪。下条规定也适用本条原则。知情故纵隐瞒包庇的，处斩刑。有能够抓捕到的，平民授给官职，军人授给军职，仍然把犯人的财产全部给付作为奖赏。知情而告发的，官方抓捕到的，只奖给财产；不告发的，杖一百，流放三千里。

谋叛

凡谋叛，谓谋背本国潜从他国。但共谋者，不分首从，皆斩。妻妾、子女给付功臣之家为奴，财产并入官。父母、祖、孙、兄弟不限籍之同异，皆流二千里安置。知情故纵隐藏者，绞。有能告捕者，将犯人财产全给充赏；知而不首者，杖一百，流三千里。若谋而未行①，为首者，绞；为从者，皆杖一百，流三千里；知而不首者，杖一百，徒三年。若逃避山泽不服追唤者②，以谋叛未行论；其拒敌官兵者③，以谋叛已行论。

【注释】

①谋而未行：谋划但是没有施行。

②不服追唤：不服从追捕召唤的。

③拒敌官兵：抗拒力敌官兵，对官兵的抓捕行为进行武力抗拒的。

【译文】

凡是谋叛，指谋划背叛本国私自逃往他国或者服从他国利益危害本国的。只要是共同谋划，不分首犯从犯，都处斩刑。妻妾、子女发给功臣家里为奴仆，财产没收归官府。父母、祖父、孙子、兄弟不限是否同籍，都流放二千里在当地安置。知情故纵包庇隐瞒的，处绞刑。有能够告发抓捕的，把犯人的财产全部作为奖赏；知情不告发的，处刑杖一百，流放三千里。如果谋划了但是没有实施，首犯，处绞刑；从犯，都处刑杖一百，流放三千里；知情而不告发的，处刑杖一百，徒三年。如果逃到山林水泽中不服从追捕召唤的，以谋叛未施行论罪；如果用武力拒绝官兵抓捕的，以谋叛已经施行论罪。

造妖书妖言

凡造谶纬、妖书、妖言①，及传用惑众者②，皆斩。皆者，谓不分首从，一体科罪。余条言"皆"者，并准此。若私有妖书，隐藏不送官者，杖一百，徒三年。

【注释】

①谶纬：用某些现象、符箓说出预言，附会解释扰乱正道，如赤伏符、卯金刀之类。赤伏符和卯金刀都是关于光武帝刘秀为帝的预言谶记，《汉书》注释提到《河图赤伏符》预言"刘秀发兵捕不道，四夷云集龙斗野，四七之际火为主"，《后汉书》注释提到《春秋演孔图》"卯金刀，名为刘。中国东南出荆州，赤帝后，次代周"。谶，图符。纬，附会在原文之上的不同说法。妖书：用怪异不详的说法书写成。妖，不正常的、怪异的，不能用常理解释的现象。妖言：怪异言论传播开来以诱骗迷惑民众。

②传用：传播使用妖书妖言的行为。惑众：使民众的认识发生疑惑，内心惶恐不安，引起社会秩序动荡，甚至引起民众聚集，引发民变。

【译文】

凡是制造谶纬预言、妖书、妖言，以及传播使用这些言论造成民众困惑恐慌的，都处斩刑。皆，指不分首犯从犯，同样论罪。其余条文用到术语"皆"

的,都是这样的用法。如果私自藏有妖书,隐藏起来不送到官府的,杖一百,徒三年。

盗大祀神御物

凡盗大祀神祇御用祭器、帷帐等物①,及盗飨荐、玉帛、牲牢、馔具之属者②,皆斩。谓在殿内,及已至祭所而盗者。其未进神御③,及营造未成,若已奉祭讫之物④,及其余官物,皆杖一百,徒三年;若计赃重于本罪者,各加盗罪一等⑤,谓监守、常人盗者⑥,各加监守、常人盗罪一等。并刺字。

【注释】

①御用祭器:大祭祀的对象是神祇,天为神,地为祇。神祇所用的祭器,如牺牲、盉簠(hé fǔ)、台案之类。此处的御用并非皇帝专供的御用,是神祇御用。

②飨(xiǎng)荐:祭祀时奉献给神祇的食物、酒。牲牢:祭祀用的牺牲,牛、羊之类,经过专门饲养、宰杀、奉献。馔(zhuàn)具:装食物的器具。

③未进神御:还没有敬献给神祇享用。

④已奉祭讫:已经奉献给神器完成祭祀之后,物品的祭神作用已经完成,不再是神圣的物品,已经等同于一般的官物,所以处刑不同。

⑤各加盗罪一等:盗窃上述未进神御之类的物品仍然以本罪名论罪,不计算赃值,只要是本条所属物品,即杖一百,徒三年,但是如果物品赃值超过监守自盗、常人盗的处刑标准,处刑时加一等。

⑥监守、常人盗:监守自盗和常人盗是两个罪名。未进神御之类的物品只是按照盗官物罪论罪,看守的人自己盗窃的用监守自盗,

不是看守的人盗窃用常人盗。

【译文】

凡是盗窃大祭祀奉给神祇御用的祭器、帷帐等物品，以及盗窃祭品、玉帛、牲牢、食器之类的东西，都处斩刑。指在大祭祀的殿内，及已经到了祭祀场所而盗窃的。还没有在祭祀中奉给神祇使用，以及还没有制作完成，包括已经奉给神祇祭祀完成之后的物品，以及其他的官物，都杖一百，徒三年；如果所盗窃的物品计算价值按照坐赃论罪处刑重于本条规定的，各加罪一等处刑，指监守自盗、常人盗的，各自加监守自盗、常人盗罪一等处刑，并刺字。

盗制书

凡盗制书及起马御宝圣旨、起船符验者①，皆斩。盗各衙门官文书者，皆杖一百，刺字。若有所规避者，从重论。事干军机钱粮者②，皆绞。

【注释】

①制书：皇帝的诏书圣旨称为制书。起马御宝圣旨、起船符验：盖有皇帝御玺的调动传送机制的圣旨，包括起马、起船。

②钱粮：国家的财政税收之类的钱款、粮食。

【译文】

凡是盗窃皇帝制书以及起马御宝圣旨、起船符验的，都处斩刑。盗窃各衙门的公文的，都杖一百，刺字。如果为了逃避处罚而偷盗文书的，选择重罪论处。事情涉及军机大事和钱款粮食的，都处绞刑。

盗印信

凡盗各衙门印信①，及夜巡铜牌者②，皆斩。盗关防印记者③，皆杖一百，刺字。

【注释】

①印信：官府各机构的印章、公章，用来取信。

②夜巡铜牌：巡夜人随身携带的证明身份的铜质牌子，夜晚在城市中都有夜禁，只有巡夜人巡逻可以自由行走，铜牌证明身份，保障夜间城市安全。

③关防印记：关防是明代部分国家机构的印章，通常用于公文传递、人员出入的机构，如通政使司、鸿胪寺、南京守备等机构。关防印记用于证明公务身份、公文效力、出入凭证，防止有人伪造身份或文件，影响公务安全。

【译文】

凡是盗窃各衙门印章凭证，以及巡夜人的身份铜牌的，都处斩刑。盗窃其他部门的关防印记的，都处杖一百，并刺字。

盗内府财物

凡盗内府财物者①，皆斩。盗御宝及乘舆服御物②，皆是。

【注释】

①内府：皇城之内收藏物品的府库都是内府。财物：指金银、布匹、器物、衣服、粮食、祭祀用品等。

②乘舆服御物：皇帝专用的车子、衣服、使用的物品，称为御物。

【译文】

凡是盗窃内府财物者，都处以斩刑。盗窃皇帝的印章以及车子、衣服、御用物品的，也同样处刑。

盗城门钥

凡盗京城门钥[①]，皆杖一百，流三千里。盗府、州、县、镇城关门钥[②]，皆杖一百，徒三年。盗仓库门等钥，皆杖一百并刺字。

【注释】

①钥：开城门锁的钥匙。

②关门：关津、渡口、要塞的大门。

【译文】

凡是盗窃京城大门的钥匙，都处以杖刑一百，流放三千里。盗窃府、州、县、镇城门、关门的钥匙，都处以杖刑一百，徒三年。盗窃仓库门等门锁的钥匙，都处以杖一百并刺字。

盗军器

凡盗军器者[①]，计赃以凡盗论。若盗应禁军器者[②]，与私有罪同[③]。若行军之所及宿卫军人相盗入己者，准凡盗论，还充官用者，各减二等。

【注释】

①军器：军人领取后存放在居住地的武器和其他军事用品。

②应禁军器：法律规定不允许私人持有的兵器和军用物品。

③私有：被盗的军器在盗窃人手中与私有军器的状态相同，可以用私有军器论罪。

【译文】

凡是盗窃私人领有的军器，计算赃物的价值按照普通的盗窃罪论罪。如果是盗窃禁止私人持有的军器，与私自持有军器同样论罪。如果是行军出征以及驻扎防守的军人盗窃其他军人的军器据为己有的，依照普通的盗窃论罪，如果是把盗窃的军器充当官方用品的，减二等论罪。

盗园陵树木

凡盗园陵内树木者[①]，皆杖一百，徒三年。若盗他人坟茔内树木者[②]，杖八十。若计赃重于本罪者[③]，各加盗罪一等。

【注释】

①园陵：皇家的苑囿和陵墓。

②坟茔（yíng）：坟地。

③计赃：计算各自所得的赃物价值数额。

【译文】

凡是盗窃皇家苑囿和陵寝里的树木的，都处刑杖一百，徒三年。如果盗窃他人的墓园内的树木的，处刑杖八十。如果各自计算盗窃树木的价值应得的刑罚重于本条罪名的刑罚，各自比照盗窃罪加一等处罚。

监守自盗仓库钱粮

凡监临主守自盗仓库钱粮等物，不分首从，并赃论罪[①]。并赃，谓如十人节次共盗官钱四十贯，虽各分四贯入己，通算作一处，其十人各得四十贯，罪皆斩；若十人共盗五贯，皆杖一百之类。并于右小臂膊上刺盗官“粮、钱、物”三字[②]。每字各方一寸五分，每画各阔一分五厘，上不过肘，下不过腕。余条准此。

一贯以下，杖八十。

一贯之上至二贯五百文，杖九十。

五贯，杖一百。

七贯五百文，杖六十，徒一年。

一十贯，杖七十，徒一年半。

一十二贯五百文，杖八十，徒二年。

一十五贯，杖九十，徒二年半。

一十七贯五百文，杖一百，徒三年。

二十贯，杖一百，流二千里。

二十二贯五百文，杖一百，流二千五百里。

二十五贯，杖一百，流三千里。

四十贯，斩。

【注释】

①并赃：共同犯罪的所有参与人都按照总计赃物的数量定罪量刑，而不是按照各自所得定罪量刑。

②盗官“粮、钱、物”三字：在罪犯的胳膊上刺的三个字，根据所盗物品的不同分别是“盗官粮”“盗官钱”“盗官物”三字。

【译文】

凡是监临主守自己盗窃所看守的仓库中的钱粮，犯罪人不分首犯、从犯，合并各自盗窃的赃物价值论罪。并赃，是指如果有十人分多次共盗窃官钱四十贯,虽然每个人分了四贯,但是也都按照全部赃款计算,算作每个人都得赃款四十贯,论罪都处斩刑;如果十个人共同盗窃五贯,都处杖一百的刑罚之类。并在右小胳膊上刺盗官“粮、钱、物”三字。每个字各占一寸五分的面积,每个笔画各宽一分五厘,高不超过手肘,低不超过手腕。其余需要刺字的条文都按照这个条文规定执行。

赃物价值的数额和刑罚的计算标准是:

一贯以下,处刑杖八十。

一贯以上到二贯五百文,处刑杖九十。

五贯,处刑杖一百。

七贯五百文,处刑杖六十,徒一年。

十贯,处刑杖七十,徒一年半。

十二贯五百文,处刑杖八十,徒二年。

十五贯,处刑杖九十,徒二年半。

十七贯五百文,处刑杖一百,徒三年。

二十贯,处刑杖一百,流放二千里。

二十二贯五百文,处刑杖一百,流放二千五百里。

二十五贯,处刑杖一百,流放三千里。

四十贯,处斩刑。

常人盗仓库钱粮

凡常人盗仓库钱粮等物[①],不得财,杖六十,免刺。但得财者,不分首从并赃论罪。并赃,谓如十人节次共盗官钱八十贯,虽各分八贯入己,通算作一处,其十人各得八十贯,罪皆绞;若十人共盗一十贯,皆杖九十之类。并于右小臂膊上刺盗官“粮、钱、物”三字。

一贯以下,杖七十。

一贯之上至五贯,杖八十。

一十贯,杖九十。

一十五贯,杖一百。

二十贯,杖六十,徒一年。

二十五贯,杖七十,徒一年半。

三十贯,杖八十,徒二年。

三十五贯,杖九十,徒二年半。

四十贯,杖一百,徒三年。

四十五贯,杖一百,流二千里。

五十贯,杖一百,流二千五百里。

五十五贯,杖一百,流三千里。

八十贯,绞。

【注释】

①常人:没有官职的平民,或者有官职但是没有监督管理职责的官员,不是自己负责的范围内发生的盗窃犯罪。

【译文】

凡是普通人盗窃仓库钱粮等财物,没有得到财物,处刑杖六十,免予刺字。只要得到财物,不分首犯、从犯,合并所有的赃物计算价值定罪量刑。并赃,指如果十个人数次共同盗窃总共得到官钱八十贯,虽然各自分得八贯,把这些赃款一起计算,每个人都算作得到了八十贯,都处以绞刑;如果十个人共同盗窃十贯,都处刑杖九十之类。并且在右小臂上刺字盗官“粮、钱、物”三字。

赃物价值的数额和刑罚的计算标准是:

一贯以下,处刑杖七十。

一贯以上到五贯,处刑杖八十。

十贯,处刑杖九十。

十五贯,处刑杖一百。

二十贯,处刑杖六十,徒一年。

二十五贯,处刑杖七十,徒一年半。

三十贯,处刑杖八十,徒二年。

三十五贯,处刑杖九十,徒二年半。

四十贯,处刑杖一百,徒三年。

四十五贯,处刑杖一百,流放二千里。

五十贯,处刑杖一百,流放二千五百里。

五十五贯,处刑杖一百,流放三千里。

八十贯,处绞刑。

强盗

凡强盗已行而不得财者[①],皆杖一百,流三千里;但得财者,不分首从,皆斩。若以药迷人图财者[②],罪同。若窃盗临时有拒捕及杀、伤人者[③],皆斩。因盗而奸者,罪亦如之。共盗之人不曾助力[④],不知拒捕、杀伤人及奸情者,止依窃盗论。其窃盗,事主知觉[⑤],弃财逃走,事主追逐,因而拒捕者,自依罪人拒捕律科罪[⑥]。

【注释】

①强盗:使用暴力抢劫他人财产的行为。得财:已经获得了失主的财物,不管最后是不是实际分到自己手中。

②以药迷人:使用药物使得被盗的失主被迷晕而进行偷窃的行为。

③拒捕：在官方发动追捕犯罪嫌疑人的过程中明知抓捕而拒绝被逮捕的行为。

④助力：在犯罪发生的全部过程中帮助犯罪完成的行为。

⑤事主：被盗的失主。

⑥罪人拒捕律：规定犯罪人拒捕的专门法律条文。

【译文】

凡是抢劫已经进行但是还没有抢到财物的，都处刑杖一百，流放三千里；只要得到了财物，不区分首犯、从犯，都处斩刑。如果抢劫使用了药物迷晕他人企图获得他人财物的，同罪。如果盗窃的时候临时发生拒捕以及杀人、伤人的情况，都处斩刑。因为盗窃而发生强奸的，同样定罪。参与盗窃的共同犯罪人没有进行协助，不知道发生了拒捕、杀人、伤人以及强奸情节的，只依照盗窃论罪。正在盗窃时，被失主发觉，盗贼丢弃了被盗的财物逃走，失主追逐盗贼，因此造成拒捕的情形，自然是依照犯罪人拒捕的律文规定断罪。

劫囚

凡劫囚者[①]，皆斩。但劫即坐，不须得囚。若私窃放囚人逃走者[②]，与囚同罪；至死者，减一等。虽有服亲属与常人同[③]。窃而未得囚者，减二等。因而伤人者，绞；杀人者，斩；为从，各减一等。若官司差人追征钱粮[④]，勾摄公事[⑤]，及捕获罪人，聚众中途打夺者，杖一百，流三千里。因而伤人者，绞；杀人及聚至十人，为首者斩；下手致命者，绞；为从各减一等。其率领家人随从打夺者[⑥]，止坐尊长。若家人亦曾伤人者，仍以凡人首从论[⑦]。

【注释】

①劫囚:使用暴力劫持囚犯。囚犯包括已经定罪的犯罪人和确定有罪但还没有审判定罪的被拘捕限制自由的人。

②私窃放囚人:没有命令私自偷偷放走犯人的情形。

③虽有服亲属与常人同:五服之内的亲属相互包庇隐瞒犯罪,本来可以适用亲属相隐原则,但是,本条专门列出限制性的规定,如果是私自窃放的情形,不适用亲属相隐,而是按照没有亲属关系的普通人一样适用法律。

④追征钱粮:追拿应该缴纳钱粮的人让其缴纳钱粮。

⑤勾摄公事:拘拿应该完成而没有完成公事的人,如应服差役而不去,找到他并带去服差役。

⑥家人:居住在一起的亲属都属于家人范围。

⑦以凡人首从论:依照普通人伤人的首犯和从犯的标准定罪量刑,不考虑亲属、家人的关系。

【译文】

凡是使用暴力劫夺被囚禁的人,都处斩刑。只要是进行了劫夺的行为就构成本罪,不是必须劫到了囚犯才构成本罪。如果私自在没有合法程序的情况下偷偷放囚犯逃走的,与囚犯同罪;囚犯的罪行达到死刑的,减死刑一等处刑。虽然有五服之内的亲属关系也按照与普通人同样的标准处刑。如果偷偷释放囚犯但是没有最终完成释放的,比照囚犯所处的刑罚减二等处刑。因为劫囚而伤人的,处绞刑;因劫囚而杀人的,处斩刑;为从犯的,以上各种情况减一等处刑。如果是官方派人追拿应缴钱粮而未缴纳的人,拘拿应该完成公事而未完成的人,以及抓捕犯罪的人,聚众在途中殴打劫夺已经追拿拘捕的人,处刑杖一百,流放三千里。由此而造成伤人的情况,处绞刑;造成杀人或者聚众的人数达到十人以上的,首犯处斩刑;动手造成致命伤的,处绞刑;从犯比照上述各种情形减一等处刑。率领家人和随从殴打羁押犯人的官差,劫夺犯人的,只追究尊长的罪行。如果家人也有伤人的情况，仍然按照普通人伤人的首犯和从犯的标准定罪量刑。

白昼抢夺

凡白昼抢夺人财物者，杖一百，徒三年。计赃重者，加窃盗罪二等。伤人者，斩。为从，各减一等，并于右小臂膊上，刺“抢夺”二字。若因失火及行船遭风着浅[1]，而乘时抢夺人财物及拆毁船只者，罪亦如之。其本与人斗殴，或勾捕罪人，因而窃取财物者，计赃准窃盗论；因而夺去者，加二等罪，止杖一百，流三千里。并免刺。若有杀、伤者，各从故斗论。

【注释】

①行船遭风着浅：水域上航行的船只遇到风暴搁浅。

【译文】

凡是白天抢夺他人财物的，处刑杖一百，徒三年。如果计赃量刑应该加重的，适用盗窃的规定量刑，应该加二等处刑杖一百，流放二千五百里。造成伤人的，处斩刑。从犯，各种情况各减一等处刑，并在右小胳膊上，刺“抢夺”二字。如果因为失火或者航行中船遭遇风暴搁浅，因而乘机抢夺他人的财物以及拆毁船只的，同样论罪。如果本来是正在与人斗殴，或者遇到拘拿犯罪人的情形，乘机窃取财物的，合计所得的赃物依照盗窃论罪；如果是乘机抢夺他人财物的，加二等论罪，最高处刑杖一百，流放三千里。一并免于刺字。如果有杀人或伤人的情形，按照故意斗殴的条文规定论罪。

窃盗

凡窃盗已行而不得财[①]，笞五十，免刺。但得财者，以一主为重[②]，并赃论罪。为从者，各减一等。以一主为重，谓如盗得二家财物，从一家赃多者科罪。并赃论，谓如十人共盗得一家财物，计赃四十贯，虽各分得四贯，通算作一处，其十人各得四十贯之罪。造意者为首[③]，该杖一百；余人为从，各减一等，止杖九十之类。余条准此[④]。初犯并于右小臂膊上刺"窃盗"二字，再犯刺左小臂膊，三犯者，绞。以曾经刺字为坐。掏摸者[⑤]，罪同。若军人为盗，虽免刺字，三犯一体处绞。

一贯以下，杖六十。

一贯之上至一十贯，杖七十。

二十贯，杖八十。

三十贯，杖九十。

四十贯，杖一百。

五十贯，杖六十，徒一年。

六十贯，杖七十，徒一年半。

七十贯，杖八十，徒二年。

八十贯，杖九十，徒二年半。

九十贯，杖一百，徒三年。

一百贯，杖一百，流二千里。

一百一十贯，杖一百，流二千五百里。

一百二十贯，罪止杖一百，流三千里。

【注释】

①窃盗:不被察觉的情况下获取他人财物。

②一主:同一个失主。

③造意者:谋划组织犯罪的人。

④余条准此:其余的条文中出现这种情形的,依照这个标准解释。

⑤掏摸:乘机获取财物的为掏,用手获取财物的为摸,如进入事发现场,趁混乱获取财物,从他人口袋中偷摸财物之类的行为。

【译文】

凡是盗窃行为已经进行但是没有得到财物的,笞五十,免于刺字。盗窃只要是得到了财物的,以其中丢失财物多的一家失主为重,计算所有的赃物价值论罪。从犯,比照上述各种情形减一等论罪。以一主为重,是指如果盗窃了两家的财物,按照赃物多的那一家断罪。并赃论,是指如果十人一起盗窃了一家的财物,合计盗得四十贯,虽然各自分得四贯,但是都计算在一起,十人都按照四十贯的赃物价值计算罪责。首谋组织犯罪的人是首犯,应该杖一百;其余的人为从犯,各减一等,只处刑杖九十之类。其余共同犯罪并赃论罪的条文都按照这个方式计算赃值。初犯的时候在右小胳膊刺“窃盗”二字,再犯刺左小胳膊,第三次犯窃盗罪的,处绞刑。以曾经被刺字作为论罪的标准。以掏摸的方式乘乱盗窃或者偷盗他人随身财物的,同样论罪。如果军人犯盗窃罪,初犯、再犯免刺字,三犯与普通人犯盗窃罪同样处绞刑。

赃物价值的数额和刑罚的计算标准是:

一贯以下,杖六十。

一贯之上至十贯,杖七十。

二十贯,杖八十。

三十贯,杖九十。

四十贯,杖一百。

五十贯,杖六十,徒一年。

六十贯,杖七十,徒一年半。

七十贯，杖八十，徒二年。

八十贯，杖九十，徒二年半。

九十贯，杖一百，徒三年。

一百贯，杖一百，流放二千里。

一百一十贯，杖一百，流放二千五百里。

一百二十贯，最高处杖一百，流放三千里。

盗马牛畜产

凡盗马、牛、驴、骡、猪、羊、鸡、犬、鹅、鸭者，并计赃，以窃盗论。若盗官畜产者①，以常人盗官物论②。若盗马、牛而杀者③，杖一百，徒三年；驴、骡，杖七十，徒一年半。若计赃重于本罪者，各加盗罪一等。

【注释】

①官畜产：属于官府的牲畜。

②常人盗官物：没有专职管理责任的人偷盗官物。常人，普通的人，没有特殊身份的人，不同于有特殊身份的人适用专门针对特殊身份的人的条文，如官员监守自盗，仓库管理员、军队人员等的盗窃行为。

③盗马、牛而杀者：偷盗了马、牛并杀死的。马、牛属于有特殊意义的牲畜，因此单独列出来，杀死马、牛特殊论罪。马具有军事意义，牛是重要农耕工具，在法律上有特殊保护。后一款规定的驴、骡子也是重要的农用畜力，且相对猪、羊、鸡、鸭之类价值高，专门做了规定。

【译文】

凡是盗窃马、牛、驴、骡子、猪、羊、鸡、犬、鹅、鸭的行为，都合并计赃，按照盗窃论罪。如果盗窃属于官方的畜产，按照普通人盗窃官物论罪。如果盗窃马、牛之后杀死的，处刑杖一百，徒三年；盗窃驴、骡子杀死的，处刑杖七十，徒一年半。如果计算赃物的价值比本条法律规定的量刑重的，按照盗窃罪各加一等处刑。

盗田野谷麦

凡盗田野谷、麦、菜、果及无人看守器物者，并计赃，准窃盗论，免刺。若山野柴草、木、石之类，他人已用工力斫伐、积聚而擅取者[①]，罪亦如之。

【注释】

①工力：人工出力劳作。斫（zhuó）伐：使用器物砍伐。积聚：堆积起来。

【译文】

凡是盗窃田野里放置的谷、麦子、蔬菜、果子以及无人看守的器物的，合并计赃，按照盗窃论罪，免于刺字。如果是山野上的柴草、木头、石头之类，他人已经出力砍伐、堆积起来而未经出力者同意擅自取走的，同样论罪。

亲属相盗

凡各居亲属相盗财物者[①]，期亲减凡人五等，大功减四等，小功减三等，缌麻减二等，无服之亲减一等，并免刺。若行强盗者，尊长犯卑幼[②]，亦各依上减罪；卑幼犯尊长，以凡人论。若有杀伤者，各依杀伤尊长、卑幼本律，从重论。若同居卑幼[③]，将引他人盗己家财物者[④]，卑幼依私擅用财物论[⑤]，加二等，罪止杖一百；他人，减凡盗罪一等，免刺。若有杀伤者，自依杀伤尊长、卑幼本律科罪；他人纵不知情，亦依强盗论。若他人杀伤人者，卑幼纵不知情，亦依杀伤尊长、卑幼本律，从重论。其同居奴婢、雇工人盗家长财物[⑥]，及自相盗者，减凡盗罪一等，免刺。

【注释】

①各居亲属：分开户籍单独居住的亲属，不同户不共财的亲属。

②尊长犯卑幼：有亲属关系的尊亲属或者同辈年长的亲属侵犯卑亲属或年幼的同辈亲属。

③同居卑幼：居住在一起的有亲属关系的卑亲属或者同辈年幼的亲属。

④将引他人：带领自家人之外的其他人。

⑤卑幼依私擅用财物论：卑幼未经家长同意擅自使用家中的财物。卑幼没有独立的财产权，家庭或者家族没有分财产的情况下，财产是共同共有，由家长支配，卑幼使用财物必须经过家长的同意，否则没有法律效力。

⑥雇工人：与雇主订立契约，服务于雇主，获得报酬的工人。明代承认雇工人的雇佣性质，雇工人与雇主之间不完全是平等的契约雇佣关系，也带有一定的人身关系，所以，有时法律上列出雇工人与奴婢处于共同的法律地位。

【译文】

凡是分别有各自的户口各自财产独立的亲属之间互相盗窃财物的，期亲范围内的亲属比照没有亲属关系的普通人减五等论罪，大功范围内的亲属比照普通人减四等论罪，小功范围内的亲属比照普通人减三等论罪，缌麻范围内的亲属比照普通人减二等论罪，没有服制的亲属比照普通人减一等论罪，都免于刺字。如果是使用暴力强盗，尊长侵犯了卑幼，也是依照上述规定减等论罪；如果是卑幼侵犯了尊长，比照普通人论罪。如果有杀人、伤人的情形，各自依照杀、伤尊长、卑幼的专门规定，从重论罪。如果居住在一起的卑幼亲属，带领他人盗窃自己家的财物的，卑幼依照擅自使用家里的财物论罪，处刑加二等，最高处刑杖一百；参与盗窃的其他人，比照普通人盗窃减一等，免于刺字。如果有杀、伤的情形，自然是依照杀、伤尊长、卑幼的专门规定论罪；参与盗窃的其他人即使不知情，也要依照强盗罪论罪。如果是他人杀、伤人，卑幼即使不知情，也依照杀、伤尊长、卑幼的专门规定，从重论罪。共同居住的奴婢、雇工人盗窃家长的财物，以及相互盗窃的，比照普通人盗窃罪减一等论罪，免于刺字。

恐吓取财

凡恐吓取人财物者①，计赃，准窃盗论，加一等，免刺。若期亲以下自相恐吓者，卑幼犯尊长，以凡人论；尊长犯卑幼，亦依亲属相盗律，递减科罪②。

【注释】

①恐吓取人财物：以声势令人产生畏惧从而获取他人财物。

②递减科罪：按照前一条亲属相盗律文规定的，期亲到无服亲从减五等到减一等的标准逐渐递减量刑等级的方式论罪。

【译文】

凡是使用令人畏惧的方式获取他人财物的，计算赃物价值，准照盗窃论罪，加一等处刑，免于刺字。如果期亲以下的亲属相互恐吓取财的，卑幼侵犯尊长，依照没有亲属关系的普通人论罪；尊长侵犯卑幼，也依照亲属互相盗窃财物的律文规定，按照亲等关系递减的等级论罪。

诈欺官私取财

凡用计诈欺官私以取财物者[1]，并计赃，准窃盗论，免刺。若期亲以下自相诈欺者，亦依亲属相盗律，递减科罪。若监临主守诈取所监守之物者，以监守自盗论，未得者，减二等。若冒认及诓赚、局骗、拐带人财物者[2]，亦计赃，准窃盗论，免刺。

【注释】

①用计：采用计谋使人相信以骗取财物。诈欺官私：诈欺即假冒以诱骗他人上当骗取财物。诈欺官，指伪装成官府的名号骗取财物之类。诈欺私，指知道某人与他人或者官府之间有关联，使用计谋骗取伪装身份或者手段，骗取信任以获取财物，如冒用他人身份领取寄存物品之类，假装灾民骗取国家救济钱物之类。

②冒认：不具有资格而假装有资格由此骗取信任获得财物，如冒认失主领取财物之类。诓赚：以语言诱骗赚取他人财产不还。诓，哄骗。赚，换取他人财物不归还。诓赚的具体行为，如哄骗他人购买劣质商品之类。局骗：设局引诱他人以获取财物的，如先以小利引诱他人相信所言、所行可信因而投资、合作，骗取对方投入更多资金后卷走资金之类的行为。诓骗与局骗不同之处，前者主要用语言，后者有语言和行动，后者组织更加严密，设局使用更多计策。拐带：控制财物顺带取得财物为拐带，本条指以欺骗方式控制他人的财物之后未经允许离开，如假装帮助他人看管财物，待他人离开后，直接带着财物离开，使得原主失去对财物的控制权，或者假装帮人借财物，之后直接带着财物逃离据为已有之类。拐带主要是拐骗财物，如果是拐骗人口那么有其他条文规定。

【译文】

凡是使用诡计假冒官方或者私人的名义以骗取官方或者私人财物的,都计算赃物价值,准照窃盗论罪,免于刺字。如果是期亲以下的亲属相互欺诈取财的,也是依照前述亲属相盗律文的规定论罪,按照亲属关系的等级递减定罪。如果是监临主守诈骗所负责看守的财物,以监守自盗论罪,没有最终获得财物的,减二等论罪。如果采用冒认、诓赚、局骗、拐带的方式获取他人财物的,也计算赃物价值,准照盗窃论罪,免于刺字。

略人略卖人

凡设方略而诱取良人及略卖良人为奴婢者[①],皆杖一百,流三千里;为妻、妾、子、孙者,杖一百,徒三年;因而伤人者,绞;杀人者,斩。被略之人不坐,给亲完聚。若假以乞养过房为名[②],买良家子女转卖者,罪亦如之。若和同相诱及相卖良人为奴婢者[③],杖一百,徒三年,为妻、妾、子、孙者,杖九十,徒二年半;被诱之人,减一等;未卖者,各减一等。十岁以下,虽和,亦同略诱法。若略卖、和诱他人奴婢者,各减略卖、和诱良人罪一等。若略卖子孙为奴婢者,杖八十;弟妹及侄、侄孙、外孙,若己之妾、子孙之妇者,杖八十,徒二年;子孙之妾,减二等;同堂弟妹、堂侄及侄孙者[④],杖九十,徒二年半;和卖者,减一等;未卖者,又减一等。被卖卑幼不坐,给亲完聚。其卖妻为婢,及卖大功以下亲为奴婢者,各从凡人和、略法。若窝主及买者知情[⑤],并与犯人同罪,牙、保各减一等[⑥],并追价入官;不知者,俱不坐,追价还主[⑦]。

【注释】

①设方:有预谋地使用手段方法达到目的。略:违反当事人意志强制限制人身自由。诱:引诱欺骗达到犯罪目的。略卖:强制限制人身自由并出卖人口。良人:普通的平民。奴:处于贱民等级并登记为贱籍的奴婢。

②乞养:收养。过房:把子孙过继给亲属为后嗣的行为。

③和同:双方知情且同意的情形,与"略"的强制形成对应概念。

④同堂弟妹、堂侄及侄孙:大功亲的弟妹、堂侄、侄孙,以及视同为堂弟妹、堂侄及堂孙的亲属范围内的同等亲属。

⑤窝主:在犯罪过程中参与窝藏的人。

⑥牙、保:牙人和保人,是人口买卖过程中作为中间人的接引人员。牙、保是人口买卖中必需的环节,对牙、保的刑罚有助于限制非法买卖人口的实现。

⑦还主:人口买卖的价款还给原主,原主是被买卖的人口所属的家庭的家长。

【译文】

凡是使用手段诱骗良人以及用强迫手段卖良人为奴婢的,都处刑杖一百,流放三千里;将被略之人作为妻、妾、儿子、孙子的,处刑杖一百,徒三年;因此而致人受伤的,处绞刑;杀人的,处斩刑。被略的人不论罪,送还给家人团聚。如果假借收养过继给其他亲属的名义,买良家子女转卖的,同样论罪。如果存在经过同意的情形,与诱拐以及略卖良人为奴婢的行为同样论罪,处刑杖一百,徒三年,为妻、妾、子、孙的,处刑杖九十,徒二年半;被诱拐的人,减一等论罪;没有出卖的情节,各种情况都减一等论罪。被害人在十岁以下,虽然是有同意的情节,也同样适用略卖和诱拐的法律规定。如果略卖、和诱别人的奴婢,各种情形比照略卖、和诱良人减一等论罪。如果略卖自己的子孙为奴婢的,处刑杖八十;略卖自己的弟妹、侄子、侄孙、外孙,和自己的妾、子孙的妻子的,处刑杖八十,徒二年;略卖子孙的妾,减二等论罪;略卖自己的堂弟妹、堂侄及侄孙的,视同为堂弟妹、堂侄、侄孙的同等范围内的亲属,处刑杖九十,徒二年半;经过同意卖的,减一等论罪;没有出卖的,再减一等论罪。被卖掉的卑幼不论罪,还给亲属团聚。把妻子卖为奴婢的,以及卖大功以下的亲属为奴婢的,两种情况各自按照没有亲属关系的普通人的和诱和略卖规定论罪。如果窝藏的人和买的人知情,与犯人同等论罪,牙人和保人各自减一等论罪,各自所得的价款都追回没收入官;前述参与人如果不知情,都不论罪,但是所得价钱追回给原主。

发冢

凡发掘坟冢见棺椁者[①],杖一百,流三千里,已开棺椁见尸者,绞;发而未至棺椁者,杖一百,徒三年。招魂而葬亦是[②]。若冢先穿陷,及未殡埋而盗尸柩者[③],杖九十,徒二年半;开棺椁见尸者,亦绞。其盗取器物、砖石者,计赃,准凡盗论,免刺。若卑幼发尊长坟冢者,同凡人论;开棺椁见尸者,斩。若弃尸卖坟地者,罪亦如之。买地人、牙、保知情者,各杖八十,追价入官,地归同宗亲属;不知者,不坐。若尊长发卑幼坟冢,开棺椁见尸者,缌麻,杖一百,徒三年;小功以上,各递减一等;发子孙坟冢,开棺椁见尸者,杖八十。其有故而依礼迁葬者[④],俱不坐。若残毁他人死尸及弃尸水中者,各杖一百,流三千里,谓死尸在家或在野未殡葬,将尸焚烧支解之类。若已殡葬者,自依发冢、开棺椁见尸律,从重论。若毁弃缌麻以上尊长死尸者,斩。弃而不失及髡发若伤者[⑤],各减一等。缌麻以上卑幼,各依凡人递减一等。毁弃子孙死尸者，杖八十。其子孙毁弃祖父母、父母及奴婢、雇工人毁弃家长死尸者，斩。若穿地得死尸不即掩埋者[6]，杖八十。若于他人坟墓熏狐狸因而烧棺椁者，杖八十，徒二年；烧尸者，杖一百，徒三年。若缌麻以上尊长，各递加一等[7]。卑幼，各依凡人递减一等[8]。若子孙于祖父母、父母及奴婢、雇工人于家长坟墓熏狐狸者，杖一百；烧棺椁者，杖一百，徒三年；烧尸者，绞。若平治他人坟墓为田园者，杖一百。于有主坟地内盗葬者，杖八十，勒限移葬。若地界内有死人，里长、地邻不申报官司检验而辄移他处及埋藏者[9]，杖八十。以致失尸者，杖一百。残毁及弃尸水中者，杖六十，徒一年；弃而不失，及髡发若伤者，各减一等。因而盗取衣服者，计赃，准窃盗论，免刺。

【注释】

①坟冢：立有标志、突出于地面的坟墓。棺椁：盛放死尸的棺材，内层为棺，棺外面套大棺以保护棺材为椁。按照西周以来的礼制，棺椁的层数根据死者身份的高低而有差别，身份越高棺椁层数越多，体现出不同等级的葬制。

②招魂而葬：棺椁中没有死者的尸体，而是用死者生前的衣物或者表明死者身份的物品代替尸体入葬，举行葬礼时举行招魂仪式。

③未殡（bìn）埋：殡，是葬礼中的一个仪式，在正式入墓穴埋葬之前，暂时把棺材停放在专门停灵柩的浅坑中。埋，把棺椁放入预先挖好的墓穴中再用土填埋。未殡埋，死者已经入殓棺椁中，但是还没有正式埋入墓穴封土。柩（jiù）：棺椁，棺材。

④有故：有合法的原因或者理由。迁葬：把已经安葬的死者从原来

的坟墓迁移到新的坟墓中安葬。

⑤弃而不失：抛弃了尸体但是没有因此而导致丢失尸体。髡（kūn）发：剃掉头发。

⑥穿地得死尸：挖掘土地发现了尸体。穿，挖开土地或者挖穿地面。

⑦各递加一等：递加的方法是烧棺椁者杖九十徒二年半，烧尸者杖一百流放三千里。

⑧各依凡人递减一等：具体减一等处罚的方式是，烧棺椁的，缌麻杖七十徒一年半，小功杖六十徒一年，大功杖一百，期亲杖九十；烧尸者，缌麻杖九十徒二年半，小功杖八十徒二年，大功杖七十徒一年半，期亲杖六十徒一年。

⑨里长、地邻：基层居民管理区域的管理者为里长，地邻是与土地相接的其他土地所有人。申报官司检验：报告给官方专门管理该事务的人员进行现场勘查。

【译文】

凡是挖掘坟墓见到棺椁的，处刑杖一百，流放三千里，已经打开棺椁看到尸体的，处绞刑；挖掘坟墓还没见到棺椁的，处刑杖一百，徒三年。挖掘衣冠冢的也同样论罪。如果挖开墓地，还没来得及举行葬礼埋入棺椁时盗窃尸体灵柩的，处刑杖九十，徒二年半；打开棺椁见到尸体的，也处绞刑。盗窃墓葬中的物品或者砖石的，计算赃物价值，依照普通人之间的盗窃论罪，免于刺字。如果是卑幼挖掘尊长的坟墓，与普通人犯罪同样论罪；打开棺椁看到尸体的，处斩刑。如果是抛弃尸体出卖坟地的，同样论罪。买坟地的人、牙人、保人如果知情，各自处刑杖八十，追回卖价没收入官，坟地归同宗亲属所有；不知情的情况，不论罪。如果是尊长挖掘卑幼的坟墓，打开棺椁见到尸体的，挖坟的尊长和被挖坟的亲属之间是缌麻亲属，处杖一百，徒三年；二者是小功以上的亲属，各自递减一等处刑；挖掘自己子孙的坟墓，打开棺椁看到尸体的，处刑杖八十。如果是有合理的原因而依照礼制的规定迁坟安葬的，都不论罪。如果残害毁损他人死尸以及将尸体抛入水中的，各自处刑杖一百，流放三千里；所谓死尸，指的是无论在家里还是在野外还没有举行葬礼入葬的，把尸体焚烧或者肢解之类都属于本条关于死尸的规定范围内。如果是已经举行了葬礼入葬的，自然是依照发冢、开棺椁见到尸体的律文规定，从重论罪。如果毁损抛弃缌麻以上尊长者的死尸的，处斩刑。如果是抛弃了尸体但是没有丢失以及剃掉了头发伤了尸体的，各种情形都减一等论罪。如果抛尸或者损伤尸体的前述情形是缌麻以上的卑幼亲属，依照普通人递减一等论罪。毁坏抛弃子孙的死尸的，处刑杖八十。子孙毁坏抛弃自己的祖父母、父母以及奴婢、雇工人毁坏抛弃家长死尸的，处斩刑。如果挖掘土地挖到死尸不立即掩埋的，处刑杖八十。如果在他人的坟墓熏狐狸由此烧到棺椁的，处刑杖八十，徒二年；烧尸体的，处刑杖一百，徒三年。如果在他人坟地熏狐狸烧到缌麻以上的尊长亲属的棺椁或者死尸的，前述两种情况各处刑加一等。如果是尊长在卑幼坟地熏狐狸烧到卑幼的棺椁或者死尸的，各种情况依照没有亲属关系的人犯罪处刑递减一等。如果子孙在自己祖父母、父母以及奴婢、雇工人在家长坟墓熏狐狸的，处刑杖一百；烧到棺椁的，处刑杖一百，徒三年；烧尸体的，处绞刑。如果把他人的坟墓摊平整理为田地园地的，处刑杖一百。在有主人的坟地内未经主人允许擅自埋葬尸体的，处刑杖八十，勒令限时迁移出去埋葬。如果在自己管辖的地界内发现有死人，里长、地邻不申报给官府而擅自转移到别处或者掩埋处理的，处刑杖八十。由此而导致尸体丢失的，处刑杖一百。残害毁损尸体抛尸入水的，处刑杖六十，徒一年；抛了尸体但是没有导致丢失的，以及剃掉尸体头发和损伤尸体的，各种情形都减一等处刑。因此而偷盗死者衣服的，计算赃物价值，准照盗窃论罪，免于刺字。

夜无故入人家

凡夜无故入人家内者①，杖八十。主家登时杀死者②，勿论。其已就拘执[3]，而擅杀、伤者[4]，减斗殴伤罪二等[5]。至死者，杖一百，徒三年。

【注释】

①夜：本条强调夜晚的时间条件，夜晚住宅内的人和财产需要更多的保护，本条赋予主人保护人身和财产的充分正当防卫权利。无故：没有合理或者合法的理由。入人家内：已经进入人家里面，对主人的人身和财产安全带来了实际侵害。

②登时：当时立即。

③已就拘执：已经接受了被拘拿，被控制住身体，限制了行动能力，可以达到消除进一步产生危害的可能性。就，事实上已经产生的客观事实。

④擅杀、伤：没有合法的理由自行做出杀或者伤人的行为。

⑤减斗殴伤罪二等：使用关于斗殴伤罪的专条作为参照适用的法律条款，减轻二等处罚。具体处罚方式是：如以他物殴人成伤者，笞四十；已执而他物伤之者，笞二十；如殴至笃疾者，杖一百，流放三千里；已执而殴至笃疾者，杖九十，徒二年半之类。

【译文】

凡是夜晚没有合理合法的理由而进入别人家里的，杖八十。主人家当时杀死侵入者的，不论罪。如果侵入者已经被控制住，而主人擅自杀死、伤害入侵者的，比照斗殴致伤罪减二等论罪。如果出现死亡后果的，处刑杖一百，徒三年。

盗贼窝主

凡强盗窝主[1]，造意[2]，身虽不行[3]，但分赃者[4]，斩。若不行，又不分赃者，杖一百，流三千里；共谋者，行而不分赃及分赃而不行，皆斩。若不行又不分赃者，杖一百。窃盗窝主，造意，身虽不行，但分赃者，为首论。若不行，又不分赃者，为从论。以临时主意上盗者为首[⑤]。其为从者，行而不分赃及分赃而不行，仍为从论。若不行，又不分赃，笞四十。若本不同谋，相遇共盗[⑥]，以临时主意上盗者为首，余为从论。其知人略卖、和诱人及强、窃盗后而分赃者[⑦]，计所分赃，准窃盗为从论，免刺。若知强、窃盗赃而故买者，计所买物坐赃论，知而寄藏者[⑧]，减一等。各罪止杖一百，其不知情误买及受寄者，俱不坐。

【注释】

①强盗窝主：窝藏包庇抢劫罪犯的人。

②造意：出谋划策组织犯罪活动。

③身虽不行：没有亲身参与到具体的犯罪行为中，指的是没有参与强盗的现场行为中，并不是没有参与从谋划到销赃的整个犯罪行为。

④但：只要有该行为。分赃：犯罪之后把非法所得财物在犯罪人之间分配。

⑤临时主意：没有事先谋划，在犯罪行为进行中临时出主意谋划对策组织犯罪行为的人。上盗：主要的盗窃犯罪行动人。

⑥相遇共盗：在犯罪活动进行中临时遇见，之后共同进行了盗窃犯罪的行为。

⑦知人略卖、和诱人及强、窃盗后而分赃：明知是略卖人、和诱买卖人口、抢劫、盗窃犯罪之后所得的赃款、赃物而参与分赃的。

⑧寄藏：寄存和保藏。

【译文】

凡是在强盗行为中参与窝藏的人，主谋组织，虽然没有亲自参与强盗的行动，只要是参与分赃的，处斩刑。如果没有亲自参与行动，又没有分赃的，处刑杖一百，流放三千里；共同参与谋划组织的，亲自参与却没有分赃以及分赃但是没有参与行动的，都处斩。如果没有参与犯罪也没有分赃的，处刑杖一百。盗窃犯罪的窝藏犯，主谋组织，虽然没有亲自参与盗窃行为，只要是分赃的，就认定为首犯。如果没有参与盗窃，又没有分赃的，按照从犯论罪。以盗窃犯罪进行中临时出主意组织犯罪行为的主要人员为首犯。盗窃犯罪中的从犯，参与了盗窃却没有分赃以及分赃了却没有亲自参与盗窃行为的，仍然按照从犯论罪。如果没有亲自参与盗窃行为，也不参与分赃，笞四十。如果进行盗窃的人彼此之间本来不认识没有共同犯罪的谋划，在行动中相遇一起盗窃，以临时出主意组织窃盗的主要参与者为首犯，其余人员认定为从犯。知道有人略卖、和诱买卖人口以及强盗、窃盗之后而参与分赃的，计算所分得的赃物价值，准照盗窃的从犯论罪，免于刺字。如果知道是强盗、窃盗的赃物而故意买的，计算买赃物的价值依照坐赃论罪，知道受托寄存的物品为赃物而为之寄存和收藏的，减一等论罪。各种情形最高处刑杖一百，不知情而买了赃物以及受托寄存的，不论罪。

共谋为盗

凡共谋为强盗，临时不行[①]，而行者却为窃盗[②]，共谋者、分赃造意者为窃盗首[③]，余人并为窃盗从[④]。若不分赃造意者为窃盗从[⑤]，余人并笞五十[⑥]，以临时主意上盗者为窃盗首。其共谋为窃盗，临时不行，而行者为强盗，其不行之人，造意者分赃，知情、不知情并为窃盗首；造意者不分赃，及余人分赃，俱为窃盗从；以临时主意及共为强盗者，不分首从论[⑦]。

【注释】

①临时不行：到实施犯罪的现场准备实施犯罪的时候，没有实施预谋的犯罪。

②行者却为窃盗：具体实施的犯罪行为却是盗窃罪。当初谋划的共同犯罪是强盗罪，到了犯罪现场的时候实施的是盗窃罪，此条专门指出预谋犯罪和具体实施的犯罪之间的变化。

③分赃造意者：共同犯罪中首先提出并谋划犯罪的人为造意者，参与了分配赃物的首谋犯罪的人。

④余人：在有预谋的共同抢劫或盗窃的犯罪中，除了共同谋划的人和参与了分赃的首谋之外的其他犯罪参与人。该条款是与前面首犯对应的从犯的认定范围。

⑤不分赃造意者：首谋提出共同犯罪的造意者最后没有参与分赃，这是该类人认定为从犯的标准。

⑥余人：前文所说的认定为从犯的余人，即除了共谋者、分赃造意者之外的人。并：包含之前所述的从犯余人和被认定为从犯的不分赃造意者，都适用笞五十的刑罚。

⑦不分首从论：论罪的时候，对于临时起意和参与强盗的人在论罪的时候不区分首犯和从犯，都按照强盗罪处以斩刑。

【译文】

凡是共同谋划组织强盗，在到了现场实施犯罪的时候没有实施强盗，实施的犯罪却是窃盗，共同谋划的人、参与分赃的首谋之人是盗窃犯罪的首犯，其余的犯罪参与人是盗窃犯罪的从犯。如果策划共同盗窃犯罪的首谋之人不参与分赃属于从犯，其余参与犯罪的人都笞五十，以犯罪实施时临时出主意谋划主要实施犯罪的人为盗窃罪的首犯。共同犯罪谋划的时候为窃盗，实施犯罪的时候没有实施窃盗，而是施行了强盗，对于没有到现场实施犯罪的人，首谋之人参与了分赃，无论知情、不知情都是窃盗罪的首犯；如果没有到现场实施犯罪行为的首谋之人没有参与分赃，以及实施犯罪的其他人参与了分赃的，都是盗窃犯罪的从犯；以现场实施犯罪的人中临时出主意以及共同参与了强盗的人，不分首犯、从犯同样论罪。

公取窃取皆为盗

凡盗，公取、窃取皆为盗①。公取，谓行盗之人公然而取其财；窃取，谓潜形隐面，私窃取其财，皆名为盗。器物、钱帛之类②，须移徙已离盗所，珠玉、宝货之类，据入手隐藏③，纵未将行，亦是。其木石重器，非人力所胜④，虽移本处，未驮载间，犹未成盗。马、牛、驼、骡之类须出阑圈⑤；鹰、犬之类，须专制在己⑥，乃成为盗。若盗马一匹，别有马随⑦，不合并计为罪。若盗其母而子随者，皆并计为罪⑧。

【注释】

①公取：公开取得他人财物，不怕被主人发现，是抢劫或者抢夺的强盗行为。窃取：隐匿行踪和面貌不被失主发现的情况下取得他人财物，是窃盗行为。本条所说的盗，包含强盗和窃盗两种情况。

②钱帛：货币和纺织品。明代的布帛是可以作为货币使用的，可以与钱币一样交易，钱帛具有同样的意义。器物与钱帛并列，因为布帛与一般的器物不同。

③据入手隐藏：把小型的财物控制在自己能控制的范围内藏起来，无法被发现，导致财物脱离了失主，造成事实上的被盗，因此，本

条规定即使实施犯罪的人还没有把财物带离盗窃的场所,但已经使得失主丧失了对财物的控制,完成了盗的事实,可以被认定为盗。

④非人力所胜:不是仅靠身体的力量可以控制的。

⑤阑圈:养家畜的圈。

⑥须专制在己:必须是已经完全把鹰犬控制在自己的手中。专制,完整地控制。

⑦别有马随:有别的马跟随着被带离场所。

⑧若盗其母而子随者,皆并计为罪:都计算在赃物价值内。皆,被盗的母马和马驹。并,母马和马驹的价值都计算在内。本条规定考虑到母马和它的马驹之间关系密切,盗了母马后,按照常理小马驹一般会跟随而来,小马驹也在盗的考虑范围内,是可以被认识到的结果,属于实施盗窃的行动结果。不同于上一条,盗马后,别的马跟随而来,是意外不可预知的情形,不在盗的行动范围之内。条文中的小注对阑圈、专制两个术语做精细的解释,小注与原文之间互补,使法律概念精确。

【译文】

凡是关于盗的条文所称的盗,公然取得、偷偷取得都是盗。公取,指实施盗的人公然取得财物;窃取,指藏起自己的行迹隐瞒面容,未经同意私自获取他人的财物,都可以称为盗。物品、货币织品之类,必须是已经带离了盗取物品原来的场所,珠宝、珍贵的财物之类,已经到手隐藏起来,即使还没有离开盗取物品的场所,也是可以认定为盗的。如果是用木头、石头制作的体量大的沉重器物,不是人工能够控制的,虽然已经移开了本来的位置,还没有放在运输工具上带走,还不能认定为盗。被盗的马、牛、骆驼、骡子之类必须已经带出了圈养的围栏或者圈;鹰、犬之类,必须能够完全控制在自己的手中,才能够认定为盗。如果盗窃了一匹马,有别的马跟随过来,不把跟随的马合并计算在赃物价值中论罪。如果盗的是母马而它的小马驹跟着走的,母马和小马驹都合并计算在赃物价值中论罪。

起除刺字

凡盗贼曾经刺字者[1],俱发原籍[2],收充警迹[3]。该徒者,役满充警[4]。该流者,于流所充警。若有起除原刺字样者[5],杖六十,补刺。

【注释】

①凡盗贼曾经刺字者:窃盗、强盗处刑时刺字是一般规定,不刺字属于特例需要有免于刺字的规定。曾经刺字,是指曾经犯过盗罪被刺字。

②发原籍:离开户籍登记所在地之后因为犯罪被发配回到户籍所在地。

③充警迹:充当警迹人。警迹人,巡察可疑踪迹的人员,维护地方治安的人。

④充警:充当警迹人。

⑤起除:消除,取消。

【译文】

凡是做过盗贼曾经被刺字的,都发配回原来的户籍地,充当警迹人。应该执行徒刑的,徒刑劳役期满充当警迹人。应该执行流放刑的人,在流放的地方充当警迹人。如果有私自除去因为强盗、窃盗犯罪而在身体上被刺字的人,处刑杖六十,重新刺字。

卷第十九　刑律二　人命计二十条

【题解】

人命门包括各种类型杀、伤人的犯罪，保护人身安全。杀伤亲属、师长、杀一家三人、采生拆割、造畜蛊毒是“十恶”中不孝、不道、不义的细化。中国传统法律观念认为人命关天。《道德经》认为天下四大：道大、天大、地大、人亦大，人与道、天、地同样是最重要的存在。战国时期荀子提出天地之间人至为贵的观念（《荀子·王制》）。这些观念在传统法律文化中绵延，融入法律规则中，根深蒂固。汉高祖与关中父老约法三章“杀人者死，伤人及盗抵罪”（《史记·高祖本纪》），三个罪名中杀人、伤人占两个。历代法典都对杀人罪做出严厉的处罚，古代法谚有“杀人偿命、欠债还钱”，有关人命的犯罪被视为重罪，通常会判处死刑。执行死刑常用弃市的方式，“与众人共弃之”（《释名》卷四），在街市中游街后公开执行死刑，有些死刑犯执行后还会被悬挂头颅在城墙上示众。

受到人命至重观念的影响，有关人命的犯罪理论也审慎地对待犯罪与刑罚的问题，西晋律学家张斐提出故杀、斗杀、戏杀、误杀、谋杀等术语区分杀人的不同情形，以便准确定罪量刑（《晋书·刑法志》）；唐律中规定“七杀”，细分七种类型的杀人犯罪。《大明律》继承了传统法律理论和规则，把杀人、伤人犯罪行为归入专门的类别，定名“人命”做出严密且严厉的规定。明代法定刑中最重的刑罚是凌迟处死，在“人命”类犯罪中适用最多，谋杀祖父母、父母，谋杀亲夫、杀一家非死罪三人都可以处凌迟刑，以最严厉的惩罚遏制杀死亲属破坏伦理和用残暴手段杀人的犯罪。

杀人罪中关于复仇的问题，是古代法律中的一个有争议问题。父母为人所杀，按照国家法律的规定，应当寻求国家的救济，通过告官、审判、执行死刑等程序杀死仇人为父母报仇，但是，传统伦理认为杀父之仇不共戴天，应当由孝子手刃仇人达到复仇的目的，这就造成了国家法律与私人仇怨之间的对立。孝子是否可以通过私力救济的方式亲手杀死仇人，国家法律是不是可以按照普通的杀人罪对待孝子杀人的复仇行为，古代一直有争议。法律的基本做法是，杀人偿命，无论是杀死他人父母还是孝子复仇，都是私自剥夺他人生命，都是法律所不允许的，剥夺他人生命的权力只应当掌握在国家手中，通过正式的司法程序。但是，我国古代以家庭伦理作为法律的指导思想，严格维护以父子关系为核心的家庭伦理关系，子女必须维护父母的利益，父母为人所杀，破坏了基础伦理，子女有义务杀死杀人者以维护伦理关系。站在家庭伦理的角度看，复仇行为是合理的；站在国家法律的角度看，私自杀人是非法的。古代法律的一般规定是，不允许私自复仇，也不允许私和，必须报告官府，由司法机关适用法律对杀人犯罪进行审理裁决，量刑时考虑复仇的动机减轻处罚，从而在二者之间寻找平衡。

谋杀人

凡谋杀人[①]，造意者[②]，斩；从而加功者[③]，绞；不加功者，杖一百，流三千里。杀讫乃坐[④]。若伤而不死，造意者，绞；从而加功者，杖一百，流三千里；不加功者，杖一百，徒三年。若谋而已行，未曾伤人者，杖一百，徒三年；为从者，各杖一百。但同谋者，皆坐。其造意者，身虽不行[⑤]，仍为首论；从者不行，减行者一等[6]。若因而得财者，同强盗不分首从论[7]，皆斩。

【注释】

①谋杀人：预谋策划杀人的行为，只要有预谋的行为就可以构成本罪，根据犯罪从预谋到实施完成犯罪的具体情况分别规定不同的处罚。

②造意者：首先提议策划谋杀人的行为，首谋之人。

③加功：从旁协助犯罪完成犯罪行为。

④杀讫：已经完成了杀人行为并造成了死亡后果。

⑤身虽不行：虽然没有亲身到现场参与行动。

⑥减行者一等：参与犯罪的从犯没有实际实施犯罪行为比照已经参与了犯罪行为的从犯减一等。

⑦同强盗不分首从论：与强盗罪适用同样的法律规定，即强盗得财者，不分首犯和从犯都处斩刑。

【译文】

凡是有预谋的杀人，首谋之人，处斩刑；积极协助完成犯罪行为的，处绞刑；参与犯罪但是没有积极协助完成犯罪的，处刑杖一百，流放三千里。被杀者死亡才依据本条论罪。如果被害人受伤了但是没有死亡，首谋的人，处绞刑；参与共同犯罪积极协助完成犯罪的，处刑杖一百，流放三千里；参与共同犯罪但是没有积极协助完成犯罪的，处刑杖一百，徒三年。如果谋杀已经实施，但是没有伤到人的，处刑杖一百，徒三年；参与犯罪的从犯，各自杖一百。只要是共同参与预谋的，都论罪。预谋杀人中的首谋之人，自己虽然没有到现场实施犯罪，仍然按照首犯论罪；参与预谋杀人的共同犯罪中的从犯没有到现场实施犯罪的，按照已经到现场实施犯罪的人处刑减一等。如果因为预谋杀人的行为而获得钱财的，按照强盗罪不分首犯从犯同样论罪，都处斩刑。

谋杀制使及本管长官

凡奉制命出使[①]，而官吏谋杀，及部民谋杀本属知府、知州、知县[②]，军士谋杀本管指挥、千户、百户[③]，若吏卒谋杀本部五品以上长官[④]，已行者，杖一百，流二千里；已伤者，绞；已杀者，皆斩。

【注释】

①奉制命出使：奉皇帝的命令出使地方巡察。制命，皇帝的命令。出使，作为皇帝的使者代表皇帝到地方处理事务。

②部民、本属：地方官员负责地方的各方面事务，地方知府、知州、知县所管辖的区域内的民众是其所部，是其所属，称为部民、本属。

③本管：军队的长官对于所管理的士兵有直接管束的职责，长官对于士兵是本管。指挥、千户、百户：是明代军中的职级。

④吏卒、本部：吏和卒是被官府或者军队所役使，服务于官府或者军队的人，受到役使他们的长官的管束，所以使用本部的术语。

【译文】

凡是奉皇帝的命令出使，遭到官吏谋杀，以及知府、知州、知县遭到所属管辖下的部民谋杀，指挥、千户、百户遭到自己所管的军队士兵的谋杀，还有吏卒谋杀直接管理他们的五品以上长官，已经实施了犯罪的，处刑杖一百，流放二千里；已经造成了伤害的，处绞刑；已经杀死的，都处斩刑。

谋杀祖父母父母

凡谋杀祖父母、父母，及期亲尊长、外祖父母、夫、夫之祖父母、父母，已行者，皆斩；已杀者，皆凌迟处死[①]。谋杀缌麻以上尊长，已行者，杖一百，流二千里；已伤者，绞；已杀者，皆斩。其尊长谋杀卑幼，已行者，各依故杀罪减二等；已伤者，减一等；已杀者，依故杀法[②]。依故杀法者谓各依斗殴条内尊长故杀卑幼律论罪。若奴婢及雇工人谋杀家长，及家长之期亲、外祖父母，若缌麻以上亲者，罪与子孙同[③]。

【注释】

①凌迟：以割碎犯罪者身体的方式处死刑，即俗语所言千刀万剐，是明代最残酷的法定死刑。

②依故杀法：依照故意杀人的法律条文规定的行为模式和法律后果的相应规定适用法律。

③"若奴婢及雇工人谋杀家长"几句：奴婢和雇工人谋杀家长和家长的亲属，论罪的时候按照子孙谋杀尊长的规定论罪，也即，奴婢和雇工人犯罪比照子孙同等身份。

【译文】

凡是预谋杀害祖父母、父母，以及期亲尊亲属、外祖父母、丈夫、丈夫的祖父母、父母，已经实施的，都处斩刑；已经杀死的，都用凌迟的方式处死刑。预谋杀害缌麻以上的尊亲属，已经实施的，处刑杖一百，流放二千里；已经造成伤害的，处绞刑；已经杀死的，都处斩刑。尊亲属预谋杀死卑亲属或者同辈比自己年纪小的亲属，已经实施的，各自依照故意杀人罪减二等论罪；已经造成伤害的，依照故意杀人罪减一等论罪；已经杀死的，依照故意杀人罪的法律规定论罪。依照故杀的规定定罪，是指各自依照"斗殴"条的规定中尊长故意杀害卑幼论罪的条款定罪。如果奴婢或者雇工人意图谋杀家长，以及家长的期亲、外祖父母，包括谋杀缌麻以上的亲属，论罪的时候同样适用本条中关于子孙的规定。

杀死奸夫

凡妻、妾与人奸通[①]，而于奸所亲获奸夫、奸妇[②]，登时杀死者，勿论；若止杀死奸夫者，奸妇依律断罪[③]，从夫嫁卖[④]。其妻、妾因奸同谋[⑤]，杀死亲夫者，凌迟处死，奸夫处斩。若奸夫自杀其夫者[⑥]，奸妇虽不知情，绞。

【注释】

①奸通：通奸，双方同意的婚外奸淫行为。

②奸所：通奸的场所。亲获：必须是通奸妻、妾的丈夫亲自在现场抓获，是对本条犯罪行为适用法律时的限制性规定。本条因为允许丈夫在通奸现场抓获奸夫、奸妇时杀死奸夫、奸妇无罪，有严格的适用条件，必须是丈夫自己，而不能是其他亲属或者外人之类，防止滥用。

③奸妇依律断罪：奸妇没有在奸所当时杀死，那么奸妇的行为依照通奸的条文规定论罪，不适用本条规定。

④嫁卖：丈夫可以把妻、妾嫁出去或者卖出去。

⑤因奸同谋：妻、妾因为与人通奸而与奸夫共同图谋杀害丈夫。

⑥自杀：自己决定并实施杀死本夫的行为。其夫：通奸妻、妾的丈夫，与奸夫对应。

【译文】

凡是妻子或者妾与他人通奸，丈夫在通奸的场所亲自抓获奸夫、奸妇，当时立即杀死的，不论罪；如果只是杀死了奸夫的，奸妇依照通奸的立法条文规定论罪，允许丈夫把妻子嫁出去或者卖掉。妻、妾因为与他人通奸共同谋划杀害自己丈夫的，凌迟处死，奸夫处斩刑。如果奸夫自行杀死了其夫的，奸妇虽然不知情，处绞刑。

谋杀故夫父母

凡妻、妾谋杀故夫之祖父母、父母者[①]，并与谋杀舅、姑罪同[②]。若奴婢谋杀旧家长者[③]，以凡人论。谓将自己奴婢转卖他人者，皆同凡人。余条准此。

【注释】

①故夫：前夫。

②舅姑：舅是指公公，丈夫的父亲；姑指婆婆，丈夫的母亲。

③旧家长：奴婢在法律上属于主人的财产，奴婢所在家庭的家长视为奴婢的家长，被转卖之前的主人称为旧家长。奴婢与家长之间在法律上通常适用子孙与家长的规定，所以本条指出奴婢被转卖之后与原来的家长之间不存在类似家长和子孙的关系，并且在小注中专门指出"余条准此"，类似的情况都可以这样适用法律条文。

【译文】

凡是妻子、妾图谋杀害前夫的祖父母、父母的，与谋杀现在的公公、婆婆同样论罪。如果奴婢图谋杀害之前的主人的，按照普通人之间的关系论罪。指把自己的奴婢转卖给他人的，都是按照没有关系的普通人的犯罪行为论罪。类似的情况都是按照普通人之间犯罪论罪。

杀一家三人

凡杀一家非死罪三人及支解人者[①]，凌迟处死，财产断付死者之家[②]，妻、子流二千里[③]。为从者，斩。

【注释】

①一家：居住在一个家庭中的人，包含在法律上适用家长与家庭成员亲属关系的奴婢、雇工人之类，也包括没有居住在一起的近亲属如父子兄弟。如果被害人中有一人不属于一家的范围，也不能适用本条规定。非死罪：被杀死的人没有犯过死罪应该被处死刑的。“一家非死罪三人”放在一起是一个共同的条件，如果同一家的被害人中至少有一人犯死罪的就不适用本条。支解人：对活人进行肢解，分裂肢体致人死亡的行为。本条不是对尸体的肢解，本条与“一家非死罪三人”是并列条款，独立成为一个可以适用凌迟的条件，不必一家三人，也不必非死罪，只要肢解活人就处凌迟。

②断付：判决给付，财产转移的法律依据是判决。死者之家：死者所在的家庭。

③妻、子：妻子和孩子。

【译文】

凡是杀死一家人中没有犯死罪的三人及以上，以及将人肢解死亡的，用凌迟的方式处死刑，财产判决给被害人家，犯罪者的妻子和孩子流放二千里。上述犯罪的从犯，处斩刑。

采生拆割人

凡采生拆割人者[①]，凌迟处死，财产断付死者之家，妻、子及同居家口[②]，虽不知情，并流二千里安置[③]；为从者，斩。若已行而未曾伤人者[④]，亦斩，妻、子流二千里；为从者，杖一百，流三千里。里长知而不举者[⑤]，杖一百；不知者，不坐。告获者[⑥]，官给赏银二十两。

【注释】

①采生拆割：以实施妖术、蛊惑众人、控制人为目的，从活人身体上取人的耳朵、眼睛、内脏等器官而残害人身体的行为，不论是否造成死亡都可以适用本条规定。本条与上一条的“肢解”相同之处是都有对活人的身体进行分割残害的行为；不同之处是，本条的犯罪目的是为了实现妖术或者蛊惑人的目的而获取人的器官，不是为了杀人，上一条的目的是为了致人死亡，有杀人目的。

②同居家口：居住在一起的其他家庭成员，也包括奴婢和其他具有人身依附关系的人。

③安置：在流放地把犯人的户口编入当地户籍管理。

④已行而未曾伤人：已经实施了为了妖术或者迷惑人而采生拆割，但是还没有出现伤人的后果，如已经开始为了妖术抓人，或者已经抓到了人但是还没有开始伤害身体的行为。本条规定的处刑结果是斩刑，因为已经实施了具有妖术或者蛊惑人的行为，实现了本条规定的部分目的。

⑤里长：犯罪地、犯罪人所在地的基层事务管理者。知而不举：知情但是没有告发。举，揭发检举犯罪行为。

⑥告获：向官方告发犯罪行为并因为告发而抓获了犯罪者的。

【译文】

凡是采生拆割残害人的，都使用凌迟处死，财产判决给死者的家庭，妻子、孩子以及其他一起居住的人，虽然不知情，也一并流放二千里并将户籍编入流放地；实施采生拆割的从犯，处斩刑。如果已经实施了出于妖术或者蛊惑众人目的的犯罪但是还没有伤及受害人身体的，也处斩刑，妻子和孩子流放二千里；从犯，处刑杖一百，流放三千里。当地的里长知情不告发的，处刑杖一百；不知情的，不论罪。有人告发采生拆割犯罪的，官方给二十两银子作为奖励。

造畜蛊毒杀人

凡造畜蛊毒[1]，堪以杀人[2]，及教令者[3]，斩。造畜者，财产入官，妻、子及同居家口，虽不知情，并流二千里安置。若以蛊毒，毒同居人，其被毒之人、父母、妻妾、子孙不知造蛊情者，不在流远之限[4]。若里长知而不举者，各杖一百；不知者，不坐。告获者，官给赏银二十两。若造魇魅、符书、咒诅[5]，欲以杀人者，各以谋杀论。因而致死者，各依本杀法[6]。欲令人疾苦者[7]，减二等。其子孙于祖父母、父母，奴婢、雇工人于家长者，各不减。若用毒药杀人者，斩。买而未用者，杖一百，徒三年。知情卖药者，与同罪；不知者，不坐。

【注释】

①造畜蛊毒：制作保存邪恶的有毒物品。造，制造。畜，保存和传递。蛊毒，以特殊方式制作合成的带有邪恶目的的有毒物品。根据《唐律疏议》的解释，蛊有很多种，很难详细追究，通常来说涉及旁门左道，蛊惑毒害人。一种说法是，收集多种蛊，放置在一起，经过一段时间之后，蛊虫相食，最终剩下的那个为蛊毒，如果最终剩下的是蛇，称为“蛇蛊”。唐律之后，律文中的造畜蛊毒基本上沿用了唐律的表述和含义。

②堪以杀人：所制作的蛊毒足以杀死人，不一定要实际杀死人，达到杀人的程度即构成本罪的行为模式。

③教令：传授方法教唆人，或者命令人制作蛊毒。

④不在流远之限：不属于流放到远方安置的范围。本条规定造畜蛊毒和使用蛊毒毒害他人的，家属需要连坐被流放二千里安置，如果造畜蛊毒是为了毒害家人的，家人不因此而被连坐流放到远方

安置，所以，条文中对连坐的特殊情形做出限制性规定。

⑤魇（yǎn）魅：以巫术引来鬼魅指使其害人的行为，具体方法多种多样，如扶乩之类。符书：道教中用特殊仪式和朱砂等材料在符纸上书写特定符号，被认为可以用来驱使鬼怪达到特殊目的。咒诅：用恶毒的语言期待被诅咒的人遭遇灾祸、疾病、痛苦之类。古代人们的认识能力有限，相信魇魅、符书、咒诅之类的迷信方式会对他人造成损害，是一种防不胜防的危害手段，因此，立法对此类行为设定了极其严厉的禁止性规定，防止出现此类行为造成公众恐慌，严重危害社会秩序和统治秩序。

⑥各依本杀法：实际造成死亡的后果，按照杀人使用的方法、情节、后果、目的等要素适用对应的关于杀人的条文。

⑦令人疾苦：使人遭受到疾病和痛苦。

【译文】

凡是制造储存传播蛊毒，足以用来杀人，以及传授方法教唆命令他人制造存储蛊毒的，都处斩刑。制造储存的，没收财产给官府，妻子、孩子以及同居的家人，虽然不知情，都流放二千里在流放地编入户籍。如果用蛊毒，给共同居住的人下毒，被毒害的人、下蛊毒者的父母、妻妾、子孙不知道有制造蛊毒的行为，不在流放的范围之内。如果里长知情而不举报的，上述各种情况都处刑杖一百；不知情的，不论罪。告发并抓获的，官方给二十两银子做奖励。如果制造魇魅、符书、诅咒物品，计划用来杀人的，各种情况都依照谋杀论罪。因此而导致他人死亡的，各自依照不同情形的杀人规定适用法律。如果是计划让人生病痛苦的，减二等处刑。如果是子孙对祖父母、父母实施了上述行为，奴婢、雇工人对家长实施了上述行为的，各种情况都不减刑。如果用毒药杀人的，处斩刑。买了毒药而没有用来杀人的，处刑杖一百，徒三年。知道买毒药是为了杀人而卖给毒药的，与犯罪人同样论罪；不知情的，不论罪。

斗殴及故杀人

凡斗殴杀人者[①]，不问手足、他物、金刃[②]，并绞。故杀者，斩。若同谋共殴人，因而致死者，以致命伤为重[③]。下手者[④]，绞。原谋者[⑤]，杖一百，流三千里。余人[⑥]，各杖一百。

【注释】

①斗殴杀人：由于斗殴而导致死亡。一人与一人之间的打击伤害身体为斗，两人殴打一人为殴，两人及以上互相打为共殴。

②不问手足、他物、金刃：不考虑斗殴杀人使用的工具是手脚、其他物品还是带刃的金属工具。不问，不用考虑，不作为论罪量刑考虑的因素。他物，除了手脚、金属的刀刃之类的其他物品，比如木棍、绳索之类，他物不含带有利刃的金属工具，考虑到两者的危害程度不同，单独列出来。本条专门指出不区分他物、金刃之类，是从后果考虑。在其他条文中，有时需要区分造成伤害的工具。金刃，带有利刃的金属工具。因为金属工具危害严重，作为专门的工具列为一类。

③致命伤：导致死亡的伤。为重：作为严重情节，负首要罪责。

④下手：实施了殴打行为。

⑤原谋：最初参与谋划。

⑥余人：共同犯罪中除了造成致命伤的下手者和原谋者之外参与殴打的其他人。

【译文】

凡是斗殴杀人的，不管是使用手脚、其他物品、金属制作的有刃的器具，都处绞刑。如果持有故意杀人意图而殴打造成死亡的，处斩刑。如果共同谋划殴打他人，在实施犯罪的过程中因殴打而导致死亡的，以造成致命伤的人负首要罪责。参与下手殴打的人，处绞刑。最初谋划的人处刑杖一百，流放三千里。其余的参与人，各自杖一百。

屏去人服食

凡以他物置人耳、鼻及孔窍中[①]，若故屏去人服用、饮食之物而伤人者[②]，杖八十；谓寒月脱去人衣服，饥渴之人绝其饮食，登高、乘马私去梯、辔之类[③]。致成残、废疾者，杖一百，徒三年；令至笃疾者，杖一百，流三千里，将犯人财产一半给付笃疾之人养赡[④]；至死者，绞。若故用蛇、蝎、毒虫咬伤人者，以斗殴伤论[⑤]；因而致死者，斩[⑥]。

【注释】

①他物：可能造成人体受到伤害的物品。孔窍：眼睛、耳朵、鼻子、嘴巴等身体连接外部的孔道。

②屏去：移除，去掉。服用：衣服和用品。

③辔：控制马的缰绳。

④养赡：笃疾之人身体受到严重伤害，丧失了劳动力和行动力，无法自己获得生活费用来源，因此把加害人的财产去一半付给受害人作为生活费用。

⑤以斗殴伤论：用蛇虫等物造成他人伤害与斗殴伤害中采用他物致人受伤的情形相同，可以适用斗殴伤害的条文论罪。

⑥因而致死者，斩：故意用蛇虫等物咬伤他人导致死亡后果，存在造成他人死亡的故意，因此，适用上条律文规定的斗殴及故杀人条文中的斩刑，在前后法律条文中归同类的情形同样定罪量刑。

【译文】

凡是用可能造成人体伤害的物品放置在人的耳朵、鼻子以及人体连接外部的孔窍中，包括故意移除他人的衣服用品、饮食之类的物品造成伤害的，处刑杖八十；指寒冬腊月脱去人的衣服，给饥渴的人断绝饮食，登高、骑马的时候私自移除梯子、马缰绳之类可能导致人受到伤害的行为。导致受害人产生伤残、废疾后果的，处刑杖一百，徒三年；造成受害人出现残疾、笃疾的后果的，处刑杖一百，流放三千里，把犯人的一半财产给付笃疾的受害人作为赡养的费用；伤害致死的，处绞刑。如果故意用蛇、蝎子、毒虫咬伤人的，按照斗殴伤人论罪；因此导致死亡的，处斩刑。

戏杀误杀过失杀伤人

凡因戏而杀、伤人①，及因斗殴而误杀、伤傍人者②，各以斗杀、伤论③。其谋杀、故杀人而误杀傍人者，以故杀论。若知津河水深泥泞而诈称平浅，及桥梁渡船朽漏不堪渡人而诈称牢固④，诳令人过渡以致陷溺死、伤者⑤，亦以斗杀、伤论。若过失杀、伤人者，各准斗杀、伤罪，依律收赎，给付其家。过失，谓耳目所不及，思虑所不到，如弹射禽兽，因事投掷砖瓦，不期而杀人者⑥。或因升高险，足有蹉跌⑦，累及同伴。或驾舡使风⑧，乘马惊走，驰车下坡，势不能止⑨。或共举重物力不能制，损及同举物者。凡初无害人之意，而偶致杀、伤人者，皆准斗殴杀、伤人罪，依律收赎，给付被杀、被伤之家，以为茔葬及医药之资⑩。

【注释】

①戏：开玩笑，打闹，出于玩乐的动机和目的而进行的行为，如切磋武艺，耍枪舞剑之类。

②傍人：与斗殴参与人完全不相关的人，如路过的人，看热闹的人之类。

③以斗杀、伤论：以斗杀、伤的罪名论罪。斗杀、伤有专门的条文规定的罪名以及相关的处刑标准，使用斗杀、伤的罪名和处刑标准处理本条所规定的戏杀、伤和斗殴杀、伤旁人的行为。

④渡船：明代在河流渡口设置渡船供人们过河，有官方设置的渡船，也有民间的渡船。朽漏：桥梁的木头或者石头腐朽残破无法承受过河的重量，船只腐朽漏水不能使用。诈称：欺骗别人告诉他人桥梁、渡船结实牢固可以使用。

⑤诓（kuáng）：哄骗使人相信虚假的情况。过渡：渡过河流。陷溺：陷入河水中溺水。

⑥不期：预料之外，认识能力之外。

⑦蹉跌：失足跌倒。

⑧舡（chuán）：同“船”。

⑨势不能止：正在飞快行驶、奔驰的船只、马匹、车辆的态势无法停止。

⑩茔（yíng）葬：丧葬。

【译文】

凡是因为玩笑打闹而造成杀死、伤害人，以及因为斗殴而误杀、误伤其他没有参与斗殴的人，各自以斗杀、伤罪名论罪。谋杀、故意杀人而误杀不相关的其他人的，以故意杀人论罪。如果明知渡口河流的水很深地上有淤泥而假称水浅地平整的，以及桥梁渡船腐朽漏水不能让人渡河而假称桥梁、船只牢固，哄骗他人过河渡桥以致陷入河中溺死、受伤的，也依照斗杀、伤罪名论罪。如果是过失杀人、伤人的，各自准照斗杀、伤罪论罪，依照法律规定的条款收赎，赎刑的钱交给受害人家。过失，指听力、视力所不能发现的，思考认识所不能察觉的，例如用弹弓、弓箭猎杀禽兽，出于正常的事务需要扔砖瓦，没有料想到会杀人的。或者因为攀登高处有危险的地方，脚下没有站稳摔倒，连累了同伴。或者驾驶船只乘风而行，骑马时马受惊奔走，驾车快速下坡，行驶中不能止住飞快移动的速度带来的冲击力。或者共同举起重物体力不能支持，导致共同举重物的人受到伤害。凡是最初没有害人的动机，因偶然的因素导致杀人、伤人的，都可以准照斗殴杀、伤人罪论罪，按照法律规定收赎，不用实际执行斗杀、伤罪的刑罚而是缴纳钱财代替执行刑罚，赎刑的钱财交给被杀、被伤人家，作为举行葬礼以及医药的费用。

夫殴死有罪妻妾

凡妻、妾因殴骂夫之祖父母、父母，而夫擅杀死者，杖一百[①]。若夫殴骂妻、妾，因而自尽身死者[②]，勿论。

【注释】

①杖一百：丈夫不经告知官府由官府处刑而是自己杀死妻妾的行为，只处杖一百的轻刑，因为妻妾殴打、辱骂丈夫的祖父母、父母构成了犯罪，属于本条所说的有罪妻妾，妻妾犯罪在先，丈夫虽然是擅自杀死有罪妻妾，不构成重刑的量刑条件，体现了明代法律中男尊女卑以保障夫权的宗旨。

②自尽：自杀。

【译文】

凡是妻子、妾因为殴打辱骂丈夫的祖父母、父母，引起丈夫擅自杀死妻子、妾的，处刑杖一百。如果丈夫殴打辱骂妻子、妾，导致妻子、妾自杀死亡的，丈夫不论罪。

杀子孙及奴婢图赖人

凡祖父母、父母故杀子、孙，及家长故杀奴婢图赖人者[①]，杖七十，徒一年半。若子、孙将已死祖父母、父母，奴婢、雇工人将家长身尸图赖人者，杖一百，徒三年；期亲尊长，杖八十，徒二年；大功、小功、缌麻，各递减一等[②]。若尊长将已死卑幼及他人身尸图赖人者，杖八十。其告官者，随所告轻重[③]，并依诬告平人律论罪[④]。若因而诈取财物者[⑤]，计赃，准窃盗论。抢去财物者[⑥]，准白昼抢夺论，免刺。各从重科断[⑦]。

【注释】

①图赖：试图诬赖他人杀人以满足自己的愿望，通常有讹诈钱财、报复、陷害等目的。

②各递减一等：用大功、小功、缌麻亲属的尸体诬赖他人，随着亲属关系服制的递减处刑也一并递减，具体递减的方式是：大功亲属处刑比期亲减一等，从杖八十徒二年减为杖七十徒一年半；小功亲属比大功亲属减一等，从杖七十徒一年半减为杖六十徒一年；缌麻亲属比小功亲属处刑减一等，从杖六十徒一年减为杖一百。

③所告轻重：用尸体诬赖他人并向官府举告，定罪量刑的原则是随着所告罪名的变化而变化。

④诬告平人：诬告没有犯罪的普通人。诬告在明代法律中定罪量刑的基本原则是反坐，即诬告对方什么罪，核实后诬告方就要承担什么罪。平人，没有犯罪的平常人。如果被诬告的人本身有犯罪行为，根据所犯罪行的实际情况对诬告的人和被诬告的人论罪，不直接适用反坐。

⑤因而诈取财物：因为借助尸体诬赖他人而要求他人向自己给付财物。

⑥抢去财物：在用尸体图赖的过程中公然抢劫或抢夺被赖人的财产带离被赖人的控制。

⑦各从重科断：前文诈取财物、抢去财物分别依照盗窃罪、白昼抢夺罪论罪，两种罪名内部还涉及不同的情节、后果处刑等级不同，分别根据案情的具体情况从重定罪量刑。另一种从重的情况是，如

果图赖的罪名和刑罚重于盗窃、白昼抢夺，那么按照图赖定罪量刑，如果图赖的刑罚轻于盗窃、白昼抢夺，那么按照处刑较重的盗窃或白昼抢夺量刑。

【译文】

凡是祖父母、父母故意杀死儿子、孙子，以及家长故意杀死奴婢试图诬赖他人的，处刑杖七十，徒一年半。如果儿子、孙子把已经死亡的祖父母、父母的尸体，奴婢、雇工人把家长的尸体用来诬赖他人的，处刑杖一百，徒三年；卑幼把期亲尊长的尸体用来诬赖他人的，处刑杖八十，徒二年；卑幼把大功、小功、缌麻尊亲属的尸体用来诬赖他人的，依照各亲属等级处刑递减一等。如果尊长把已经死亡的卑幼以及他人的尸体用来诬赖人的，处刑杖八十。为了诬赖向官府提起诉讼的，根据所告罪名的轻重，都依照诬告平常人的律文规定论罪。如果因此而诈骗获取财物的，计算赃物的价值，依照窃盗论罪。因为借助尸体诬赖而抢劫他人财物的，依照白昼抢夺论罪，免于刺字。诈取财物和抢劫财物的情况各自按照罪重的情形论罪，即，诈取、抢劫财物罪重就按照诈取、抢劫罪论罪，图赖罪重，就按照图赖论罪。

弓箭伤人

凡故向城市及有人居止宅舍放弹、射箭、投掷砖石者①，笞四十；伤人者，减凡斗伤一等②；因而致死者，杖一百，流三千里③。

【注释】

①故：故意，没有正当合法的理由而故意实施在特定空间放箭之类的行为。居止：有人居住活动停留。城市和有人活动的房屋如果放弹、射箭、扔石头砖瓦等物品可能会造成人身伤害或者财产损

害，本条为防止伤害产生进行的预防性规定，只要实施了可能有危害性的行为，即使没有造成实际伤害，也构成本条的罪名。

②减凡斗伤一等：放弹、射箭等行为有伤人的可预期性，斗殴律文规定如果斗殴伤人处刑笞四十，如果因为斗殴造成笃疾之类还有断付一半家产给受害人的规定，本条没有斗殴的情节，如果只是伤人，依照本律笞四十，如果有严重的伤，根据伤情比照普通人之间的斗殴减一等，既考虑了伤情，也考虑了没有斗殴情节之间的平衡。

③杖一百，流三千里：该条文的规定同样是考虑到没有斗殴情节，不存在故意致死的动机，危害性与一般的谋杀、故杀、斗殴致死之类有区别，量刑相对较轻。

【译文】

凡是故意向城市里以及有人居住活动的房屋建筑中发射弹丸、射箭、投掷砖头石头的，笞四十；造成有人受伤的，按照没有亲属关系的普通人之间的斗殴伤人减一等论罪；因此而导致死亡的，处刑杖一百，流放三千里。

车马杀伤人

凡无故于街市、镇店驰骤车马①，因而伤人者，减凡斗伤一等；至死者，杖一百，流三千里。若于乡村无人旷野地内驰骤，因而伤人致死者，杖一百，并追埋葬银一十两②。若因公务急速而驰骤杀、伤人者，以过失论③。

【注释】

①驰骤：驰骋，疾奔。

②追埋葬银：对于致人死亡的行为在处刑的同时并处赔偿用于死者的埋葬费用，是一种刑事并处民事的做法，在元代即有追征烧埋银给死者家属的规定，明代沿用了相关规定。

③因公务急速而驰骤杀、伤人者，以过失论：因公务疾驰造成杀伤的情况，没有致人杀伤的动机，虽然造成了严重后果，但是处罚的时候可以从轻论罪，过失杀伤的论罪方式可以使用赎刑，既可以促使办理公务的人审慎行驶减少伤害，同时也不至于因为担心刑事处罚而耽误公事，在二者间达到平衡。

【译文】

凡是没有合法原因在街道集市、城镇店铺人多的地方快速行驶车马，因而导致有人受伤的，按照斗殴伤减一等论罪；导致人死亡的，处刑杖一百，流放三千里。如果在乡村没有人的空旷野外快速行驶车马，因而导致人受伤的，处刑杖一百，并从加害人那里追缴十两银子给死者家属用于埋葬。如果因为办理紧急公务而快速行驶致人死亡或受伤的，依照过失犯罪论罪可以收赎。

庸医杀伤人

凡庸医为人用药、针刺误不依本方[①]，因而致死者，责令别医辨验药饵、穴道[②]，如无故害之情者，以过失杀人论。不许行医。若故违本方[③]，诈疗疾病而取财物者[④]，计赃准窃盗论。因而致死，及因事故用药杀人者[⑤]，斩。

【注释】

①药：中草药。针：中医针灸，一种用银针刺激人体特定穴位的医治方法。本方：中医的草药或者针灸都有特定的适用病症的药方组

合，针对某种病症的药方为病症的本方。

②辨验：辨识验证药方、针灸方案。药饵：药引子。

③故违本方：故意违反所治疗的病症对应的药方。

④诈疗疾病：假做治疗疾病实际实施欺骗。

⑤因事故用药杀人：基于特定原因、事由，故意使用毒药或者可能导致人死亡的药物造成死亡后果。

【译文】

凡是庸医在使用中药、针灸治疗疾病时过失没有按照正确的医疗方子医治，因而导致死亡的，责令别的医生辨识验证药物和药引、穴位，如果没有故意害人的情节，以过失杀人论罪。以后不许再作为医生给人治疗疾病。如果故意违反正确的医疗方子，假装治疗疾病而收取财物的，计算所得赃物依照窃盗罪论处。因而导致死亡后果的，以及因为治疗疾病故意用药杀人的，处斩刑。

窝弓杀伤人

凡打捕户[①]，于深山旷野猛兽往来去处，穿作坑阱[②]，及安置窝弓[③]，不立望竿及抹眉小索者[④]，笞四十。以致伤人者，减斗殴伤二等。因而致死者，杖一百，徒三年，追征埋葬银一十两。

【注释】

①打捕户：专门以猎取野生动物为生的猎户。

②穿作坑阱：挖开土地做成陷阱以便捕获动物。可以捉获大型动物的陷阱为坑，捉获小型动物的陷阱为阱。

③窝弓：设有机关的发射器，预先设好机关，等待动物触发机关发射

箭矢、刀锥之类的利刃射杀动物。

④望竿:用来标志陷阱位置的小木杆。抹眉小索:在陷阱高处大约与人的眉眼位置高低处设置小带子标明陷阱位置。

【译文】

凡是以狩猎为生的猎户,在深山旷野猛兽活动的地方,挖坑做陷阱,以及放置窝弓,不设立用于标志陷阱位置的望竿和抹眉小带子的,笞四十。因此而造成人身伤害的,按照斗殴罪减二等处刑。因此而导致死亡的,处刑杖一百,徒三年,追缴十两银子作为给死者家属的埋葬费用。

威逼人致死

凡因事威逼人致死者①,杖一百。若官吏、公使人等②,非因公务而威逼平民致死者③,罪同,并追埋葬银一十两。若威逼期亲尊长致死者,绞;大功以下,递减一等④。若因奸盗而威逼人致死者,斩⑤。

【注释】

①因事威逼人致死者:基于特定的事件,例如因为田产、房屋、借贷、婚姻等纠纷、人身伤害赔偿等事由而逼迫人,导致受威逼者不堪忍受压力或凌辱被迫自杀的行为。威逼,以武力或者权势、名誉、家人处境、长远利益等能够对人产生极大压力的方式逼迫人接受不情愿的行为。

②公使:受到国家任命出使地方处理公务的人员。官吏、公使在处理公务中,当事人基于国家权力承受压力而自杀的行为,不属于威逼人致死,本条专门列出官吏、公使的身份和后面非因公务的限制性规定,排除公务致人自杀的情况,如监察官调查官员贪赃,

官员害怕被发现犯罪而自杀的情形不属于本条规定的犯罪行为。

③非因公务：不是因为公务使当事人承受压力，而是因为私人事由。平民：相对于官吏、公使，没有官方身份的普通人。

④递减一等：逼死期亲尊长处绞刑，大功亲处杖一百，流放三千里；小功尊长处杖一百，徒三年；缌麻尊长处刑杖九十，徒二年半。根据名例律的规定，死刑和流刑的减刑原则是减刑种，流刑以下在本等刑罚中减一等，到了本等临界点减一等到下一种刑罚的最高点，本条所规定的大功以下递减一等，按照这个原则递减。

⑤若因奸盗而威逼人致死者，斩：威逼人致死的事由是奸淫和盗，奸淫包括强奸、和奸的情形，盗包括强盗、窃盗的情形。强奸的情形，威逼受害妇女导致其死亡，和奸的人把奸妇的丈夫或者奸夫的妻子或者其他亲属逼死；参与强盗、窃盗的人惧怕被抓捕、发觉而威逼受害人致死的情形，这两种情形性质恶劣，危害严重，属于数罪的情形，因此量刑加重处斩刑。

【译文】

凡是有特定事由威逼他人致死的，处刑杖一百。如果官吏、公使等有公务身份的人，不是因为公务而威逼平民致死的，同样论罪，并追征十两银子给受害人家属作为埋葬费。如果威逼期亲及以上尊长亲属致死的，处绞刑；威逼大功及以下亲属致死的，根据亲属关系的远近递减一等。如果因为存在奸淫或盗的事由而威逼人致死的，处斩刑。

尊长为人杀私和

凡祖父母、父母及夫，若家长，为人所杀，而子孙、妻妾、奴婢、雇工人私和者[①]，杖一百，徒三年。期亲尊长被杀，而卑幼私和者，杖八十，徒二年。大功以下，各递减一等[②]。其卑幼被杀而尊长私和者，各减一等[③]。若妻妾、子孙及子孙之妇、奴婢、雇工人被杀，而祖父母、父母、家长私和者，杖八十；受财者[④]，计赃准窃盗论，从重科断[⑤]。常人私和人命者[⑥]，杖六十。

【注释】

①私和：人命案件不报告给官府而私自协商接受对方的和解了结案件。亲属被杀属于最重的仇，不允许私自报仇或者和解，需要经过官府依照法律程序做出判决处理案件，维护法律的权威性，杜绝国家法存在的情况下私力救济危害社会秩序。本条是中国传统伦理与国家法律之间存在价值冲突时，通过法律而不是私人自己解决问题。

②各递减一等：大功以下的亲属根据亲属关系的远近各自递减一等，大功比照期亲的杖八十，徒二年减一等为杖七十，徒一年半；小功比照大功再减一等为杖六十，徒一年；缌麻再减一等为杖一百。

③各减一等：卑幼被杀尊亲属私和时，因为尊卑关系中维护尊长，对尊长的处刑相对轻一些，根据前文的规定，从期亲尊长开始作为计算量刑等级，期亲尊长在卑幼被杀私和时处刑杖八十，徒二年，各减一等的计算方式是，期亲杖七十，徒一年半；大功杖六十，徒一年；小功杖一百，缌麻杖九十。

④受财者：因为私和人命而接受加害人给予的钱财的行为。

⑤从重科断：窃盗罪和私和罪的量刑不同的，按照比较重的一种罪名定罪量刑。

⑥常人：没有亲属关系的普通人，针对本条关于有亲属关系的人之间的特别规定。

【译文】

凡是祖父母、父母、丈夫，包括家长，被人杀死，而儿孙、妻妾、奴婢、雇工人选择私下和解的，处刑杖一百，徒三年。期亲尊长被杀，而卑幼与加害人私和的，处刑杖八十，徒二年。大功以下的亲属被杀卑幼私和的，各等级的亲属量刑时逐级递减一等。卑幼被杀而尊长选择私和的，依照亲属关系的远近各种情形减一等量刑。如果是妻妾、子孙以及子孙的妻妾、奴婢、雇工人被杀，祖父母、父母、家长私和的，杖八十；接受加害人的财物而私和的，计算所接受的财物的价值按照窃盗罪的赃物价值定罪量刑，私和与窃盗罪选择处刑比较重的一种论罪。没有亲属关系、主奴关系的普通人之间为人命案件进行私和的，杖六十。

同行知有谋害

凡知同伴人欲行谋害他人①，不即阻当、救护②，及被害之后，不首告者③，杖一百。

【注释】

①同伴：一起活动的人。欲行谋害他人：准备谋划伤害他人的行为。

②不即阻当：在知道有人意图谋害他人时没有立即阻止该图谋，以及图谋准备实施的时候没有当即阻止。救护：危害行为正在实施的时候对被害人进行救助。

③首告：向官府告发犯罪图谋或者犯罪行为。

【译文】

凡是知道在一起的人中有人想要谋害他人，不立即阻止、发生危害时不救助，危害发生后，不检举告发的，处刑杖一百。

卷第二十　刑律三　斗殴计二十二条

【题解】

斗殴门包括人身伤害问题的各条文。斗殴根据造成伤害的情节和后果区分犯罪严重程度和量刑标准，以折伤为分界线，折伤以下为轻伤，折伤及以上为重伤。《大明律》在斗殴类犯罪方面突出的特点是当事人之间的身份对定罪量刑有重要的影响。斗殴罪名的行为模式比较简单，但是《大明律》关于斗殴类的罪名规定的比较复杂，多数条文规定不同身份的当事人犯罪法律后果有差异。

《大明律》斗殴类犯罪考虑的身份有两种，一种是贵贱等级身份，另一种是亲属尊卑身份。贵贱等级身份包括皇室、官僚、师生、良贱，不同身份的人斗殴，定罪量刑时既考虑伤情后果也考虑身份差异，实行同罪异罚的原则。总体上看，身份尊贵的人伤害身份低的人，处罚轻；反之，身份低的人伤害身份高的人处罚重，最严重的是奴婢殴主致死的可以处凌迟死刑。亲属尊卑身份也是斗殴类犯罪定罪量刑需要考虑的因素，亲属之间斗殴贯彻西晋以来的“准五服以治罪”的原则，即亲属之间互相伤害，按照亲属关系的亲疏远近同罪异罚，尊亲属伤害卑亲属，亲属关系越近处罚越轻，亲属关系越远越接近普通人；卑亲属伤害尊亲属，亲属关系越近处罚越重，亲属关系越远越接近普通人。依照五等服制划分亲属等级，参照普通人之间的伤害加重或者减轻处罚。

"准五服以治罪"原则的存在,不仅体现在立法上,使得斗殴类犯罪的条文复杂化,在司法上也是审判案件首要考察的因素。司法官在收到案件起诉时,必须首先查看当事人之间的亲属关系,再决定是否立案,例如,父亲打伤了儿子造成折伤以下的伤害,父亲无罪不必立案;如果是儿子打伤父亲则是不孝重罪,必须作为重大犯罪立案。这些规定体现了传统社会法律的身份等级特征,斗殴犯罪在普通人的日常生活中发生频率较高,给人以同罪异罚的直观印象,对法律文化造成了深远的影响。

斗殴

凡斗殴,相争为斗,相打为殴。以手足殴人不成伤者,笞二十;成伤及以他物殴人不成伤者,笞三十;成伤者,笞四十。青赤肿为伤,非手足者,其余皆为他物,即兵不用刃亦是[①]。拔发方寸以上[②],笞五十。若血从耳目中出,及内损吐血者[③],杖八十。以秽物污人头面者,罪亦如之。折人一齿及手足一指,眇人一目[④],抉毁人耳鼻[⑤],若破人骨,及用汤、火、铜铁汁伤人者,杖一百。以秽物灌入人口鼻内者,罪亦如之。折二齿二指以上,及髡发者,杖六十,徒一年。折人肋,眇人两目,堕人胎,及刃伤人者,杖八十,徒二年。堕胎者,谓辜内子死[⑥],及胎九十日之外成形者,乃坐。其虽因殴,若辜外子死,及胎九十日之内未成形者,各从本殴伤法[⑦],不坐堕胎之罪。折跌人肢体,及瞎人一目者,杖一百,徒三年。瞎人两目,折人两肢,损人二事以上,及因旧患令致笃疾,若断人舌,及毁败人阴阳者[⑧],并杖一百,流三千里。仍将犯人财产一半,断付被伤笃疾之人养赡。损二事以上,谓或殴人一目瞎,又折一肢之类。及因旧患令致笃疾，如人旧瞎一目为残疾，更瞎一目成笃疾，或先折一脚为废疾，更瞎一目成笃疾。断人舌，谓将人舌割断，令人全不能说话。毁败人阴阳，谓割去男子茎物，破损外肾者⑨，并杖一百，流三千里，将犯人家产一半断付被伤笃疾之人养赡。若将妇人阴门非理毁坏者，止科其罪，不在断付财产一半之限。**同谋共殴伤人者，各以下手伤重者为重罪，原谋减一等。若因斗互相殴伤者，各验其伤之轻重定罪，后下手理直者减二等⑩，至死及殴兄、姊、伯、叔者，不减。**

【注释】

①兵不用刃：刀剑等兵器不用有利刃的一面作为伤人的物品。

②拔发方寸：拔掉头发达到一寸见方，古人认为头发很特殊不能随意损伤。

③内损：内脏的伤，身体内部的损伤。

④眇（miǎo）人一目：一只眼睛受到损伤视物不清，但是还可以看到。不同于瞎，是完全失明看不到任何东西，丧失了视力。

⑤抉：折断。

⑥辜内：保辜期限内。详见下文注。

⑦从本殴伤法：不在犯规定的致人堕胎的范围之内，在定罪量刑时不考虑堕胎因素，只考虑斗殴伤，依照斗殴的法律定罪量刑。

⑧毁败人阴阳：毁损生殖器官导致丧失生殖功能。阴阳，生殖功能。

⑨外肾：旧时称睾丸为外肾。

⑩后下手：被人攻击之后还手。理直者：有合法的理由，正义的一方，属于正当防卫范围的行为。明代法律对正当防卫是认可的，但是，对于正当防卫法律并不完全支持，由于正当防卫而造成损伤，依然要承担责任。

【译文】

凡是斗殴,相互争执为斗,相互殴打为殴。用手脚打人没有造成伤的,处刑笞二十;造成伤以及用其他物品打人没有造成伤的,处刑笞三十;造成伤的,处刑笞四十。出现了皮肤发青红肿可以认定为伤,手脚之外伤人的物品都可以认定为他物,即使刀剑等有刃的武器如果没有使用刃也可以认定为他物。拔掉受害人的头发达到一寸见方及以上,笞五十。如果有血从耳朵、眼睛中流出,以及有内伤吐血的,处刑杖八十。用污秽的东西对受害人的头部脸面造成脏污的,同样论罪。打断他人一颗牙齿以及一个手指或脚趾,损害他人一只眼睛导致视线模糊,动手毁坏他人耳朵鼻子,还有损坏人骨骼,以及用开水、火、铜铁融化的汁水烫伤人的,处刑杖一百。把污秽的东西灌进人的嘴和鼻子的,同样论罪。打断两个或两个以上牙齿或手指脚趾,以及剃掉人头发的,处刑杖六十,徒一年。打断人肋骨,伤害人双眼导致视力受损致人堕胎,以及用有刃的器物伤人的,处刑杖八十,徒二年。堕胎,指受伤保辜期内所怀的孩子死亡,以及怀孕已经超过九十天胎儿成形的,才按照堕胎论罪。起因虽然是斗殴的情形,如果保辜期外胎儿死亡,以及怀孕未满九十天还没有成形的,只按照斗殴的伤害程度规定论罪,不按照堕胎论罪。受害人损伤到肢体如胳膊、腿,以及一只眼睛完全丧失视力达到瞎的程度,处刑杖一百,徒三年。使受害人双目失明,两个肢体受损,以及造成两处以上伤,以及因为原来有疾病受伤加重导致笃疾,还有舌头断裂,以及毁坏受害人生殖器官导致生殖机能受损的,都处刑杖一百,流放三千里。同时把加害人的一半财产,判决给被伤到笃疾的人作为赡养费用。损二事以上,指或者殴打他人造成一只眼睛瞎了,又打断了受害人一个胳膊或腿之类。及因旧患令至笃疾,例如受害人本来有一只眼睛是瞎的,因为受伤导致另一只眼睛也瞎了成为笃疾,或者先打伤了一只脚为废疾,后来又弄瞎了一只眼睛造成笃疾的后果。断人舌,指把受害人的舌头割掉,让人完全不能说话。毁人阴阳,指割掉男子的生殖器,破坏阴囊的,都处刑杖一百,流放三千里,把犯人的一半家财判决给被伤害到笃疾的人作为赡养费用。如果无合理合法理由毁坏妇女的阴道，只对伤害论罪，不在把犯人的一半家产赔偿给受害人的范围内。共同谋划斗殴伤害他人的，每种情形都实施犯罪中以造成重伤的行为人为重犯论罪，最初谋划的人减一等。如果因为斗殴相互伤害的，各自验伤根据伤情轻重定罪，后下手的有理的人减二等处刑，造成死亡后果以及伤害兄长、姐姐、叔叔、伯父的，处刑不减等。

保辜限期

凡保辜者[①]，责令犯人医治[②]，辜限内皆须因伤死者[③]，以斗殴杀人论。谓殴及伤各依限保辜，然伤人皆须因殴乃是，若打人头伤，风从头疮而入，因风致死之类[④]，以斗殴杀人科罪。其在辜限外，及虽在辜限内，伤已平复[⑤]，官司文案明白[⑥]，别因他故死者，各从本殴伤法。谓打人头伤，不因头疮得风，别因他病而死，是为他故，各依本殴伤科罪。若折伤以上，辜内医治平复者，各减二等。堕胎子死者，不减。辜内虽平复，而成残、废、笃疾，及辜限满日不平复者，各依律全科[⑦]。手足及以他物殴伤人者，限二十日。以刃及汤、火伤人者，限三十日。折跌肢体及破骨、堕胎者，无问手足、他物，皆限五十日。

【注释】

①保辜：法律规定的致人损伤后一定期限内，加害人对受害人进行保养医治，根据医治后伤情的情况确定犯罪的伤害后果，并据此定罪量刑。

②犯人：加害人。

③皆须因伤死：都必须是因为加害人造成的伤而导致的死亡，其他原因或者伤情造成的死亡不属于本条规定的范围。

④因风致死：因为感染而死亡。风，古人没有病毒感染的认识，此处指创伤暴露在空气中接触风吹来的各种可见或者不可见的致病因素，导致病情加重或者死亡，类似现代感染病毒导致伤情严重因而致死。

⑤伤已平复：伤口已经脱离病态，恢复健康或者进入伤情痊愈的状态。

⑥官司文案明白：受理案件的官府在文书案牍中清楚明白地记录受伤及恢复的情况，包括勘验并记录在案。

⑦各依律全科：本条规定保辜内伤情没有改善，仍然有严重的后果的情况，依照受伤时和保辜结束后的实际状况，按法律规定全面考虑定罪量刑的各因素进行论罪，排除前文所规定的各种减等的因素。

【译文】

凡是因伤需要保养的，责令加害人给受害人医治，在保辜时限内必须是因为受伤而死亡的，依照斗殴杀人论罪。指殴打和受伤都依照法律规定的各自保辜期限进行保辜，伤必须是因为殴打而造成的才是保辜所规定的范围，如果打人导致头部受伤，头部的伤口受到破伤风感染，因感染导致死亡之类，依照斗殴杀人论罪。在保辜期限外，以及虽然在保辜期限内，伤情已经恢复，官方的文书清楚明白地勘验记录，因为其他原因而致死的，根据伤情的不同情形依照斗殴伤人的规定论罪。指打人导致头部受伤，不是因为头部伤口感染而死亡，是因为其他疾病导致死亡的，是本条所说的其他原因，即他故，各种伤情依照斗殴伤的规定论罪。如果是打断肢体以上的伤，保辜期限内经过医治伤情已经恢复，各种情形都可以减二等论罪。堕胎致胎儿死亡的，不减等。保辜期限内虽然伤情已经恢复，但是结果出现了伤残、废疾、笃疾，以及保辜期限已满而伤情没有恢复的，各种情况都完全依照法律规定论罪不考虑减等之类。用手脚和他物打伤人的，保辜期限二十日。用有利刃的锐器以及热水、火伤人的，保辜期限三十日。打断肢体以及伤及骨骼的，堕胎的，不考虑致伤的是手脚、他物，都是五十日的保辜期限。

宫内忿争

凡于宫内忿争者①，笞五十。声彻御在所②，及相殴者，杖一百。折伤以上，加凡斗殴伤二等③。殿内，又递加一等④。

【注释】

①宫内：皇宫里，明代包括紫禁城以内的区域都称为宫内。各独立宏伟的专门建筑物如太和殿、文华殿等称为殿或者宫殿。

②御在所：皇帝所在的区域。

③加凡斗殴伤二等：在一般的斗殴伤定罪量刑的基础上加二等处刑。前文有斗殴条文，规定折一齿、眇一目、折一指、折一肢、笃疾、废疾等不同程度的伤情，分别对应不同的刑罚，本条在上述一般斗殴规定的基础上加二等处刑，如一般的斗殴伤折一齿杖一百，加二等为杖七十，徒一年半；一般的斗殴伤折二齿杖六十，徒一年，加二等为杖八十，徒二年之类。

④又递加一等：上文规定的宫内忿争笞五十，斗殴杖一百，折伤以上加凡斗殴伤二等，本条规定又递加一等，上述每种情形都逐级递加一等。对于殿内忿争的行为在笞五十的基础上加一等为杖六十；声彻御在所及斗殴杖一百，加一等为杖六十，徒一年；折伤以上的情形原本加一般的斗殴二等，此处再加一等为三等，如宫内斗殴折一齿，一般的斗殴杖一百，加二等为杖七十，徒一年半，再加一等为杖八十，徒二年，其他伤情以此类推。

【译文】

凡是在皇宫内愤怒争执的，处刑笞五十。争吵声音传到皇帝所在的地方，以及相互殴打的，处刑杖一百。造成肢体折断伤以上的，比照普通的斗殴伤情加二等处刑。上述情形发生在宫殿内的，各种情形处刑都再加一等。

皇家袒免以上亲被殴

凡皇家袒免亲而殴之者[1]，杖六十，徒一年。伤者，杖八十，徒二年；折伤以上重者，加凡斗二等[2]；缌麻以上，各递加一等[3]；笃疾者，绞；死者，斩。

【注释】

①袒免：五服亲属关系之外无服亲属。

②折伤以上重者，加凡斗二等：折伤，身体有折断的创伤，从折一齿起的轻伤到笃疾的重伤，根据损伤程度和后果处刑逐级加重。重者，按照案情情节严重的情形加重处罚，本条所规定的加凡斗二等即为重者的体现。

③缌麻以上，各递加一等：在原有刑罚的基础上，殴打皇家缌麻以上亲属、致其受伤，以及到折伤以上的程度，每等亲属处刑加一等。

【译文】

凡是殴打皇家袒免以上亲属的，处刑杖六十，徒一年。造成皇家袒免以上亲属受伤的，处刑杖八十，徒二年；受伤程度在折伤以上的重伤，比照一般的斗殴伤加二等处刑；缌麻以上的亲属，根据服制各递加一等；造成笃疾伤的，处绞刑；造成死亡后果的，处斩刑。

殴制使及本管长官

凡奉制命出使而官吏殴之[1]，及部民殴本属知府、知州、知县，军士殴本管指挥、千、百户，若吏卒殴本部五品以上长官[2]，杖一百，徒三年；伤者，杖一百，流二千里；折伤者，绞。若殴六品以下长官，各减三等[3]。殴佐贰官、首领官，又各递减一等[4]。减罪轻者，加凡斗一等。笃疾者，绞；死者，斩。若流外官，及军民、吏卒殴非本管三品以上官者，杖八十，徒二年；伤者杖一百，徒三年；折伤者，杖一百，流二千里。殴伤五品以上官者，减二等。若减罪轻[5]，及殴伤九品以上官者，各加凡斗伤二等。其公使人在外殴打有司官者，罪亦如之，从所属上司拘问[6]。

【注释】

①奉制命出使：尊奉皇帝的命令代表皇帝到地方处理公务的人员。官吏殴之：出使地方的官吏殴打了公使。

②本部：官员职责管辖范围内的民众可以称为本管的部属。

③若殴六品以下长官，各减三等：殴打本部六品以下长官的，按照前文中的殴打、伤、折肢三种情况各自减三等。

④又各递减一等：在前文规定的殴六品以下长官减三等的基础上再减一等。

⑤减罪轻：在减三等、又各递减一等的情况下，有可能减了以后比照一般的斗殴罪刑罚轻，或者与一般的刑罚同样的刑罚，就构成了减罪轻，比照一般的斗殴加重处刑。承接前文殴伤非本管五品以上的官员，比照殴伤非本管三品官的处刑减二等，殴打杖八十徒二年，减二等为杖六十徒一年；造成了伤的，杖八十徒二年；造成折伤的，杖九十徒二年半。如果减等之后处刑轻了，依照一般的斗殴伤加二等处刑，如此既可以对殴伤官员的行为比一般的斗殴伤处刑重，又可以根据官员和加害人之间关系的密切程度减轻处罚。

⑥所属上司：被殴打的官员所属的上级官员。拘问：拘捕并审问。

【译文】

凡是奉皇帝的命令出使地方遭到官吏的殴打，以及辖区内的民众殴打知府、知州、知县，军队的士兵殴打管理自己的指挥、千户、百户，还有吏卒殴打所在部门的五品以上长官，处刑杖一百，徒三年；造成伤的，处刑杖一百，流放二千里；伤情达到折伤的，处绞刑。如果殴打六品以下的长官，前述殴打、打伤、折伤的情况处刑各减三等。殴打佐贰官、首领官的，比殴打六品长官处刑再各减一等。前述递减的情况比照一般的斗殴伤处刑轻的，直接在一般斗殴伤的基础上加一等。伤情达到笃疾的，处绞刑；死亡的，处斩刑。如果是流外官，以及军民、吏卒殴打不是直接管自己的三品以上官员的，处刑杖八十，徒二年；导致受伤的，处刑杖一百，徒三年；达到折伤的，处刑杖一百，流放二千里。殴打五品以上的官员，处刑减二等。如果减等处刑之后比一般的斗殴处刑轻，以及殴打九品以上官员致其受伤的，各种情况比照一般的斗殴伤加二等处刑。因公务出使的人员在外地殴打处理事务的官员的，同样论罪，由被殴打的官员的上级长官拘捕审理。

佐贰统属殴长官

凡本衙门首领官[①]，及所统属官[②]，殴伤长官者，各减吏卒殴伤长官二等[③]。佐贰官殴长官者，又各减二等[④]。减罪轻者，加凡斗一等。笃疾者，绞；死者，斩。

【注释】

①本衙门首领官：本部门具体处理文书行政事务的工作人员，如主事、司行等。衙门，政府机构办公的建筑，引申为政府机构的代称。

②统属官：有管辖权的上级官员所属的下级官员。

③各减吏卒殴伤长官二等：前述首领官、统属官殴伤长官的处刑标准比照吏卒殴打造成长官受伤的处刑标准减二等处刑，如吏卒殴伤本管五品以上官员处刑杖一百，徒三年；减二等为杖八十，徒二

年之类,各种情形随前文的处刑标准递减。

④又各减二等:佐贰官殴打长官的处刑标准比照首领官殴伤长官减二等的基础上再减二等,也即,佐贰官殴打长官比照吏卒殴伤长官减四等处刑,如吏卒殴伤本管五品以上官处刑杖一百,徒三年,佐贰官殴长官处刑杖六十,徒一年。

【译文】

凡是本衙门的首领官,以及本衙门长官统属的下级官员,殴打长官致伤的,各种伤害的情况比照吏卒殴打长官导致各种受伤的情况减二等论罪。佐贰官殴打长官的,各种情况再减二等处刑。减等之后处刑轻的,比照一般斗殴加一等论罪。造成笃疾后果的,处绞刑;造成死亡后果的,处斩刑。

上司官与统属官相殴

凡监临上司、佐贰、首领官与所统属下司官品级高者[①],及与部民有高官而相殴者[②],并同凡斗论。若非相统属官品级同[③],自相殴者,亦同凡斗论。

【注释】

①监临上司:官员的直接上级对本部门所属下级有监督的权力。与所统属下司官品级高者:与自己管辖的下级官员中品级比较高的官员相互斗殴的。

②部民有高官:官员统属的民众中官级高的人员。

③非相统属官品级同:官员之间不存在管辖关系的同样品级的官员。

【译文】

凡是有统属关系的监临上司、佐贰官、首领官与自己所统辖的下级官员中品级比自己高的,以及在自己管辖区中有高级职位的人相互斗殴的,都按照一般没有统属关系的人之间斗殴论罪。如果是没有统属关系的相同品级官员,相互斗殴的,也按照一般人之间的斗殴论罪。

九品以上官殴官长

凡流内九品以上官殴非本管三品以上官者[①],杖六十,徒一年。折伤以上及殴伤五品以上,若五品以上殴伤三品以上官者,各加凡斗伤二等[②]。

【注释】

①非本管:没有统属管辖关系的官员。

②凡斗伤:普通人之间的斗殴造成受伤的后果,根据伤情的轻重程度决定处刑的等级,如折肢、废疾、笃疾等不同情况处不同刑罚。

【译文】

凡是九品以上的流内官殴打没有统属关系的上级三品以上官的,处刑杖六十,徒一年。伤情达到折伤以上以及打伤的是五品以上,包括五品以上的官员打伤三品以上官员的,根据一般人之间斗殴的伤情程度加二等处刑。

拒殴追摄人

凡官司差人追征钱粮、勾摄公事而抗拒不服及殴所差人者[①],杖八十。若伤重至内损吐血以上及本犯重者[②],各加二等[③],罪止杖一百,流三千里。至笃疾者,绞;死者,斩。

【注释】

①殴所差人：殴打派去办理公差的人。

②本犯重者：殴打的案情中下手重造成重伤的人，在斗殴条文中专门规定本犯重者。

③各加二等：殴伤的情况根据伤情、亲属关系、上下级关系处刑标准不一样，各加二等是各种处刑标准都加二等处刑。

【译文】

凡是官府派人追缴纳税人应该缴纳的钱粮税赋、因公事拘拿人而当事人抗拒不服从以及殴打办理公差的人的，处刑杖八十。如果因为殴打造成内伤吐血以上以及前述追征钱粮、勾摄公事而抗拒不服的处刑重于殴打人造成重伤的处刑，各种情形都加二等，最高处刑杖一百，流放三千里。殴伤到笃疾的，处绞刑；造成死亡的，处斩刑。

殴受业师

凡殴受业师者[①]，加凡人二等[②]，死者，斩。

【注释】

①受业师：有直接教学关系的师生。

②凡人：没有师生关系的普通人。

【译文】

凡是殴打教授自己学习的老师的，比照没有师生关系的普通人处刑加二等，造成死亡的，处斩刑。

威力制缚人

凡争论事理[①]，听经官陈告[②]，若以威力制缚人[③]，及于私家拷打、监禁者[④]，并杖八十。伤重至内损吐血以上，各加凡斗伤二等。因而致死者，绞。若以威力主使人殴打[⑤]，而致死伤者，并以主使之人为首，下手之人为从论[⑥]，减一等。

【注释】

①争论事理：发生纠纷争论事情的是非道理。

②听经官陈告：允许到官府告状由官府经手处理。听，允许，法律授权。

③以威力制缚人：用使人感到威压的方式捆绑、限制人身体。威压可以是直接的暴力也可以是间接的名誉、债务、恩情、仇怨之类。

④于私家拷打、监禁者：在私人的家中拷打人，把人拘禁起来限制人身自由。

⑤以威力主使：用威压使人做出违背自己意愿的行为。

⑥下手：具体实施犯罪行为。

【译文】

凡是争论事情是否有道理，允许民众到官府陈情告状经由官府处理，如果强制捆绑人制服人，以及在家私刑拷打、强制限制人身自由的，处刑杖八十。重伤达到内脏受损吐血以上的，各种情形比照一般的斗殴伤加二等处刑。因此而导致死亡的，处绞刑。如果强制让他人殴打人，而导致死亡和受伤的，都以主使的人为首犯，下手打人的实施者作为从犯论罪，处刑减一等。

良贱相殴

凡奴婢殴良人者[①]，加凡人一等。至笃疾者，绞；死者，斩。其良人殴伤、杀他人奴婢者，减凡人一等。若死及故杀者，绞。若奴婢自相殴伤、杀者，各依凡斗伤、杀法。相侵财物者[②]，不用此律。若殴缌麻、小功亲奴婢[③]，非折伤勿论，至折伤以上，各减杀伤凡人奴婢罪二等，大功减三等[④]。至死者[⑤]，杖一百，徒三年；故杀者，绞；过失杀者，各勿论。若殴缌麻、小功亲雇工人，非折伤勿论，至折伤以上，各减凡人罪一等，大功减二等[⑥]。至死及故杀者，并绞；过失杀者，各勿论。

【注释】

①奴婢：男奴为奴，女奴为婢。良人：相对于贱民的无犯罪记录平民，称为良民。唐代为了避李世民的“民”字讳，法律术语中良民改为良人，后来延续使用。

②相侵财物：前文所述的良贱相殴加、减的规定如果涉及财产而引起的，不适用前文的规定。

③殴缌麻、小功亲奴婢：殴打了缌麻、小功亲属的奴婢。

④大功减三等：承前文殴伤缌麻、小功亲奴婢，殴伤大功亲的奴婢照杀伤凡人奴婢减三等论罪。

⑤至死者：前文殴打缌麻、小功、大功亲属造成死亡后果的处杖一百，徒三年，不分缌麻、小功或者大功及以上亲。

⑥大功减二等：殴伤大功以上亲的雇工人依照普通人殴伤的各种后果减二等处刑。

【译文】

凡是奴婢殴打良人的，比照普通人处刑加一等。伤情达到笃疾的，处绞刑；造成死亡的，处斩刑。良人打伤他人的奴婢的，依照普通人之间的殴伤减一等处刑。如果导致死亡以及故意杀人的，处绞刑。如果奴婢自己相互殴伤、杀死的，各种情形依照普通人之间的斗殴伤和杀死的法律规定处理。如果上述良贱之间因为财产引起斗殴的，不适用这条法律。如果打伤了缌麻、小功亲属的奴婢,没有达到折伤的程度不论罪,到折伤以上的,各种情形按照杀死、伤害普通人的奴婢减二等论罪,杀伤大功以上亲属奴婢的减三等论罪。造成死亡的,处刑杖一百,徒三年;故意杀死的,处绞刑;过失杀死的,各种情形都不论罪。如果打伤缌麻、小功亲属的雇工人,没有达到折伤的不论罪,到折伤以上的,各种情形依照普通人之间的殴伤减一等处刑,殴伤大功以上亲属的雇工人减二等处刑。殴打致死以及故意杀死的,处绞刑;过失杀死的,都不论罪。

奴婢殴家长

凡奴婢殴家长者,皆斩;杀者,皆凌迟处死;过失杀者,绞;伤者,杖一百,流三千里。若殴家长之期亲及外祖父母者,绞;伤者,皆斩;过失杀者,减殴罪二等;伤者,又减一等;故杀者,皆凌迟处死。殴家长之缌麻亲,杖六十,徒一年;小功[①],杖七十,徒一年半;大功,杖八十,徒二年;折伤以上,缌麻加殴良人罪一等;小功,加二等;大功,加三等;加者,加入于死[②];死者,皆斩。若雇工人殴家长及家长之期亲若外祖父母者,杖一百,徒三年;伤者,杖一百,流三千里;折伤者,绞;死者,斩;故杀者,凌迟处死;过失杀伤者,各减本杀伤罪二等。殴家长之缌麻亲,杖八十;小功,杖九十;大功,杖一百;伤重至内损吐血以上,缌麻、小功加凡人罪一等;大功,加二等;死者,各斩。若奴婢有罪,其家长及家长之期亲若外祖父母,不告官司而殴杀者[③],杖一百;无罪而杀者,杖六十,徒一年。当房人口,悉放从良[④]。若家长及家长之期亲若外祖父母,殴雇工人,非折伤勿论;至折伤以上,减凡人三等，因而致死者，杖一百，徒三年；故杀者，绞。若违犯教令[5]，而依法决罚邂逅致死[6]，及过失杀者，各勿论。

【注释】

①小功：殴打家长的小功亲属。

②加入于死：论罪加处刑等级可以加到死刑。

③不告官司：不起诉到官府经由有关机构处理。

④悉放从良：全部从奴籍中放出去称为良民。全部，是指当房人口，被无罪而杀死的奴婢的家庭中的人口，奴婢的家人仍然是奴婢，特别是在主人家世代为奴的奴婢，当房人口都是奴婢。

⑤教令：家长对家中卑幼的教导。

⑥邂逅致死：正巧导致原有的疾病发作造成死亡后果。

【译文】

凡是奴婢殴打家长的，都处斩刑；造成死亡的，都处凌迟死刑；过失杀死的，处绞刑；造成受伤的，处刑杖一百，流放三千里。如果奴婢殴打家长的期亲以及外祖父母的，处绞刑；造成受伤的，都处斩刑；过失导致杀死的，比照殴打受伤的情况减二等论罪；受伤的，再减一等；故意杀死的，都凌迟处死。殴打家长的缌麻亲属，处刑杖六十，徒一年；殴打家长的小功亲属的，处刑杖七十，徒一年半；殴打家长大功亲属的，处刑杖八十，徒二年；伤情达到折伤以上的，奴婢殴打家长缌麻亲属比照殴打良人罪加一等论罪；小功亲，加二等处刑；大功亲，加三等处刑；加等处刑的，可以加到死刑；造成死亡的，都处斩刑。如果雇工人殴打家长以及家长的期亲还有外祖父母的，处刑杖一百，徒三年；造成受伤的，处刑杖一百，流放三千里；伤情达到折伤的，处绞刑；造成死亡的，处斩刑；故意杀死的，处凌迟死刑；过失导致杀死和受伤的，各种情形按照杀、伤罪的本来规定加二等论罪。殴打家长的缌麻亲属的，处刑杖八十；小功亲属，处刑杖九十；大功亲属，处刑杖一百；殴打造成重伤到内伤吐血以上的，雇工人打伤家长缌麻、小功亲属照普通人的殴伤加一等论罪；大功亲属，加二等论罪；造成死亡的，各亲等都处斩刑。如果奴婢有罪，家长及家长的期亲还有外祖父母，不到官府告发而直接殴打致死的，处刑杖一百；奴婢没有罪而杀死的，处刑杖六十，徒一年。奴婢自己那一房的人口，都放出奴籍成为良人。如果家长以及家长的期亲还有外祖父母，殴打雇工人，伤情没有达到折伤的都不论罪；达到折伤以上的，比照普通人斗殴伤减三等论罪，因此而导致死亡的，处刑杖一百，徒三年；故意杀死的，处绞刑。如果雇工人违反教令，家长依法处罚造成原有的疾病发作而死亡的，以及过失杀死的，各种情形都不论罪。

妻妾殴夫

凡妻殴夫者，杖一百，夫愿离者[①]，听。须夫自告乃坐[②]。至折伤以上，各加凡斗伤三等；至笃疾者，绞；死者，斩；故杀者，凌迟处死。若妾殴夫及正妻者，又各加一等。加者，加入于死。其夫殴妻，非折伤勿论，至折伤以上，减凡人二等。须妻自告乃坐。先行审问[③]，夫妇如愿离异者，断罪离异；不愿离异者，验罪收赎[④]。至死者，绞。殴伤妾至折伤以上，减殴伤妻二等，至死者，杖一百，徒三年。妻殴伤妾，与夫殴妻罪同。亦须妾自告乃坐。过失杀者，各勿论[⑤]。若殴妻之父母者，杖一百；折伤以上，各加凡斗伤罪一等；至笃疾者，绞；死者，斩。

【注释】

①夫愿离：丈夫愿意离婚的。

②自告乃坐：自己亲自起诉告状才论罪。坐，论罪。

③先行审问：先进行审问的程序，问清楚之后再决定。

④验罪收赎：查验犯罪的情况，使用赎刑来对待所处的刑罚。

⑤过失杀者，各勿论：丈夫殴打妻子、妻子殴打妾过失造成死亡的都不论罪。

【译文】

凡是妻子殴打丈夫的，处刑杖一百，丈夫愿意离婚的，允许。必须丈夫自己起诉才论罪。伤情达到折伤以上的，各种情形依照普通人之间斗殴伤加三等处刑；达到笃疾的，处绞刑；造成死亡的，处斩刑；故意杀死的，凌迟处死。如果妾殴打了丈夫以及正妻的，各种情形在妻殴夫的基础上再加一等处刑。加三等或者四等的，可以加到死刑。如果丈夫殴打妻子，除非到了折伤以上不论罪，达到折伤以上的，依照普通人斗殴伤减二等处刑。必须妻子自己起诉才论罪。先审问清楚，夫妻愿意离婚的话，论罪之后判决离婚；不愿离婚的，查验犯罪的情形可以收赎。达到死亡的，处绞刑。殴打妾造成折伤以上伤情的，依照丈夫殴打妻子的伤情减二等处刑，造成死亡的，处刑杖一百，徒三年。妻子打伤妾的，与丈夫打伤妻子同样论罪。也需要妾亲自起诉才论罪。过失造成死亡的，各种情形都不论罪。如果殴打妻子的父母的，处刑杖一百；造成折伤以上的，各种情形比照一般人之间的斗殴伤加一等论罪；伤情达到笃疾的，处绞刑；造成死亡的，处斩刑。

同姓亲属相殴

凡同姓亲属相殴①，虽五服已尽而尊卑名分犹存者②，尊长减凡斗一等，卑幼加一等。至死者，并以凡人论。

【注释】

①同姓亲属：本宗有相同姓氏的亲属。

②五服已尽：五等服制形成的亲属范围已经结束，不再是本宗亲属。尊卑名分：虽然超出了五服亲属的范围，但是仍然存在血缘关系的尊卑辈分。

【译文】

凡是本宗同样姓氏的亲属相互殴打的，虽然五服的亲等已经结束但尊卑的名分还存在的，对尊长的处刑比照一般人之间的斗殴减一等，卑幼的处刑比照普通人之间的斗殴加一等。造成死亡的，都依照普通人之间的斗殴论罪。

殴大功以下尊长

凡卑幼殴本宗及外姻缌麻兄姊[1]，杖一百；小功，杖六十，徒一年；大功，杖七十，徒一年半；尊属，又各加一等。尊属，与父母同辈者，如同堂伯叔父母、姑及母舅、母姨之类。折伤以上，各递加凡斗伤一等；笃疾者，绞；死者，斩。若尊长殴卑幼，非折伤，勿论；至折伤以上，缌麻，减凡人一等；小功，减二等；大功，减三等；至死者，绞。其殴杀同堂弟妹、堂侄及侄孙者[2]，杖一百，流三千里；故杀者，绞。

【注释】

①本宗及外姻缌麻兄姊：本宗的缌麻兄长和姐姐，外姻的缌麻兄长和姐姐。具体指同堂高祖兄长、姐姐，同曾祖出嫁姐妹及姑舅两姨之子为表兄、表姐。外姻，通婚形成的亲属，包括妻子、母亲、外祖父母的各种亲属。

②同堂弟妹：同辈的堂弟妹。

【译文】

凡是卑幼殴打本宗以及外姻的缌麻兄长和姐姐的，处刑杖一百；卑幼殴打本宗以及外姻小功兄长和姐姐的，处刑杖六十，徒一年；卑幼殴打本宗以及外姻大功兄长和姐姐的，处刑杖七十，徒一年半；卑幼殴打本宗以及外姻尊亲属的，各种情形再加一等处刑。尊亲属，是指与父母同辈的亲属，如与父母同辈的堂伯叔父母、姑姑、母族的舅舅、母族的姨姨之类。伤情在折伤以上的，各种情形比照普通人之间斗殴成伤的处刑递加一等；伤情达到笃疾的程度，处绞刑；造成死亡后果的，处斩刑。如果尊长亲属殴打卑幼亲属的，如果伤情没有达到折伤的程度，不论罪；伤情到了折伤以上的程度，缌麻亲属，依照普通人减一等处刑；小功亲属，减二等处刑；大功亲属，减三等处刑；造成死亡的，处绞刑。打死同堂弟弟妹妹、堂侄以及堂侄孙的，处刑杖一百，流放三千里；故意杀死的，处绞刑。

殴期亲尊长

凡弟妹殴兄姊者，杖九十，徒二年半；伤者，杖一百，徒三年；折伤者，杖一百，流三千里；刃伤及折肢，若瞎其一目者，绞；死者，皆斩。若侄殴伯叔父母、姑，及外孙殴外祖父母，各加一等。其过失杀、伤者，各减本杀、伤罪二等。故杀者，皆凌迟处死。若与外人谋、故杀亲属者，外人造意下手[①]，从而加功、从而不加功[②]，自依凡人故杀律科罪。余条准此[③]。其兄姊殴杀弟妹，及伯叔、姑殴杀侄并侄孙，若外祖父母殴杀外孙者，杖一百，徒三年。故杀者，杖一百，流二千里。过失杀者，各勿论。

【注释】

①造意下手:出主意谋划的为造意,实施犯罪行为的为下手。

②从而加功:共同犯罪中参与犯罪的从犯帮助主犯实施犯罪过程。从而不加功:共同犯罪中参与犯罪但是没有帮助主犯实施犯罪的。

③余条准此:承接前文中弟妹殴打兄姐,侄子殴打伯叔父母、姑姑,外孙殴打外祖父母各种情形,如果有与外人勾结的情况,无论自己作为从犯加功、不加功都是依照凡人故杀律文论罪,类似的条文关于卑亲属故意杀死尊亲属,有外人参与的情况,都是这么处理。

【译文】

凡是弟弟、妹妹殴打兄长、姐姐的,处刑杖九十,徒二年半;造成兄长、姐姐受伤的,处刑杖一百,徒三年;兄长、姐姐的伤达到折伤的,处刑杖一百,流放三千里;用带刃的工具造成创伤以及折断肢体,还有瞎了一只眼睛的,处绞刑;造成死亡的,都处斩刑。如果侄子殴打伯叔父母、姑姑,以及外孙殴打外祖父母,各种伤情加一等处刑。过失造成死亡、受伤的,各种情形按照斗殴杀、伤本来的条文减二等论罪。故意杀人的,都凌迟处死。如果与外人合伙谋杀或故意杀死亲属的,外人提议谋划并下手实施,自己亲属随同帮助实施犯罪的、或者不随同帮助实施犯罪的,依照普通人故意杀人律文规定论罪。其余条文的类似情况都这样处理。兄长、姐姐打杀弟弟、妹妹,以及伯父、叔叔、姑姑打杀侄子和侄孙,还有外祖父母打杀外孙的,处刑杖一百,徒三年。故意杀人的,处刑杖一百,流放二千里。过失杀死的,各种情形都不论罪。

殴祖父母父母

凡子孙殴祖父母、父母,及妻、妾殴夫之祖父母、父母者,皆斩;杀者,皆凌迟处死;过失杀者,杖一百,流三千里;伤者,杖一百,徒三年。其子孙违犯教令,而祖父母、父母非理殴杀者，杖一百；故杀者，杖六十，徒一年。嫡、继、慈、养母杀者[①]，各加一等。致令绝嗣者[②]，绞。若非理殴子孙之妇及乞养异姓子孙[③]，致令废疾者，杖八十；笃疾者，加一等，并令归宗[④]，子孙之妇追还嫁妆[⑤]，仍给养赡银一十两[⑥]。乞养子孙，拨付合得财产养赡[⑦]。至死者，各杖一百，徒三年。故杀者，各杖一百，流二千里。妾各减二等。其子孙殴骂祖父母、父母及妻妾殴骂夫之祖父母、父母，而殴杀之，若违犯教令，而依法决罚邂逅致死，及过失杀者，各勿论。

【注释】

①嫡、继、慈、养母：抚养自己长大的非亲生母亲的父亲的妻妾。嫡母，父亲的妻子，对于妻妾所生的所有孩子都是嫡母，特别是妾所生的孩子须以父亲的妻子为嫡母。继母，父亲继娶的妻子，对前妻所生的孩子为继母。慈母，妾所生的孩子由其他妾抚养，孩子称抚养妾为慈母。养母，收养了孩子，并抚养孩子长大的母亲。

②绝嗣：没有男性的子孙后代。

③非理：没有合理的理由。乞养异姓子孙：收养与自己没有血缘关系的别人家的孩子作为儿子或者孙子。

④归宗：出嫁或者被收养或者被出继给其他人家的人回归到自己原本的家庭。

⑤追还嫁妆：把当初出嫁时带的嫁妆还给儿媳或者孙媳妇。

⑥给养赡银：因为子孙之妇、养子出现废疾、笃疾无法正常生活，因此要求给赡养的费用。

⑦拨付合得财产养赡：拨给应得的财产作为赡养费用。

【译文】

凡是儿子孙子殴打祖父母、父母，以及妻子、妾殴打丈夫的祖父母、父母的，都处斩刑；杀死的，都凌迟处死；过失导致死亡的，处刑杖一百，流放三千里；受伤的，处刑杖一百，徒三年。子孙违反祖父母、父母的教导，而祖父母、父母没有合理的理由而打杀子孙的，处刑杖一百；故意杀死的，处刑杖六十，徒一年。嫡母、继母、慈母、养母杀死孩子的，各种情形都加一等处刑。造成他人绝嗣的，处绞刑。如果没有合理的理由殴打儿媳孙媳以及收养的外姓子孙，导致废疾的，处刑杖八十；导致笃疾的，加一等处刑，并责成儿媳孙媳以及收养的外姓子孙回归到原本的家族，儿媳孙媳的嫁妆还给她们，仍然发给十两银子作为赡养费。收养的子孙，拨给应该的财产作为赡养费。造成死亡的，各种情形处刑杖一百，徒三年。故意杀死的，各种情形处刑杖一百，流放二千里。受害人是妾的，各种情形减二等处刑。子孙殴打辱骂祖父母、父母以及妻妾殴打辱骂丈夫的祖父母、父母，而打杀的，如果是违犯教令，而依照法律应该受到处罚时正巧引发原来的疾病发作死亡的，以及过失杀死的，各种情形都不论罪。

妻妾与夫亲属相殴

凡妻、妾殴夫之期亲以下、缌麻以上尊长，与夫殴同罪。至死者，各斩。若妻殴伤卑属[①]，与夫殴同；至死者，绞。若殴杀夫之兄弟子，杖一百，流三千里；故杀者，绞。妾犯者，各从凡斗法。若尊长殴伤卑幼之妇，减凡人一等；妾又减一等；至死者，绞。若弟妹殴兄之妻，加凡人一等。若兄姊殴弟之妻，及妻殴夫之弟妹及弟之妻，各减凡人一等。若殴妾者，各又减一等。其殴姊妹夫、妻之兄弟及妻殴夫之姊妹夫者，以凡斗论。若妾犯者，各加一等。若妾殴夫之妾子，减凡人二等；殴妻之子，以凡人论。若妻之子殴伤父妾，加凡人一等。妾子殴伤父妾，又加二等。至死者，各依凡人论。

【注释】

①卑属：卑亲属。

【译文】

凡是妻、妾殴打丈夫的期亲以下、缌麻以上的尊长，与丈夫殴打这些亲属同样论罪。造成死亡的，存在前述各种亲属关系都处死刑。如果妻子打伤卑亲属，与丈夫殴打卑亲属同样论罪；造成死亡的，处绞刑。如果打杀丈夫兄弟的孩子，处刑杖一百，流放三千里；故意杀死的，处绞刑。妾打杀丈夫兄弟的孩子，各种情形依照普通人斗殴的法律规定论罪。如果尊长打伤卑幼的妻子，比照普通人犯罪减一等处刑；尊长打伤卑幼的妾再减一等处刑；造成死亡的，处绞刑。如果弟弟、妹妹殴打兄长的妻子，照普通人的犯罪加一等处刑。如果兄长、姐姐殴打弟弟的妻子，以及妻子殴打弟弟、妹妹以及弟弟的妻子，各种情形依照普通人犯罪减一等处刑。如果殴打妾的，各种情形再减一等处刑。殴打姊妹的丈夫、妻子的兄弟以及妻子殴打丈夫的姐妹的丈夫的，按照普通人之间的斗殴论罪。如果是妾犯了前述的各种情形的，各加一等定罪量刑。如果妾殴打丈夫的其他妾的孩子，照普通人犯罪减二等处刑；殴打妻子的孩子，依照普通人犯罪论罪。如果妻子的孩子打伤了父亲的妾，比照普通人犯罪加一等处刑。妾的孩子打伤父亲的妾，再加二等处刑。造成死亡的，各种情形都依照普通人论罪。

殴妻前夫之子

凡殴妻前夫之子者①，谓先曾同居，今不同居者。减凡人一等；同居者②，又减一等；至死者，绞。若殴继父者③，亦谓先曾同居，今不同居者。杖六十，徒一年；折伤以上，加凡斗伤一等；同居者，又加一等；至死者，斩。其故杀，及自来不曾同居者，各以凡人论。

【注释】

①妻前夫之子：妻子与前夫所生的儿子，相互之间存在继父子关系。

②同居者：一起居住的亲属，也包括奴仆。

③殴继父：儿子殴打母亲再婚的丈夫。

【译文】

凡是殴打妻子的前夫的孩子，指之前曾经在一起居住，现在不在一起居住的。照普通人犯殴伤罪减一等处刑；一起居住的，再减一等；造成死亡的，处绞刑。如果殴打继父的，也是指之前曾经一起居住，现在不一起居住了。处刑杖六十，徒一年；造成折伤以上的伤，各种情形比照普通人斗殴伤加一等；居住在一起的，再加一等；造成死亡的，处斩刑。故意杀死的，以及从来没有居住在一起的，各种情形都依照普通人犯罪论罪。

妻妾殴故夫父母

凡妻妾夫亡改嫁，殴故夫之祖父母、父母者[①]，并与殴舅姑罪同。其旧舅姑殴已故子孙改嫁妻妾者[②]，亦与殴子孙妇同。若奴婢殴旧家长[③]，及家长殴旧奴婢者[④]，各以凡人论。

【注释】

①故夫：前夫。

②旧舅姑：前夫的父母。已故子孙：已经去世的子孙。

③旧家长：奴婢被卖掉后原来的家长。

④旧奴婢：已经脱离家长控制的奴婢，包括被卖掉、赠送、放良等方式脱离原来家长的奴婢。

【译文】

凡是妻妾在丈夫死亡之后改嫁，殴打原来丈夫的祖父母、父母的，都与殴打公公婆婆同样论罪。原来的公公婆婆殴打去世儿孙已经改嫁妻妾的，也与殴打儿孙的妻妾同样论罪。如果奴婢殴打原来的家长，以及家长殴打原来的奴婢的，都以普通人犯罪论罪。

父祖被殴

凡祖父母、父母为人所殴，子孙即时救护而还殴[①]，非折伤，勿论；至折伤以上，减凡斗三等；至死者，依常律。若祖父母、父母为人所杀，而子孙擅杀行凶人者[②]，杖六十。其实时杀死者[③]，勿论。

【注释】

①即时救护：在行凶当场立即救助保护。还殴：还手殴打对方。

②擅杀：擅自杀死。

③实时杀死：在行凶现场当时杀死行凶的人。

【译文】

凡是祖父母、父母被人打了，子孙当时救护而还手殴打对方，没有达到折伤的，不论罪；达到折伤以上的，比照普通人斗殴减三等处刑；造成死亡的，依照一般的法律规定论罪。如果祖父母、父母为人所杀，而子孙擅自杀死行凶的人，处刑杖六十。如果在祖父母、父母被杀死时子孙当场杀死行凶的人，不论罪。

卷第二十一　刑律四　骂詈计八条

【题解】

骂詈门包括辱骂造成的犯罪行为。将骂詈定为犯罪是为保护人们的精神和心理，是对人格的尊重。限于当时的信息传播技术，骂詈要求当面进行并且受害人自诉，才会获得法律保护。骂詈类犯罪一般的行为处罚较轻，涉及政治身份等级和伦理身份等级的行为处罚较重。

骂詈作为一种法典的类目在元代以前还没有出现，较早出现惩罚骂人的法律文献是在战国时秦国的法律。《睡虎地秦墓竹简·语书》中记载恶吏辱骂人应该受到惩罚，但没有保留下具体惩罚的条文，不清楚当时骂人是作为独立的罪名，还是作为其他犯罪中影响定罪量刑的情节。明确规定了骂人构成犯罪的是唐律，《唐律疏议·名例》规定十恶中的不孝罪名有诅詈祖父母、父母。元代骂人类的犯罪规定增加，《元典章·刑部·诸殴·品官相殴》有"县尉与达鲁花赤互相殴詈""官告吏毁骂亲闻乃坐"条，规定辱骂官员的犯罪，但没有专门的骂詈类目，《大明律》中新创了骂詈门。骂詈门的条文在实践中是否会得到严格执行尚不得而知。骂人必须亲闻乃坐，实践中很少见到仅仅因为骂人起诉并处罚的，通常骂人会出现在其他后果严重的案件中，作为一个影响定罪量刑的情节，如斗殴、杀人之类后果严重的案件起因于骂人或有骂人的情节，后来出现了更重的斗殴或杀人的情节和后果，按照斗殴或杀人定罪量刑而不是按照骂人。

骂人

凡骂人者[①]，笞一十。互相骂者，各笞一十。

【注释】

①骂人：用污秽的语言侮辱他人。

【译文】

凡是辱骂他人的，处刑笞十。互相辱骂的，各自处刑笞十。

骂制使及本管长官

凡奉制命出使而官吏骂詈[①]，及部民骂本属知府、知州、知县，军士骂本管指挥、千户、百户，若吏卒骂本部五品以上长官，杖一百。若骂六品以下长官，各减三等[②]。骂佐贰官、首领官，又各递减一等[③]。并亲闻乃坐[④]。

【注释】

①骂詈（lì）：用污秽严厉的语言辱骂人。

②各减三等：骂六品以下的官员随着官员等级的降低处刑随之降低，每等都降三等。

③又各递减一等：在骂六品以下长官减三等的基础上再减一等，各递减是指骂佐贰官和首领官逐级递减一等，即，首领官比佐贰官减一等。

④亲闻乃坐：亲自听到骂人才论罪并处刑。

【译文】

凡是奉皇帝命令出使而被官吏辱骂，部民辱骂直接管理自己的知府、知州、知县，军队士兵辱骂管理自己的指挥、千户、百户，包括吏卒辱骂管理自己的五品以上长官的，处刑杖一百。如果骂六品以下长官的，辱骂各等级官员各减三等处刑。辱骂佐贰官、首领官，在此基础上各自递减一等。各种情形都是被骂的人亲自听到才论罪处刑。

佐职统属骂长官

凡首领官及统属官骂五品以上长官①，杖八十。若骂六品以下长官，减三等②。佐贰官骂长官者，又各减二等③。并亲闻乃坐。

【注释】

①长官：负责本衙门的官员。

②减三等：杖八十减三等为笞五十。

③又各减二等：杖八十减三等的基础上再减二等为笞三十。

【译文】

凡是首领官和统属官骂有管辖权的五品以上长官，处刑杖八十。如果骂六品以下的长官，处刑减三等。佐贰官骂直接管辖的长官，再各减二等处刑。上述情况都必须是被骂的人亲自听到才论罪处刑。

奴婢骂家长

凡奴婢骂家长者，绞；骂家长之期亲及外祖父母者①，杖八十，徒二年；大功，杖八十；小功，杖七十；缌麻，杖六十。若雇工人骂家长者，杖八十，徒二年；骂家长之期亲及外祖父母者②，杖一百；大功，杖六十；小功，笞五十；缌麻，笞四十。并须亲告乃坐。

【注释】

①骂家长之期亲及外祖父母者：承接前文的奴婢骂家长，指奴婢骂家长的期亲等尊亲属。

②骂家长之期亲及外祖父母者：承接之前的雇工人骂家长，此处指雇工人骂家长的期亲等尊亲属。

【译文】

凡是奴婢辱骂家长的，处绞刑；奴婢骂家长的期亲以及外祖父母的，处刑杖八十，徒二年；奴婢骂家长的大功亲属的，处刑杖八十；奴婢骂家长的小功亲属的，处刑杖七十；奴婢骂家长的缌麻亲属的，处刑杖六十。如果雇工人辱骂家长的，处刑杖八十，徒二年；雇工人骂家长的期亲以及外祖父母的，处刑杖一百；雇工人辱骂家长的大功亲属的，处刑杖六十；雇工人辱骂家长的小功亲属的，处刑笞五十；雇工人辱骂家长缌麻亲属的，处刑笞四十。上述两种情形都必须是被骂的当事人亲自告发才论罪处刑。

骂尊长

凡骂缌麻兄姊①，笞五十；小功，杖六十；大功，杖七十；尊属，各加一等②。若骂兄姊者③，杖一百；伯叔父母、姑、外祖父母④，各加一等。并须亲告乃坐。

【注释】

①缌麻兄姊：骂宗亲中的缌麻兄长或者姐姐的，本条以尊长中的同辈年长者为基础规定，后文再规定尊亲属的情形。

②各加一等：缌麻尊亲属加一等笞六十，小功尊亲属杖七十，大功尊

亲属杖八十。

③兄姊：自己的亲兄长或者姐姐。

④伯叔父母：期亲伯叔和伯叔父母，处刑的时候此处规定的各亲属加一等，处刑在杖一百的基础上加一等到杖六十，徒一年。

【译文】

凡是辱骂缌麻亲属范围的兄长或姐姐的，处刑笞五十；辱骂小功亲属范围的兄长或姐姐的，处刑杖六十；辱骂大功亲属范围的兄长或姐姐的，处刑杖七十；如果辱骂上述亲属范围内的尊亲属的，各亲等都加一等处刑。如果辱骂自己的亲兄长或者姐姐的，处刑杖一百；辱骂自己的期亲伯叔父母、姑姑、外祖父母的，各亲属处刑加一等。上述情形都必须是被骂的人亲自告发才论罪处刑。

骂祖父母父母

凡骂祖父母、父母[①]，及妻妾骂夫之祖父母、父母者，并绞。须亲告乃坐。

【注释】

①祖父母、父母：条文规定的祖父母和父母的情形，也包含曾祖父母、高祖父母的情形。

【译文】

凡是辱骂自己的祖父母、父母的，以及妻妾辱骂丈夫的祖父母、父母的，都处绞刑。必须是被骂的人亲自告发才论罪处刑。

妻妾骂夫期亲尊长

凡妻、妾骂夫之期亲以下，缌麻以上尊长[①]，与夫骂罪同。妾骂夫者，杖八十。妾骂妻者，罪亦如之。若骂妻之父母者，杖六十。并须亲告乃坐。

【注释】

①缌麻以上尊长：本条规定期亲以下缌麻以上的尊长，承接前二条规定中的期亲以上即斩衰范围内的父母、祖父母亲属，以及同辈兄姐的年长亲属。本条排除上述二条的亲属范围，规定辱骂其余的尊长亲属如何处理。

【译文】

凡是妻子、妾辱骂丈夫的期亲以下，缌麻以上的尊长亲属的，与丈夫辱骂这些尊长同样论罪。妾辱骂丈夫的，处刑杖八十。妾辱骂妻子的，同样论罪。如果妾辱骂妻子的父母的，处刑杖六十。上述情形都必须被骂的人亲自告发才论罪处刑。

妻妾骂故夫父母

凡妻、妾夫亡改嫁，骂故夫之祖父母、父母者，并与骂舅姑罪同。若奴婢骂旧家长者①，以凡人论。

【注释】

①旧家长：奴婢被卖之前的旧主人。

【译文】

凡是妻子、妾在丈夫去世改嫁后，辱骂前夫的祖父母、父母的，都与辱骂公婆同罪。如果被卖的奴婢辱骂前家长的，依照没有关系的普通人之间的关系论罪。

卷第二十二　刑律五　诉讼计一十二条

【题解】

诉讼门包括诉讼程序中的各种犯罪行为，主要是有关诉讼的限制和审理案件的问题。诉讼制度赋予当事人寻求国家司法介入保护权利的机会。中国传统法律中没有专门的诉讼法或者程序法的概念，诉讼法规则和理论都包含在综合性法典中。早期“灋”字包含了神判法的程序，《说文解字·灋》：“刑也。平之如水，从水。廌，所以触不直者，去之。”传说黄帝的司法官皋陶用神兽解廌裁决疑难案件，裁决案件所用的规则被确定为法律规则，解廌也从传说中蚩尤的图腾演变成中国法律的形象——独角兽。解廌的形象从诉讼中产生，与刑关联在一起，促成了用“刑”解释“法”的思维方向，没有形成诉讼法或者程序法的观念。

诉讼法的规则集中出现在西周总结夏商礼形成的《周礼》中，《周礼》记载了不同性质和内容的诉讼由不同的机构审理判决，如大司徒、小司徒分别负责万民、众庶的纠纷，司徒下属的司市等官员裁决不同类型的纠纷；宗伯下属墓大夫裁决坟墓纠纷，乐师负责舞政纠纷；大司寇及其下属机构小司寇、士师等官员分别负责审判不同行政层级和区域的狱讼。西周已经形成了司法机构和司法程序的体系，诉讼法与实体法合为一体，但没有形成像西方法律体系中实体法和程序法并行的局面，也没有出现西方法学中的诉讼法学。中国法律和西方法律走了不同的道路。

战国开始出现的法典中程序法和实体法区分开来形成独立篇目,《法经》有“囚法”和“捕法”规定追诉和抓捕罪犯的规则。后来各朝代直到宋代的法典《宋刑统》都延续了“断狱”为法典独立篇章的立法技术。《大明律》六部体例取消了以内容为篇名的传统,在六部体例内部用门的方式归纳同类内容为律目名称,诉讼门包含了从起诉到判决执行的完整司法程序。

《大明律》诉讼门各条文既保障诉权的实现,也限制部分诉权。在保障诉权方面,有直诉制度,允许受冤屈的人直接向上级起诉。在西周时期已经有“路鼓”制度,有冤屈的人可以敲击设在朝堂外的大鼓,请求为自己伸冤,到南北朝时期“挝登闻鼓”“邀车驾”“上陈情表”三种直诉制度定型,唐代有“匦函”直诉制度。古代法律中限制诉权的规则很多,常见的有限制囚犯诉权,限制女性的诉权,限制平民、贱民对贵族、官员提起诉讼,限制卑幼起诉尊长等。限制卑幼诉权秦律已经有明确规定,到元代形成了“干名犯义”专条,卑亲属起诉尊亲属的行为通常不被受理,被告的尊亲属所犯的罪可以适用自首减免刑,保护家族伦理秩序。《大明律》在民告官的问题上鼓励平民在受到官吏非法凌虐时越级起诉,试图借助民的力量监督官员,这也是明律在诉讼制度上的特殊之处。

越诉

凡军、民词讼①,皆须自下而上陈告②。若越本管官司,辄赴上司称诉者③,笞五十。若迎车驾及击登闻鼓申诉而不实者④,杖一百,事重者⑤,从重论⑥;得实者,免罪⑦。

【注释】

①军、民词讼:有军人身份的人、普通的民人提起的诉讼。军人,明代军人出自军户,与普通的民众所属的民户不同,军、民分立。词

讼,向官府陈说提起自己的诉讼主张,俗称告状。

②陈告:即起诉,陈词告状。

③辄:立即,就。称诉:即起诉,声称冤情诉请通过诉讼保护自己权利。

④迎车驾:即邀车驾,官员或者皇帝出行时,拦住车马,陈述冤情提起诉讼的行为,通常不须确定被拦者的身份,造成越过本级主管官员而向上级提起诉讼的越诉后果。击登闻鼓:敲击登闻鼓,以便向上级直接提起诉讼。登闻鼓是立在官府大门外的大鼓,允许民众击鼓鸣冤提起诉讼,是一种《周礼》中已经存在的古老直诉制度。迎车驾和击登闻鼓是越诉或者直诉基本制度。

⑤事重者:起诉的内容是重大案件或者重大事件。

⑥从重论:本条规定的直诉罪名和所陈告的事情的罪名选择比较重的那个罪名论罪。

⑦得实者,免罪:审查后发现所起诉的案情是真实存在的,可以免除直诉的罪名。本条所针对的是诬告反坐的情形,诬告需要承担所告罪名的刑罚。

【译文】

凡是军人、民人提起诉讼,都必须从下级往上级逐级提起诉讼。如果越过本人所在地的官府和主管机构,立即到上级机关和主管官员起诉的,处刑笞五十。如果拦住官员出行的车马以及击打登闻鼓申诉却不真实的,处刑杖一百,申诉的是重大案情或者重大事件的,从重论罪;如果所申诉的案情是真实的,免罪。

投匿名文书告人罪

凡投隐匿姓名文书[①],告言人罪者,绞。见者,即便烧毁。若将送入官司者[②],杖八十。官司受而为理者,杖一百。被告言者,不坐。若能连文书捉获解官者,官给银一十两充赏。

【注释】

①投：向官府投递。

②官司：主管事务的官府和官员。

【译文】

凡是向官府投递匿名文书，告发他人犯罪的，处绞刑。看到别人投递的匿名文书，立即烧毁。如果把匿名文书送入官府给主管官员的，处刑杖八十。官府的主管官员接受并且处理匿名文书中的事务，处刑杖一百。被告发的人，不论罪。如果能够连同匿名文书和投递人一起抓住并押解到官府的，给十两银子作为奖赏。

告状不受理

凡告谋反、逆、叛[①]，官司不即受理掩捕者[②]，杖一百，徒三年；以致聚众作乱[③]，攻陷城池及劫掠人民者，斩。若告恶逆不受理者，杖一百；告杀人及强盗不受理者，杖八十；斗殴、婚姻、田宅等事不受理者[④]，各减犯人罪二等，并罪止杖八十。受财者，计赃以枉法从重论[⑤]。若词讼原告、被论在两处州县者，听原告就被论官司告理归结。推故不受理者，罪亦如之。若都督府、各部监察御史、按察司及分司巡历去处[⑥]，应有词讼，未经本管官司陈告，及本宗公事未绝者，并听置簿立限，发当该官司追问，取具归结缘由勾销[⑦]。若有迟错，不即举行改正者，与当该官吏同罪。其已经本管官司陈告，不为受理，及本宗公事已绝，理断不当，称诉冤枉者，各衙门即便勾问。若推故不受理，及转委有司，或仍发原问官司收问者，依告状不受理律论罪。若追问词讼，及大小公事,须要就本衙门归结,不得转委。违者,随所告事理轻重[⑧],以坐其罪。谓如所告公事,合得杖罪,坐以杖罪;合得笞罪,坐以笞罪。死罪已决放者,同罪;未决放,减等。徒流罪,抵徒流。

【注释】

①谋反、逆、叛:谋反、谋大逆、谋叛。

②掩捕:乘其不备而逮捕。

③聚众作乱:民众未经允许聚集并出现扰乱社会秩序的行为。

④婚姻、田宅:有关婚姻和土地房屋等民事案件。

⑤受财者,计赃以枉法从重论:根据所接受的赃物的价值按照枉法赃即受财枉法论罪,比较枉法赃应处的刑罚和不受理的犯罪应处的刑罚,哪个处罚重按照哪个罪名论罪。

⑥巡历:在地方巡回督查。

⑦取具归结:取得案件完成之后的结案文书。归结,审断结案。

⑧随所告事理轻重:依照所告的事情的轻重做出处理。

【译文】

凡是告发谋反、谋大逆、谋叛犯罪,官府和主管官员不立即受理并抓捕的,处刑杖一百,徒三年;因为没有及时受理和抓捕而导致民众聚众作乱,攻陷城市以及抢劫掠走民众的,处斩刑。如果有人告发恶逆犯罪不受理的,处刑杖一百;告发杀人以及强盗犯罪官府不受理的,处刑杖八十;告发斗殴、婚姻、田宅等事项官府不受理的,各种情形依照犯罪所处的刑罚减二等处刑,最高处刑杖八十。上述各种如果有因为接受财物而不受理的,计算赃物的价值依照枉法赃与告状不受理的处刑标准中重的类别论罪。如果起诉中的原告和被告处于两个州县的,允许原告在被告所在地的官府受理案件并审理结案。如果被告所在地的官府找借口推脱不受理的,同样按照上述规定论罪。如果都督府、各部监察御史、地方按察司以及按察司分司巡察的地方,符合条件的起诉,没有经过到本管官府起诉的程序，以及监察人员本身处理的案件没有完成的，都允许在簿册中登记确定期限，发回应当受理案件的官府追查询问，获取受理案件和处理结果的文书并注销簿册的登记记录。如果发生了延迟或者错误，不立即进行处理改正的，与应当处理案件的官吏同罪。如果已经向案件主管机构官员起诉，没有被受理案件，以及监察官已经处理完公事，对于起诉没有进行合理的处理，导致起诉人称冤的，各衙门应当立即传唤当事人到场并审理。如果借口不受理，以及转给其他机构处理，或者仍然发回原审理机构接受审理的，依照告状不受理的法律规定论罪。如果传唤当事人到场受理诉讼，以及大小公事，必须在本衙门审理并结案，不得转给其他机构处理。违反规定的，依照当事人所告的事情的轻重，根据相应的定罪量刑标准论罪。指如果所告的是公事，应该处以杖刑的罪名，按照杖刑论罪；应当处以笞刑的罪名，按照笞刑论罪。所告的犯罪是应当处以死刑的罪名并且已经执行的，同样论罪；没有执行的，可以减等论罪。如果所告的罪名是应当处徒刑或者流放刑的，按照徒刑或者流放抵罪。

听讼回避

凡官吏于诉讼人内，关有服亲[①]，及婚姻之家[②]，若受业师，及旧有仇嫌之人[③]，并听移文回避[④]，违者，笞四十。若罪有增减者，以故出入人罪论。

【注释】

①关：涉及，关涉。

②婚姻之家：有婚姻关系的人家，形成姻亲关系。

③仇嫌：有仇怨或者有嫌隙。嫌，因彼此不满而产生隔阂。

④移文回避：移送文书进行回避。回避，诉讼中有私人关系可能影响到案件公正审理的情况，审理官员应当避免出现在案件审理程

序中。

【译文】

凡是官吏与诉讼当事人中的任何人，涉及有服亲属，以及有姻亲关系，包括曾经跟随学习的授业老师，以及之前曾经有仇怨或嫌隙的人，都允许根据当事人的主张回避并移送文书给其他人或者机构审理，违反规定的，处刑笞四十。如果应当回避而没有回避导致案件审理中出现增加或者减少定罪量刑的，按照故意出入人罪论处。

诬告

凡诬告人笞罪者，加所诬罪二等①；流、徒、杖罪，加所诬罪三等；各罪止杖一百，流三千里。若所诬徒罪人已役，流罪人已配，虽经改正放回，验日于犯人名下追征用过路费给还②。若曾经典卖田宅者，着落犯人备价取赎③。因而致死随行有服亲属一人者，绞；将犯人财产一半断付被诬之人。其被诬之人致死亲属一人者，犯人虽处绞，仍令备偿路费，取赎田宅，又将财产一半断付被诬之人养赡。至死罪，所诬之人已决者，反坐以死④；其被诬之人已经处决者，犯人虽坐死罪，亦令备偿路费，取赎田宅，断付财产一半养赡其家。未决者，杖一百，流三千里，加役三年。

【注释】

①凡诬告人笞罪者，加所诬罪二等：诬告笞五等，根据诬告的罪名应处的笞刑数额加二等，如诬告人处笞刑二十的罪名，诬告者处笞四十。

②验日：核实实际经历过的日期。追征用过路费：追偿所使用的路费。

③备价取赎：准备足够的钱赎回典卖的土地房屋。

④反坐：指按照诬告他人的罪名对诬告者实施处罚。

【译文】

凡是诬告他人犯有应该处笞刑的罪名的，按照所诬告的罪名加二等处刑；诬告他人应处流刑、徒刑、杖刑的罪名，诬告者按照所诬告的罪名加三等处刑；各种罪名处刑最高到杖一百，流放三千里。如果所诬告处徒刑的被诬告者已经被处了徒刑并服劳役，诬告流放罪的被诬者已经流放，虽然经过纠正从流放地放回，也要在诬告者名下追偿被诬告者流放期间在路上的费用给被诬告人。如果被诬告的人为了应付诬告曾经出典出卖过土地房屋的，责令诬告者赎回田宅。如果因为被诬告流放造成随行的五服之内的亲属一人死亡的，诬告者处绞刑；把诬告者财产的一半判给被诬告的人。被诬告的人因为被诬告处刑导致亲属一人死亡的，诬告者虽然处绞刑，仍然需要赔偿路费，赎回被典卖的田地房屋，还要把一半的财产判给被诬告的人作为赡养费用。诬告他人死罪，被诬告的人已经被处决了，诬告的人反坐也要执行死刑；被诬告的人已经被处决，诬告者虽然要被论死罪，也要责令其赔偿路费，赎回土地房屋，判决给付一半财产给已经执行死刑的被诬告者的家属。没有执行死刑的，诬告者处刑杖一百，流放三千里，增加劳役三年。

其犯人如果贫乏无可备偿路费，取赎田宅，亦无财产断付者，止科其罪。其被诬之人，诈冒不实[①]，反诬犯人者，亦抵所诬之罪。犯人止反坐本罪。谓被诬之人本不曾致死亲属，诈作致死；或将他人死尸冒作亲属，诬赖犯人者，亦抵绞罪。犯人止反坐诬告本罪，不在加等、备偿路费、取赎田宅、断付财产一半之限。

【注释】

①诈冒不实：欺诈假冒的虚假行为。

【译文】

如果诬告者家里贫困没有财产可以赔偿路费，赎回土地房屋，也没有财产可以给付为养赡费的，只定罪量刑。被诬告的人，欺诈假冒路费、典卖田宅、亲属死亡之类的情形，反过来诬告诬告者，也要按照诬告抵罪。诬告者的处罚是只反坐原来诬告的罪名应该处的刑罚。指被诬告的人本来没有因为被诬告处刑而死亡，假冒致死了亲属；或者把他人的尸体假冒自己亲属，诬赖诬告者的，也按照绞刑的罪名抵罪。诬告者只按照所诬告的罪名论罪，不在加等处罚、赔偿路费、赎回田宅、判给一半财产的范围内。

若告二事以上，重事告实，轻事招虚[①]，及数事罪同，但一事告实者，皆免罪。若告二事以上，轻事告实，重事招虚；或告一事，诬轻为重者，皆反坐所剩[②]。若已论决，全抵剩罪；未论决，笞、杖收赎，徒、流止杖一百，余罪亦听收赎。谓诬轻为重，至徒、流罪者，每徒一等，折杖二十。若从徒入流者，三流并准徒四年，皆以一年为所剩罪，折杖四十[③]。若从近流入至远流者，每流一等，准徒半年为所剩罪，亦各折杖二十。收赎者，谓如告一人二事，一事该笞五十是虚，一事该笞三十是实，即于笞五十上准告实笞三十外，该剩下告虚笞二十赎铜钱一贯二百文。或告一人一事，该杖一百是虚，一事杖六十是实，即于杖一百上准告实杖六十外，该剩下告虚杖四十赎铜钱二贯四百文。及告一人一事，该杖一百，徒三年是虚，一事该杖八十是实，即于杖一百，徒三年上准告实杖八十外，该剩下告虚杖二十，徒三年之罪，徒五等该折杖一百，通计杖一百二十，反坐原告人杖一百，余剩杖二十赎铜钱一贯二百文。又如告一人一事，该杖一百，流三千里，于内问得止招该杖一百，三流并准徒四年，通计折杖二百四十，反坐原告人杖一百，余剩杖四十赎铜钱二贯四百文之类。若已论决，并以剩罪全科，不在收赎之类。

【注释】

①轻事招虚：诬告的轻罪招供是虚假的。

②反坐所剩：诬告轻罪为重罪，重罪的刑罚比轻罪的刑罚多出来的部分为剩余，如犯罪应处笞刑二十，诬告罪名应处笞刑五十，除了实际应该承担的笞二十之外，剩余的笞三十即为所剩。

③折杖：徒刑和流刑折为杖刑。

【译文】

如果诬告的是两件以上的事，所告的案情重的属实，案情轻的招供是虚假的，以及所告的几件事罪行相等，但是一件事情是真实的，都免罪。如果告发的两件以上的事情，轻的事情是真实的，重的事情是虚假的；或者告了一件事，把轻罪诬告为重罪，都反坐所告的罪名应处的刑罚中剩余的刑罚。如果已经审理执行了，剩余的刑罚全部抵罪；如果没有执行，被诬告的人被判处笞刑、杖刑的可以收赎，徒刑、流刑的只处杖一百的刑罚，其余的罪名应该承担的刑罚可以收赎。指诬告轻罪为重罪，达到可以处徒刑、流刑的罪名，徒刑每增加一等，折成杖刑二十。如果诬告的轻罪是从处徒刑的罪名增加到了处流刑的罪名，三等流放刑都可以折成四年徒刑，都以三等流放刑的三年为准剩下的一年为剩罪，折成杖四十。如果诬告的罪名是从流放到附近增加为流放到远方的，流放刑每增加一等，准许把徒刑半年作为诬告罪名剩余的刑罚，也都各折成杖刑二十。收赎的，指如果告发的是一人犯两种罪行的事情，一件事应该处笞五十是虚假的，一件事应该笞三十是真实的，就在笞五十的范围内所告发的真实犯罪实际笞三十外，剩下的诬告为虚，笞二十可以用铜钱一贯二百文赎刑。有人告发的是同一个人一件事，应该处刑杖一百的罪是虚假的，犯罪事实应该杖六十是真实的，就在杖一百的刑罚上判决所告的真实犯罪杖六十外，剩下的所告罪名杖四十是虚假的，可以用铜钱二贯四百文收赎。还有告发一人一件事，应该处刑杖一百，徒三年是虚假的，所犯罪的事实应该杖八十是真实的，就在杖一百，徒三年的刑罚上判决所告真实的杖八十外，剩下的所告罪行为虚假的杖二十，徒三年的罪，五等徒刑都折成杖一百，总计是杖一百二十，反坐最初诬告的人杖一百，剩下的杖二十用铜钱一贯二百文收赎。再比如告发一人一事，所告的罪名应该处刑杖一百，流放三千里，在案件审理中审问招供的罪行应该处刑杖一百，三等流放刑都是按照四年徒刑准折，总计杖二百四十，反坐原来的诬告人杖一百，剩余的杖四十用铜钱二贯四百文收赎之类。如果已经审理之后执行了，都按照剩余的罪名应该处的刑罚全科论罪，不在允许收赎的范围内。

至死罪，而所诬之人已决者，反坐以死；未决者，止杖一百，流三千里。若律该罪止者，诬告虽多，不反坐。谓如告人不枉法赃二百贯，一百二十贯是实，八十贯是虚，依律不枉法赃一百二十贯以上，罪止杖一百，流三千里，即免其罪。其告二人以上，但有一人不实者，罪虽轻，犹以诬告论。谓如有人告三人，二人徒罪是实，一人笞罪是虚，仍以一人笞罪，止加二等反坐原告之类。若各衙门官进呈实封诬告人，及风宪官挟私弹事有不实者[1]，罪亦如之。若反坐及加罪轻者，从上书诈不实论。若狱囚已招伏罪，本无冤枉，而囚之亲属妄诉者，减囚罪三等，罪止杖一百；若囚已决配，而自妄诉冤枉，摭拾原问官吏者[2]，加所诬罪三等，罪止杖一百，流三千里。

【注释】

①风宪官：即监察官，因为监察官负责监督官员的违法犯罪行为肃清风气，保障行为符合法律的规定，因此把监察官称为风宪官。宪，法律。弹事：弹劾官员所犯事务。

②摭（zhí）拾原问官吏：挑剔、报复原来审理案件的官员。摭拾，挑剔。

【译文】

诬告达到死罪的，而所诬告的人已经处决的，原来诬告的人按死罪论处；没有执行的，只处杖一百，流放三千里。如果按照法律规定中有最高处刑标准的，诬告的罪名虽然多，也不用反坐剩余的刑罚。指如果告发他人的罪名是不枉法赃赃值二百贯，其中一百二十贯是真实的赃值，八十贯是虚假的赃值，依照法律规定的不枉法赃在一百二十贯以上，最高处刑杖一百，流放三千里的规定，可以免除死罪。如果告的是两个人以上，只要有一个人的罪行是不真实的，所告罪行虽然很轻，也是依照诬告论罪。指假如有人告三个人，其中二人的徒罪是真实的，一个人的笞罪是虚假的，仍然以一人笞罪认定为诬告成立，只按照本条法律的规定加二等处刑反坐原告之类。如果各个衙门的官员向皇帝递交密封奏疏诬告人，以及监察官携带私人恩怨进行不真实的弹劾，同样论罪。如果反坐所论的罪以及虚假告发增加的罪是轻罪的，按照上书不实的罪名论罪。如果在监狱关押的囚犯已经招供认罪，本来没有冤枉的情形，而囚犯的亲属妄自起诉的，比照囚犯的罪名减三等论罪，最高处刑杖一百；如果囚犯已经执行了刑罚，而又妄自诉称冤枉，报复原来审理案件的官吏的，在所诬告的罪名的基础上加三等论罪，最高处刑杖一百，流放三千里。

干名犯义

凡子孙告祖父母、父母，妻妾告夫及夫之祖父母、父母者，杖一百，徒三年。但诬告者，绞。若告期亲尊长、外祖父母，虽得实，杖一百；大功，杖九十；小功，杖八十；缌麻，杖七十。其被告期亲、大功尊长，及外祖父母，若妻之父母，并同自首免罪[①]；小功、缌麻尊长，得减本罪三等。若诬告重者[②]，各加所诬罪三等。加罪不致于死[③]。若所诬尊长徒罪已役，流罪已配，虽经改正放回，依诬告人律，验日于犯人名下追征用过路费给还。若曾经典卖田宅者，着落犯人备价取赎。因而致死随行有服亲属一人者，绞，仍令备偿路费、取赎田宅，又将犯人财产一半断付被诬之人养赡。至死罪，所诬之人已决者，处死，亦令备偿路费、取赎田宅、断付财产一半养赡其家；未决者，杖一百，流三千里，加徒三年。

【注释】

①并同自首免罪：自首的一般规则是可以免罪，本条规定的卑亲属告尊亲属按照自首对待，所有规定的这些卑幼告尊长的，为了保护尊长，尊长都可以按照自首免罪。

②诬告重者：诬告所得的刑罚比本罪重的，按照重罪处刑。

③加罪不致于死：加罪的时候最高不加到死刑。古代法典采用道德为法律指导精神，尽量不在本罪之外因为其他原因使得当事人被判处死刑，体现了一种对犯罪人的怜悯体恤。古人认为生命至重，即使罪犯的生命也是被尊重的。

【译文】

凡是子孙起诉祖父母、父母，妻妾起诉丈夫以及丈夫的祖父母、父母的，处刑杖一百，徒三年。只要是诬告的，处绞刑。如果起诉期亲尊长、外祖父母，虽然审理后确实存在犯罪行为，处刑杖一百；起诉大功亲属的，处刑杖九十；起诉小功亲属的，处刑杖八十；起诉缌麻亲属的，处刑杖七十。被起诉的期亲、大功尊长，以及外祖父母，包括妻子的父母，都按照自首对待免罪；被起诉的小功、缌麻尊长，可以在本身的犯罪行为上减三等论罪。如果诬告尊长的罪重的话，比照所诬告的罪名加三等论罪。加三等论罪不能加到死刑。如果所诬告的尊长被判处徒刑已经服了劳役，被判处流刑已经流放，虽然经过纠正错案放回家，依照诬告人的规定，到执行地点期间每日的费用从诬告者名下追赔。如果因为被诬告而典卖田宅的，责令诬告者拿钱赎回。因为被诬告而导致随行亲属致死一人的，诬告者处绞刑，仍然责令赔偿路费、赎回田宅，还要把诬告者一半财产给被诬告的人作为赡养费。如果诬告的罪名是死罪，所诬告的人已经执行了死刑，诬告者处死，也要责令赔偿路费、赎回田宅、把一半家产判给他人作为养赡费；没有执行死刑的，对诬告者处刑杖一百，流放三千里，增加劳役三年。

其告谋反、大逆、谋叛、窝藏奸细，及嫡母、继母、慈母、所生母杀其父，若所养父母杀其所生父母，及被期亲以下尊长侵夺财产，或殴伤其身，应自理诉者，并听告，不在干名犯义之限。若告卑幼得实，期亲、大功及女婿亦同自首免罪；小功、缌麻，亦得减本罪三等。诬告者，期亲减所诬罪三等，大功减二等，小功、缌麻减一等。若诬告妻，及妻诬告妾，亦减所诬罪三等。若奴婢告家长，及家长缌麻以上亲者，与子孙卑幼罪同。若雇工人告家长，及家长之亲者，各减奴婢罪一等，诬告者不减。

【译文】

如果告发的是谋反、谋大逆、谋叛、窝藏奸细，以及嫡母、继母、慈母、生母杀死了父亲，包括养父母杀死了亲生父母，以及被期亲以下尊长侵夺财产，或者打伤了身体，应当由自己起诉的，都允许起诉，不受干名犯义规定的限制。如果尊长起诉卑幼审理属实，期亲、大功亲以及女婿也按照自首对待免罪；小功、缌麻尊长起诉卑幼审理属实，可以在本罪应处刑罚的基础上减三等。诬告的，期亲尊长论罪时比照所诬告的罪减三等处刑，大功亲比照诬告应处刑罚减二等，小功、缌麻亲比照诬告应处刑罚减一等。如果诬告妻子，以及妻子诬告妾，也按照所诬告的罪名应得的处罚减三等论罪。如果奴婢起诉家长，以及家长缌麻以上亲的，与子孙、卑幼起诉尊长同罪。如果雇工人起诉家长,以及家长的亲属的,各种情形比照奴婢论罪的处刑标准减一等,诬告者不减等。

其祖父母、父母、外祖父母诬告子孙、外孙、子孙之妇妾及己之妾,若奴婢及雇工人者,各勿论。若女婿与妻父母果有义绝之状[①],许相告言,各依常人论。义绝之状,谓如身在远方,妻父母将妻改嫁,或赶逐出外,重别招婿,及容止外人通奸[②]。又如本身殴妻至折伤,抑妻通奸,有妻诈称无妻,欺妄更娶妻,以妻为妾,受财将妻妾典雇,妄作姊妹嫁人之类。

【注释】

①义绝之状:符合义绝规定的各种情形。义绝是法定的离婚理由,本条的小注列举了各种义绝的情形。

②容止:收留。

【译文】

祖父母、父母、外祖父母诬告子孙、外孙、子孙的妻妾以及自己的妾,包括奴婢以及雇工人的,都不论罪。如果女婿与妻子的父母之间存在义绝的情形,允许相互起诉,各种情形都依照没有亲属关系的普通人论罪。义绝的情形,指自己在远方,妻子的父母把妻子改嫁,或者把妻子赶出家门,重新找了别的女婿,以及容留外人在家与妻子通奸。又比如,丈夫殴打妻子到折伤的程度,逼迫妻子与人通奸,有妻子谎称没有妻子,用欺骗的方式再娶妻,以妻为妾,接受他人财物把妻子典给他人或者租给他人,把妻子假作姐妹嫁人之类。

子孙违犯教令

凡子孙违犯祖父母、父母教令[①],及奉养有缺者[②],杖一百。

谓教令可从而故违,家道堪奉而故缺者,须祖父母、父母亲告乃坐[③]。

【注释】

①教令:祖父母和父母对子孙有教令权,即教导子女的权利,子女必须服从。

②奉养:为祖父母、父母提供充足的生活物资。

③须祖父母、父母亲告乃坐:祖父母、父母必须亲自起诉,给祖父母和父母提供足够的选择权,是否需要通过官府介入解决家庭内部的问题,及保障祖父母、父母的基本权利,也保障家庭内部关系的和谐。

【译文】

凡是子孙违反祖父母、父母的教令,以及奉养祖父母、父母不足的,处刑杖一百。指祖父母、父母的教令可以听从而故意违反的,家里的收入财产足够为祖父母、父母提供充足的生活物资而故意不提供导致生活物资缺乏的,必须是祖父母、父母亲自告发才论罪。

见禁囚不得告举他事

凡被囚禁,不得告举他事。其为狱官、狱卒非理凌虐者[①],听告。若应囚禁被问,更首别事[②],有干连之人[③],亦合准首,依法推问科罪。其年八十以上、十岁以下,及笃疾者,若妇人,除谋反、逆、叛、子孙不孝,或己身及同居之内为人盗、诈、侵夺财产,及杀伤之类,听告,余并不得告。官司受而为理者,笞五十。

【注释】

①非理凌虐：不符合法律规定的虐待伤害肢体或者精神的行为。狱官和狱卒在监狱中可以执行符合法律规定的刑讯，如夹棍、拶(zǎn)指之类，此处所说的非理凌虐针对合法合理的行为之外，出于私心对被囚禁人员的虐待凌辱造成身体或者精神伤害。

②更首别事：在被审理的案件之外，自首别的案件。

③干连之人：与案件有关系的其他人。

【译文】

凡是处于囚禁状态中的囚犯，不得起诉告发被囚禁事由之外的事情。如果是自己受到了监狱官员和看守的禁卒的凌辱虐待，可以起诉。如果是在囚禁期间审理被囚禁的案件过程中，又自首了其他犯罪行为，有关案件的其他人，也允许作为自首对待，依照法律规定审理判决。八十岁以上、十岁以下的人，以及笃疾的人，包括妇女，除了谋反、谋大逆、谋叛、子孙不孝，或者自己以及共同居住的亲属被盗、被骗、被侵占夺取财产，以及被杀伤之类的罪名允许告状之外，其余的案件都不许告状。有关的主管机构和官员受理案件的，处刑笞五十。

教唆词讼

凡教唆词讼及为人作词状增减情罪诬告人者[①]，与犯人同罪。若受雇诬告人者，与自诬告同。受财者，计赃以枉法从重论[②]。其见人愚而不能伸冤，教令得实[③]，及为人书写词状而罪无增减者，勿论。

【注释】

①教唆词讼：当事人本来没有产生通过起诉的方式解决问题而随他

人起诉的行为。作词状:制作诉讼用的说辞和状子,词状可以包含口头起诉和诉讼中的说辞之类,不仅是书写为文字的状子。增减情罪:增加或者减少案件中的情节或者罪行,误导官方的审判行为导致他人陷于诉讼中的行为。

②以枉法从重论:枉法赃的罪名所处的刑罚和教唆词讼的罪名所获的刑罚,哪个罪名的刑罚重按照哪个罪名论罪。枉法赃根据所收受赃物的价值计算,也可能枉法赃罪名重,也可能赃物价值低量刑轻,需要按照本罪教唆词讼论罪。

③得实:经过审理存在帮助他人诉讼的事实,且当事人确实存在冤情,仅是帮助并没有本条规定的犯罪情形。

【译文】

凡是教唆本来不愿意起诉的人提起诉讼以及为他人的诉讼提供说辞和诉状时增加或者减少案情罪行诬告人的,按照犯人所犯的罪同样论罪。如果是受人雇佣而诬告人的,与自己诬告人同样论罪。因为教唆人诉讼而接受了财物的,计算得到的赃物的价值按照枉法赃或者本罪中罪重的罪名论罪。如果是因为看到有人愚蠢不能够自己伸冤,教导他可以通过诉讼伸冤并且审理后确实如此,以及为他人书写状子但是没有增减罪行的,不论罪。

军民约会词讼

凡军官、军人,有犯人命,管军衙门约会有司检验归问[①]。若奸盗、诈伪、户婚、田土、斗殴与民相干事务[②],必须一体约问。与民不相干者,从本管军职衙门自行追问[③]。其有占吝不发[④],首领官吏各笞五十。若管军官越分辄受民讼者[⑤],罪亦如之。

【注释】

①管军衙门:专门管理军事的国家机构。约会:有管辖权的机构通知相关机构共同审理案件的行为。检验:侦查勘验案件事实和证据。归问:追查审问。

②户婚:指户籍、婚嫁、赋役等事项。

③追问:通知或者拘捕当事人到场审问案件。

④占吝:拖延推诿不按照规定及时转移给其他机构的行为。

⑤越分:明代诉讼规定不同类型案件按照不同审级和管辖处理,如果受理超过本机构管辖权的案件,即为越分。

【译文】

凡是军官、军人,犯有涉及人命的重大案件,管理军事的机构通知有管辖权的行政机构共同侦查勘验审理案件。如果是当事人被控告奸淫盗窃、诈骗、户婚、田地、斗殴等与民有关的犯罪行为,必须都要约会审理。如果军官、军人被控告的行为与民不相关的话,按照本人所在的军事管理机构自行审理。如果军事或者行政机构有拖延不发出共同审理案件的文件或者不按规定及时转移给其他机构的行为,负责文书管理的首领官和有关人员各笞五十。如果管理军事的官员超越本身的管辖权受理民众的诉讼的,同样论罪。

官吏词讼家人诉

凡官吏,有争论婚姻、钱债、田土等事,听令家人告官理对[①],不许公文行移[②]。违者,笞四十。

【注释】

①告官理对:向官府提起诉讼,并参与案件审理过程中的陈词对质之类的诉讼活动。理对,公堂对质。

②公文行移:为公事而设立的程序,婚姻、钱债之类的事务是私事,不允许动用公权力为私人利益影响案件审理,导致不公正判决。行移,公文移送的流程。

【译文】

凡是官员和吏,发生关于婚姻、债务、田地等纠纷,允许让家人代替自己到官府起诉并参与庭审,不许使用公文移送程序发送公文影响诉讼公正性。违反规定的,处刑笞四十。

诬告充军及迁徙

凡诬告充军者,民告,抵充军役[①];军告发边远充军。若官吏故将平人顶替他人军役者[②],以故出入人流罪论,杖一百,流三千里。若诬告人说事过钱者,于迁徙比流减半[③],准徒二年上加所诬罪三等[④],并入所得笞、杖通论[⑤]。

【注释】

①军役:军队中负责后勤服务之类的劳务。

②平人:没有军籍的普通民众。

③于迁徙比流减半:在应得迁徙的刑罚时比照流刑四等减轻一半刑罚。

④加所诬罪三等:在所诬告的罪名应得的刑罚上加三等,徒二年加三等为流放二千里。

⑤并入所得笞、杖通论:所诬的罪名处的笞杖数与本罪的笞杖数合并计算。

【译文】

凡是诬告他人可能使得被诬告的人获得充军的严重刑罚的,以民的身份诬告人,把民充作军队的劳务人员;如果是军人诬告他人应当充军的刑罚的，将军人发配到边远地区的卫所充军。如果官吏故意用普通平民顶替他人的军役，按照故意出罪或者入罪的流放刑论罪，处刑杖一百，流放三千里。如果诬告他人说事过钱，量刑时达到迁徙的刑罚，在原来迁徙的刑罚上比照流刑减轻一半，按照徒二年的刑罚基础上在所诬告的罪名应得刑罚上加三等处刑，同时需要把笞刑、杖刑的数额合并计算到流放刑中一体执行。

卷第二十三　刑律六　受赃计一十一条

【题解】

受赃门罗列接受非法财物的各种犯罪行为，包括事前受财、事中受财、事后受财、许诺财物等。明代对官员受赃罪极其重视，朱元璋制定法律时确定的立法指导思想是“重典治吏”，加大官员犯罪范围、加重处罚，还将六赃制成图表置于法典前面。不过，明律“重典治吏”更多体现在《明大诰》中，对一些贪赃案例使用了残酷的法外刑罚。洪武时期曾把《明大诰》中的一些规则归纳出来附在《大明律》后，形成《大明律诰》，贯彻重点治吏的思想。明初四大案中的“空印案”，针对户部贪赃问题，牵连中央和地方大量官员，强化了严刑重罚惩治官吏贪赃的印象。不过，自朱元璋去世后，建文皇帝即位诏书中开始要求司法必须严格遵守《大明律》，事实上放弃了《明大诰》的重刑重典，惩治官吏贪赃立法和司法逐渐回归到从重典到平典。

《大明律》对官吏贪赃的惩罚力度也重于此前各朝代的法律，清代律学大家薛允升评价明律“重其所重”，即对于谋反、谋叛、谋大逆、官吏贪赃、渎职之类事关皇权和国家稳定的犯罪加重处罚力度。实际上，“三谋”大罪并不常见，官吏贪赃则无处不在。朱元璋曾经感叹，严刑峻法之下贪赃还是层出不穷，他在主持制定《大明律》时，将官员利用职务之便获取非法财物，无论是直接获取还是间接获取，已经获取还是可能获取，本人获取还是家属、朋友等相关人员获取，与职务有直接关系还是间接关系等，都纳入贪赃犯罪中惩治，惩治贪赃的范围之广、力度之大、规则之细致，都是空前的。

《大明律》继承了唐律以来的坐赃罪。“坐赃致罪”条规定坐赃不强调身份，不限定范围，只要是取得了非法财物，无论故意、过失都可以构成本罪。此条扩大法律打击犯罪的范围，是一个非法获取财物的兜底性条款，与相关条文共同构成了打击非法获取财物的严密法律规则网。官吏贪赃和坐赃相配合，强化了对非法获取财物的打击力度。

官吏受财

凡官吏受财者[①]，计赃科断[②]。无禄人[③]，各减一等。官追夺除名[④]，吏罢役，俱不叙[⑤]。说事过钱者，有禄人减受钱人一等，无禄人减二等；罪止杖一百，各迁徙。有赃者，计赃从重论。

【注释】

①受财：接受他人给予的财物。

②计赃：计算赃物的价值，作为量刑参考标准。科断：审理裁判。

③无禄人：不具有官员身份，为官府提供服务，或者参与官方事务根据劳务获得报酬，而不是根据官职身份获得俸禄的吏役。如俸禄在一石以下的典吏之类的吏役。

④追夺除名：追回国家给予的各种荣誉身份，如诰命、敕封之类，从官员身份仕籍中除名。

⑤不叙：不再允许被官方录用。

【译文】

凡是官吏接受他人财物的，计算赃物的价值审理后决定应该判处的刑罚。没有官职身份的无禄人,每种处刑的情况都减一等论罪。官员追回之前授予的诰封之类的荣誉并除名,吏开除不再录用。接受当事人的财物为当事人的事情在官吏前说情的,有俸禄的官员刑罚比接受钱财的人减一等,没有俸禄的吏役的刑罚减二等;最高处刑杖一百,并处以迁徙的刑罚。如果有赃物的,计算赃物的价值比照本罪选择刑罚重的论罪处刑。

有禄人枉法,赃各主者①,通算全科②。谓受有事人财而曲法科断者,如受十人财,一时事发,通算作一处,全科其罪。

一贯以下,杖七十。

一贯之上至五贯,杖八十。

一十贯,杖九十。

一十五贯,杖一百。

二十贯,杖六十,徒一年。

二十五贯,杖七十,徒一年半。

三十贯,杖八十,徒二年。

三十五贯,杖九十,徒二年半。

四十贯,杖一百,徒三年。

四十五贯,杖一百,流二千里。

五十贯,杖一百,流二千五百里。

五十五贯,杖一百,流三千里。

八十贯,绞。

【注释】

①赃各主者:赃物来自不同的事主。

②通算全科:每个人接受的赃物不同,但是需要合并计算赃物价值。

【译文】

有禄人因为接受他人财物而做出枉法裁判的,从各个事主接受的赃物,全部合并计算累计作为处刑标准。指接受当事人的钱物而做出枉法裁决的,如果接受了十个人的财物,一旦事发,都合并计算不同事主提供的赃物的价值,全部作为论罪的标准定罪量刑。

一贯以下,杖七十。

一贯以上至五贯,杖八十。

一十贯,杖九十。

一十五贯,杖一百。

二十贯,杖六十,徒一年。

二十五贯,杖七十,徒一年半。

三十贯,杖八十,徒二年。

三十五贯,杖九十,徒二年半。

四十贯,杖一百,徒三年。

四十五贯,杖一百,流放二千里。

五十贯,杖一百,流放二千五百里。

五十五贯,杖一百,流放三千里。

八十贯,绞。

不枉法,赃各主者,通算折半科罪。谓虽受有事人财,判断不为曲法者,如受十人财,一时事发,通算作一处,折半科罪。

一贯以下,杖六十。

一贯之上至一十贯,杖七十。

二十贯,杖八十。

三十贯,杖九十。

四十贯，杖一百。

五十贯，杖六十，徒一年。

六十贯，杖八十，徒一年半。

七十贯，杖八十，徒二年。

八十贯，杖九十，徒二年半。

九十贯，杖一百，徒三年。

一百贯，杖一百，流二千里。

一百一十贯，杖一百，流二千五百里。

一百二十贯，罪止杖一百，流三千里。

【译文】

没有出现枉法裁判的情况下，接受的各个事主的赃物，合计赃物价值后按照折成一半论罪。指虽然接受了当事人的财物，裁判的时候没有因此做出枉法裁判的，如果接受十个人的财物，一旦事发，十个人的赃物价值合计，折成一半论罪。

一贯以下，杖六十。

一贯以上至一十贯，杖七十。

二十贯，杖八十。

三十贯，杖九十。

四十贯，杖一百。

五十贯，杖六十，徒一年。

六十贯，杖八十，徒一年半。

七十贯，杖八十，徒二年。

八十贯，杖九十，徒二年半。

九十贯，杖一百，徒三年。

一百贯，杖一百，流放二千里。

一百一十贯,杖一百,流放二千五百里。

一百二十贯,最高处刑杖一百,流放三千里。

无禄人枉法,一百二十贯,绞。

不枉法,一百二十贯之上,罪止杖一百,流三千里。

【译文】

无禄人因为接受财物而导致徇私枉法的,赃物价值达到一百二十贯,处绞刑。

如果没有出现枉法的情况,一百二十贯以上的,最高处刑杖一百,流放三千里。

坐赃致罪

凡官吏人等,非因事受财,坐赃致罪[①]。各主者通算,折半科罪。与者,减五等。谓如被人盗财,或殴伤,若陪偿及医药之外,因而受财之类[②],各主者并通算,折半科罪。为两相和同取与[③],故出钱人减受钱人罪五等。又如擅科敛财物[④],或多收少征,钱粮虽不入己,或造作虚费人工物料之类[⑤],凡罪由此赃者,皆名为坐赃致罪。

一贯以下,笞二十。

一贯之上至一十贯,笞三十。

二十贯,笞四十。

三十贯,笞五十。

四十贯,杖六十。

五十贯，杖七十。

六十贯，杖八十。

七十贯，杖九十。

八十贯，杖一百。

一百贯，杖六十，徒一年。

二百贯，杖七十，徒一年半。

三百贯，杖八十，徒二年。

四百贯，杖九十，徒二年半。

五百贯之上，罪止杖一百，徒三年。

【注释】

①坐赃致罪：因为接受非法财物而被追究法律责任。

②因而受财：接受正常赔偿弥补的财物标准之外的财物。

③两相和同：双方同意，并无胁迫、误解等情节。

④科敛：借助官方的名义非法获取财物。

⑤造作：建造制作，包括建造道路桥梁、宫殿陵墓、修筑河道堤坝等工程，也包括制作衣服、用品、器物等工作。虚费：虚假的支出和费用，指制作器物或建造工程时申请了人工费或者材料，但是实际上并没有支出，而是把这部分费用或者实物据为己有。

【译文】

凡是官吏及各种身份的人，不是因为具体事务而收受财物，只要非法接受不应接受的财物就构成犯罪。所有给予财物的当事人所给的财物合并计算，按照一半的价值定罪量刑。给予财物的人，比照接受财物的人减五等论罪。指如果被人盗取财物，或被人打伤，如果赔偿了被盗的财物以及医治的医药费之外，接受了正常赔偿标准之外的财物，各位当事人所给的财物都要合并计算，按照赃物价值折半定罪量刑。如果坐赃的财物是双方自愿给予和接收的，因此出钱的人比照收钱的人定罪量刑减五等。又比如擅自利用官方的名义征收财物，或者向民众征收财物时多收或者少收，钱粮虽不收归自己，或者虚假申报支出人工或者材料之类将其据为已有的，凡是存在这些不合法的收入而获罪的，都被称为坐赃致罪。

一贯以下，笞二十。

一贯以上至一十贯，笞三十。

二十贯，笞四十。

三十贯，笞五十。

四十贯，杖六十。

五十贯，杖七十。

六十贯，杖八十。

七十贯，杖九十。

八十贯，杖一百。

一百贯，杖六十，徒一年。

二百贯，杖七十，徒一年半。

三百贯，杖八十，徒二年。

四百贯，杖九十，徒二年半。

五百贯以上，最高处刑杖一百，徒三年。

事后受财

凡有事，先不许财，事过之后而受财[1]，事若枉断者，准枉法论；事不枉断者，准不枉法论。

【注释】

①事过之后：事情已经结束了之后，即使在事前或者事中当事人之间没有出现行贿受贿的情况，而是事后才给行贿的财产，也是按

照贿赂定性。

【译文】

凡是诸人有事请托，事先不许诺给予官吏财物，事情结束后官吏才接受钱财的，如果在处理事情的时候有枉法的情形，准照枉法赃论罪；处理事情的时候不存在枉法的情形，准照不枉法赃论罪。

有事以财请求

凡诸人有事，以财行求得枉法者[①]，计所与财，坐赃论。若有避难就易[②]，所枉重者，从重论。其官吏刁蹬[③]，用强生事[④]，逼抑取受者[⑤]，出钱人不坐。

【注释】

①行求：寻求徇私庇护。

②避难就易：遇到事情应该承担的责任较重的，只承担较轻的责任或者逃避责任，如应该缴纳十石米寻求只交一石米或者不缴纳，应该被处流放刑而寻求处徒刑之类。

③刁蹬：故意找借口拖延刁难人之类。

④用强生事：在处理事务过程中，使用暴力或者强制当事人做某事，节外生枝为难当事人。

⑤逼抑：逼迫当事人制造威压让人感受到压迫而非自愿交出财物息事宁人的。

【译文】

凡是人们遇到事情，通过给人钱财求得官吏枉法徇私庇护，计算所给予的财物的价值，按照坐赃定罪量刑。如果存在通过逃避责任避重就轻的，如果想要逃避的罪责处刑比行贿处刑重的，选择重罪量刑。如果存在官吏故意刁难,使用权势或者暴力找事阻挠,逼迫当事人出钱并接受的,出钱的人不论罪。

在官求索借贷人财物

凡监临官吏挟势及豪强之人求索借贷所部内财物者①,并计赃,准不枉法论。强者,准枉法论,财物给主。若将自己物货散与部民,及低价买物、多取价利者②,并计余利③,准不枉法论。强者,准枉法论。物货价钱,并入官给主。若于所部内买物,不即支价,及借衣服、器玩之属,各经一月不还者,并坐赃论。若私借用所部内马、牛、驼、骡、驴及车船、碾磨、店舍之类,各验日计雇赁钱④,亦坐赃论。追钱给主。若接受所部内馈送土宜礼物⑤,受者,笞四十;与者,减一等。若因事而受者,计赃以不枉法论。其经过去处,供馈饮食及亲故馈送者,不在此限。其出使人,于所差去处,求索借贷,买卖多取价利,及受馈送者,并与监临官吏罪同。若去官而受旧部内财物及求索借贷之属⑥,各减在官时三等。

【注释】

①所部:官员职权管辖范围内的民众。

②多取价利:索取或者购买货物时获取较低的价格因而取得价格利差。

③余利:货物本身的价格被压低之后,本身的价格减去被压低的价格剩余的价值。

④雇赁钱:所借用的马牛和车船等按照雇用租赁的性质支付费用。

⑤土宜:土特产。

⑥去官：离开原来的任职机构和职位。

【译文】

凡是具有监临职责的上司官吏借助职权威势以及豪强之人向自己管辖区内的人员索要借贷财物，每次的赃款合并计算，准许按照不枉法赃的罪名论罪。如果有强迫的情形，准照枉法赃的罪名论罪，所得的财物还给原主。如果把自己的财产物品发给自己所管辖的人，以及低价购买货物、获取价格利差的，所有物品多占的利益要合并计算赃款价值，按照不枉法赃论罪。上述行为如果是强迫的，按照枉法赃论罪。发出的物品和购买物品的价钱，全部都没收归官府或者还给原主。如果在自己管辖的范围内购买物品，没有立即支付价钱，以及借人衣服、器物、赏玩物品之类，各种东西如果经过一个月仍不归还，都按坐赃论罪。如果私自在自己辖区内借用马、牛、骆驼、骡子、驴子以及车辆船只、碾磨、店铺房屋之类，各种情形查验日期按照雇用租赁的价钱计算价值，也按照坐赃论罪。追讨雇赁的价值给物主。如果接受自己管辖的区域内人们赠送的土特产作为礼物，接受的，处刑笞四十；给予的人，处刑减一等。如果因为对方有事相求而接受财物的，计算赃物价值按照不枉法赃论罪。官吏出行经过的地方，提供馈送饮食以及亲人朋友赠送的，不受这条规定限制。出差外出的人，在所出差的地方，索取借贷财物，买卖物品获取利益的，以及接受馈送的，都与监临官吏同样论罪。如果离开原职后接受原职管辖区内的人们的财物以及求索借贷之类，各个当事人在各种情形下比照在职的情形减三等论罪。

家人求索

凡监临官吏家人①，于所部内取受求索借贷财物及役使部民②，若卖买多取价利之类，各减本官罪二等。若本官知情，与同罪；不知者，不坐。

【注释】

①家人：同一家的人包括妻妾、子女、兄弟、姐妹、孙子之类，也包括奴仆之类。

②役使：使唤人做劳役，提供服务之类。

【译文】

凡是监临官吏的家人，在官吏所管辖的地区内索取收受借贷财物以及使唤部民为自己做事，包括买卖物品压低价格取利之类，各种情形比照官员本人的犯罪减二等论罪。如果该官员知情，与家人同罪；不知情的，不论罪。

风宪官吏犯赃

凡风宪官吏受财①，及于所按治去处求索借贷人财物②，若卖买多取价利及受馈送之类，各加其余官吏罪二等③。

【注释】

①风宪官吏：监察官员，在京城，指都察院和各道官员，在外指按察司官员。

②所按治去处：监察官员到地方巡察。

③其余官吏：监察官以外的官吏。

【译文】

凡是具有监察职责的风宪官吏接受他人财物，以及在出使巡视的地方索取借贷他人财物，如果出售或者购买东西因此抬价或者压价获利以及接受馈送之类，各种情形都按照其余官吏犯赃罪加二等定罪量刑。

因公擅科敛

凡有司官吏人等，非奉上司明文，因公擅自科敛所属财物[①]，及管军官吏、总旗、小旗科敛军人钱粮赏赐者[②]，杖六十。赃重者，坐赃论；入己者，并计赃以枉法论。其非因公务科敛人财物，入己者，计赃以不枉法论。若馈送人者，虽不入己，罪亦如之。

【注释】

①因公：借助公事为理由。

②管军官吏：管理军事的官吏。

【译文】

凡是具体负责事务的官吏等人员，如果没有接到上司明确的文件，借助公务擅自向自己所管辖区域的人员敛财，以及管理军事的官吏、总旗、小旗索取军人的钱粮赏赐的，处刑杖六十。收受的赃款数量多的，按照坐赃论罪；索取的财物收入自己名下的，合并计算赃物价值按照枉法赃论罪。如果不是因为公事索取他人财物，收入自己名下的，计算赃物价值按照不枉法赃论罪。如果赠送给他人的，虽然没有收在自己名下，同样论罪。

私受公侯财物

凡内外各卫指挥、千户、百户、镇抚、总旗、小旗等[①]，不得于私下或明白接受公侯所与宝钞、金银、缎匹、衣服、粮米、钱物[②]。若受者，军官杖一百，罢职发边远充军。总旗、小旗，罪同。再犯处死。公侯与者，初犯、再犯，免罪附过；

三犯，准免死一次。若奉命征讨，与者、受者，不在此限。

【注释】

①内外各卫：国家疆域中设立在内地和边疆的卫所，分别称为内外卫所。

②公侯：有公爵和侯爵的贵族，王公和侯，属于高级贵族。缎匹：整匹的绸缎。粮米：粮食，不仅指大米，也包括小麦、小米之类的各种粮食。

【译文】

凡是在内地和边疆地区各个卫所的指挥、千户、百户、镇抚、总旗、小旗等，不得在私下或者公开接受公侯赠送的宝钞、金银、绸缎、衣服、粮食、钱物。如果接受的，军官处刑杖一百，罢免职务发配到边远地区充军。总旗、小旗，同样论罪。第二次犯同样的罪，处死刑。赠送财物的公侯，初犯、再犯，免除罪责但是在履历中记录该行为；第三次犯罪，准予免死一次。如果是在奉皇帝命令出征作战讨伐敌人的时候发生的行为，赠送的和接收的，不按照本条规定执行。

克留盗赃

凡巡捕官已获盗贼[①]，克留赃物不解官者[②]，笞四十；入己者，计赃，以不枉法论。仍将其赃并论盗罪[③]。若军人、弓兵有犯者，计赃虽多，罪止杖八十。

【注释】

①巡捕官：负责巡查追捕犯罪的官员。

②解官：应该交给官府的物品押送到官府，由官府接收登记保存。

③其赃并论盗罪：巡捕官截留的赃款赃物部分也要算到盗窃罪的赃物中合计盗窃罪应该如何量刑，不因被截留而免除该部分的盗窃罪赃值。

【译文】

凡是巡捕官已经捕获了盗贼，克扣截留赃物不押解给官府的，处刑笞四十；收归自己的，计算赃物价值，按照不枉法赃论罪。仍然把赃物合并在盗贼计赃的范围内按照窃盗罪论罪。如果犯罪的是军人、弓兵，计算赃物的价值虽然多，最高处刑杖八十。

官吏听许财物

凡官吏听许财物[1]，虽未接受，事若枉者，准枉法论；事不枉者，准不枉法论，各减一等。所枉重者，各从重论。

【注释】

①许：许诺给官吏用来行贿的财物。

【译文】

凡是官吏听任他人许诺财物，虽然没有实际收到财物，如果在处理事务中出现了与许给财物的人有关事项的枉法裁决，准照枉法赃论罪；如果处理事务的时候不存在枉法的，依照不枉法赃论罪，两种情形各比照枉法赃和不枉法赃罪减一等论罪。如果枉法裁决的罪名更重的，各自按照重罪论罪。

卷第二十四　刑律七　诈伪计一十二条

【题解】

战国《法经》的杂法有"轻狡",规定假冒欺诈的犯罪行为。《睡虎地秦墓竹简》记录了秦律诈伪的规则,"傅律"规定假冒户籍的犯罪。汉初《二年律令与奏谳书》在"告律""津关令""史律"三个篇目中规定了诈伪的犯罪行为,伪造抓捕盗贼的奖赏、伪造出入关口的凭证、伪造马匹买卖和出关的凭证,使用了"诈伪"的术语。魏晋时期制定的法律中,"诈伪"已经成为法典的篇目,概括同一类的犯罪行为,唐宋法典"诈伪"作为独立法律篇目存在。《大明律》拆分了唐宋法典的"诈伪"篇目条文,在刑律中设立为律篇下一层级类目的门,把各种假冒、欺诈、伪造身份、文书、印章、货币、瑞应之类的犯罪行为归纳在诈伪门中。

诈伪罪名的基本要素是诈伪的主观认识和行为,不强调损害后果,只要有行为就构成犯罪,后果是量刑考虑的因素。这种立法思维与当代立法不同,当代欺诈行为需要造成损害后果才构成犯罪,仅是假冒本身可以构成违法行为还不足以达到刑事犯罪的标准,但在《大明律》中,特别是假冒官员、军人,只要有假冒的行为就构成犯罪,相较之下,古代法律对诈伪的打击力度更重一些。

诈为制书

凡诈为制书及增减者，皆斩。未施行者，绞。传写失错者[1]，杖一百。诈为将军、总兵官、五军都督府、六部、都察院、都指挥使司、内外各卫指挥使司、守御紧要隘口千户所文书，套画押字[2]，盗用印信，及空纸用印者，皆绞；察院、布政司、按察司、府、州、县衙门者，杖一百，流三千里；其余衙门者，杖一百，徒三年。未施行者，各减一等。若有规避事重者，从重论。其当该官司知而听行[3]，各与同罪；不知者，不坐。

【注释】

①传写失错：传达、抄写的过程中存在遗失、错误的情况。

②套画押字：明代公文密封传递，公文的外封上有盖章、画押签字等标记，套画押字是指套用制作虚假印章和画押签字的行为。

③当该官司：收到了虚假的文书的机构和主管官员。

【译文】

凡是制作假冒皇帝制书以及在真正的制书上添加或者减少文字的，都处斩刑。没有实施的，处绞刑。制书传递过程中有遗失或者抄写错误的，处刑杖一百。假冒制作将军、总兵官、五军都督府、六部、都察院、都指挥使司、内地边疆各卫所指挥使司、守卫重要关口千户所的文书，在文书上盖假章假冒签字画押，盗用印章和凭证，以及在空白的纸上盖印章的，都处绞刑；假冒制作都察院、布政司、按察司、府、州、县衙门的文书，处刑杖一百，流放三千里；假冒制作其他未列出的衙门的文书的，处刑杖一百，徒三年。没有实施的，各种情形减一等处刑。如果是为了逃避事务而逃避事务本身处刑更重的，按照较重的罪名论罪。如果被假冒文书的衙门的官吏知情而听任实施的，各种情形都和假冒文书的犯罪同样论罪；不知情的话，不论罪。

诈传诏旨

凡诈传诏旨者，斩；皇后懿旨、皇太子令旨、亲王令旨者[①]，绞。若诈传一品、二品衙门官言语[②]，于各衙门分付公事[③]，有所规避者，杖一百，徒三年；三品、四品衙门官言语者，杖一百；五品以下衙门官言语者，杖八十。为从者，各减一等。若得财者，计赃以不枉法；因而动事曲法者[④]，以枉法，各从重论。其当该官司知而听行，各与同罪。不知者，不坐。若各衙门追究钱粮、鞫问刑名公事[⑤]，当该官吏将奏准合行事理妄称奉旨追问者[⑥]，斩。

【注释】

①懿旨：皇后发布的命令的专有名称。皇太后、太皇太后的命令也可以称为懿旨。令旨：皇太子和亲王发布命令的专有名称。

②言语：处理公事的命令，并非普通的语言或者话语、表达之类。

③分付公事：上级机构对下级机构分派处理具体事务的职务行为。

④动事曲法：在处理事务的过程中改动事情违反法律规定出现枉法的结果。

⑤鞫问刑名：审理刑事案件。

⑥奏准合行事理：经过申请皇帝获得批准可以执行的事务。

【译文】

凡是假传皇帝的诏书圣旨的，处斩刑；假传皇后懿旨、皇太子令旨、亲王令旨的，处绞刑。如果假传一品、二品衙门官员的口头命令，给各衙门分派公事，在传达时对内容有所回避的，处刑杖一百，徒三年；假传三品、四品衙门官员的口头命令的，处刑杖一百；假传五品以下衙门官员口头命令的，处刑杖八十。假传命令的从犯，各种情形减一等处刑。如果在假传命令过程中存在获取财物的情节，计算赃物价值按照不枉法赃论罪；因为假传命令而导致衙门处理事务出现违法情形的，按照枉法赃，各种情形都选择处刑重的罪名论罪。如果假传命令的衙门官员知情而听任实施的，各种情形都与假传命令的人同罪。不知情的，不论罪。如果各衙门追查钱粮税收、审问刑事案件和其他公事，具体负责处理事务的官吏把已经奏报皇帝批准的事情假称奉旨追究的，处斩刑。

对制上书诈不以实

凡对制及奏事上书[①]，诈不以实者，杖一百，徒三年。非密而妄言有密者，加一等。若奉制推按问事[②]，报上不以实者，杖八十，徒二年。事重者，以出入人罪论。

【注释】

①对制：面对皇帝的问询当面回复。

②推按问事：司法官员审理案件，追查事实处理事务。

【译文】

凡是当面回答皇帝的问题或者通过奏疏上奏事务，故意虚假陈述的，处刑杖一百，徒三年。不属于机密而假称是机密的，加一等处刑。如果奉皇帝命令审理案件处理事务，上报的情况不真实的，处刑杖八十，徒二年。如果虚假奏对的事情还存在严重情节或者造成严重后果的，依照出入人罪的规定论罪。

伪造印信历日等

凡伪造诸衙门印信及历日符验、夜巡铜牌、茶盐引者[①]，斩。有能告捕者，官给赏银五十两。伪造关防印记者[②]，杖一百，徒三年。告捕者，官给赏银三十两。为从及知情行用者，各减一等。若造而未成者，各又减一等。其当该官司知而听行，与同罪；不知者，不坐。

【注释】

①历日符验：处理事务记录日期和时间所用的凭证。夜巡铜牌：明代实行夜禁，夜晚巡查人员带有铜牌标记身份。茶盐引：茶引和盐引，是国家的茶盐专卖制度中所用的凭证。从业人员向国家缴纳规定的货币或物资获得买卖茶盐的资格，国家发给茶盐引，到规定的茶盐产地凭引取得货物，再到规定的地方销售。

②关防印信：明代早期在各个稽查部门和地区机构中用的印章为关防，一般处理事务的衙门印章为印信，在文书或者牌符之类的文件上盖上印章为印记，后来统一为印信。

【译文】

凡是伪造各衙门的印章以及记录日期的标牌、巡夜人员身份证明的铜牌、茶盐引的，处斩刑。如果有人能够告发抓捕造假的人，官方给五十两银子作为奖赏。伪造关口防卫区的印章的人，处刑杖一百，徒三年。告发抓捕伪造关防印信的，官府发给三十两银子作为奖赏。伪造印章的从犯以及知情但是仍然使用的，各种情形比照伪造者减一等处刑。如果伪造了但是还没有完成的，各种情形再减一等处刑。主管机构的官员知情却听任假证通行的，与制造假证的人同罪；不知情的，不论罪。

伪造宝钞

凡伪造宝钞，不分首从，及窝主若知情行使者，皆斩。财产并入官。告捕者，官给赏银二百五十两，仍给犯人财产。里长知而不首者，杖一百；不知者，不坐。其巡捕、守把官军[1]，知情故纵者，与同罪。若搜获伪钞，隐匿入己，不解官者，杖一百，流三千里。失于巡捕，及透漏者[2]，杖八十；仍依强盗，责限跟捕[3]。若将宝钞挑剜、补辏、描改[4]，以真作伪者，杖一百，流三千里。为从及知情行使者，杖一百，徒三年。其同情伪造人，有能悔过，捕获同伴首告者，与免本罪[5]，亦依常人一体给赏。

【注释】

①守把官军：在街道、城门、重要关口守卫的官员或者军队。

②透漏：在追踪抓捕犯罪的过程中有漏网的人没抓到。

③责限跟捕：承接前一句，过失导致没有及时抓捕或者有漏掉没抓到的人，责令限期跟踪抓捕。责令限期抓捕一般是对强盗罪设定抓捕期限适用的一种严格抓捕措施。

④挑剜：把纸币上的部分内容剜出来。补辏：纸币不完整的时候，用不同的纸币拼凑成完整的纸币。描改：把纸币上印刷的内容用笔墨涂改，以至于影响到纸币的真实性的。上述手段都是变造纸币的方法，虽然不是直接制造纸币，但是会影响正常纸币的流通，需要打击此类犯罪。

⑤本罪：参与伪造纸币的罪名。

【译文】

凡是伪造纸币的，不分首犯从犯，以及窝藏犯还有知情而使用的，都处斩刑。犯人的财产没收归官府。告发抓捕的，官方发给二百五十两银子作为奖赏，还要把犯人的财产奖给告发抓捕的人。里长知情不告发的，处刑杖一百；不知情的，不论罪。巡捕官、看守的官员和军队，知情故意放纵的，与伪造者同罪。如果搜查获取了假币，隐瞒不报据为己有，没有送交给官府的，处刑杖一百，流放三千里。发现伪造纸币的犯罪却没能及时巡察追捕，以及有漏网逃掉的人，处刑杖八十；仍然按照强盗罪的抓捕规定，责令限定抓捕时间跟踪抓捕。如果有对纸币进行挑剜、补辏、描改，破坏纸币原貌的变造行为，把真钞当作假钞的，处刑杖一百，流放三千里。从犯和知情使用的人，杖一百，徒三年。参与伪造纸币的共同犯罪人，如果有人能够悔过，抓捕了共同犯罪的其他人自首的，免除其伪造纸币的犯罪，与其他普通人一样可以获得法律规定的奖赏。

私铸铜钱

凡私铸铜钱者[①]，绞。匠人罪同。为从及知情买使者，各减一等。告捕者，官给赏银五十两。里长知而不首者，杖一百；不知者，不坐。若将时用铜钱剪错薄小[②]，取铜以求利者，杖一百。若伪造金银者，杖一百，徒三年。为从及知情买使者，各减一等。

【注释】

①私铸：私人铸造。明代铜钱是国家流通货币，只能由国家设置的专门铸币机构宝源局铸造，其他任何个人和团体均无权铸造，除了国家法定机构之外任何其他铸造行为均为私铸，属于严重违法行为。铜钱：明代法定货币的一种，用铜制作，圆形方孔，依照制作时的年号称为洪武通宝、永乐通宝之类，洪武时定制五等，当十

钱重一两、当五钱重五钱、当三钱重三钱、当二钱重二钱、小钱一个重一钱。洪武二十二年(1389)规定:每斤生铜铸造一百六十个小钱,或者当二钱八十个,或当三钱五十四个,或当五钱三十二个,或当十钱十六个。洪武二十三年(1390)规定小钱一文用铜二分,其余依次递增。本条规定是基于铜钱的定制。

②时用:当时正在合法使用通行的铜钱。明代不仅存在官府铸造的铜钱,也有以前的朝代存留的铜钱,如果没有法律特别规定,一般以前朝代的铜钱不具有流通价值,不属于时用。剪错薄小:明代国家铸造的作为通行货币的铜钱有规定的重量、尺寸、成色,不符合规定的铜钱不许流通,因此本条规定把正常铜钱用剪刀或者锉刀剪去边缘或者锉磨掉部分铜,导致原来的铜钱变小变薄的行为属违法。

【译文】

凡是私人铸造铜钱的,处绞刑。参与制作铜钱的工匠同样论罪。共同犯罪中的从犯以及知情而购买和使用私铸的铜钱,各自减一等论罪。告发并抓捕的,官府给五十两银子作为奖赏。里长知情却不告发的,处刑杖一百;不知情的,不论罪。如果把当时通行的铜钱剪掉边缘锉磨轻薄短小,从铜钱中取出铜用以获利的,处刑杖一百。如果伪造金银的,处刑杖一百,徒三年。从犯和知情购买使用伪造金银的,各自减一等处刑。

诈假官

凡诈假官、假与人官者[1],斩。其知情受假官者,杖一百,流三千里;不知者,不坐。若无官而诈称有官,有所求为,或诈称官司差遣而捕人,及诈冒官员姓名者,杖一百,徒三年。若诈称见任官子孙、弟侄、家人、总领[2],于按临部内有所求为者[3]，杖一百。为从者，各减一等。若得财者，并计赃准窃盗从重论。其当该官司[4]，知而听行，与同罪；不知者，不坐。

【注释】

①诈假官：指本来没有官员的身份和官职而伪造身份和官职让人误认为是官员。假与人官：制作假的身份或官职凭证给他人用来假冒官员。

②总领：官员家中管理私人事务的人员。

③按临：官员在自己职权所在地区履行职务。

④当该官司：假冒官员和接触假冒官员事件中，作为对方的官府和负责处理事务的官员。

【译文】

凡是假冒官员、帮助别人假冒官员的，处斩刑。知情而接受假冒的官员的，处刑杖一百，流放三千里；不知情的，不论罪。如果没有官职而假称有官职，对他人提出要求，或者假称是受到官府的差遣而抓捕人，以及假冒官员的名字的，处刑杖一百，徒三年。如果假称是现任官员的子孙、弟弟的儿子、家人、总领，在官员的管辖区内对所属的人员有所求的，处刑杖一百。从犯，各自减一等处刑。如果因为假冒官员获得财物的，所有的赃物合并计算比照盗窃罪和本罪较重的罪名论罪。假冒官员和接触假冒官员事件中的官府机构和官员，知情而听任假冒官员行事，与假冒官员同罪；不知情的，不论罪。

诈称内使等官

凡诈称内使及都督府、四辅、谏院等官[1]，六部、监察御史、按察司官，在外体察事务、欺诳官府、扇惑人民者[②]，斩。知情随行者，减一等。其当该官司，知而听行，与同罪；不知者，不坐。若诈称使臣乘驿者，杖一百，流三千里。为从者，减一等。驿官知而应付者[③]，与同罪；不知情失盘诘者[④]，笞五十；其有符验而应付者[⑤]，不坐。

【注释】

①内使：宦官的别称。也称宦官奉使干事者。四辅：洪武十三年（1380）设置春、夏、秋、冬四辅官，职位在公、侯、都督之下，每月分十天轮流值班，辅助皇帝处理政务，逐渐演变成内阁。谏院：明代初期设置的监督百官言论，给皇帝提建议的机构，短期存在随即取消。

②体察：实地考核，亲自观察。欺诳：蒙骗。

③应付：驿站提供车、马、船、住宿、食物等基本服务。

④盘诘：盘问查验。

⑤符验：作为标记使用的标牌等物，需要把分开的符码标牌合在一起以便证明所持凭证的真实性。驿站提供服务需要对方提供凭证，并核对真实性。

【译文】

凡是假冒内使以及都督府、四辅、谏院等机构的官员，六部、监察御史、按察司等机构的官员，在京城以外的地方考察事务、欺骗官府、煽动迷惑人民的，处斩刑。知情而跟随假冒的上述官员的，减一等处刑。与上述假冒官员接触的机构和官员，知情而听任事情发生的，与假冒官员同罪；不知情的，不论罪。如果假称是出使的人员而要求乘坐驿站提供车马等服务的，处刑杖一百，流放三千里。从犯，减一等处刑。驿站的官员知情而提供服务的，与之同罪；不知情而没有认真盘查核对的，处刑笞五十；如果假冒的使者、官员有用来作为提供服务的勘合等凭证符合查验要求而提供服务的,不论罪。

近侍诈称私行

凡近侍之人[①],在外诈称私行[②],体察事务,扇惑人民者,斩。谓如给事中、尚宝等官[③],奉御内使、仪鸾司官、校尉之类[④]。

【注释】

①近侍:在皇帝身边照顾其生活,听从命令办事的人员。

②私行:暗中出行考察官员或者民间事务的行为,不是通过公开行程和目的的活动。

③给事中:洪武六年(1373)设置吏、户、礼、兵、刑、工六科给事中,辅助处理奏章和稽查六部。尚宝:明代设有尚宝司和尚宝监,尚宝司是明代设立的官内机构,掌管玺印、符节、牌等,设有卿、少卿等官员。尚宝监是官内宦官十二监之一,掌管玺印、符牌等的使用。使用印章时需要由外尚宝司递文书给尚宝监申请圣旨,再由女官去尚宝司领取,宦官在场监视,用完,由宦官收回。

④奉御内使:直接随侍皇帝的内使。宦官称为内使,明代设有宦官机构内使监。仪鸾司官:明初有仪鸾司,掌管皇帝出行、重大活动的仪仗、物资供应和管理,洪武十五年(1382)撤销机构,其职责由锦衣卫掌管。校尉:明代低级军事人员称为校尉,包括皇宫中负责安全守卫的侍卫之类。

【译文】

凡是在皇帝身边工作的人,在皇宫之外假冒微服私访,考察事务,煽动迷惑民众的,处斩刑。指皇帝身边服务于皇帝的各种人员,如给事中、尚宝等官员,奉御内使、仪鸾司官员、皇帝身边的侍卫等。

诈为瑞应

凡诈为瑞应者[1]，杖六十，徒一年。若有灾祥之类[2]，而钦天监官不以实对者[3]，加二等。

【注释】

①瑞应：古代以为帝王修德，时世清平，天就降祥瑞以应之，谓之瑞应。

②灾祥：对已经发生的灾害或者吉祥事务做出的解释。

③不以实对：钦天监观测天象时，需要对特殊天象进行观察、记录、解释并上报给皇帝以期做出相应举措。如果钦天监隐瞒了天象变化，没有告知皇帝实际情况，就构成犯罪，如发生了日蚀，需要采取组织救护等措施。

【译文】

凡是假冒出现了祥瑞的人，处刑杖六十，徒一年。如果出现了灾害吉祥之类的异常现象，而钦天监的官员没有如实上报做出应对的，加二等处刑。

诈病死伤避事

凡官吏人等，诈称疾病，临事避难者，笞四十；事重者，杖八十。若犯罪待对[1]，故自伤残者，杖一百；诈死者，杖一百，徒三年。所避事重者，各从重论。若无避，故自伤残者，杖八十。其受雇倩，为人伤残者，与犯人同罪；因而致死者，减斗杀罪一等。若当该官司，知而听行[2]，与同罪；不知者，不坐。

【注释】

①待对：等待应对或对质，审理案件中的术语。

②听行：听任事情发生不予制止。

【译文】

凡是官吏等人，假称生病，遇到为难的事情应该处理而逃避的，处刑笞四十；逃避的事情严重的，处刑杖八十。如果犯罪被发觉等待讯问，故意自残的，处刑杖一百；假装死亡的，处刑杖一百，徒三年。自残或诈死所逃避的事情严重的，各种情形按照处刑重的情形论罪。如果不是为了逃避事情，故意自残的，处刑杖八十。受人雇佣，帮助人达成伤残的目的的，与犯人同罪；因此而导致死亡的，按照斗杀罪减一等处刑。如果直接负责处理事务的官员知情而听任事情发生的，与犯人同罪；不知情的，不论罪。

诈教诱人犯法

凡诸人，设计、用言教诱人犯法及和同令人犯法[①]，却行捕告[②]，欲求给赏，或令人捕告或欲陷害人得罪者，皆与犯法之人同罪。

【注释】

①教诱：教唆引诱他人犯罪。和同：引导人同意做出犯罪行为。

②捕告：抓捕告发。

【译文】

凡是各种身份的人，设计、用语言教唆引诱他人犯罪以及引导人同意的情况下进行犯罪行为，之后却进行告发和抓捕，希望以此获得奖赏的，或者让别人抓捕或想要陷害人获罪的，都与犯罪的人同样论罪。

卷第二十五　刑律八　犯奸计一十条

【题解】

犯奸门归纳了各种奸淫行为。奸淫是一种古老的犯罪，在婚姻制度确立之后，婚外奸淫行为因破坏婚姻制度的稳定，不仅受到法律惩处，另外也通过道德教化，强化女性贞操观以促进女性自我约束，通过双管齐下，防范奸淫行为。

犯奸类的条文同样存在同罪异罚的情形，根据良贱、主奴、亲疏、男女性别等的不同，奸淫罪的定罪量刑不同。身份高的良民、主人、尊亲属奸淫贱民、奴仆、卑亲属，处罚较轻；反之，身份低的人奸淫身份高的人处罚则重。《大明律》对奸淫罪的女性受害人保护力度不足，如丈夫、父亲、祖父逼迫女儿、儿媳、孙媳卖淫的行为，只处以杖一百的刑罚，若是儿媳诬告公公强奸，只要有诬告的行为即处斩刑。

明代宿娼对于一般人是合法行为，对官员则是犯罪行为。官员既然享受了法律赋予的特权，被树立为德才兼备的典范，就不仅要遵守一般的法律和道德规则，更需要服从更高道德要求。

犯奸

凡和奸[1]，杖八十；有夫，杖九十。刁奸[2]，杖一百。强奸者[3]，绞；未成者[4]，杖一百，流三千里。奸幼女十二岁以下者，虽和，同强论。其和奸、刁奸者，男女同罪。奸生男女[5]，责付奸夫收养。奸妇从夫嫁卖。其夫愿留者，听。若嫁卖与奸夫者，奸夫、本夫，各杖八十，妇人离异归宗[6]，财物入官。强奸者，妇女各不坐。若媒合容止通奸者[7]，各减犯人罪一等。私和奸事者，减二等。其非奸所捕获，及指奸者[8]，勿论。若奸妇有孕，罪坐本妇。

【注释】

①和奸：双方同意的通奸行为。

②刁奸：离开居住地在其他地方进行通奸的行为。

③强奸：一方违背另一方的意愿强迫进行性行为。

④未成者：强奸是违反被害人的意愿强迫发生性行为，只要存在强迫发生性行为的行动和意图就可以构成强奸罪，已经完成的按照强奸罪定罪量刑，没有完成的通常比照强奸罪减轻处罚。未完成是指没有形成完整的性行为过程，在我国古代法律中，只要实施了强奸行为但是没有身体接触都可以视为未完成，但是也作为强奸罪对待，因为古人对女子贞操极为重视，严守男女大防观念，对强奸行为伤害更加敏感，即使没有完成也是对女子的深刻伤害，因此处刑较重。

⑤奸生：因为非法性行为而生的孩子。

⑥离异：离婚，从存在婚姻作为一家人的状态改变为分开，不再是一家人的状态。

⑦媒合容止：为双方联络提供奸淫条件，容留双方的奸淫行为。

⑧指奸：指认他人存在奸淫行为。

【译文】

凡是通奸,处刑杖八十;妇女有丈夫的,处刑杖九十。引到居住地之外别的地方刁奸的行为,处刑杖一百。强奸,处绞刑;强奸已经发生还没有完成的,处刑杖一百,流放三千里。奸淫十二岁以下幼女的,虽然是双方同意的,也按照强奸论罪。通奸、刁奸的行为,男女同罪。因为奸淫而生的子女,责成交给奸夫抚养。奸妇按照丈夫的意愿出嫁或者出卖。如果奸妇的丈夫愿意留下奸妇的,是允许的。如果把奸妇出嫁或者出卖给奸夫的,奸夫、本夫,各自处刑杖八十,该妇女与本夫或者奸夫的婚姻必须离婚并归宗,因为婚姻变动而产生的财物没收归官府。强奸的情况,妇女不论罪。如果有介绍容留通奸的,各自按照犯罪人的罪行减一等处刑。私下和解奸淫的犯罪行为,减二等处刑。如果不是在奸淫发生的地方抓到当事人的,以及事后指认有奸淫行为的,不论罪。如果奸妇怀孕,奸妇按照犯奸定罪。

纵容妻妾犯奸

凡纵容妻、妾与人通奸,本夫、奸夫、奸妇,各杖九十。抑勒妻、妾及乞养女与人通奸者[①],本夫、义父[②],各杖一百,奸夫杖八十,妇女不坐;并离异归宗。若纵容抑勒亲女及子孙之妇、妾与人通奸者,罪亦如之。若用财买休、卖休、和娶人妻者[③],本夫、本妇及买休人,各杖一百;妇人离异归宗,财礼入官。若买休人与妇人用计逼勒本夫休弃,其夫别无卖休之情者,不坐。买休人及妇人,各杖六十,徒一年。妇人余罪收赎[④],给付本夫,从其嫁卖。妾减一等。媒合人,各减犯人罪一等。

【注释】

①抑勒：强迫，勒逼。乞养女：养女。

②义父：收养女儿的男子。

③买休：为了得到他人的妻子而给予女子的丈夫钱财使其休妻。卖休：为了获得他人钱财而休弃自己的妻子。和娶人妻：合谋娶他人的妻子。

④余罪：本条妻子用计谋逼迫丈夫休弃自己的，除了本条的犯奸罪名之外，逼迫和用计谋的行为如果也构成了犯罪，如辱骂、伤害、欺诈等本身也构成了犯罪，即为犯奸的余罪。

【译文】

凡是纵容自己的妻子、妾与他人通奸的，本夫、奸夫、奸妇，各自处刑杖九十。强迫妻子、妾以及养女与人通奸的，本夫、养女的义父，各处刑杖一百，奸夫处刑杖八十，被害妇女不论罪；同时必须离婚让女性回归自己的家族。如果纵容逼迫亲生女儿以及儿孙的妻子、妾与人通奸的，同样论罪。如果花钱让他人休妻、为了钱而休妻、合谋娶他人的妻子的，本夫、本妇以及用钱让他人休妻的人，各自处刑杖一百；妇女离婚回归自己家族，有关婚姻的财物没收归官府。如果买休人和被休的妇女用计谋逼迫本夫休妻的，丈夫没有为了钱财而休妻的情节，不论罪。买休人和被休的妇女，各自处刑杖六十，徒一年。参与买休的妇女逼迫本夫的其余罪责采用赎刑，把妇女交给本夫，按照本夫的意愿嫁出去或者卖掉。妾犯本罪减妻子的刑罚一等处刑。介绍联络的人，各自减犯人的罪一等论罪。

亲属相奸

凡奸同宗无服之亲及无服亲之妻者[①]，各杖一百。若奸缌麻以上亲及缌麻以上亲之妻，谓内外有服之亲。若妻前夫之女及同母异父姊妹者，各杖一百，徒三年；强者，斩。若奸从祖祖母姑、从祖伯叔母姑、从父姊妹、母之姊妹及兄弟妻、兄弟子妻者[2]，各绞；强者，斩。若奸父祖妾、伯叔母、姑、姊妹、子孙之妇、兄弟之女者，各斩。妾，各减一等；强者，绞。谓强奸亲属妾者该绞。

【注释】

①同宗无服之亲：同属一个姓氏的父系宗族中超出了五服范围的亲属。

②从祖祖母姑：从祖祖母是指祖父的兄弟的妻子，从祖祖姑是祖父的姐妹。从祖伯叔母姑：从祖伯叔母是指父亲的堂兄弟的妻子，从祖伯叔姑是指父亲的堂姐妹，即堂婶和堂姑。从父姊妹：父亲的兄弟的女儿即自己的堂姐妹。母之姊妹：母亲的姐妹，即姨母。兄弟子妻：兄弟的儿子的妻子，即侄媳妇。

【译文】

凡是奸淫同宗无服亲属以及无服亲属的妻子的，奸夫和奸妇各处刑杖一百。如果是奸淫缌麻以上的亲属以及缌麻以上亲属的妻子，指同宗亲属和外姻亲属。包括妻子前夫的女儿以及同母异父姐妹的，奸夫和奸妇各处刑杖一百，徒三年；强奸的，奸夫处斩刑。如果奸淫从祖祖母姑、从祖伯叔母姑、堂姐妹、姨母以及嫂子或弟媳、侄媳的，奸夫和奸妇各处绞刑；强奸的，奸夫处斩刑。如果奸淫父亲或祖父的妾、伯母叔母、姑姑、姐妹、子孙的妻子、兄弟的女儿的，奸夫和奸妇各处斩刑。奸淫的是妾的，奸夫和奸妇各减一等处刑；强奸的，处绞刑。指强奸亲属的妾应该处绞刑。

诬执翁奸

凡男妇诬执亲翁[1]，及弟妇诬执夫兄欺奸者[2]，斩。

【注释】

①男妇：儿子的妻子和妾。诬执：谓捏造罪名，加以陷害。亲翁：丈夫的父亲，即公公。

②欺奸：欺骗众人称遭受了奸淫的行为。

【译文】

凡是儿媳妇诬陷丈夫的父亲强奸自己，以及弟媳妇诬陷丈夫的兄长假称被强奸的，处斩刑。

奴及雇工人奸家长妻

凡奴及雇工人奸家长妻、女者[①]，各斩。若奸家长之期亲，若期亲之妻者，绞；妇女减一等。若奸家长之缌麻以上亲及缌麻以上亲之妻者，各杖一百，流二千里；强者，斩。妾各减一等；强者，亦斩。

【注释】

①奴：男性的奴仆。

【译文】

凡是奴仆以及雇工人奸淫家长的妻子、女儿的，奸夫和奸妇各处斩刑。如果奴仆和雇工人奸淫家长的期亲，以及期亲的妻子的，处绞刑；奸妇减一等处刑。如果奴仆以及雇工人奸淫家长的缌麻以上亲属以及缌麻以上亲属的妻子的，奸夫奸妇各处刑杖一百，流放二千里；强奸的，奸夫处斩刑。如果被奸淫的是妾，奸夫奸妇各减一等处刑；强奸的，奸夫也处斩刑。

奸部民妻女

凡军民官吏[①]，奸所部妻、女者，加凡奸罪二等[②]，各罢职役不叙。妇女以凡奸论。若奸囚妇者，杖一百，徒三年。囚妇止坐原犯罪名。

【注释】

①军民官吏：管理军人和民的官吏。

②凡奸：本条是针对有管辖权的官吏而言，凡奸是对应于官吏的普通人的奸淫罪。

【译文】

凡是管理军民的官吏，在自己管辖的区域和职责范围内奸淫被管理人的妻子、女儿的，比照一般人的奸淫罪加二等论罪，官和吏各自罢免官职或者工作不再启用。被奸淫的妇女按照一般的奸淫罪论罪。如果奸淫被囚禁的女性，处刑杖一百，徒三年。女囚犯只按照原来被囚禁的罪名论罪。

居丧及僧道犯奸

凡居父母及夫丧[①]，若僧、尼、道士、女冠犯奸者[②]，各加凡奸罪二等。相奸之人[③]，以凡奸论。

【注释】

①居父母及夫丧：处于丧期之内称为居丧，不同的服制亲属丧期不同，父母以及夫属于斩衰三年丧期，在父母以及夫丧的三年之内为居丧期。

②女冠：女道士。

③相奸之人：犯奸淫罪的对方，与本条规定中的居父母及夫丧、僧道等身份的人犯奸的对方，如奸夫为僧，奸妇为普通人，奸妇为相奸之人。

【译文】

凡是处于父母以及丈夫的丧期之内，还有和尚、尼姑、道士、女道士犯奸淫罪的，比照一般的犯奸罪加二等论罪。相奸的对方，以普通的犯奸罪论罪。

良贱相奸

凡奴奸良人妇女者[1]，加凡奸罪一等。良人奸他人婢者，减一等。奴婢相奸者，以凡奸论。

【注释】

①良人：非奴籍的普通人，良民。

【译文】

凡是奴仆奸淫良家妇女的，比照一般的犯奸罪加一等论罪。良民奸淫他人的婢女的，减一等论罪。奴婢之间奸淫的，按照一般的犯奸罪论罪。

官吏宿娼

凡官吏宿娼者[1]，杖六十。媒合人[2]，减一等。若官员子孙宿娼者，罪亦如之，附过，候荫袭之日，降一等，于边远叙用。

【注释】

①宿娼：嫖宿，嫖娼并夜宿的行为。

②媒合：谋合，撮合。

【译文】

凡是官吏在娼妓所在地嫖宿的，处刑杖六十。居中撮合的人，减一等处刑。如果官员的子孙嫖宿的，同样论罪，并在履历中登记犯罪记录，等到将来世袭爵位或者其他职位的时候，被世袭的爵位或者职位降一等，并在边远地区任职。

买良为娼

凡娼优乐人[①]，买良人子女为娼优，及娶为妻、妾，或乞养为子女者，杖一百；知情嫁卖者[②]，同罪；媒合人，减一等。财礼入官，子女归宗。

【注释】

①娼优：娼妓和优伶等以身体或者歌舞娱乐他人为职业的人，属于贱籍。

②知情：明知对方为娼优而进行对良人子女的买卖、婚娶、收养之类的行为。

【译文】

凡是娼妓优伶歌舞娱乐人员，收买良人的子女作为娼优的，以及娶良人的子女为妻、妾，或收养良人的子女作为养子女的，处刑杖一百；知情而出嫁或出卖子女的人，与娼优同罪；居中撮合的人，减一等论罪。买卖、嫁娶、收养中涉及的财礼没收归官府，子女回归本宗族。

卷第二十六　刑律九　杂犯计一十一条

【题解】

战国李悝的《法经》把盗贼之外的各种实体法都归于杂法,《唐律疏议》把犯奸、钱债之类的犯罪归于杂法,《法经》中的杂法在唐律中已经被分类归入各篇,《唐律疏议》中的杂法,大多被明律归并分类纳入各门中,如犯奸归入刑律,独立为一个门类,借贷归入户律钱债中。《大明律》的杂犯类既有继承唐律杂法的内容,也有明代出现的一些无法归类的犯罪行为。

"拆毁申明亭"是明代特有的犯罪行为。明初面临元代基层社会秩序和文化崩坏的局面,在基层设立申明亭,通过组织基层社会有影响力的人定期宣讲法律做普法活动,调解纠纷,对重建基层社会秩序有重要意义。"阉割火者"也是明代出现的一种新犯罪现象,指闽南一代的豪势之家以收养的名义把他人的儿子阉割为自己役使,此类犯罪行为独特,无法归入其他类别,于是归入杂犯中。

杂犯中的赌博是一种由来已久的犯罪。董仲舒在《春秋繁露》中追述齐桓公发布法令中有"博戏斗鸡……司徒诛之",是较早的赌博入刑记载。《史记》《汉书》记录了汉代赌博入罪处刑,"诸坐博戏事决为徒"(如淳注)。《唐律疏议》有"博戏赌财物"条文规定赌博犯罪,处刑杖一百,赌资数量大可以按照盗窃论罪。《元典章》中赌博成为一个法典中的细分类别,"刑部"下分类"诸禁"的细分类别有"禁赌博",含七个条文,《至元新格》在"刑部"下有"刑禁"细分"禁赌博"类,含两个条文。明律取消了元代把赌博设为一个类目的做法,赌博仅是"杂犯"中的一个条文,回归到汉唐时期的立法模式。

拆毁申明亭

凡拆毁申明亭房屋及毁板榜者①,杖一百,流三千里。

【注释】

①申明亭:明初朱元璋要求在基层设立的公共建筑,用来传达国家命令、宣传法律、解决轻微民事纠纷、惩戒违反道德和轻微违法行为。板榜:树立在衙门、城门、街市中心区的木榜,用于发布告示和宣传国家需要民众知道的事务。

【译文】

凡是拆毁申明亭的房屋以及毁坏国家设立的板榜的,处刑杖一百,流放三千里。

夫匠军士病给医药

凡军士在镇守之处,丁夫杂匠在工役之所①,而有疾病,当该官司不为请给医药救疗者,笞四十;因而致死者,杖八十。若已行移所司,而不差拨良医②,及不给对证药饵医治者③,罪同。

【注释】

①丁夫杂匠:为国家做工的劳务提供者。

②差拨:役使,差遣。

③药饵:治疗疾病用的药物和药引之类。

【译文】

凡是军队的士兵在驻扎的地方,丁夫杂匠在做工劳动的地方,出现生病,具体管理的机构和官员不给请医生并进行救治的,处刑笞四十;因为没有及时治疗导致死亡的,处刑杖八十。如果已经移送了文书给上级管理者,而上级不给派拨好的医生,以及不给进行对症治疗的,与之同罪。

赌博

凡赌博财物者[①],皆杖八十,摊场钱物入官[②]。其开张赌坊之人[③],同罪。止据见发为坐。职官加一等。若赌饮食者,勿论。

【注释】

①赌博:设定专门的标准以胜负决定财物归属的行为。

②摊场钱物:在赌博的场所中用于赌博的财物。

③赌坊:专门开赌博的店铺。

【译文】

凡是参与以财物为赌注的赌博,都处刑杖八十,赌博场所用于赌博的财物都没收归官府所有。开赌坊的人,同样论罪。只以当场发觉的赌博作为论罪的依据。有官职的人加一等论罪。如果是以饮食作为赌注的,不论罪。

阉割火者

凡官民之家，不得乞养他人之子阉割火者[1]。违者，杖一百，流三千里。其子给亲。

【注释】

①阉割火者：明代宦官也被称为宦者。明代岭南一带的方言中把宦者称为火者，当地向皇宫进贡阉割者，火者的表达也被传播开来，民间逐渐也把阉割者称为阉割火者。

【译文】

凡是官员和民众的家中，不得收养他人的儿子将其阉割后提供服务。违反的人，处刑杖一百，流放三千里。被收养的儿子还给他的亲人。

嘱托公事

凡官吏诸色人等，曲法嘱托公事者[1]，笞五十。但嘱即坐。谓所嘱曲法之事，不问从与不从、行与不行，但嘱即得此罪。当该官吏听从者，与同罪；不从者，不坐。若事已施行者，杖一百。所枉罪重者，官吏以故出入人罪论。若为他人及亲属嘱托者，减官吏罪三等。自嘱托己事者，加本罪一等。若监临势要为人嘱托者[2]，杖一百；所枉重者，与官吏同罪。至死者，减一等。谓监临势要之人，但嘱托者，杖一百。官吏听从者，仍笞四十，已施行者，亦杖一百。所枉之罪重于杖一百者，官吏与监临势要之人，皆得故出入人之罪。官吏依律合死者，监临势要之人，合减死一等。若受赃者，并计赃以枉法论。若官吏不避监临势要[3]，将嘱托公事实迹赴上司首告者，升一等。

【注释】

①嘱托：对他人提出主张，要求他人按照自己的意思而不是法律规定处理事务。

②监临势要：有管辖权的官员对于下属官员来说是监临官，势要是指有权势有地位有身份的人对他人造成权威威慑。

③不避：不逃避，不畏惧。

【译文】

凡是官吏等各种人，违反法律规定要求他人按照自己要求处理公务的，处刑笞五十。只要提出要求就构成了本罪。指提出主张要求进行违反法律的事情，不分听从还是没有听从、实行还是没有实行，只要是提出就构成了本罪。如果被嘱托的官吏听从了要求，与嘱托人同罪；不听从的，不论罪。如果事情已经实施了，处刑杖一百。如果因为嘱托枉法构成的犯罪比嘱托本罪重的，接受嘱托的官吏按照故意出入人罪论罪。如果为他人以及亲属而嘱托的，官吏减三等论罪。为自己的事情而嘱托的，在本罪的基础上加一等论罪。如果有管辖权的监临官和有权势的人为他人的事情而嘱托的，处刑杖一百；如果因为嘱托而导致枉法并且所枉法的行为罪名更重的，与官吏同罪。因为嘱托和枉法而导致出现死亡的，减死刑一等论罪。指有管辖权和重要权势的人，只要进行了嘱托行为，处刑杖一百。官吏听从嘱托的，仍然处刑笞四十，已经实施的，也是处刑杖一百。如果因为嘱托而枉法的罪处刑重于杖一百的，官吏与监临势要的人，都按照故意出入人罪论罪。官吏依照法律规定应该处以死刑的，可以减死刑一等。如果因为嘱托而接受贿赂财物的，合并计赃按照枉法赃论罪。如果官吏不畏惧监临势要的权威，把监临势要嘱托公事的事实向上一级告发的，升官一等。

私和公事

凡私和公事者[1]，减犯人罪二等，罪止笞五十。

【注释】

①私和：和解，私了。

【译文】

凡是私下和解公事的，比照犯人的罪行应得的刑罚减二等论罪，最高处刑笞五十。

失火

凡失火烧自己房屋者，笞四十；延烧官民房屋者[1]，笞五十；因而致伤人命者，杖一百，罪坐失火之人。若延烧宗庙及宫阙者，绞；社，减一等。若于山陵兆域内失火者[2]，杖八十，徒二年；延烧林木者，杖一百，流二千里。若于官府公廨及仓库内失火者[3]，亦杖八十，徒二年。主守之人，因而侵欺财物者，计赃，以监守自盗论。其在外失火而延烧者，各减三等。若于库藏及仓廒内燃火者[4]，杖八十。其守卫宫殿及仓库，若掌囚者，但见火起，皆不得离所守。违者，杖一百。

【注释】

①延烧：火势蔓延到失火点之外引起更大范围燃烧。

②山陵兆域：皇家的陵墓建在山间，被称为山陵。陵墓所在范围称为兆域。

③公廨（xiè）：官员办公的衙署。

④库藏：国家保存物品的仓库。仓廒（áo）：专门存放粮食的库房。

【译文】

凡是失火烧到自己家的房屋的，处刑笞四十；因为火势蔓延烧到官方或者民间的房屋的，处刑笞五十；因为失火而导致有人受伤死亡的，处刑杖一百，由失火的人承担罪责。如果蔓延的火势烧到了皇家宗庙以及宫殿的，处绞刑；如果火势烧到社稷庙的，减一等处刑。如果在皇家陵园的范围内失火的，处刑杖八十，徒二年；火势蔓延烧了林木的，处刑杖一百，流放二千里。如果在官府的官署以及仓库里失火的，也处刑杖八十，徒二年。负责守卫的人，借着失火乘机侵占欺瞒获取财物的，计算赃物价值，按照监守自盗论罪。如果上述建筑物之外失火而被火势蔓延烧到的，各种情形都减三等处刑。如果在国家的府库以及粮仓内点燃火的，处刑杖八十。守卫宫殿以及仓库的，包括掌管监狱囚犯的，见到起火，都不可以离开值守。违反规定的，处刑杖一百。

放火故烧人房屋

凡放火故烧自己房屋者，杖一百。若延烧官民房屋及积聚之物者[①]，杖一百，徒三年。因而盗取财物者，斩。杀伤人者，以故杀伤论。若放火故烧官民房屋及公廨、仓库，系官积聚之物者，皆斩。须于放火处捕获，有显迹证验明白者，乃坐。其故烧人空闲房屋及田场积聚之物者[②]，各减一等。并计所烧之物，减价[③]，尽犯人财产，折剉赔偿[④]，还官、给主。

【注释】

①积聚之物：堆积保存的物品。

②田场积聚之物：田间或者农田附近的空场地上堆积的物品。

③减价：烧掉的物品不再按照物品的原价计价而是折减部分。

④折剉赔偿：赔偿的时候按照应赔偿的份额把赔偿款分成不同份额分别赔偿。

【译文】

凡是放火故意烧毁自己房屋的，处刑杖一百。如果火势烧到官民的房屋以及堆积起来的物品的，处刑杖一百，徒三年。因起火而盗窃财物的，处斩刑。纵火杀人或者伤人的，按照故意伤人论罪。如果放火故意烧毁官民房屋以及官署、仓库，属于官府的堆积物的，都处斩刑。必须在放火的地方捕获，有明显的痕迹验证清楚明白的，才按照本规定论罪。故意烧人的空闲房屋以及田地空场堆积物品的，各种情形都减一等处刑。合并计算所有烧掉的物品，减去部分价值，拿出犯人的全部财产，折合成几份分别赔偿所烧掉的物品，把赔偿的价钱按照物品的归属分别还给官府、原主。

搬做杂剧

凡乐人搬做杂剧戏文[①]，不许妆扮历代帝王、后妃、忠臣、烈士、先圣、先贤、神像[②]。违者，杖一百。官民之家容令妆扮者，与同罪。其神仙、道扮及义夫、节妇、孝子、顺孙[③]，劝人为善者，不在禁限。

【注释】

①乐人：歌舞演奏艺人的泛称。搬做杂剧戏文：把历史事实搬上舞台编为杂剧。杂剧是一种舞台表演形式，它融合了舞蹈、歌曲、动作、杂技、对白等形式，有特定的曲调、唱腔、舞台布置、装扮模式，有完整的情节。

②后妃:帝王的妻妾。忠臣:忠于皇帝和国家的人。烈士:为了国家和公共利益牺牲的人。先圣:古代传说或者文献记载中对文明发展、社会进步有重大贡献者,或为道德典范的圣人。先贤:古代道德高尚、有才华的人。

③义夫:为维护公共利益做出重大贡献的男子。节妇:丈夫去世后不再出嫁,为之守节的妇女。孝子:孝顺父母的子女。顺孙:顺从家长的儿孙。

【译文】

凡是优伶乐人编制杂剧戏曲,不许扮演历代帝王、后妃、忠臣、烈士、先圣、先贤、神像。违反的,处刑杖一百。官员和民众在家容留做出上述装扮的人,与之同罪。如果扮演神仙、道士、义夫、节妇、孝子、顺孙,是为了劝人们向善的,不在禁止的限制之内。

违令

凡违令者[①],笞五十。谓令有禁制,而律无罪名者。

【注释】

①令:皇帝发布的命令。据高举刻《大明律集解附例》的纂注,此处指《大明令》。

【译文】

凡是违反《大明令》的行为,处刑笞五十。指的是令规定了禁止的规则,而《大明律》中没有规定明确的罪名的行为。

不应为

凡不应得为而为之者[①],笞四十;谓律令无条、理不可为者。事理重者[②]，杖八十。

【注释】

①不应得为：法律没有明确规定，但是按照通常人们的认知是不可以做的行为，产生了社会危害，应该受到惩罚。

②事理重：不符合常理的事情产生了严重的危害。

【译文】

凡是不应该做的事情却做了并产生了危害，处刑笞四十；指《大明律》和国家的法令都没有明确的条文规定、按照常理不应当做的行为。所做的事情产生了严重危害的，处刑杖八十。

卷第二十七　刑律十　捕亡计八条

【题解】

抓捕逃亡犯罪，落实国家法律对犯罪的处罚是国家出现后的基本职能之一。据《尚书》记载，早在商代末期武王伐纣前作《牧誓》，列举纣王的恶行之一就是任用逃亡者的犯罪，“乃惟四方之多罪逋逃，是崇是长”；周公的儿子伯禽平叛作《费誓》，“马牛其风，臣妾逋逃，勿敢越逐。祗复之，我商赉汝”，大意是马牛、奴隶逃亡，不得越境抓捕，凡是捕获的，若恭敬地送还，我就考虑赏赐。罪犯或奴隶逃亡构成逃亡罪，抓捕犯罪的规则在西周时期已经有明文规定，“有亡，荒阅”，出现逃亡者，要在大范围抓捕。

春秋时期的晋国刑鼎中有“督逋逃，由质要”，要求严格抓捕逃亡人口，根据买卖人口的契约决定归属。由于缺乏详细的文献记录，无法判断捕亡是否已经成为一个独立的法典篇目。战国的《法经》中抓捕犯罪已经独立成篇，李悝认为，盗贼犯罪发生后，需要追捕犯罪到案，由国家统一行使司法权惩罚犯罪，建立秩序，因此在“盗法”“贼法”后设立“囚法”“捕法”，形成实体法和程序法的衔接，落实法律打击犯罪的目标。后来，历代法典都对抓捕犯罪做了规定。秦律有关捕亡的法律虽然没有完整地保留下来，但是在《睡虎地秦墓竹简》等简牍文件中频繁出现有关捕亡的规定，有关于专职官吏捕亡责任的规定，抓捕到逃亡者的奖励，逃亡者拒捕的惩罚之类的内容。后世的法典有关捕亡的规定大体上也是从这几个方面设置规则。

《唐律疏议》中捕亡仍是一个独立的篇目。元代立法与此前的立法不同，逃亡分别规定在户部、兵部、刑部篇目下：《户部·户计》下有逃亡细分类别，含有三个条文；《兵部·军役》下有逃亡细分类别，含有六个条文；《刑部·杂犯二》下有脱囚、纵囚、放贼三个细分类别，分别规定有关囚犯逃亡和抓捕的问题。《大明律》中捕亡综合了战国到唐宋法典的体例，也吸收了元代立法体例中捕亡作为细分类别的立法技术，在刑律下设捕亡细分门类，总结历代关于逃亡人口和犯罪抓捕、管理的规定。

应捕人追捕罪人

凡应捕人承差追捕罪人①，而推故不行，若知罪人所在而不捕者，减罪人罪一等。限三十日内，能自捕得一半以上；虽不及一半，但所获者最重②，皆免其罪。虽一人捕得，余人亦同。若罪人已死，及自首各尽者③，亦免罪；不尽者，止以不尽之人为坐。其非应捕人，临时差遣者④，各减应捕人罪一等。受财故纵者，不给捕限，各与囚同罪。赃重者，计赃以枉法从重论。

【注释】

①应捕人：有抓捕嫌犯或者犯罪职责的人，也包括协助抓捕罪犯或者嫌犯的人，主要是皂吏、弓兵、巡捕、官军之类。

②最重：需要抓捕的犯罪人中罪行最重的。

③自首各尽：自首时完全充分地交代自己的罪行。

④临时差遣：本来没有抓捕职责的人，临时被委派去承担抓捕犯罪的职责。

【译文】

凡是有抓捕职责的应捕人承接差事追捕犯罪，找借口不去执行的，包括知道犯罪人所在的位置不去抓捕的，依照犯罪人应得的刑罚减一等处刑。限三十日内，能够自己抓捕到一半以上的犯罪；虽然没有到一半，但是抓获的是罪行最重的犯罪人，都可以免除罪责。虽然是一个人抓捕到了犯罪人，其他有抓捕职责的人都可以免罪。如果犯罪人已经死亡，以及自首了自己的全部罪行的，也可以免罪；如果自首但没有完全交代自己的罪行，只按照没有自首全部罪行的罪人论罪。如果没有抓捕职责的人，临时被派遣承担抓捕差事，各自比照有抓捕职责的人的罪责减一等处刑。接受财物而故意放纵犯罪人不去抓捕的，没有限定抓捕期，各与囚犯同罪。赃物的价值重的，计算赃物的价值按照枉法赃依重的罪名论罪。

罪人拒捕

凡犯罪逃走拒捕者，各于本罪上加二等。罪止杖一百，流三千里。殴人至折伤以上者，绞；杀人者，斩。为从者，各减一等。若罪人持杖拒捕[①]，其捕者格杀之，及因逃走，捕者逐而杀之，若因窘迫而自杀者[②]，皆勿论。若已就拘执及不拒捕而杀，或折伤者，各以斗杀、伤论。罪人本犯应死，而擅杀者，杖一百。

【注释】

①持杖：带着棍棒等武器。

②窘迫而自杀：处于艰难的境地导致自杀，其原因可以是自然原因造成的困难，如处于悬崖边、水火之中等，也可以是疾病等原因。

【译文】

凡是犯罪逃走拒捕的，各自在原本的罪行上加二等处刑。最高处刑杖一百，流放三千里。殴打人到折伤以上的，处绞刑；杀人的，处斩刑。从犯，各自减主犯一等处刑。如果犯罪人使用棍棒之类的器物拒捕，抓捕的人当时杀死拒捕者，以及囚犯逃走，抓捕的人追逐并杀死拒捕之人，以及囚犯发现处于绝境而自杀的，都不论罪。如果已经被抓捕并使用械具限制行动以及没有拒捕的行为而被杀死，或者造成折伤的，各自按照斗杀、伤论罪。犯罪人本应该被处以死刑，而擅自杀死的，处刑杖一百。

狱囚脱监及反狱在逃

凡犯罪被囚禁而脱监及解脱自带枷锁越狱在逃者①，各于本罪上加二等。因而窃放他囚，罪重者，与囚同罪。并罪止杖一百，流三千里。本犯应死者，依常律。若罪囚反狱在逃者②，皆斩。同牢囚人，不知情者，不坐。

【注释】

①脱监：脱离了监狱。解脱自带枷锁：解开枷锁上的锁并把枷锁从自己的身上脱下来。枷锁，用于限制犯人自由的，束缚手脚的械具。枷是用两块木板中间挖两个洞合起来戴在囚犯脖子上，一个洞在脖子上，另一个洞限制住双手，并加上锁。锁不仅是枷上的锁，也包括专门用来锁住手脚的锁。

②反狱：越狱。

【译文】

凡是犯罪被囚禁而逃脱监禁以及解开脱下自己身上的枷锁越狱逃跑的，各种情形在原本的罪责上加二等论罪。因此而偷偷放走其他囚犯的，逃走的囚犯罪责比囚犯本身重的，囚犯与被放走的囚犯同罪。并且最高处刑杖一百，流放三千里。本犯应该处以死刑的，依照法律的正常规定论罪。如果罪囚越狱逃跑的，都处斩刑。同一个牢房的囚犯，不知情的，不论罪。

徒流人逃

凡徒、流、迁徙囚人，役限内而逃者①，一日笞五十，每三日加一等。罪止杖一百，仍发配所②。其徒囚照依原犯徒年，从新拘役。役过月日，并不准理。若起发已断决徒、流、迁徙、充军囚徒③，未到配所，中途在逃者，罪亦如之。主守及押解人不觉失囚者，一名杖六十，每一名加一等，罪止杖一百，皆听一百日内追捕。提调官及长押官④，减主守及押解人罪三等，限内能自捕得，或他人捕得，若囚已死，及自首，皆免罪。故纵者，各与囚同罪。受财者，计赃以枉法从重论。

【注释】

①役限：徒刑、流刑和迁徙刑罚都需要在指定的地方服劳役，劳役的期限与刑期的规定一致。

②配所：徒、流、迁徙的囚犯需要送到执行劳役的地方，押送的过程为发配，服刑的地方为配所。

③起发：判决的囚犯需要押解到服刑场所的，已经开始押解行程。已断：已经做出的裁决。

④提调官：明代监狱检查监督事务由刑部按月轮流委派主事一名负责，地方由府州县负责委派佐杂一名提调牢狱管理措施检查监督

事务。长押官：负责长途押解的官员。

【译文】

凡是被判处徒刑、流放刑、迁徙的囚犯，在刑期内服劳役时逃跑的，一天笞五十，每三天加一等。最高处刑杖一百，仍然发配到服刑的地方。徒刑囚犯依照原来所判徒刑的年限，重新开始服刑。已经服役的时间，不准计算在服刑期内。如果是开始执行已经判决的徒刑、流刑、迁徙、充军的囚犯，还没有到执行刑罚的地方，中途逃跑的，也是同样论罪。主要负责守卫的人以及押解的人没有察觉的情况下而导致囚徒逃走的，每逃走一名囚犯处刑杖六十，逃跑的囚犯每增加一名处刑加一等，最高处刑杖一百，都允许限定在一百天内追捕。提调官和长押官，比照主守和押解人的罪减三等处刑，在限期内能够自己捕获逃犯的，或者别人抓捕到逃犯，如果囚犯已经死亡，以及自首，都可以免罪。故意放纵囚犯逃跑的，主守、押解各责任人与囚犯同罪。接受财物的，计算赃物价值按照枉法赃选择重罪论罪。

稽留囚徒

凡应徒、流、迁徙、充军囚徒，断决后[①]，当该官司限一十日内如法枷杻[②]，差人管押，牢固关防[③]，发遣所拟地方交割[④]。若限外无故稽留不送者，三日笞二十，每三日加一等，罪止杖六十。因而在逃者，就将提调官吏抵犯人本罪发遣[⑤]。候捕获犯人到官替役，至日疏放[⑥]，别叙。抵犯人本罪，谓将提调官吏，照依犯人所犯，该徒者，抵徒；该流者，抵流；该迁徙者，抵迁徙；该充军者，抵充军。候跟捕犯人得获至日，将官吏疏放，别行叙用。若邻境官司囚到，稽留不即递送者，罪亦如之。若发遣之时，提调官吏不行如法枷杻，以致囚徒中途解脱，自带枷杻在逃者,与押解人同罪。并罪坐所由⑦,受财者计赃,以枉法从重论。

【注释】

①断决:判决。

②枷杻:带枷、上手械。杻,刑具,即手铐。

③牢固关防:加固需要采取的防范措施,包括检查监狱牢房的门窗是否关牢,囚犯的械具是否牢固完整。

④交割:交接。

⑤发遣:判处徒刑、流刑、迁徙、充军的囚犯开始实际被押解遣送。

⑥疏放:释放。

⑦罪坐所由:根据具体的犯罪行为构成的原因分别追究不同的罪名。

【译文】

凡是应该执行徒刑、流刑、迁徙、充军的囚徒,判决之后,具体负责处理事务的机构的官员限十天之内按照法律的规定为囚徒戴上枷杻,派人看管押送,采取牢固的羁押措施,押送到判决中拟定的执行地址和场所完成交接。如果限定的时间之内没有合法的原因稽留不押送的,三天处刑笞二十,每三天处刑加一等,最高处刑杖六十。因为稽留而逃跑的,就把负责处理事务的提调官发遣到执行场所抵充囚徒所犯罪的刑罚。等到把逃跑的囚犯抓捕到官府再替换提调官服刑,囚犯到达执行场所后上奏给皇帝放回提调官,另外选任官职。抵犯人本罪,指把提调官按照犯人所犯的罪,应该处徒刑的,抵徒刑;应该处流刑的,抵流刑;应该处迁徙刑的,抵迁徙;应该处充军刑的,抵充军。等到追踪抓捕的犯人被捕获并送达的时候,把抵刑的官员放回,另外安排别的职务任用。如果相邻地区的官府押送的囚犯送到本地,滞留在本地没有立即转移押送的,也是同罪。如果押解移送的时候,具体负责调度执行的官吏没有按照法律规定的戴枷锁之类的措施,导致囚徒中途逃开押解看管,自己戴着枷杻逃跑的,与押解人同罪。并且按照犯罪构成的原因论罪，接受财物贿赂的要计算赃物价值，按照枉法赃选择重罪论罪。

主守不觉失囚

凡狱卒不觉失囚者[1]，减囚罪二等。若囚自内反狱在逃，又减二等。听给限一百日追捕。限内能自捕得，及他人捕得，若囚已死及自首，皆免罪。司狱官典[2]，减狱卒罪三等。其提牢官[3]，曾经躬亲逐一点视罪囚，枷、锁、杻，俱已如法，取责狱官、狱卒，牢固收禁文状者[4]，不坐。若不曾点视[5]，以致失囚者，与狱官罪同。故纵者，不给捕限，各与囚同罪。未断之间能自捕得[6]，及他人捕得，若囚已死及自首，各减一等。受财者，计赃，以枉法从重论。若贼自外入劫囚[7]，力不能敌者，免罪。若押解罪囚中途不觉失囚者，罪亦如之。

【注释】

①失囚：失去对囚犯的控制。

②司狱官典：明代在刑部和各地布政司、按察司、都司、府设立司狱司，设立司狱官一名，从九品官阶，负责囚犯押送、管理的各种事务，明初司狱司设有司狱官、狱丞、狱典、狱卒。

③提牢官：刑部的属官，明代刑部每月委派主事一名负责司狱事务，地方府州县委派佐杂一名提调牢狱事务，负责检查牢狱中的监禁措施实施情况以及法律规定的囚犯管理措施实施情况。

④收禁文状：囚犯收监、关押、服刑等监狱事务的文书。

⑤点视：不特定的巡察。

⑥未断之间：没有做出最终的裁决之前的时间。

⑦劫囚：进入监狱劫走囚犯的行为。

【译文】

凡是狱卒没有察觉而导致囚犯逃跑的，比照囚犯的罪行减二等处刑。如果囚犯从监狱里越狱在逃，狱卒的刑罚再减二等。允许给出一百天的期限追捕逃犯。限期内能够自己抓捕到逃犯，以及他人抓捕到的，如果囚犯已经死了以及自首的情况下，都免罪。负责管理监狱的官员，比照狱卒的犯罪减三等处刑。提牢官员，曾经亲自逐一检查囚徒，枷、锁、杻，都已经按照法律规定采取了措施，那就追究狱官、狱卒的责任，能够按照规定采取牢固的措施管理收藏好文书状词的，不论罪。如果没有巡查，导致囚犯逃跑的，与狱官同罪。故意放纵囚犯逃跑的，不再允许设置抓捕期限，参与犯罪的各人与囚犯同罪。没有最终做出判决之前能够自行抓捕到逃犯的，以及他人捕获的，包括囚犯已经死亡以及自首的，各自减一等论罪。接受财物贿赂的，计算赃物价值，依照枉法赃选择重罪论罪。如果有劫狱的贼盗从外面入狱劫囚，看守的狱官无力抵挡的，免除罪责。如果押解罪囚中途没有察觉的情况下导致囚犯逃跑的，同样论罪。

知情藏匿罪人

凡知人犯罪事发，官司差人追唤而藏匿在家不行捕告[①]，及指引道路、资给衣粮、送令隐避者，各减罪人罪一等[②]。其展转相送而隐藏罪人[③]，知情者[④]，皆坐；不知者，勿论。若知官司追捕罪人，而漏泄其事，致令罪人得以逃避者，减罪人罪一等。未断之间能自捕得者，免罪。若他人捕得，及罪人已死，若自首，又各减一等。

【注释】

①官司:负责处理抓捕审理犯罪的机构和官员。追唤:追踪抓捕和传唤犯人。不行捕告:不去告发并抓捕。

②罪人罪:犯罪人所犯的罪行。

③展转:辗转。

④知情者:存在本条前文所规定的各种明知犯罪的情况,明知存在犯罪行为,犯罪已经事发,犯罪人被传唤抓捕还参与多次转移藏匿犯罪的行为。

【译文】

凡是有人犯罪已经被发现,有关机构派人去抓捕传唤时把犯人藏匿在家不去官府告发帮助抓捕,以及为犯人指路、提供衣服粮食、送走犯人帮助隐藏的,各种情形都比照犯罪人减一等论罪。把犯人辗转送走并藏匿起来,知情的,都承担罪责;不知情的,不论罪。如果知道有关机构追捕犯罪人,而把消息泄露出去,导致犯罪人得以逃避追捕的,比照犯罪人的罪行减一等论罪。在最终的裁决还没有做出之前,能够自行抓捕犯罪的,可以免罪。如果其他人抓捕到了逃犯,以及犯罪人已经死亡,包括自首的,各种情形处刑都再减一等。

盗贼捕限

凡捕强窃盗贼,以事发日为始,当该应捕弓兵[①],一月不获强盗者,笞二十;两月,笞三十;三月,笞四十;捕盗官罚俸钱两月[②]。弓兵一月不获窃盗者,笞一十;两月,笞二十;三月,笞三十;捕盗官罚俸钱一月。限内获贼及半者,免罪。若经隔二十日以上告官者,不拘捕限[③]。捕杀人贼,与捕强盗限同。

【注释】

①当该应捕弓兵:当值被委派承担抓捕责任的弓兵。

②罚俸钱:以扣下官员的俸禄作为处罚。

③若经隔二十日以上告官者,不拘捕限:盗贼犯罪案件已经发生超过二十天以上才被发现,盗贼已经远走或者犯罪痕迹已经难于发现,无法设定期限要求按时抓捕犯罪。

【译文】

凡是抓捕强盗、窃盗,以事发的日期为计算期限的开始,承担抓捕职责的弓兵,一个月之内没有抓获强盗的,处刑笞二十;两个月没有捕获的,处刑笞三十;三个月没有捕获的,处刑笞四十;负有抓捕责任的捕盗官罚俸禄两个月。弓兵如果一个月没有捕获窃盗的,处刑笞十;两个月没有捕获的,处刑笞二十;三个月没有捕获的,处刑笞三十;负有捕盗职责的官员罚俸禄一个月。在限定的期限内捕获贼盗达到半数的,免罪。如果贼盗犯罪行为发生已经超过二十天以上才告发到官府,不用设定抓捕的限期。抓捕杀人罪犯,与抓捕盗贼的期限相同。

卷第二十八　刑律十一

断狱计二十九条

【题解】

断狱门规定案件审理、判决、执行、伸冤的规则。明代司法要求案件审判必须依照法律规定适用法律规范做出裁决，司法机构不得引用判例也不得法外判案，限制法官自由裁量，防止法官任意裁判。审判必须在起诉的范围中进行，防止利用司法权攀诬陷害。错案追究的原则在保持客观公正的情况下相对宽缓，故意错案实行反坐，罪责相当；过失错案，法官轻罪重判的责任重，重罪轻判的责任相对轻，这与秦汉时期的错案追究原则恰相反。明初虽然采用“重典”立法思想，但重典主要体现在“大诰”的特殊规则上，法典本身基本上延续中华法系法典自身的发展规律，追求法律的公平允当。

我国在西晋时期已经提出司法必须严格遵守法律明文规定，法无明文不为罪。西晋律学家刘颂提出：“又律法断罪，皆当以法律令正文，若无正文，依附名例断之，其正文名例所不及，皆勿论。法吏以上，所执不同，得为异议。如律之文，守法之官，唯当奉用律令。”这段话指出，司法官适用法律的顺序，法律有明文规定引用法律条文，没有条文规定可以引用名例规定的法律原则，如果二者都没有规定，那么不能按照犯罪追究当事人的刑事责任。法官可以在法律规定范围内解释律意，引用适当的法律条文判决案件，但是不得在法律之外援引没有明文规定的原理或者规则之类，判决案件引用法律正文是法官的职责本分所在。刘颂的上书得到皇帝批准成为有法律效力的规定，也是我国早期法律文明的重要成就。《唐律疏议》在断狱篇中也明确规定"诸断罪皆须具引律、令、格、式正文，违者笞三十"。另外，在"辄自决断""辄引制敕断罪"两个条文中，规定在律、令、格、式正文之外判决案件的违法情形。唐律的规定延续了断罪必须引用法律明文的规定，但是，删除了法无明文规定不为罪的规定，在杂法"不应得为"条文中设立一个缺口，容许法官在特殊情况下对有危害但是法律没有明文规定的行为进行刑罚，这使得法无明文规定不为罪打了折扣，成为古代法律发展中的一个缺憾。《明律》继承了唐律的规定，也沿袭了唐律的缺憾。《大明律·名例律》规定："凡律令该载不尽事理，若断罪而无正条者，引律比附。应加应减，定拟罪名，转达刑部，议定奏闻。"法律规定允许类推，由司法官员比附律文定罪。虽然在法律上司法官吏不能自由类推，类推须由皇帝裁定，但皇帝可以擅断一切案件，这也是与法定罪刑互相抵触的。

囚应禁而不禁

凡狱囚应禁而不禁[①]，应枷、锁、杻而不枷、锁、杻及脱去者，若囚该杖罪，笞三十；徒罪，笞四十；流罪，笞五十；死罪，杖六十。若应枷而锁，应锁而枷者，各减一等。若囚自脱去及司狱官典、狱卒私与囚脱去枷、锁、杻者[②]，罪亦如之。提牢官知而不举者，与同罪；不知者，不坐。其不应禁而禁，及不应枷、锁、杻而枷、锁、杻者，各杖六十。若受财者，并计赃以枉法从重论。

【注释】

①禁:限制人身自由,包括把囚犯关在牢房中禁止出入,也包括给囚犯戴上限制行动的枷、锁、杻之类的械具。

②狱卒:在监狱中具体负责日常看管、清洁、送饮食等工作的基层人员。

【译文】

凡是监狱里的囚犯应当拘禁却没有拘禁,应当戴上枷、锁、杻而没有给戴上枷、锁、杻以及戴上又脱掉的,如果囚犯本身的罪名应该处杖刑的,笞三十;本罪应该处徒刑的,笞四十;本罪应该流放的,笞五十;本罪应该处死刑的,杖六十。如果应该戴上枷却没有戴枷而是戴上锁,应该戴上锁却没有戴锁而是戴上枷的,比照前述规定减一等处刑。如果囚犯自行脱掉枷、锁、杻以及司狱官典、狱卒私自给囚犯脱去枷、锁、杻的,同样论罪。提牢官知情不举报的,与之同罪;不知情的,不论罪。不应当监禁而监禁的,以及不应当戴上枷、锁、杻而给囚犯戴上枷、锁、杻的,各种情形处刑杖六十。如果是因为接受财物而做出上述行为的,合并计赃按照枉法赃选择重罪定罪量刑。

故禁故勘平人

凡官吏怀挟私仇故禁平人者[①],杖八十;因而致死者,绞。提牢官及司狱官典、狱卒知而不举首者,与同罪。至死者,减一等。不知者,不坐。若因公事干连平人在官无招[②],误禁致死者,杖八十。有文案应禁者[③],勿论。若故勘平人者[④],杖八十;折伤以上,依凡斗伤论;因而致死者,斩。同僚官及狱卒,知情共勘者,与同罪;至死者,减一等;不知情,及依法拷讯者[⑤],不坐。若因公事,干连平人在官,事须鞫问，及罪人赃仗证佐明白[6]，不服招承[7]，明立文案，依法拷讯，邂逅致死者，勿论。

【注释】

①怀挟私仇：内心怀有私人仇恨将之带入公事中。平人：没有犯罪的平民。

②干连：与公事有牵涉有关联。在官：到官府参与有关事务。无招：犯罪嫌疑人或者有关联的人没有招认存在犯罪，也即无罪。

③文案应禁：有公文明确规定了可以采取监禁的法律措施。

④故勘：故意用刑审讯。勘，用刑讯的方式对人的身体或者精神进行伤害，以便取得预期的供词。

⑤依法拷讯：依照法律规定可以进行合法的刑讯。古代法律中规定刑讯是合法的，但是要符合法律规定的条件和程序，并与犯罪可能的刑罚相关联。

⑥赃仗证佐：赃物和有关案件的证据可以形成证据链为形成对案件事实的认知而提供佐证。

⑦不服招承：对案件审讯的罪行表示不服，不认可不招供不承认。

【译文】

凡是官吏因为私人的仇恨而故意拘禁平民，处刑杖八十；因此而导致死亡的，处绞刑。提牢官以及司狱官典、狱卒知情而不举报自首的，与犯人同罪。造成死亡的，处刑减一等。不知情的，不论罪。如果因为公事与平民有关联被官府问话并没有供述出犯罪，因为错误监禁而导致死亡的，处刑杖八十。如果有应该监禁的公文而监禁的，不论罪。如果故意用刑拷打审讯平民的，处刑杖八十；造成了折伤及以上的伤势，依照普通人之间的斗殴伤论罪；因此而导致死亡的，处斩刑。在同一机构的官僚以及狱卒，知情而参与故意用刑审讯的，与之同罪；造成死亡的，减一等处刑；不知情的，以及依法进行刑讯的，不论罪。如果因为公事，让与之有关的平民到官府问话的，事情需要审问，以及犯罪人的赃物证据可以相互佐证清楚明白，但是不服罪在审问中不招供承认罪行的，要制作公文明确案情和需要采取的措施，依法进行刑讯，由此导致嫌疑人因其本身的原因而意外致死的，不论罪。

淹禁

凡狱囚情犯已完[①]，监察御史、提刑按察司审录无冤[②]，别无追勘事理[③]，应断决者[④]，限三日内断决。应起发者，限一十日内起发。若限外不断决、不起发者，当该官吏，三日，笞二十；每三日加一等，罪止杖六十。因而淹禁致死者[⑤]，若囚该死罪，杖六十；流罪，杖八十；徒罪，杖一百；杖罪以下，杖六十，徒一年。

【注释】

①情犯已完：案情的勘察审理已经完成。

②审录无冤：审查复核案件证据和审理程序，以便发现是否存在冤情，由此程序保障没有冤情。

③追勘事理：对已经审结的案件中的事实或法律适用问题进行追查，检查是否有新证据或者法律适用不准确的问题。对证据进行核查比对以便确定认定的事实是否准确，对判决案件所用的法律条文适用是否适当进行审核，通过以上行为发现是否还有需要考虑的事实或者法理，以便对案件做出正确的判决。追勘是追查勘验的意思，事理是案件事实和基于案件事实做出判断的法理。

④断决：审理之后对案件事实和法律适用做出判断并做出判决。

⑤淹禁：拖延停滞案件执行程序，导致案件没有及时进入下一程序。

【译文】

凡是监狱的囚犯案情审理已经完成，监察御史、提刑按察司审核没有发现冤情，没有其他需要追究勘察的事实和理由，应该做出判决的，限三天内判决。应该起解发配到服役或者流放地执行的，限十天内开始执行。如果限期之外没有做出判决、没有开始执行的，具体负责的官吏，每超期三天，笞二十；每三天处刑加一等，最高处杖刑六十。因为没有及时判决或者执行而导致死亡的，如果囚犯本身的罪责应当处死刑的，处刑杖六十；犯罪本身的罪责应该处流放刑的，处刑杖八十；囚犯的罪名应该处徒刑的，处刑杖一百；囚犯本身的罪名应该处杖刑以下的，处刑杖六十，徒一年。

凌虐罪囚

凡狱卒非理在禁①，凌虐、殴伤罪囚者，依凡斗伤论；克减衣粮者②，计赃以监守自盗论；因而致死者，绞。司狱官典及提牢官，知而不举者，与同罪；至死者，减一等。

【注释】

①非理在禁：不符合法律规定的标准和原理进行限制囚犯行动的行为。

②克减衣粮：克扣减少应该发给囚犯的衣服和口粮。明代法律规定被监禁的囚犯由国家发给囚衣和口粮，衣服和口粮有法律规定的标准，没有达到标准即为克减。

【译文】

凡是狱卒对不符合监禁条件的囚犯采取监禁措施，折磨虐待、殴打伤害罪犯的，依照普通的斗殴伤论罪；克扣缩减囚犯应得的衣服和食物的，计算赃物价值按照监守自盗的罪名论罪；因此而导致死亡的，处绞刑。司狱官典和提牢官，知情而不举报的，与狱卒同罪；造成死亡的，处刑比照狱卒的刑罚减一等。

与囚金刃解脱

凡狱卒，以金刃及他物可以自杀及解脱枷锁之具而与囚者[①]，杖一百。因而致囚在逃及自伤，或伤人者，并杖六十，徒一年；若囚自杀者，杖八十，徒二年。致囚反狱及杀人者，绞。其囚在逃，未断之间[②]，能自捕得及他人捕得，若囚已死及自首者，各减一等。若常人以可解脱之物与人，及子孙与祖父母、父母，奴婢、雇工人与家长者，各减一等。若司狱官典及提牢官，知而不举者，与同罪。至死者，减一等。若受财者，计赃以枉法从重论。若狱囚失于点检[③]，致囚自尽者，狱卒，杖六十；司狱官典，各笞五十；提牢官，笞四十。

【注释】

①金刃：带有利刃的金属物品，一般是指刀具、武器之类能够造成伤害的金属制品。

②未断之间：没有做出最后的裁决的期间。

③点检：抽检，非全面的核查。

【译文】

凡是狱卒，把带有利刃的金属工具以及其他可以用来自杀以及解开脱下枷锁之类械具的物品提供给囚犯的，处刑杖一百。因此而导致囚犯逃跑以及自伤，或者伤害他人的，都处刑杖六十，徒一年；如果造成囚犯自杀的话，处刑杖八十，徒二年。导致囚犯越狱以及杀人的，处绞刑。囚犯在逃，在没有最终判决出来之前，狱卒能够自己捕获囚犯以及他人捕获，包括囚犯已经死亡以及自首的，各种情形减一等处刑。如果其他人提供了可以解开脱下械具的物品，以及子孙提供给祖父母、父母，奴婢、雇工人提供给家长的，各种情形比照狱卒的刑罚减一等处刑。如果司狱官典和提牢官，知情而不举报的，与提供人同罪。造成死亡的，减一等处刑。如果因为接受财物而提供物品的，计算赃物价值按枉法赃选择重罪定罪量刑。如果监狱中的囚犯没有按规定进行抽检核查，导致囚犯自杀的，狱卒，处刑杖六十；司狱官典，各自处刑笞五十；提牢官，处刑笞四十。

主守教囚反异

凡司狱官典、狱卒，教令罪囚反异变乱事情[①]，及与通传言语[②]，有所增减其罪者[③]，以故出入人罪论。外人犯者[④]，减一等。若容纵外人入狱及走泄事情于囚[⑤]，罪无增减者，笞五十。若受财者，并计赃以枉法从重论。

【注释】

①教令：教唆。反异：推翻原来的供词，颠覆原有的案件审理过程中认定的案情和证据之类。变乱事情：使已经确定的事情变得不确定出现混乱的情况。

②通传言语：帮人传话沟通传递消息。

③增减其罪：增加或者减轻能够证明案件事实的情节和证据，导致加重或者减轻囚犯的罪行。

④外人：监狱管理机构的官吏之外的其他人。

⑤走泄事情：走漏消息泄露案件相关的事实给囚犯。

【译文】

凡是司狱官典、狱卒，教唆囚犯翻供篡改已经招认的案情，以及与囚犯传话，加重或者减轻囚犯的罪行的，按照故意出入人罪定罪量刑。监狱之外的人犯有上述罪行，减一等处刑。如果纵容外人进入监狱以及泄露案情的消息给囚犯，没有加重或者减轻罪行的，处刑笞五十。如果接受财物而犯有上述罪行的，合并计赃并且以枉法赃从重定罪量刑。

狱囚衣粮

凡狱囚应请给衣粮、医药而不请给①，患病应脱去枷、锁、杻而不脱去，应保管出外而不保管②，应听家人入视而不听③，司狱官典、狱卒，笞五十。因而致死者，若囚该死罪，杖六十；流罪，杖八十；徒罪，杖一百；杖罪以下，杖六十，徒一年。提牢官知而不举者，与同罪。若已申禀上司，不即施行者，一日笞一十，每一日加一等，罪止笞四十。因而致死者，若囚该死罪，杖六十；流罪，杖八十；徒罪，杖一百；杖罪以下，杖六十，徒一年。

【注释】

①请给：请求国家发给法律规定供应的物品。衣粮：囚犯每日给口粮一升，冬季给棉衣一件。

②保管：提供保证可以让符合条件的囚犯暂时离开监狱。

③入视：允许符合规定条件的囚犯家属进入监狱看望。

【译文】

凡是监狱管理者应该给监狱中的囚犯申请国家发给衣服、口粮、医药而不申请的，应该给患病的囚犯脱掉枷、锁、杻而没有脱掉，应该帮助囚犯提供担保外出而不为其提供帮助，应该允许囚犯的家人进入监狱看望而不允许的，司狱官典、狱卒，处刑笞五十。因此而导致囚犯死亡的，如果囚犯本身的罪行应该被处死刑的，司狱官吏处刑杖六十；囚犯本身的罪行应该处流放刑的，处刑杖八十；囚犯本身的罪行应该处徒刑的，处刑杖一百；囚犯本身的罪行应该处杖刑以下的，处刑杖六十，徒刑一年。提牢官知情而不举报的，与司狱官吏同罪。如果已申请禀报了上司，没有立即实施的，拖延一天处刑笞十，每增加一天处刑加一等，最高处刑笞四十。因此而导致囚犯死亡的，如果囚犯应该处死刑的，司狱官吏处刑杖六十；囚犯应该处流刑的，司狱官吏处刑杖八十；囚犯应该处徒刑的，司狱官吏处刑杖一百；囚犯应该处杖刑以下的刑罚，司狱官吏处刑杖六十，徒刑一年。

功臣应禁亲人入视

凡功臣及五品以上官犯罪应禁者①，许令亲人入视。徒、流者，并听亲人随行②。若在禁及至配所，或中途病死者③，在京原问官④，在外随处官司⑤，开具致死缘由，差人引领亲人，诣阙面奏发放⑥。违者，杖六十。

【注释】

①功臣：对国家有功的大臣，主要是武将。应禁：应该采取监禁措施的。

②亲人随行：徒刑和流放刑需要被送到专门的服刑地，在被送到服刑地和服刑期间允许家人随同照顾。

③中途：在押解路上。

④原问官：原初审理案件的官员。

⑤随处官司：地方上原来审理案件的机构和官员。

⑥诣阙面奏：到皇宫中当面奏报给皇帝。发放：囚犯的押解需要有公文凭证，允许亲人随行需要特殊的许可，发放许可的文书。

【译文】

凡是功臣以及五品以上的官员犯罪应该监禁的，可以让亲人进入监狱看望。上述人员被判处徒刑、流刑的，也允许亲人随行。如果在监狱中监禁以及到达了发配的地方，或者在押解的中途病死的，在京城的由原来审理案件的官员，在京城之外的地方由具体负责审理案件的机构的官员，制作文书说明死亡的理由，派人带领着囚犯的亲人，到皇宫中奏报给皇帝发放相关的文书。违反规定的，处刑杖六十。

死囚令人自杀

凡死罪囚已招服罪[①]，而囚使令亲戚故旧自杀[②]，或令雇倩人杀之者，亲故及下手之人，各依本杀罪，减二等。若囚虽已招服罪[③]，不曾令亲故自杀，及虽曾令自杀，而未招服罪，辄杀讫[④]，或雇倩人杀之者，亲故及下手之人，各以斗杀、伤论，若虽已招服罪，而囚之子孙，为祖父母、父母，及奴婢、雇工人为家长者，皆斩。

【注释】

①死罪囚：所犯罪行会被判处死刑的囚犯。

②故旧：故人旧交，老朋友。

③招服罪：招供服罪。

④辄杀讫：很快就完成杀死的行为。

【译文】

凡是犯罪应当被判处死刑的囚犯已经供述犯罪事实认罪伏法，而囚犯让亲戚、朋友、部下等之前熟识的人杀死自己，或者雇请人杀死自己的，亲戚、朋友以及实施杀人行为的人，各自依据法律规定的杀人罪条文的规定，减二等处刑。如果囚犯虽然已经招供认罪，但是没有让亲戚朋友杀自己，以及虽然命令别人杀自己，但是没有招供认罪，就已经被杀死，或者雇人杀死自己的，亲戚、朋友以及实施杀人行为的人，各自按照斗殴杀、伤罪定罪量刑，如果是虽然已经招供认罪，但是囚犯的子孙为自己的祖父母、父母，以及奴婢、雇工人为家长提供自杀帮助的，都处斩刑。

老幼不拷讯

凡应八议之人[①]，及年七十以上、十五以下，若废疾者，并不合拷讯，皆据众证定罪[②]。违者，以故失入人罪论。其于律得相容隐之人及年八十以上、十岁以下[③]，若笃疾，皆不得令其为证，违者，笞五十。

【注释】

①应八议：符合八议的条件应该适用八议减刑免刑。

②据众证定罪：没有口供的情况下，根据案件的人证、书证、物证等多种证据定罪。

③相容隐之人：在“同居相隐”条款中规定的特定人群之间可以相互包庇隐瞒犯罪。

【译文】

凡是应该使用八议规则的人，以及年龄在七十岁以上、十五岁以下，包括身体有残疾达到废疾程度的人，都不可以使用刑讯，都需要用多种证据定罪。违反规定的，按照故意或者过失入罪的规定定罪量刑。法律规定可以适用容隐的条款的人以及年龄在八十以上、十岁以下的人，包括身患残疾达到笃疾，都不得让他们作为证人，违反规定，处刑笞五十。

鞫狱停囚待对

凡鞫狱官推问罪囚[①]，有起内人伴[②]，见在他处官司停囚待对者[③]，虽职分不相统摄[④]，皆听直行勾取[⑤]。文书到后，限三日内发遣。违限不发者，一日笞二十，每一日加一等，罪止杖六十。仍行移本管上司，问罪督发。若起内应合对问[⑥]，同伴罪囚已在他处州县事发见问者，听轻囚就重囚，少囚从多囚。若囚数相等者，以后发之囚[⑦]，送先发官司并问。若两县相去三百里之外者，各从事发处归断。违者，笞五十。若违法将重囚移就轻囚，多囚移就少囚者，当处官司随即收问，仍申达所管上司，究问所属违法移囚之罪。若囚到不受者，一日笞二十，每一日加一等，罪止杖六十。

【注释】

①鞫狱官推问：审理案件的司法官员审理案件。鞫狱是指审理案件的过程，鞫狱官即司法官，推问是指司法官审理案件过程中推究案件事实和经过，核实证据，推究出案件真实情况的审理活动。

②起内人伴：团伙作案中，同一起案件中共同参与作案的共犯，或者其他还没有定罪的相关涉案人员。起，一个案件称为一起，是案件的一个量词。

③他处官司：正在审理的案件之外其他地方涉及案件审理的司法机构。停囚待对：将囚犯羁押起来等待审理对质。

④职分不相统摄：审理案件的机构之间不存在上下级关系或者其他管理与被管理的关系。

⑤直行勾取：直接发送公文要求对方机构移送囚犯、犯罪嫌疑人、证人、证据之类的涉案之人或者证据。

⑥起内应合对问：同一个案件中的各个当事人或者相关人员，需要交叉对质问话，以便审理清楚案件事实。

⑦后发之囚：后来跟随移送的囚犯，包括移送来的囚犯和后来捕获需要移送的囚犯。

【译文】

凡是法官审理涉案犯罪嫌疑人，如果同一起案件内的犯罪人同伙，当时正在由其他地方的司法机构监禁审问的，虽然各处法官的职责不是相互统属的关系，都允许发文调取案件当事人到案审理。对方调取犯罪的公文送到之后，限三天内押解犯人上路。违反期限的规定不押送上路的，迟一天处刑笞二十，每增加一天处刑加一等，最高处刑杖六十。同时需要发文给对自己所在机构有管辖权的上司，对违限不发送囚犯的行为论罪并督促起发犯人。如果在同一起案件内应该对犯罪参与人互相对证审问的，共同犯罪人的同伙已经在其他州县发现并审问的，允许犯罪行为轻的囚犯移送到重罪囚犯所在地审理，人数少的囚犯到人数多的囚犯所在地审理。如果囚犯的人数相等，把后来移送或者捕获的囚犯，送到先前已经送过去囚犯的审理机构所在地一并审理。如果两个县城相距超过三百里的，所有囚犯各自在案发地进行审理判决。违反规定的，处刑笞五十。如果违法把重罪囚犯移送到轻罪囚犯所在地，多数囚犯移送到少数囚犯所在地，接受地的司法机构立即接受并审问，同时需要发文报送上级主管机构，追究下级机构违法移送囚犯的罪责。如果囚犯已经移送到本地而不接受的，每一天处刑笞二十，每增加一天处刑加一等，最高处刑杖六十。

依告状鞫狱

凡鞫狱，须依所告本状推问[①]。若于状外别求他事[②]，摭拾人罪者[③]，以故入人罪论。同僚不署文案者[④]，不坐。若因其告状，或应掩捕搜捡因而捡得别罪[⑤]，事合推理者[⑥]，不在此限。

【注释】

①所告本状:原告起诉案件时诉状中举出的案件事实和诉讼主张。

②别求他事:在原来的诉状所主张的事情之外又对诉状所没有提到的事情进行审问的。

③摭(zhí)拾人罪:根据各种细节线索搜检证据发现案情以此让他人获罪的行为。

④同僚不署文案:案件审理中本来应该是共同审理案件的官员在法律文书上签名,实际上没有签名的情形。

⑤应掩捕搜捡因而捡得别罪:在案件审理过程中应该搜寻检验涉及本案的事实和证据,由此而发现了其他的犯罪事实的情形。掩捕,突击搜捕。

⑥事合推理:在审理案件中发现别的犯罪事实,虽然没有在原告的诉状之内,但是也应该对犯罪行为进行审理抓捕。

【译文】

凡是审理案件,必须依照原告所告的案件和主张进行审理。如果在原告的起诉案件和主张之外又追究其他事项,翻检线索罗织罪名的,依照故意入罪定罪量刑。前述情况如果共同参与案件审理的官员没有签署名字的,不论罪。如果因为原告的起诉,或者在原告起诉的案件中应该查找线索而查获了别的犯罪行为的,事件应该进行审理以便发现犯罪的,不受本条限制。

原告人事毕不放回

凡告词讼[①],对问得实[②],被告已招服罪,原告人别无待对事理[③],随即放回。若无故稽留三日不放者,笞二十,每三日加一等,罪止笞四十。

【注释】

①告词讼:到官府告状,提起诉讼。

②对问得实:受理诉讼的官吏对起诉人进行询问,起诉人对答,获得所告案件确实发生,不是虚构、诬告之类。

③待对事理:在所告的案件之外还存在需要进行问询的事情,存在需要作为案件对待的理由。

【译文】

凡是提起诉讼,审理问询获得实情,被告已经供述认罪,原告人再无需要讯问的案情和证据,立即把原告放回。如果没有合法理由故意稽留三天不放的,处刑笞二十,每三天加一等,最高处刑笞四十。

狱囚诬指平人

凡囚在禁,诬指平人者①,以诬告人论。其本犯罪重者,从重论②。若官吏鞫问狱囚③,非法拷讯,故行教令诬指平人者④,以故入人罪论。若追征钱粮,逼令诬指平人代纳者⑤,计所枉征财物,坐赃论,其物给主。其被诬之人,无故稽留三日不放回者,笞二十,每三日加一等,罪止杖六十。若鞫囚而证佐之人不言实情⑥,故行诬证,及化外人有罪,通事传译番语不以实对⑦,致罪有出入者,证佐人减罪人罪二等。谓证佐人不说实情,出脱犯人全罪者⑧,证佐人减犯人全罪二等。若增减其罪者,亦减犯人所得增减之罪二等之类。通事与同罪。谓化外人本有罪,通事符同传说出脱全罪者⑨,通事与犯人同得全罪⑩。若将化外人罪名增减传说者,以所增减之罪坐通事。谓如化外本招承杖六十，通事传译增作杖一百[11]，即坐通事杖四十；又如化外人本招承杖一百，通事传译减作笞五十，即坐通事杖五十之类。

【注释】

①诬指：诬陷指证他人犯罪。平人：没有犯罪记录的普通人。

②从重论：犯罪本身的罪名和诬告他人的罪名比较，哪个罪名的罪责重，按照哪个罪名定罪量刑。

③鞫问狱囚：审问被监禁的囚犯。囚犯可能犯罪，也可能是嫌疑人。

④教令：教唆。

⑤代纳：代替自己缴纳钱粮税款。

⑥证佐：提供证人证言以佐证案情。

⑦通事：官方负责翻译外语的官员。

⑧出脱：把犯人从犯罪中逃脱出去。

⑨符同：参与共同犯罪的行为。传说：翻译外语之后表达出来，即转达外语表达的意思。全罪：全部的犯罪按照法律规定按罪行定罪量刑，不考虑自首或者其他法律规定的情形可能减刑的情况，也包括犯人前后所犯的所有罪行。

⑩通事与犯人同得全罪：通是全部的意思，通事官和做假证的人全部考虑在内，即通事官、做假证的人、犯人都按照犯人的全部罪行论罪。

⑪传译：把一种外语的意思转换为另一种语言表达，即翻译并传达。

【译文】

凡是囚犯在监禁场所，诬陷没有犯罪的人，以诬告他人论罪。如果犯罪人本身的罪名较重的，按照量刑重的罪名定罪量刑。如果官吏在审理被监禁的囚犯时，非法刑讯，故意教唆囚犯诬告无罪的平民，按照故意入罪论罪。如果是需要追缴作为税收的钱粮，逼迫囚犯诬告平民让他们代缴纳的，依据被冤枉的平民被征缴的财物的价值，按照坐赃论罪，被征收的财物还给原主。被诬告的人，无故被稽留三天不放回家的，处刑笞二十，每三天处刑加一等，最高处刑杖六十。如果审理囚犯而提供证据的人没有交代实情，故意为了诬陷做假证，以及化外人有罪，翻译的通事官翻译外语时没有按照实情转达，导致犯罪的认定和量刑有出入的，佐证的人比照犯罪的罪名减二等处刑。指证人没有说出实情，让犯人完全脱罪的，证人比照犯人的全部罪行减二等定罪量刑。如果证人提供证据的时候故意增加或者减轻罪行的，也按照犯人可能增加或者减轻的罪名应得的刑罚减二等处刑之类。通事官与诬陷的人同罪。指化外人本来有罪，通事官伙同证人一起转译出来让犯人完全脱罪的，通事官和证人与犯人都按照犯人的完整罪名论罪。如果在翻译的时候对化外人罪行进行了增加或者减轻的，按照所增加或者减轻的罪名给通事官论罪。指如果化外人本来招认的是杖六十的罪名，通事官翻译的时候增加为处刑杖一百的罪名，即把通事官处以杖四十的刑罚；又如化外人本来招认处刑杖一百的罪名，通事官翻译的时候减为笞五十的罪名，即把通事官处以杖五十的罪名之类。

官司出入人罪

凡官司故出入人罪[①]，全出全入者[②]，以全罪论。谓官吏因受人财及法外用刑，将本应无罪之人而故加以罪，及应有罪之人而故出脱之者，并坐官吏以全罪[③]。法外用刑，如用火烧烙铁烙人，或冬月用冷水浇淋身体之类。若增轻作重，减重作轻，以所增减论。至死者，坐以死罪。谓如其人犯罪应决一十而增作二十之类[④]，谓之增轻作重，则坐以所增一十之罪。其人应决五十而减作三十之类，谓之减重作轻，则坐以所减二十之罪。余准此[⑤]。若增轻作重，入至徒罪者，每徒一等，折杖二十；入至流罪者，每流一等，折徒半年；入至死罪已决者，坐以死罪。若减重作轻者，亦如之。若断罪失于入者，各减三等；失于出者，各减五等。谓鞫问狱囚，或证佐诬指，或依法拷讯。以致招承，及议刑之际[⑥]，所见错误别无受赃情弊，及法外用刑致罪有轻重者，若从轻失入重，从重失出轻者，亦以所剩罪论[⑦]。**并以吏典为首，首领官减吏典一等，佐贰官减首领官一等，长官减佐贰官一等，科罪。若囚未决放及放而还获，若囚自死，各听减一等。**谓故入及失入人笞、杖、徒、流、死罪，未决，其故出及失出人笞、杖、徒、流、死罪未放，及放而更获，若囚人自死者，于故出入及失出入人罪上，各听减一等。

【注释】

①官司：负责审理案件的国家机构和官吏。

②全出全入：犯罪人的罪行被全部免除为无罪，无罪的人被定为有罪。本款规定针对后面的部分出罪和入罪的情形。

③并坐官吏以全罪：按照在审理案件中对当事人全部免罪或者无罪变为有罪的情形，依据免罪的罪名或者入罪的罪名给司法官定罪量刑。

④应决一十：应该判决十下的刑罚，本款对笞刑、杖刑的概括式规定。

⑤余准此：即余条准此，类似的内容规定都按照本条规定的原则处理。

⑥议刑之际：案件审理清楚后，有权参与案件的机构的官员商议如何定罪量刑。

⑦所剩罪论：并非全罪出罪和入罪的情形，依照最终定罪的罪名比实际应得的罪名多出或者减少的部分给司法官定罪。如，失出的情形，犯罪应该处杖八十，法官将罪名减为杖五十的罪，所减的杖三十即为剩罪；失入的情况也是如此。

【译文】

凡是司法官故意增加或者减轻犯罪，无罪的人作为有罪，有罪的作为无罪，按照被增加的罪或者被减轻的罪定罪量刑。指司法官吏因为接受他人的钱财以及法外用刑，把本来应该无罪的人故意定为有罪，以及应该被定罪的有罪之人却故意脱去罪名，对审理案件的官员按照所定的罪名或者脱去的罪名定罪量刑。法外用刑，比如用火烧了烙铁烙伤人身体，或者冬季用冷水浇淋身体之类。**如果增加轻罪为重罪，把重罪减为轻罪，按照增加或者减轻的罪名论罪。达到死罪的，按照死罪定罪量刑。**指如果当事人的犯罪应该处刑十下却增加为二十下之类，指的是增轻为重，那么按照所增加的十下论罪。当事人应该处刑五十下却减为三十下之类，称为减重为轻，那么按照减轻的二十下为司法官论罪。其他的情况都按照这种方式论罪。如果把轻罪加为重罪，加到了徒罪的，徒罪每增加一等，折为杖刑二十；加到流罪的，每一等流刑折为徒刑半年；加到死罪并且已经处刑的，按照死罪论罪。如果把重罪减为轻罪的，也按照同样的方式论罪。**如果法官审理案件过失导致入罪的情形，每种情形各减三等论罪；过失导致出罪的，各种情形减五等论罪。**指审问监狱的囚犯，或者证人诬陷指证，或者依法进行拷打刑讯的情形。由此而获得当事人的招供承认，以及在审议刑罚的时候，发现存在的错误但是没有受赃的情形，以及法外用刑导致罪名出现增减轻重的，如果从轻罪过失导致入罪的，从重罪过失导致为轻罪的，也都是按照剩余的罪责论罪。**以上犯罪都以吏典为首，首领官比照吏典减一等，佐贰官比照首领官减一等，上级主管官员比照佐贰官减一等定罪量刑。如果囚犯还没有释放以及释放后又被抓获，包括囚犯自己死亡的，允许按照法律规定的论罪标准减一等。**指故意入罪以及过失入罪导致当事人被判决笞、杖、徒、流放、死刑的罪行，还没有执行的情形，故意出罪以及过失出罪导致的当事人应当被判处笞、杖、徒、流放、死刑的罪还没有释放，以及释放后又抓获，包括当事人自己死亡的，在故意出入人罪以及过失出入人罪的基础上，各自允许减一等处刑。

辩明冤枉

凡监察御史、按察司辩明冤枉[①]，须要开具所枉事迹[②]，具封奏闻，委官追问得实，被诬之人，依律改正，罪坐原告、原问官吏。若事无冤枉，朦胧辩明者[③]，杖一百，徒三年。若所诬罪重者，以故出入人罪论。所辩之人知情，与同罪；不知者，不坐。

【注释】

①监察御史、按察司辩明冤枉：监察御史和按察司有法定的审核案件的职责，对已经审理判决的案件，进行审核，辨别案情和证据及审理程序等是否存在冤枉。

②事迹：案件中的案情和有关证据，以此追查案件显示的痕迹。

③朦胧辩明：混淆事实制造混乱，达到蒙蔽人们的判断的目的。

【译文】

凡是监察御史、按察司按照职责辨别查明案件中存在冤枉，必须在公文中列出所冤枉的事情及证据，密封文书如实奏报给皇帝知道，皇帝委派官员追查讯问获得实情，被诬陷的人，按照法律规定平反改正，对原告、原审问案件官吏论罪。如果事情本来没有冤枉，混淆事实试图蒙蔽辩解的，处刑杖一百，徒三年。如果所诬陷的罪名重的，按照故意出入人罪论罪。所辩解的人知情的，与原告和原审官员同样论罪；不知情的，不论罪。

有司决囚等第

凡狱囚鞫问明白，追勘完备[①]，徒、流以下，从各府、州、县决配。至死罪者，在内听监察御史、在外听提刑按察司审录[②]，无冤，依律议拟，转达刑部定议奏闻回报。直隶去处[③]，从刑部委官，与监察御史；在外去处，从布政司委官，与按察司官，公同审决[④]。若犯人反异[⑤]，家属称冤，即便推鞫。事果违枉，同将原问原审官吏，通问改正。其审录无冤，故延不决者，杖六十。若明称冤抑，不为申理者，以入人罪故失论。

【注释】

①追勘完备：案件发生后，按照法律规定的程序和责任机构派出官吏进行讯问和勘察，所有这些程序都按照法律规定进行完毕。

②在内：在京城内的案件。在外：在京城外的其他地方发生的案件。审录：审核录囚，对已经审理完成的案件进行复核，包括书面复核和直接讯问。

③直隶去处：直隶所管辖的行政区域。后文的在外去处，是指直隶以外的行政管辖区域。

④公同：共同。

⑤反异：翻异，犯人推翻了之前招认的案件有关情况，即翻供。

【译文】

凡是在押囚犯的案件审理清楚，追查勘验程序全部完成，处以徒刑、流刑以下的案件，由各府、州、县判决执行。案件达到死罪的，在京的案件由监察御史、在外地的案件由提刑按察司审核录囚，没有冤情的，按照法律规定议定罪名拟定刑罚，转移给刑部合议定罪之后奏报给皇帝听候回报。直隶管辖范围内，由刑部委派官员，与监察御史共同审理判决；在外地，由布政司委派官员，与按察司官员共同审理判决。如果犯人翻供，家属称有冤情，需要立即进行审理。事情果然存在违法情况有冤情，把原来问询审理案件的官吏，全都一起审问改正。审核录囚不存在冤情，故意拖延不执行的，处刑杖六十。如果有人明确声称有冤情，不为之申诉审理的，按照法律关于入罪的故意或者过失的规定处理。

检验尸伤不以实

凡检验尸伤[1]，若牒到托故不即检验[2]，致令尸变[3]，及不亲临监视，转委吏卒，若初复检官吏相见，符同尸状及不为用心检验[4]，移易轻重、增减尸伤不实、定执致死根因不明者[5]，正官杖六十，首领官杖七十，吏典杖八十。仵作行人检验不实[6]，符同尸状者，罪亦如之。因而罪有增减者，以失出入人罪论。若受财故检验不以实者，以故出入人罪论。赃重者，计赃以枉法从重论。

【注释】

①检验尸伤：按照法律规定的尸体检验程序和格式检验尸体的伤情。《大明会典》卷一百七十八刑部的"检尸"条记载，洪武元年刊印检尸图式，规定了尸体检验的各种具体问题。

②牒：官府上下移送的公文。

③尸变：尸体因为自然或者人为原因而发生的变化。

④符同尸状：私下交换核对了彼此对尸体状态的看法，并约定保持一致意见，共同隐瞒尸体的真实状况。符同，私下里串通交换信息同意说辞。

⑤致死根因：导致死亡的致命原因。

⑥仵（wǔ）作行人：专门从事尸体检验的职业人员。仵作，旧时官府中检验死伤的差役。

【译文】

凡是检验尸体的伤，如果官方的文书已经送到却借口不立即进行检验，导致尸体发生变化，以及没有亲自到场监督检查，转而委托吏卒代替自己到场，如果初检和复检的官吏见面，私下沟通交换自己所检验的尸体状态以及不用心检验，改变尸体上的轻伤重伤、增减尸体上的伤口不如实记录、确定致死原因不明晰的，直接负责的官员处刑杖六十，具体负责事务的首领官处刑杖七十，吏典处刑杖八十。仵作行的人不如实检验,私下沟通交换尸体状态的,同样论罪。由于上述原因而导致犯罪的结果有增加或者减轻的,按照故意出入人罪论罪。如果因为接受他人财物故意不如实检验的,按照故意出入人罪论罪。赃物的价值重的,计算赃物价值依照枉法赃从重论罪。

决罚不如法

凡官司决人不如法者[①],笞四十;因而致死者,杖一百,均征埋葬银一十两。行杖之人,各减一等。不如法,谓应用笞而用杖,应用杖而用讯[②],应决臀而决腰,应决腿而鞭背。其行杖之人,若决不及肤者[③],依验所决之数抵罪[④],并罪坐所由[⑤]。若受财者,计赃,以枉法从重论。若监临之官,因公事于人虚怯去处非法殴打[⑥],及自以大杖或金刃、手足殴人至折伤以上者,减凡斗伤罪二等。至死者,杖一百,徒三年,追埋葬银一十两。其听使下手之人,各减一等,并罪坐所由。谓情不挟私,非拂己事者,如有司官催征钱粮,鞫问公事,提调造作,监督工程,打所属官吏、夫匠之类;及管军官操练军马[⑦],演习武艺,督军征进[⑧],修理城池,打总小旗、军人之类[⑨]。若于人臀腿受刑去处,依法决打,邂逅致死,及自尽者,各勿论。

【注释】

①决人:对犯罪人实际执行判决的刑罚。

②讯:拷讯,对犯人使用法定的笞、杖、劳役等刑罚执行方式之外的刑讯方法。

③不及肤:没有触及皮肤身体。

④依验所决之数：在应该执行刑罚时由于没有触及皮肤身体，而导致刑罚没有实际执行的数额。

⑤罪坐所由：不按照法律规定的方式实际执行刑罚，构成了本条前一款所规定的犯罪，如果还有其他原因，如本条后面几款规定的受贿、挟私之类的理由而构成故意出入人罪的情形，不同的理由构成不同的犯罪，需要用不同的犯罪规则定罪量刑，因而罪坐所由。

⑥虚怯：身体因积累亏虚。此指身体虚弱处。

⑦管军官：军队中有直接管理军事权的军官，针对军队中后勤服务之类的官吏。操练军马：军事操练，包括对人员和骑兵作战之类军事操练的总称。

⑧征进：军队出征行进。

⑨总小旗：明代卫所制度中，百户所下辖两个总旗为总小旗，每个总小旗下辖五个小旗共五十五人，总小旗长官一人，共五十六人。

【译文】

凡是司法官不按照法律规定的方式执行判决书的刑罚，处刑笞四十；因此而导致死亡的，处刑杖一百，参与的人员都缴纳埋葬银十两。执行杖刑的人，每人都减刑一等。不按照法律规定，指应当用笞刑的刑具却用了杖执行，应该用杖而用了其他刑具拷讯，执行笞、杖刑应该打在臀部却打在腰部，用鞭刑的时候应该打在腿部却打在背部。执行杖刑的人，如果执行的时候没有触及皮肤，查验后按照所执行的数目抵罪，并按照犯罪的缘由论罪。如果接受了财物的，计算赃物的价值，按照枉法赃的罪名从重论罪。如果是负有监临职责的官员，因为公事在当事人身体虚弱的地方非法殴打当事人，以及自己用大杖或者带有利刃的金属器物、手脚打人造成折肢伤以上的伤情，比照一般人之间的斗殴致伤的罪行减二等论罪量刑。造成死亡的，处刑杖一百，徒三年，追缴埋葬银十两。受到他人指使动手伤人的，各自减一等处刑，并对由其行为造成的犯罪定罪量刑。指不存在夹带私人恩怨，与自己的事情无关的，例如有关机构的官员催收征缴纳税的钱粮，审问公事，被委派负责制作物品，监督工程建造，殴打自己所管的官吏、工匠之类；以及负有军队管理职责的军队官吏操练军队，演习武艺，督军在军队出征行军中监督，修理城池，殴打总小旗、军人之类的行为。如果在当事人的臀部和腿部应当受刑的部位，按照法律规定的方式执行，恰巧引发当事人已经存在的疾病导致死亡，以及自杀的，各种情形都不论罪。

长官使人有犯

凡在外各衙门长官及出使人员，于所在去处有犯者[①]，所部属官等，不得辄便推问[②]，皆须申覆上司区处[③]。若犯死罪，收管听候回报[④]。所掌印信、锁钥，发付次官收掌[⑤]。若无长官，次官掌印者，亦同长官。违者，笞四十。

【注释】

①所在去处：衙门所在的地方。

②辄便：当时就地进行。

③申覆：向上级申请并等待上级的回复。区处：对事务做出处理。

④收管：把当事人收监羁押并看管起来。

⑤次官：长官的下一级官员。

【译文】

凡是在京城之外各衙门的长官以及出使地方的人员，官员在自己履行职责的地方犯罪的，长官或者出使人员所管辖的属官，不得当时就地审问长官或使者，都必须向上级申请等待回复如何处理。如果当事人所犯的是死罪，把当事人先收押看管起来等候回报。长官或者使者所掌管的印章凭证、钥匙，交给长官的下一级官员掌管。如果该衙门没有长官，下一级掌印的官员，与长官犯罪的处理方法相同。违反法律规定的，处刑笞四十。

断罪引律令

凡断罪皆须具引律令，违者，笞三十。若数事共条[①]，止引所犯罪者，听。其特旨断罪[②]，临时处治不为定律者[③]，不得引比为律[④]。若辄引比，致罪有出入者，以故失论。

【注释】

①数事共条：在同一个法律条文中规定了数种不同的犯罪情形并分别做出处理的。

②特旨断罪：皇帝有最高司法权，可以针对特殊案件发布圣旨对犯罪做出裁判，这种判决只针对该事项，是特殊事务的特殊处理，不能作为一般案件的处理规则，不具有普遍性。

③临时处治：对特殊事件临时做出的处理，是灵活性的具体规则，不是稳定的处理事务的规则，不可以在其他事件中作为处理的准则。定律：已经确定为律典中的法律条文。

④引比：引用特殊规则作为当前发生案件的参照，比照做出裁决。

【译文】

凡是判决犯罪都必须具体引用律文或者令，违反规定的，处刑笞三十。如果同一个法律条文中规定了数种不同的犯罪情形，只引用本案犯罪情形的部分条文，此种情形是允许的。如果是皇帝针对特殊的事情专门发布圣旨对犯罪做出裁决，临时对案件做出的处理没有确定为法律条文的，不许作为比照引用的法律规定。如果随便引用，导致犯罪的定罪量刑有不符合法律规定的，按照故意或者过失犯罪定罪量刑。

狱囚取服辩

凡狱囚徒、流、死罪，各唤囚及其家属，具告所断罪名，仍取囚服辩文状[1]。若不服者，听其自理，更为详审。违者，徒、流罪，笞四十；死罪，杖六十。其囚家属在三百里之外，止取囚服辩文状，不在具告家属罪名之限。

【注释】

①服辩：认罪供状，认罪文据。文状：字据，供状。

【译文】

凡是监狱在押囚犯判决了徒刑、流放刑、死刑的罪名，各种情形都要传唤囚犯和他们的家属，完整准确地告知他们判决书中判决的罪名，之后获取囚犯服罪供状。如果不服罪的，允许他们自行申辩，再次详细地审判。违反规定的，囚犯所犯的是徒罪、流罪的，处刑笞四十；囚犯所犯是死罪的，处刑杖六十。囚犯的家属距离宣告罪状的地方在三百里之外的，只需要告知囚犯并取得囚犯认罪供状，不在完整准确告知家属囚犯罪名的要求范围之内。

赦前断罪不当

凡赦前处断刑名[1]，罪有不当，若处轻为重者，当改正从轻；处重为轻，其常赦所不免者[2]，依律贴断[3]。若官吏故出入者，虽会赦[4]，并不原宥[5]。

【注释】

①赦：皇帝针对特殊事项发布的赦免命令，对规定的犯罪行为进行赦免，可以免除刑罚处罚。处断刑名：司法机构审理案件对刑事案件做出处理。

②常赦所不免：常规的赦免令对犯罪做出概括性免责的，法律对特

殊犯罪做出不能适用赦免令的规定，此类情况，法律有明确的特别规定，如果赦免的话需要使用专门的特别规定。

③贴断：审理案件做出判决。

④会赦：遇到赦免的情况。

⑤原宥（yòu）：原谅犯罪行为宥免罪责，即免罪免责。

【译文】

凡是在国家发布赦免命令之前处理判决的刑事案件，定罪有不恰当的情况，如果把轻罪裁决为重罪，应当改正按照轻罪处理；把重罪裁决为轻罪的，对于不适用常规赦免的，按照法律规定判决。如果官吏在判决中故意出入人罪的，虽然遇到赦免，也不适用宽恕免罪。

闻有恩赦而故犯

凡闻知有恩赦而故犯罪者[①]，加常犯一等，虽会赦，并不原宥。若官司闻知有恩赦而故论决囚罪者[②]，以故入人罪论[③]。

【注释】

①恩赦：皇帝的赦免令被认为是一种恩惠。

②论决囚罪：对囚犯的罪行在赦免令发布前进行审理并判决防止罪犯被免罪，对已经判决的囚犯如果遇到赦免可能不会再实际执行，在赦免令发布前实际执行。

③故入人罪：明知可能发布赦免令犯罪会被赦免，故意审理判决并执行是把可能不必再受刑罚处罚的人纳入刑罚中，符合入罪的含义，因而按照入罪论罪。

【译文】

凡是听说要发布赦免令而故意犯罪的，比照一般的犯罪加一等论罪，虽然遇到了赦免，也不宽恕免罪。如果官府听说要发布赦免令而故意判决执行囚犯的罪和刑罚,按照故意入罪论罪。

徒囚不应役

凡盐场、铁冶拘役徒囚[①],应入役而不入役,及徒囚因病给假,病已痊可,不令计日贴役者[②],过三日笞二十,每三日加一等,罪止杖一百。若徒囚年限未满,监守之人故纵逃回,及容令雇人代替者,照依囚人应役月日,抵数徒役[③],并罪坐所由。受财者,计赃以枉法从重论,仍拘徒囚,依律论罪贴役。

【注释】

①铁冶拘役徒囚:在炼铁的场所拘禁囚徒。明代刑罚可以折罚,用煎盐、炒铁代替其他刑罚。此指在炼铁厂承担炼铁的劳役。

②贴役:补足应当服劳役的日期。

③抵数徒役:囚徒逃走或者雇人服役期间缺失的日期,抵充在囚徒应当服劳役的日期内。

【译文】

凡是在盐场、炼铁场拘禁服役的囚徒,应当纳入劳役的范围而不列入,以及囚徒因为生病请假获得批准,疾病已经痊愈,没有及时让请假的囚徒把病假期间的日期补足的,每超过三天处以笞二十的刑罚,每三天处刑加一等,最高处刑杖一百。如果囚徒的服刑期限没满,负责看守囚徒的人故意放纵囚徒逃回的,以及容忍囚徒雇人代替服劳役的,按照囚徒应当服役的期限,把缺失的劳役日期补足,并把所有参与犯罪的人按照各自犯罪的缘由定罪量刑。接受财物的,计算所接受的赃物价值按照枉法赃从重论罪,仍然把逃避劳役的囚徒抓捕回来,按照法律规定定罪量刑并补足应当服役的期限。

妇人犯罪

凡妇人犯罪，除犯奸及死罪收禁外[①]，其余杂犯[②]，责付本夫收管。如无夫者，责付有服亲属、邻里保管，随衙听候，不许一概监禁。违者，笞四十。若妇人怀孕，犯罪应拷决者，依上保管，皆待产后一百日拷决。若未产而拷决因而堕胎者，官吏减凡斗伤罪三等；致死者，杖一百，徒三年；产限未满而拷决者[③]，减一等。若犯死罪，听令稳婆入禁看视[④]，亦听产后百日乃行刑。未产而决者，杖八十；产讫限未满而决者，杖七十；其过限不决者，杖六十。失者，各减三等。

【注释】

①收禁：把犯罪嫌疑人抓捕到监狱中关押。

②杂犯：其他轻罪。

③产限：产后一百天的期限。

④稳婆：接生婆。

【译文】

凡是妇女犯罪，除了犯奸淫罪以及死罪需要收监关押外，其余的杂犯轻罪，交给妇女的丈夫接收管理。如果没有丈夫的，要求五服之内的亲属、邻居取保接受管理，随时听候衙门传唤，不许一律收到监狱中关押。违反法律规定的，处以笞四十的刑罚。如果妇女怀孕了，犯罪人应当使用刑讯的，依照上述规定取保接管，都需要等到产后一百天再刑讯。如果孕妇的孩子还没有出生就刑讯因此导致堕胎的，参与刑讯的官吏比照一般人之间的斗殴伤减三等处刑；导致孕妇死亡的，处刑杖一百，徒三年；产后未满一百天而使用刑讯的，减一等处刑。如果妇女犯了死罪，允许稳婆到监狱中查看，也是允许产后百日后才能行刑。没有生孩子而使用刑讯的，处刑杖八十；如果已经生了孩子期限未满而使用刑讯的，处刑杖七十；如果超过期限没有刑讯的，处刑杖六十。过失导致的，各自减三等处刑。

死囚覆奏待报

凡死罪囚不待覆奏回报而辄处决者[①]，杖八十。若已覆奏回报，应决者听三日乃行刑[②]。若限未满而行刑及过限不行刑者，各杖六十。若立春以后、秋分以前决死刑者[③]，杖八十。其犯十恶之罪应死，及强盗者，虽决不待时[④]，若于禁刑日而决者[⑤]，笞四十。

【注释】

①覆奏：死罪囚犯在执行死刑前再次奏报给皇帝请示是否执行死刑，得到批准才能执行死刑。

②决：执行死刑。

③立春以后、秋分以前决死刑：明代法律规定若非特殊情况需要立即执行死刑的，一般情况下，执行死刑需要在秋分以后立春之前，即在秋冬，因此本条有此规定。

④决不待时：不需要等到法律规定的执行期限而执行死刑。

⑤禁刑日：不允许执行死刑的日期。

【译文】

凡是把判决死刑的囚徒不等待覆奏回报就立即处以死刑的，处刑杖八十。如果已经覆奏并得到皇帝的批准，应当处死刑的要三天后才执行，如果期限没有满三天而行刑以及超过三天期限不执行死刑的，各自处刑杖六十。如果立春以后、秋分以前执行死刑的，处刑杖八十。如果囚徒犯十恶之罪应当处死刑，以及犯强盗罪的，虽然所犯的罪是立即执行不须等到秋冬的，如果是在禁刑日执行死刑的，处以笞四十的刑罚。

断罪不当

凡断罪应决配而收赎[①]，应收赎而决配，各依出入人罪，减故失一等[②]。若应绞而斩，应斩而绞者，杖六十；失者，减三等。其已处决讫，别加残毁死尸者，笞五十。若反逆缘坐人口[③]，应入官而放免及非应入官而入官者[④]，各以出入人流罪故失论[⑤]。

【注释】

①决配：实际执行笞杖刑、徒刑和流放刑。

②减故失一等：故意或者过失导致出人罪或者入人罪，论罪的时候按照故意过失出入人罪应该处的刑罚减一等处刑。

③反逆缘坐人口：犯谋反、谋叛、谋大逆之类的罪名，其家中人口须连坐，本条规定的是这些被连坐的人口是否入官的处理方式。

④入官：犯罪人家属被处没收为官奴婢。放免：被释放并免除罪责。

⑤出入人流罪：司法官出入人罪所涉及的犯罪是可以处流放刑的罪名。故失论：故意或者过失导致出入人罪达到流罪的情形。

【译文】

凡是审判犯罪应该实际执行却采用了赎刑，应该采用赎刑却实际执行，各种情形都依照出入人罪的罪名，按照故意或者过失出入人罪减一等论罪。如果应该处绞刑而处斩刑，应该处斩刑而处绞刑，处刑杖六十；过失导致前述情形的，减三等处刑。对于已经处决的，另外对尸体进行了残伤毁坏的，处刑笞五十。如果是涉及因为反逆连坐的人口，应当没收入官府而放他们离开免除罪责以及不应该没收入官而没收入官的，各种情形都按照出入人流罪的罪名，属于故意的按故意论罪，属于过失的按过失论罪。

吏典代写招草

凡诸衙门鞫问刑名等项[1]，若吏典人等[2]，为人改写及代写招草[3]，增减情节，致罪有出入者[4]，以故出入人罪论。若犯人果不识字，许令不干碍之人代写[5]。

【注释】

①鞫问刑名等项：审理案件确定案件所涉及的罪名和刑罚，审理的案件包括民事、行政、经济和刑事等各种案件，并非仅限于刑事案件。

②吏典：有机会了解或者参与案件审理的人员。

③招草：案件当事人招供、提供相应案件事实和证据的文书草稿文案，在没有当事人签字确认之前仅仅是草稿文案。

④罪有出入：犯罪和审理之后确定的罪名之间有不一致之处。

⑤不干碍：与案件当事人或者其他相关人员没有关系，不会影响到案件处理的公正性，能够保持客观公正。

【译文】

凡是各个衙门审理案件确定罪名刑罚等事项，如果吏典等人，帮助他人改写以及代写招认的文稿，增加或者减少案件情节，导致犯罪事实在审理中有出入的，按照故意出入人罪的情况论罪。如果犯人确实不识字，允许让与案件不相干的人代写招供文稿。

卷第二十九　工律一　营造计九条

【题解】

工律是有关工程制造方面犯罪的规定。六部中工部负责的事务适用相关法律汇集编纂为独立的篇章。明代之前工程建造方面的法律规定分散在职制、擅兴、诈伪等篇目中,明代把分散在各个篇目中的规定集中起来,规定在工律中,由此出现工律。

《周礼》中冬官司空负责营造,原书缺失的《冬官》部分用《考工记》代替。从《考工记》可以看到对营造程序、质量、形制等技术问题的精细规定。秦律有"工律",涉及生产制造的相关事宜。唐律有关营造的规定分散在不同篇目中。宋代李诫的《营造法式》虽然不是法律文件,它所体现的营造技术传承和创新达到了中国古代建筑史上的一个高度。元代营造规则开始成为独立的法律类别,明律在此基础上总结划分出营造和河防两个门类。明代营造规定国家工程建造和官物的制造,包括制作标准、安全管理、制作方式和期限等方面,把营造技术标准和法律结合起来。

中国古代社会中建筑和器物的使用与身份等级相关,在营造门中也体现了这种思想:建筑和器物营造的规格要与使用人的身份相匹配,越是身份高的人,居住的房屋、使用的器物规格越高,使用的材料越珍贵,制作得也越精细精美。御用物品就是典型的代表,它由专门机构中工艺技术高超的工匠使用最好的材料制作而成。从皇帝往下,每一级贵族和官僚依照身份等级,使用不同规格的建筑物和器物,整个社会的等级形象化、物化,成为等级社会的特征之一。皇帝居住的宫殿、埋葬的陵墓、使用的衣服车马、日用器物等的规格有明确的法律规定,不允许僭越使用,一旦越级使用,会被认为是对皇权的冒犯,会被处以重刑。营造门的“造作不如法”“织造违禁龙凤文缎匹”就体现了这种立法思想,名例、礼律中的相关规定也与之相呼应。对于纹样的管理也是出于对皇家身份的特殊保护,纹样限制并非基于实用和审美的需求,而是为了维护纹样所代表的使用者的身份和权力。

擅造作

凡军民官司,有所营造①,应申上而不申上,应待报而不待报,而擅起差人工者②,各计所役人雇工钱③,坐赃论。若非法营造,及非时起差人工营造者④,罪亦如之。其城垣坍倒⑤,仓库公廨损坏⑥,一时起差丁夫军人修理者⑦,不在此限。若营造计料、申请财物及人工多少不实者,笞五十。若已损财物,或已费人工⑧,各并计所损物价,及所费雇工钱,重者,坐赃论。

【注释】

①营造:建造,营建。

②起差人工:发起差役要求有差役义务的人口承担劳作。差,是国家法定的要求民众承担一定量的国家公共事务的义务,通常规定承担劳作的人工为成年男子,称为丁夫。

③役:役使,承担体力劳动。雇工钱:雇佣劳动者付出的报酬。

④非时起差：没有按照规定的时间发起差役。国家规定的差役一般要求在农闲时间进行，如果打破一般的时间规定，称为非时。

⑤城垣（yuán）：城墙。坍（tān）倒：倒塌。坍，倒塌，崩坏。

⑥公廨：官员办公的场所，公署建筑。

⑦一时：当时，临时。军人也可以在特殊情况下承担紧急的公共建造。

⑧已费人工：已经使用的人工以及为此而支出的雇工钱。

【译文】

凡是军人、平民、官吏，需要建造时，应该申请上级而不申请的，应该等待报告答复而不等待答复，就擅自发起招募人工的，各种情形都计算所役使的人数支付的雇佣工钱，按照坐赃论罪。如果非法建造，以及在不允许建造的时间内招募人工建造的，同样论罪。城墙倒塌，仓库、官署损坏，需要立即招募丁夫和军人修理的，不受本条规定限制。如果建造时统计使用的材料、申请的财物以及人工的数量不符合实情存在造假的，处刑笞五十。如果已经损坏财物，或者已经浪费了人工，各种情形下都合并计算损失物料的价值，以及花费的雇佣工人的工钱，与本条规定的罪名相比价值更重的情形，按照坐赃论罪。

虚费工力采取不堪用

凡役使人工，采取木石材料[①]，及烧造砖瓦之类，虚费工力而不堪用者[②]，计所费雇工钱，坐赃论。若有所造作[③]，及有所毁坏[④]，备虑不谨而误杀人者[⑤]，以过失杀人论。工匠、提调官，各以所由为罪[⑥]。

【注释】

①采取木石材料:采石伐木之类的劳动以获取物料。

②不堪用:物品没有达到使用标准,无法使用。

③有所造作:进行建造建筑物或者制作器物的活动。造作,建造建筑物,制作器物。

④有所毁坏:在役使人工进行采挖原材料或者制作物品之类的过程中需要进行对原有存在物的拆除毁掉,如采石过程中除掉浮土、乱石之类,拆除房屋、墙垣之类。

⑤备虑:思虑做出周密计划。

⑥工匠、提调官,各以所由为罪:工匠按照制作、毁坏过程中具体造成致人死亡的行为,按照工匠的行为承担责任,提调官按照自己的工作职责或者承担的其他工作有误导致他人死亡的,按照具体承担的工作承担责任,如对需要拆毁房屋的情况考察不细致,贸然开工导致房屋倒塌致人死亡,承担设计施工管理者的责任。

【译文】

凡是使用有差役义务的人工承担劳作,采挖木头、石头之类的材料,以及烧制砖瓦之类,浪费了人工但是生产的物品不合格无法使用的,计算所浪费的雇工钱,按照坐赃论罪。如果在制作,以及拆除建筑之类时,考虑不周到而导致误杀人的情况,按照过失杀人论罪。工匠、调度工作的官员,各自按照在犯罪中所承担的具体职责和行动承担罪责。

造作不如法

凡造作不如法者①,笞四十。若成造军器不如法②,及织造缎匹粗糙、纰薄者③,各笞五十。若不堪用及应改造者④,各并计所损财物及所费雇工钱,重者,坐赃论。其应供奉御用之物，加二等；工匠各以所由为罪，局官减工匠一等[⑤]。提调官吏，又减局官一等，并均偿物价、工钱还官。

【注释】

①造作不如法：不按照法律规定制作。明代各种物品的制作程序和原材料数量、重量、质量、颜色、存储、运输、保存之类都有详细的法律规定，必须按照法律规定的程序和要求制作，否则即为不如法。

②成造军器：制作武器的零部件并组装成完整的武器。

③缎匹：丝织品的计量方式。纰（pī）薄：丝织品经线纬线单薄不均匀，纺织成品单薄有纰漏瑕疵。

④改造：器物局部不合格重新加工，如油漆不匀，重新改色之类。

⑤局官：专门负责造作的机构一般称为局，如织造局，局的长官为局官。

【译文】

凡是没有按照法律规定建造建筑物或者制作器物之类，处刑笞四十。如果制造武器不符合法律规定，以及纺织绸缎之类的织物粗糙、单薄有瑕疵的，各参与制作的人处刑笞五十。如果制作出来的物品不合格无法使用以及应该重新加工的，各种情形合并计算损失的财物和工钱，损失钱财严重的，按照坐赃论罪。应该供给皇帝使用的物品，处刑加二等；工匠按照各违反法律的原因论罪，有管理职责的局官比照工匠的刑罚减一等。临时委派参与造作的官员，比照局官的处罚再减一等，都合并计算赔偿所损失物的价钱、工钱给官府。

冒破物料

凡造作局院头目、工匠[①]，多破物料入己者[②]，计赃，以监守自盗论，追物还官。局官并覆实官吏[③]，知情符同者，与同罪；失觉察者，减三等，罪止杖一百。

【注释】

①造作局院：负责制造物品的局或者院。头目：直接负责制造事务的管理人。

②破：制造物品之前可以按照法律规定领取相关物料，申领程序为破。

③覆实官吏：审核复查的官吏。

【译文】

凡是造作局院具体负责织造的官吏、工匠，多领原材料占为己有的，计算赃物价值，按照监守自盗的罪名论罪，材料追回归官府。造作局的官员和审核复查的官吏，知情而共同参与的，同样论罪；没有察觉到的，减三等处刑，最高处刑杖一百。

带造缎匹

凡监临主守官吏，将自己物料[①]，辄于官局带造缎匹者[②]，杖六十，缎匹入官；工匠笞五十。局官知而不举者，与同罪；失觉察者，减三等。

【注释】

①自己物料：私人所有的材料。

②带造：在官府进行制造的过程中把自己的原材料放在其中附带制造。

【译文】

凡监临主守官吏，把自己的材料，私自在官府的制造机构制造丝织品的，处刑杖六十，制成的丝织品归官府所有；参与制造的工匠处刑笞五十。制造局的官吏知情不举报的，同样论罪；没有察觉到的，减三等处刑。

织造违禁龙凤文缎匹

凡民间织造违禁龙凤文纻丝、纱罗货卖者[①]，杖一百，缎匹入官。机户及挑花、挽花工匠同罪[②]。连当房家小[③]，起发赴京，籍充局匠[④]。

【注释】

①违禁龙凤文：违反法律的规定制作龙凤花纹的纺织品。明代法律规定龙凤花纹是皇帝或者宗室高层专用花纹，由专门的制作机构负责制造，其他人未经允许制造龙凤花纹是违反禁令的犯罪行为。纻（zhù）丝：采用苎麻和蚕丝制作的纺织品。

②机户：有纺织机器专门从事纺织的人家。挑花、挽花：制造纺织品花纹的专用技术术语。

③当房家小：儿子成家后连同自己的妻子、孩子以及后代称为一房，当房是指自己的妻子、孩子和直系亲属，不包括兄弟繁衍的旁系亲属。

④籍充局匠：工人的户籍从自由手工业者，改为国家管理的制造局的工匠。

【译文】

凡是民间制造纺织品违反法律规定制作了龙凤花纹的纻丝、纱罗出售的，处刑杖一百，纺织品归官府。参与制造的机户以及挑花、挽花的工匠同罪。组织制造和参与的人员连同他们自己所在的一房的人口，押送到京城，户籍改为制造局的匠籍。

造作过限

凡各处额造常课缎匹、军器[1]，过限不纳齐足者，以十分为率[2]，一分工匠笞二十，每一分加一等，罪止笞五十；局官减工匠一等；提调官吏又减局官一等。若不依期计拨物料者[3]，局官笞四十，提调官吏减一等。

【注释】

①额造：法律规定制造器物的数量。

②十分为率：把法律规定的全部数额作为十等分，按照等分的比例作为处罚的标准。

③依期计拨物料：按照预先计划好的制造过程中需要原材料的进度拨付相关的原材料。

【译文】

凡是各地有法律规定数额的制造纺织物、武器义务，超过期限还没有足额缴纳的，把全部数额作为十分，不足的部分达到一分参与制造的工匠处刑笞二十，每增加一分处刑加一等，最高处刑笞五十；制造局的官员处刑比照工匠减一等；提调官比照局官再减一等。如果没有按照期限的计划拨付原材料的，局官处刑笞四十，提调官吏处刑减一等。

修理仓库

凡各处公廨、仓库、局院系官房舍，但有损坏，当该官吏随即移文有司修理[1]。违者，笞四十。若因而损坏官物者[2]，依律科罪，陪偿所损之物。若已移文有司而失误者，罪坐有司[3]。

【注释】

①移文：机构之间移送文书处理事务。有司：具体负责修理营造的机构。

②因而损坏官物：按照规定一旦房屋发生毁损应该立即发文书告知修理建造机构，如果因为没有及时通知修理，导致损坏的房屋进一步倒塌损毁房屋内的物品，或者因为房屋损害而导致其中的物品被损坏遗失之类，管理房屋的机构需要承担物品损毁责任。

③若已移文有司而失误者，罪坐有司：负责修理的机构接收到通知修理的公文，但是因为工作失误没有及时修理，导致上述因为没有及时修理而造成的进一步的物品损坏，由修理机构承担责任。

【译文】

凡是各地的官署、仓库、局院属于官府所有的房屋院落，只要有损坏，负责管理的官吏随即移送文书给有关机构进行修理。违反法律规定的，处刑笞四十。如果因为房屋损坏和修理不及时而造成损坏官物，依照法律规定论罪，并赔偿损坏的物品。如果已经移送了有关机构但是有关机构失误造成损坏的，有关机构承担罪责。

有司官吏不住公廨

凡有司官吏不住公廨内官房[①]，而住街市民房者[②]，杖八十。若埋没公用器物者[③]，以毁失官物论。

【注释】

①不住公廨内官房：明代法律规定官员在任职期间需要居住在办公的公署或者官方提供的房屋中，办公的公署前面办公，后面是居住区域，提供给官员和家属居住。

②民房：民众私人所有的房屋。

③埋没公用器物：公署或官房中提供给官员使用的器物非正常使用而毁坏或遗失。如果是正常使用导致的合理破损不计入损毁官物中，如长期使用的家具磨损、腐朽之类。

【译文】

凡是有关国家机构中承担国家行政职务的官员不居住在公署和官方提供的房屋，而是居住在街市中的民房的，处刑杖八十。如果损坏遗失公用物品的，按照毁坏遗失官物论罪。

卷第三十　工律二　河防计四条

【题解】

水利是农耕文明的命脉，大禹治水传说在中华文明起源中的意义不言而喻。国家产生后，设立机构管理水利，制定法律维护水利工程和管理制度运行。西周的《周礼》中对河川管理和水利有较为详细的规定，司马下属司险掌管九州地图，以遍知各州的山林、川泽的险阻，而开通其间的道路。在国都郊野之地设置五沟和五涂种植树木，作为阻固；司徒下属稻人负责在泽地种植稻谷，“以潴畜水，以防止水，以沟荡水，以遂均水，以列舍水，以浍写水”；司寇下属萍氏“掌国之水禁”，负责管理河道，禁止在河川中游泳以防意外；冬官考工记下属匠人负责修建城郭和按照标准尺寸修建井田中的灌溉渠道。

秦代法律对水利的细致规定体现了“凡事皆有法式”的精细化立法思想，《田律》规定记录并及时处理雨水对田地的影响，不许随意阻塞水道。曹魏时期尚书省设有水部，专门负责水利管理。隋朝开始，水部归属工部，此后有关水利工程建设管理的事务归于工部。唐代敦煌文书有《水部式》残卷，是目前所见最早的水利专门法律。《大明律》在工律下分列营造、河防中的违法犯罪问题，河防门还规定了道路、桥梁修建的问题，乃至街道市容整洁的问题，虽然琐碎，但也体现了明代法律关注基层民众生活的特色。

盗决河防

凡盗决河防者[①],杖一百。盗决圩岸、陂塘者[②],杖八十。若毁害人家及漂失财物,渰没田禾[③],计物价重者,坐赃论。因而杀伤人者,各减斗杀、伤罪一等。若故决河防者[④],杖一百,徒三年。故决圩岸、陂塘,减二等,漂失赃重者,准窃盗论,免刺[⑤]。因而杀伤人者,以故杀伤论。

【注释】

①盗决河防:河道有堤岸防护,此指为了取水偷偷挖开堤坝毁坏河堤防护功能。

②圩(wéi)岸、陂(bēi)塘:小的河道或者大河的分支河道修建的小型堤坝为圩岸,陂塘即池塘。

③渰(yǎn)没田禾:淹没长着庄稼的田地。本款规定的损坏不止土地还包括土地上的植物的价值。渰,通“淹”,淹没。

④故决河防:故意毁掉挖开河道的防护堤坝,其目的不在于偷水而是毁坏河防公共设施,存在损害公共设施故意造成他人损害的目的,因此与上一款的盗决不同。

⑤免刺:本款使用了窃盗罪作为论罪的参照罪名,窃盗罪需要在一般刑罚之外刺字,本条特别指出不用刺字。

【译文】

凡是擅自开挖河堤取水的,处刑杖一百。擅自开挖圩岸、池塘堤岸的,处刑杖八十。如果因此而导致毁坏他人的房屋以及财物漂走,淹没长着庄稼的田地,计算所毁坏的财物价值高的,按照坐赃论罪。因此而导致他人死亡或者受伤,各种情形按照斗杀、斗殴伤害罪减一等论罪。如果是故意决堤毁掉河道的防护堤坝的,处刑杖一百,徒三年。故意毁坏圩岸、池塘堤坝，减二等处刑，漂走的财物价值高的，可以准照窃盗论罪，免于刺字。因而导致他人死亡受伤的，按照故意杀人、伤人论罪。

失时不修堤防

凡不修河防及修而失时者①，提调官吏各笞五十。若毁害人家、漂失财物者，杖六十。因而致伤人命者，杖八十。若不修圩岸及修而失时者，笞三十。因而渰没田禾者，笞五十。其暴水连雨②，损坏堤防，非人力所制者③，勿论。

【注释】

①不修河防：没有按照规定修理河堤防护。修而失时：按照法律规定修理了河道的堤防，但是没有按照法律规定的时间修理。按照明代法律规定，重要的河道必须按时巡察并在发现问题时及时修理。

②暴水连雨：洪水暴发可能会溢出或者冲毁河堤，连续下雨可能导致河水暴涨毁坏堤防。

③非人力所制：不是人为的原因导致的河道毁坏、山洪暴发或者连续下雨，可以作为免责的理由，但是如果洪水暴发是人为造成，比如上游故意决堤、改河道之类，造成下游洪水暴发，不属于免责的范围。

【译文】

凡是没有修理河道的防护堤坝以及没有按时修理的，负责修理河道防护的提调官吏各处刑笞五十。如果因为没有及时修理河防导致毁损居民房屋、淹没漂走财物的，处刑杖六十。因此而导致他人受伤死亡的，处刑杖八十。如果没有修理圩岸以及没有及时修理的，处刑笞三十。因为没有修理或者没有及时修理堤防而导致淹没了土地庄稼的，处刑笞五十。如果是因为暴发洪水或连续下雨涨水，损坏堤防，不是人为因素造成的，不论罪。

侵占街道

凡侵占街巷道路而起盖房屋及为园圃者[①]，杖六十，各令复旧[②]。其穿墙而出秽污之物于街巷者[③]，笞四十。出水者[④]，勿论。

【注释】

①侵占街巷：非法占据公共的街道和巷子。园圃：花园和菜圃。

②复旧：因为侵占街道巷子为自己家的房屋园圃之类，改变了街道和巷子作为公共道路的状态，需要按照法律规定恢复到街道巷子原来的样子。

③秽污之物：生活垃圾、污水粪便之类，排放污秽之物到街巷影响公共环境。

④出水：自然排水，如雨水、原有的河道溪流流经自己家从庭院流出去。

【译文】

凡是侵占街道巷子道路而修建房屋以及作为庭院菜圃的，处刑杖六十，各种情形都要恢复原状。在墙上打洞把自家的脏污垃圾排放到街道或者巷子的，处刑笞四十。如果是从墙洞里流出水的，不论罪。

修理桥梁道路

凡桥梁道路，府、州、县佐贰官、提调，于农隙之时，常加点视修理，务要坚完平坦[①]。若损坏、失于修理、阻碍经行者[②],提调官吏笞三十。若津渡之处[③],应造桥梁而不造、应置渡船而不置者[④],笞四十。

【注释】

①坚完平坦:桥梁坚固完整,道路平坦能够顺利通行。

②经行:桥梁道路正常通行。

③津渡:码头渡口。将河流平顺适合渡河、停靠的位置修建成码头供人们停靠、渡河。

④应置渡船:明代国家在不能徒步过河的河道上选择适合渡河的位置设置渡口,提供船只和船夫便于人们渡河,这也是属于国家的交通设施。

【译文】

凡是桥梁道路,地方府、州、县的佐贰官、提调官,在农闲时期,经常检查增加巡察次数发现问题及时修理,必须做到坚固完整平坦。如果损坏、没有及时修理、妨碍通行的,负责巡察修理的提调官吏处笞刑三十。如果河流的渡口码头,应该造桥梁而不修造、应该设置渡船而不设置的,处刑笞四十。

附图

五刑之图①

笞刑五

一十　二十　三十　四十　五十

笞者谓人有轻罪，用小荆杖决打④。自一十至五十为五等，每一十下为一等加减。

杖刑五

六十　七十　八十　九十　一百

杖者谓人犯罪，用大荆杖决打。自六十至一百为五等，亦每一十下为一等加减。

徒刑五

一年杖六十　一年半杖七十　二年杖八十　二年半杖九十　三年杖一百

徒者谓人犯罪稍重，拘收在官，煎盐炒铁，一应用力辛苦之事。自一年至三年为五等，每杖一十及半年为一等加减。

流刑三

二千里杖一百　二千五百里杖一百　三千里杖一百

流者谓人犯重罪，不忍刑杀，流去远方，终身不得回乡。自二千里至三千里为三等，每五百里为一等加减。

死刑二

绞：全其支体

斩：身首异处⑤

刑之极者

迁徙②

谓迁离乡土一千里之外③

狱具之图[6]

笞	大头径二分七厘，小头径一分七厘，长三尺五寸	以小荆条为之。须削去节目[7]，用官降较板[8]，如法较勘[9]。毋令筋胶诸物装钉[10]。应决者，用小头臀受。
杖	大头径三分二厘，小头径二分二厘，长三尺五寸	以大荆条为之。亦须削去节目，用官降较板，如法较勘。毋令筋胶诸物装钉。应决者，用小头臀受。
讯杖[11]	大头径四分五厘，小头径三分五厘，长三尺五寸	以荆杖为之。其犯重罪，赃证明白[12]，不服招承[13]，明立文案[14]，依法拷讯。臀腿受。
枷	长五尺五寸，头阔一尺五寸	以干木为之[15]。死罪重二十五斤，徒流重二十斤，杖罪重一十五斤，长短轻重，刻志其上[16]。
杻[17]	长一尺六寸，厚一寸	以干木为之，男子犯死罪者用杻，犯流罪以下及妇人犯死罪者不用。
铁索	长一丈	以铁为之，犯轻罪人用。
镣[18]	连镮共重三斤	以铁为之，犯徒罪者带镣工作。

六赃图⑲

刑		监守盗	常人盗　枉法	窃盗　不枉法	坐赃
笞	二十				一贯以下
	三十				一贯至一十贯
	四十				二十贯
	五十				三十贯
杖	六十			一贯以下	四十贯
	七十		一贯以下	一贯至十贯	五十贯
	八十	一贯以下	一贯至五贯	二十贯	六十贯
	九十	一贯至二贯五百文	一十贯	三十贯	七十贯
	一百	五贯	一十五贯	四十贯	八十贯
徒	一年杖六十	七贯五百文	二十贯	五十贯	一百贯
	一年半杖七十	一十贯	二十五贯	六十贯	二百贯
	二年杖八十	一十二贯五百文	三十贯	七十贯	三百贯
	二年半杖九十	一十五贯	三十五贯	八十贯	四百贯
	三年杖一百	一十七贯五百文	四十贯	九十贯	五百贯
流	二千里杖一百	二十贯	四十五贯	一百贯	
	二千五百里杖一百	二十二贯五百文	五十贯	一百一十贯	
	三千里杖一百	二十五贯	五十五贯	一百二十贯	
⑳杂犯死	绞		八十贯		
	斩	四十贯			

<table>
<tr><td colspan="3">[21]图　总　服　丧</td></tr>
<tr><td></td><td>斩衰
三年</td><td></td></tr>
<tr><td colspan="3">边下缝不，[22]之为布麻粗至用</td></tr>
<tr><td></td><td>齐衰</td><td></td></tr>
<tr><td>五月　三月</td><td>不杖期　亦一年</td><td>三年　杖期　即一年</td></tr>
<tr><td colspan="3">边下缝，之为布麻粗稍用</td></tr>
<tr><td></td><td>大功　九月</td><td></td></tr>
<tr><td colspan="3">[23]之为布熟粗用</td></tr>
<tr><td></td><td>小功　五月</td><td></td></tr>
<tr><td colspan="3">之为布熟粗稍用</td></tr>
<tr><td></td><td>缌麻　三月</td><td></td></tr>
<tr><td colspan="3">[24]之为布熟细稍用</td></tr>
</table>

【注释】

①五刑之图:在图表中列出五等刑罚,可以直观地了解刑种类型。

②迁徙:明代的迁徙包括流放刑和充军刑,流放刑从二千里开始到三千里,充军刑中有发配到边远卫所充军,相距超过一千里的都可以是迁徙。徒刑虽然也发配到盐场、铁场煎盐炒铁,但是一般是就近发配,达不到迁徙的距离。

③乡土:犯罪人生活的故乡所在地。

④荆杖:笞刑和杖刑用的刑具,用竹板或者木板制作,击打犯人背、腿、臀部,不得使用金属或者带有勾刺的材料制作。其中的荆,并不是带刺的荆棘,而是木质的意思。决打:相对于用赎刑交钱代替实际执行的情况,实际执行刑罚称为"决"或者"的决",决打是实际打在罪犯身体上执行笞、杖刑。

⑤身首异处:斩刑执行方式是刽子手砍掉罪犯的头颅,使得头颅和躯体分离在两处。首,即首级,头颅。

⑥狱具之图:审讯和监禁中使用的刑具,在图表中列出,方便读律和用律的人了解刑具的种类和使用场所及条件,正确使用刑具。

⑦削去节目:制作笞、杖用的板子时去掉原本竹子或者木板上存在木节子和木头上的眼洞,使之平滑,防止刑罚执行中对犯罪嫌疑人造成过重损伤。

⑧官降较板:上级官府发给下级官府用来作为标准校对的板子,各地方在制作刑具时需要用较板作为标准,在材质、形状、尺寸、质量等方面与之一致。

⑨如法较勘:按照法律规定的标准和方式校对,保障刑具制作执行标准一致。

⑩毋令筋胶诸物装钉:不要用牛筋、胶水之类的东西装钉刑具。筋,动物的筋腱。胶,粘合用的胶水,古代一般是用动物的皮熬制的。

⑪讯杖:侦查或者审理案件中对犯罪嫌疑人用刑杖打击,获取口供。

古代法律中刑讯是合法的，可以在一定限度内使用刑讯。

⑫赃证：案件中的赃物和证据。赃，非法财物。

⑬不服招承：案件当事人面对侦查和审理中查证的赃物和证据不肯认罪伏法，招供承认犯罪。

⑭明立文案：制定立案文书记载清楚情况存档。

⑮干木：干燥的木头。

⑯刻志：刻写标记用于辨识。

⑰杻：手铐。

⑱镣：脚镣，带在脚上的械具。

⑲六赃图：此图表将六种涉及赃物的犯罪集中列举出来，以便适用法律。六赃指常人盗、窃盗、监守自盗、枉法赃、不枉法赃、坐赃。

⑳杂犯死：杂犯死罪，除了重大犯罪即真犯死罪之外的死罪。明代有专门的条例规定真犯、杂犯死罪的具体罪名。

㉑丧服总图：此为亲属之间表明亲属关系远近的服制等级关系总表。

㉒至粗麻布：制作丧服所用的麻布是用最粗麻线织出来的。

㉓粗熟布：制作丧服的麻衣所用的麻经过沤熟工艺，不同于生坯麻布。

㉔细熟布：用沤熟的细麻线制作精细的丧服。

服正服之图①

父母 齐衰三月			凡姑姊妹女及孙女，在室③，或已嫁被出而归，服并与男子同④。出嫁而无夫与子者⑤，为兄弟姊妹及侄，皆不杖期⑥。	
父母 齐衰五月	族曾祖姑 谓曾祖之姊妹，即太姑婆。在室缌麻，出嫁无服⑦			
母 齐衰不杖期	从祖祖姑 谓祖之亲姊妹，即姑婆 在室小功，出嫁缌麻	族祖姑 谓祖之同堂姊妹，即公之伯叔姊妹。在室缌麻，出嫁无服		
母 三年	姑 谓父之亲姊妹 在室期年，出嫁大功	堂姑 谓父之伯叔姊妹 在室小功，出嫁缌麻	族姑 谓父之再从姊妹，即父同曾祖姊妹。在室缌麻，出嫁无服	
身	姊妹 谓己之亲姊妹 在室期年，出嫁大功	堂姊妹 谓同祖伯叔姊妹 在室大功，出嫁小功	再从姊妹 谓父之伯叔兄弟之女，即同曾祖姊妹。在室小功，出嫁缌麻	族姊妹 谓三从姊妹，即同高祖姊妹 在室缌麻，出嫁无服
众子 期年 众子妇 大功	侄女 谓兄弟之女 在室期年，出嫁大功	堂侄女 谓同祖伯叔兄弟之女 在室小功，出嫁缌麻	再从侄女 谓再从兄弟之女，即同曾祖兄弟之女。在室缌麻，出嫁无服	
众孙 大功 众孙妇 缌麻	侄孙女 谓兄弟之孙女 在室小功，出嫁缌麻	堂侄孙女 谓同祖伯叔兄弟之孙女 在室缌麻，出嫁无服	凡同五世祖族属，在缌麻绝服之外⑨，皆为祖免亲⑩。遇丧葬则服素服⑪，尺布缠头。	
曾孙妇 无服	侄曾孙女 谓兄弟之曾孙女 在室缌麻，出嫁无服			
玄孙妇 无服				

五族九宗本				
高祖 即太太公婆			凡嫡孙父卒，为祖父母承重②，服斩衰三年。若为曾高祖父母承重，服亦同。祖在，为祖母止服杖期。	
曾祖 即太公太婆	族曾祖父母 缌麻 谓曾祖之兄弟及妻，即太伯公、太伯婆、太叔公、太叔婆			
祖父 即公婆	伯叔祖父母 小功 谓祖之亲兄弟及妻，即伯公伯婆、叔公叔婆	族伯叔祖父母 缌麻 谓祖之同堂兄弟及妻，即公之伯叔兄弟		
父 斩衰	伯叔父母 期年 谓父之亲兄弟及妻，即伯伯、姆姆、叔叔、婶婶	堂伯叔父母 小功 谓父之伯叔、兄弟及妻	族伯叔父母 缌麻 谓祖之再从兄弟及妻，即父同曾祖兄弟	
己	兄弟 期年　兄弟妻 小功 谓己之亲兄弟	堂兄弟 大功　堂兄弟妻 缌麻 谓同祖伯叔兄弟	再从兄弟 小功　再从兄弟妻 无服 谓父伯叔兄弟之子，即同曾祖兄弟	族兄弟 缌麻　族兄弟妻 无服 谓三从兄弟，同高祖兄弟
长子 期年　长子妇 期年	侄 期年　侄妇 大功 谓兄弟之子	堂侄 小功　堂侄妇 缌麻 谓同祖伯叔兄弟之子	再从侄 缌麻　再从侄妇 无服 谓再从兄弟之子，即同曾祖兄弟之子	
嫡孙 期年　嫡孙妇 小功	侄孙 小功　侄孙妇 缌麻 谓兄弟之孙	堂侄孙 缌麻　堂侄孙妇 无服 谓同祖伯叔兄弟之孙	凡男为人后者，为本生亲属孝服，皆降一等。惟本生父母降服，不杖期。父母报服同⑧。	
曾孙 缌麻 谓孙之子	曾侄孙 缌麻　曾侄孙妇 无服 谓兄弟之曾孙			
玄孙 缌麻 谓曾孙之子				

族　服　图⑫

父母 麻

父母 麻

父母 大功

姑 即婆、三年

夫为妻 齐衰杖期 父母在，不杖

众子⑱ 期年

众子妇⑲ 大功

孙妇 缌麻

孙 麻

孙 缌麻

夫曾祖姑 无服⑮

夫祖姑 即夫之姑婆，在室缌麻，出嫁无服⑯

夫亲姑 即夫之姑 小功

夫姊妹 即姑 小功

夫侄女 在室期年 出嫁大功

夫侄孙女 在室小功 出嫁缌麻

夫曾侄孙女 缌麻

夫堂祖姑 无服

夫堂姑 在室缌麻 出嫁无服

夫堂姊妹 缌麻

夫堂侄女 在室小功 出嫁缌麻

夫堂侄孙女 缌麻

夫为人后⑬，其妻为本生舅姑服大功⑭。

夫族姑 无服

夫再从姊妹 无服

夫再从侄女 在室缌麻 出嫁无服

夫族姊妹 无服

夫为妻

夫高祖 缌				夫为祖父母及曾高祖父母承重者，并从夫服。
夫曾祖 缌	夫族曾祖父母 无服			
夫祖 即夫之公婆	夫伯叔祖父母 缌麻 即夫之伯公伯婆、叔公叔婆	夫族伯叔祖父母 无服		
舅 即公 斩衰	夫伯叔父母 大功 即夫之伯伯姆姆、叔叔婶婶[17]	夫堂伯叔父母 缌麻	夫族伯叔父母 无服	
妻为夫 斩衰三年	夫兄弟及妻 小功 即夫兄曰伯，夫弟曰叔	夫堂兄弟及妻 缌麻	夫再从兄弟 无服	夫族兄弟 无服
长子 期年 长子妇 期年	夫侄 期年 夫侄妇 大功	夫堂侄 小功 夫堂侄妇 缌麻	夫再从侄 缌麻	
孙 大功	夫侄孙 小功 夫侄孙妇 缌麻	夫堂侄孙 缌麻		
曾 缌	夫曾侄孙 缌麻			
玄				

【注释】

①本宗九族五服正服之图：同一个宗族所有的九族亲属之间的五等服制关系总图。《大明律》中涉及亲属关系的法律条文常用五等服制术语表达亲属的范围，司法人员引用律文时检索表格可以准确找到某个层次范围内的亲属，便于准确适用法律，例如，"殴期亲尊长"条，期亲的范围有哪些？对照图表可以准确核对亲属范围，正确适用法律。本宗九族，从己身开始往上到高祖，往下到玄孙，形成直系九族；从己身开始男性本宗亲属到族兄弟即同高祖兄弟，女性本宗亲属到族姊妹，即同高祖姊妹，形成旁系九族。从九族表格看，己身直接往上下，己身往左右，形成九族直观印象。

②为祖父母承重：父亲去世后，嫡子在祖父母去世时代替父亲承担父亲应当承担的义务，享有父亲应当享有的权利。

③在室：女性没有出嫁为在室女，已嫁为出嫁女，离婚回到娘家为归宗女。已嫁被出而归，即是指归宗女。

④服并与男子同：服制的登记与同等辈分男子相同。

⑤出嫁而无夫：出嫁女在丈夫去世后守志。

⑥不杖期：第二等服制齐衰服丧期一年，为期年，该等级范围亲属为期亲。杖期是常规服丧标准，不杖期一般为特殊情况，如父母在世时嫡子为妻子服不杖期，养子为亲生父母服不杖期，为养父母服斩衰。杖，用竹子或者桐木做的手杖，根据《白虎通义·丧服》的解释："所以必杖者，孝子失亲，悲哀哭泣，三日不食，身体羸病，故杖以扶身，明不以死伤生也。"古礼丧期时，斩衰三日不食，齐衰二日不食，大功一日不食，小功、缌麻一日不食，悲伤又不吃饭，身体虚弱需要用杖支撑身体。

⑦出嫁无服：出嫁前服缌麻，出嫁后对本宗亲属不再服丧服。

⑧报服：赶赴参与葬礼服丧。报，赴。

⑨缌麻绝服：缌麻是最后一等丧服，缌麻之外不再穿丧服为绝服。

⑩袒免亲:五服之外的亲属,不再作为有服亲。

⑪素服:不需要穿丧服,穿素色的衣服。

⑫妻为夫族服:女子出嫁后对自己娘家的亲属服制降等,成为夫家人,为丈夫的亲属所服的丧服与丈夫一样。本图列出每种具体的丧服等级。

⑬夫为人后:丈夫是被别人收养或者继嗣作为别人的后人。

⑭本生舅姑:丈夫的亲生父母。丈夫出继作为他人的养子,服制与养父母亲生子相同,对自己原本的亲生父母降一等。本生,原本出生的家庭。

⑮无服:不需要穿丧服,不属于五等服制范围内的亲属关系。

⑯在室缌麻,出嫁无服:女性出嫁后,原本的服制等级降一级,女性未出嫁时服缌麻丧服的亲属去世,在女性出嫁后丧服降一等,超出了缌麻亲成为无服亲属。缌麻是最后一等服制亲属,超过缌麻就没有了服制。

⑰姆姆:弟弟妻子对兄长妻子的称呼,表中伯伯姆姆与叔叔婶婶对称,姆姆是伯伯的妻子,婶婶是叔叔的妻子。

⑱众子:除了长子之外的其他儿子。

⑲众子妇:长子之外其他儿子的妻子。

<table>
<tr><th colspan="6">妾为家长族服之图①</th></tr>
<tr><td colspan="2"></td><td colspan="2">家长父母
期年</td><td colspan="2"></td></tr>
<tr><td></td><td>正妻②
期年</td><td></td><td colspan="2">家长
斩衰三年</td><td></td></tr>
<tr><td colspan="2">为其子③
期年</td><td colspan="2">家长长子
期年</td><td colspan="2">家长众子
期年</td></tr>
</table>

出嫁女为本宗降服之图④

		即太太公婆⑤ 高祖父母 齐衰三月		
		即太公太婆 曾祖父母 齐衰五月		
	即姑婆在室 祖姊妹 缌麻出嫁无服	即公婆 祖父母 期年	即伯公叔公 祖兄弟 缌麻	
即父之伯叔姊妹 父堂姊妹 在室缌麻，出嫁无服	姑 父姊妹 大功	父母 期年	即伯伯姆姆 伯叔父母 大功 叔叔婶婶	即父之伯叔兄弟 父堂兄弟 缌麻
即同祖伯叔姊妹 堂姊妹 在室小功，出嫁缌麻	姊妹 大功	己身⑥	兄弟 大功	即同祖伯叔兄弟 堂兄弟 小功
即同祖伯叔 堂侄女 缌麻 兄弟之女	即侄女 兄弟女 大功	即侄 兄弟子 大功		即同祖伯叔 堂侄 缌麻 兄弟之子

外亲服图[7]

		母祖父母 即母之公婆[8] 无服		
	母之姊妹 即姨 小功	外祖父母 即外公外婆 小功	母之兄弟 即舅 小功	
堂姨之子 无服	两姨之子 即两姨兄弟 缌麻	己身	舅之子 谓之内兄弟 即姑舅兄弟 缌麻	堂舅之子 无服
	姨之孙 无服	姑之子 谓之表兄弟 即姑舅兄弟 缌麻	舅之孙 无服	
		姑之孙 无服		

妻亲服图⑨

		妻祖父母 即妻之公婆⑩ 无服		
	妻之姑 无服	妻父母 即丈人丈母 缌麻	妻伯叔 无服	
	妻之姊妹 即姨⑫ 无服	己身⑪ 为婿 缌麻	妻兄弟及妇 即舅舅母 无服	妻外祖父母 即妻外公外婆 无服
	妻姊妹子 无服	女之子 外孙 缌麻		
		女子孙 无服		

三父八母服图⑬

同居继父⑭
- 两无大功亲谓继父无子，己身亦无伯叔兄弟之类 期年
- 两有大功亲谓继父有子孙，自己有伯叔兄弟之类 齐衰三月

不同居继父
- 先曾与继父同居，今不同居。齐衰三月
- 自来不曾随母与继父同居。无服

从继母嫁 齐衰杖期
谓父死继母再嫁他人随去者

养母 斩衰三年
谓自幼过房与人⑮

嫡母 斩衰三年
谓妾生子称父之正妻

继母 斩衰三年
谓父娶后妻

慈母 斩衰三年
谓所生母死父令别妾抚育者

嫁母 齐衰杖期
谓亲母因父死再嫁他人

出母 齐衰杖期
谓亲母被父出

庶母
谓父有子妾、嫡子、众子齐衰杖期，所生子斩衰三年

乳母 缌麻
谓父妾乳哺者即妳母

例分八字之义[16]							
以	准	皆	各	其	及	即	若
以者，与真犯同[17]。谓如监守贸易官物，无异真盗，故以枉法论，以盗论，并除名、刺字，罪至斩、绞，并全科[18]。	准者，与真犯有间矣[19]。谓如准枉法、准盗论，但准其罪，不在除名、刺字之例。罪止杖一百，流三千里。	皆者，不分首从，一等科罪[20]。谓如监临主守，职役同情，盗所监守官物，并赃满贯，皆斩之类。	各者，彼此同科此罪。谓如诸色人匠拨赴内府工作，若不亲自应役，雇人冒名私自代替，及替之人，各杖一百之类。	其者，变于先意[21]。谓如论八议罪犯，先奏请议，其犯十恶不用此律之类。	及者，事情连后[22]。谓如彼此俱罪之赃，及应禁之物则没官之类。	即者，意尽而复明[23]。谓如犯罪事发在逃者，众证明白，即同狱成之类。	若者，文虽殊而会上意[24]。谓如犯罪未老疾，事发时老疾，以老疾论。若在徒年限内老疾者，亦如之之类。

【注释】

①妾为家长族服之图:妾的身份低微,服丧的范围有限。家长,丈夫。

②正妻:妾的丈夫明媒正娶的妻子。

③为其子:妾为自己的儿子服的丧服。妾的家庭地位低,需要为儿子服丧。

④出嫁女为本宗降服:出嫁女在本宗亲属团体中服丧的范围。降服,出嫁前的服制等级在出嫁后降低一等。

⑤太太公婆:即太太公,太太婆。

⑥己身:本图中的己身是指出嫁女本身。

⑦外亲服图:外亲是通过缔结婚姻而产生的亲属团体,本表主要指母亲方面的亲属,也包括姑姑的儿子、孙子,外亲去世后为逝者服丧服的范围。外亲在本宗亲属之外,通常法律条文涉及外亲的部分直接列出具体的范围。

⑧母之公婆:母亲的祖父和祖母,此处的公婆不是指丈夫的父母意思上的公婆,而是对祖父母辈的亲属的称呼。

⑨妻亲服图:妻子的亲属去世后需要服的丧服。

⑩妻之公婆:妻子的爷爷、奶奶。此处的公婆不是女子对丈夫父母的称呼。

⑪己身:本图中的己身是指丈夫本人,所以图中写为“为婿”。

⑫妻之姊妹,即姨:此处的姨不是母亲的姐妹的称呼,而是男子对妻子姐妹的称呼,即民间所称小姨、姨妹。

⑬三父八母服:父母的妻妾与妻妾所生子女之间关系以及由此产生的服制。三父,生父、继父、养父。生父和养父的服制图在《本宗九族服制图》中已经列出,本图主要列继父。八母,八种称谓的母亲,即本图所列的八种名称。

⑭同居:居住在一起,包括户籍在一起,日常生活也在一起。

⑮自幼过房与人:从小就过继给父亲同辈的亲属成为他人的后人。

房,男子结婚后,自己和自己的后人成为一房,每个兄弟各为一房。

⑯例分八字之义:法律条文中所用的八个基本法律术语。

⑰真犯:真实发生的犯罪,本条所指是与真犯相同。

⑱全科:案件的所有损害结果全部计入定罪量刑的考虑,例如,“保辜限期”条文中所规定的全科,“辜内虽平复,而成残、废、笃疾,及辜限满日不复者,各依律全科”。

⑲有间:有差别,不完全相同。本条的“准”,参考所参考的罪名论罪,但罪名中的刑罚不完全相同。

⑳一等科罪:同等科罪,同样定罪量刑。

㉑变于先意:改变了条文前一部分所阐述的意思。

㉒事情连后:之前说的情形与后面的情形相同。

㉓意尽而复明:意思已经说清楚了,后面又举出具体的情形说明情况,表明意思。

㉔文虽殊:文字表达不一样。会上意:表达的意思与上文相同。

九十	一百	徒一年	一年半	二年	二年半	三年	流罪	杂犯死罪
五个半月	六个月	照徒年限						
米九石谷十三石五斗	米十石谷十五石	米一十五石谷二十二石五斗	米二十石谷三十石	米二十五石谷三十七石五斗	米三十石谷四十五石	米三十五石谷五十二石五斗	米四十石谷六十石	米五十石谷七十五石
六千斤折银五两四钱	六千六百斤折银五两九钱四分	一万二千斤折银十两八钱	一万八斤千折银十六两二钱	二万四千斤折银二十一两六钱	三万斤折银二十七两	三万六千斤折银三十二两四钱	四万二千斤折银三十七两八钱	六万四千二百斤折银五十七两七钱八分
三百五十个折银二两七钱	三百八十五个折银三两	六百个折银四两	九百个折银六两	一千二百个折银八两	一千五百个折银十两	一千八百个折银一十二两	二千一百个折银一十四两	三千二百个折银十六两
一万四千斤	一万五千四百斤	二万四千斤	三万六千斤	四万八千斤	六万斤	七万二千斤	八万四千斤	一十二万八千斤
一千斤折银二两	一千一百斤折银二两二钱	一千七百斤折银三两四钱	二千六百斤折银五两二钱	三千五百斤折银七两	四千四百斤折银八两八钱	五千三百斤折银一十两六钱	六千二百斤折银一十二两四钱	九千斤折银一十八两
六千斤	六千六百斤	一万二千斤	一万八千斤	二万四千斤	三万斤	三万六千斤	四万二千斤	六万四千二百斤
	俱三文	六文		九文		十二文		

在京纳赎诸例图①

	做工②	米③	灰	砖	碎砖	水和炭	石	老疾折钱④
笞一十	一个月	米五斗 谷七斗五升	一千二百斤 折银一两八分	七十个 折银三钱	二千八百斤	二百斤 折银四钱	一千二百斤	
二十	一个半月	米一石 谷一石五斗	一千八百斤 折银一两六钱二分	一百五个 折银六钱	四千二百斤	三百斤 折银六钱	一千八百斤	
三十	二个月	米一石五斗 谷二石二斗五升	二千四百斤 折银二两一钱六分	一百四十个 折银九钱	五千六百斤	四百斤 折银八钱	二千四百斤	俱一文
四十	二个半月	米二石 谷三石	三千斤 折银二两七钱	一百七十五个 折银一两二钱	七千斤	五百斤 折银一两	三千斤	
五十	三个月	米二石五斗 谷三石七斗五升	三千六百斤 折银三两二钱四分	二百一十个 折银一两五钱	八千四百斤	六百斤 折银一两二钱	三千六百斤	
杖六十	四个月	米六石 谷九石	四千二百斤 折银三两七钱八分	二百四十五个 折银一两八钱	九千八百斤	七百斤 折银一两四钱	四千二百斤	俱二文
七十	四个半月	米七石 谷十石五斗	四千八百斤 折银四两三钱二分	二百八十个 折银二两一钱	一万一千二百斤	八百斤 折银一两六钱	四千八百斤	
八十	五个月	米八石 谷十二石	五千四百斤 折银四两八钱六分	三百一十五个 折银二两四钱	一万二千六百斤	九百斤 折银一两八钱	五千四百斤	

五十		米二石五斗 谷五石	九钱		钞三贯折银三分七厘五毫	钞七百五十贯折钱三百五十文折银五钱	钱一百七十五文钞三百七十五贯	
杖六十		米六石 谷十二石	一两二钱		钞三贯六百文折银四分五厘	钞一千四百五十贯折钱四百二十文折银六钱	钱二百一十文钞七百二十五贯	
七十		米七石 谷十四石	一两三钱五分		钞四贯二百文折银五分二厘五毫	钞一千六百五十贯折钱四百九十文折银七钱	钱二百四十五文钞八百二十五贯	
八十		米八石 谷十六石	一两五钱		钞四贯八百文折银六分	钞一千八百五十贯折钱五百六十文折银八钱	钱二百八十文钞九百二十五贯	
九十		米九石 谷十八石	一两六钱五分		钞五贯四百文折银六分七厘五毫	钞二千五十贯折钱六百三十文折银九钱	钱三百一十五文钞一千二十五贯	
一百	以上俱的决	米十石 谷二十石	一两八钱		钞六贯折银七分五厘	钞二千二百五十贯折钱七百文折银一两	钱三百五十文钞一千一百二十五贯	
		连杖总折			全赎铜钱兼徒杖收折	徒流情重不准纳钞	折杖 诬轻为重者	
徒一年	以下俱民摆站军哨瞭	米十五石 谷三十石	三两六钱		钞十二贯折银一钱五分	妇人余罪收赎钞六贯折钱三文	杖六十连徒共折杖一百二十	杂犯再犯赎钞六贯

在外纳赎诸例图⑤

	无力⑥	有力⑦	稍有力⑧		收赎律钞	赎罪例钞	钱钞兼收	赎钞 杂犯又犯者
	依律	照例	纳工价		老幼废疾工乐户妇人折杖余罪及一应轻赎者	军职正妻例难的决之人有力者	即上件人犯该赎钞者	
旧例		折银上库⑨	照仪从事例⑩		刑部覆都御史陈洪谟奏与例钞应别	先将钞一贯折银三厘出纳米尤重	在京常用银钞故见行兼收	
今定		折谷上仓⑪	每做工一月折银三钱		刑部覆都御史朱廷声奏每贯折银一分二厘五毫	都御史朱廷声题照尚书闵珪议与工食同	在外钱钞不便故奏行折银见上	
笞一十		米五斗谷一石	三钱		钞六百文折银七厘五毫	钞一百五十贯折钱七十文折银一钱	钱三十五文钞一百贯	杂犯再犯笞杖决讫照前发遣
二十		米一石谷二石	四钱五分		钞一贯二百文折银一分五厘	钞三百贯折钱一百四十文折银二钱	钱七十文钞一百五十贯	
三十		米一石五斗谷三石	六钱		钞一贯八百文折银二分二厘五毫	钞四百五十贯折钱二百一十文折银三钱	钱一百五文钞二百二十五贯	
四十		米二石谷四石	七钱五分		钞二贯四百文折银三分	钞六百贯折钱二百八十文折银四钱	钱一百四十文钞三百贯	

杂犯五年	绞斩	过失杀
军职立功有力纳米年满复职带俸		依律收赎钞四十二贯内钞八分该三十三贯六百文铜钱二分该八千四百文给付其家
米五十石谷一百石		
一十八两		
	钞四十二贯折银五钱二分五厘	
诬致死未决流三千里不折杖⑬	全诬者流三千里加役三年	
再犯收赎钞三十六贯		

一年半		米二十石谷四十石	五两四钱		钞十五贯折银一钱八分七厘五毫	钞九贯折钱四文半	杖七十连徒共折杖一百四十	赎钞九贯
二年		米二十五石谷五十石	七两二钱		钞十八贯折银二钱二分五厘	钞一十二贯折钱六文	杖八十连徒共折杖一百六十	赎钞一十二贯
二年半		米三十石谷六十石	九两		钞二十一贯折银二钱六分二厘五毫	钞一十五贯折钱七文半	杖九十连徒共折杖一百八十	赎钞一十五贯
三年		米三十五石谷七十石	十两八钱		钞二十四贯折银三钱	钞一十八贯折钱九文	杖一百连徒共折杖二百	赎钞一十八贯
流二千里					钞三十贯折银三钱七分五厘	充军比此赎钞三十贯	流杖共折杖二百二十	
二千五百里					钞三十三贯折银四钱一分二厘五毫		流杖共折杖二百三十	
三千里					钞三十六贯折银四钱五分		流杖共折杖二百四十	
总徒四年		米四十石谷八十石	十四两四钱		迁徒准徒二年除杖赎止赎钞一十三贯二百文		干名者实以服制虚加三等不折杖⑫	已徒又犯徒遇例减一年

一年半杖七十	假如告人杖七十徒一年半，内止杖八十实，已决全抵，剩徒一年半之罪决，徒一年半折杖七十，并杖一百四十，除杖八十，剩杖六十，收赎三贯六百文。	除杖外，徒该十贯八百文，计未役每日赎钞二十文，月赎钞六百文。
二年杖八十	假如告人杖八十徒二年，内止杖八十实，已决全抵，剩徒二年之罪未决，徒二年折杖八十，收赎四贯八百文。	除杖外，徒该一十三贯二百文，计未役每日赎十八文三分三厘三毫四丝，月赎五百五十文。
二年半杖九十	假如告人杖九十徒二年半，内止杖六十徒一年实，已决全抵，剩杖三十徒一年半之罪未决，徒一年半折杖七十，并杖三十共杖一百，收赎六贯。	除杖外，徒该一十五实六百文，计未役每日赎一十七文三分三厘三毫四丝，月赎五百二十文。
三年杖一百	假如告人杖一百徒三年，内止杖八十实，已决全抵，剩杖二十徒三年之罪未决，徒三年折杖一百，并杖共一百二十，止杖一百，余二十，收赎一实二百文。	除杖外，徒该一十八贯，计未役每日赎一十六文六分七厘，每月五百文。
流二千里杖一百	假如告人未决杖一百流二千里折杖一百二十，内止杖六十徒一年折杖六十实，剩杖一百，收赎钞六贯，已决准徒四年，除实外全抵，剩杖四十，徒三年。	
二千五百里杖一百	假如告人未决杖一百流二千五百里折杖一百三十，内止杖六十徒一年折杖六十实，剩一百一十，止杖一百，余收赎六百文，已决准徒四年，除实外全抵，剩杖四十，徒三年。	
三千里杖一百	假如告人杖一百流三千里准徒四年，内止杖一百流二千里准徒三年实，已决全抵，剩徒二年未决折杖一百四十，除一百二十，剩二十，收赎一贯二百文。	

收赎钞图

	诬轻为重，已决全抵。剩罪未决，笞杖收赎，徒流杖一百余收赎。	徒限内老疾收赎
笞一十		
二十		
三十	假如告人笞三十，内止一十实，已决全抵，剩二十之罪未决，收赎一贯二百文。	
四十	假如告人笞四十，内止一十实，已决全抵，剩三十之罪未决，收赎一贯八百文。	
五十	假如告人笞五十，内止二十实，已决全抵，剩三十之罪未决，收赎一人贯八百文。	
杖六十	假如告人杖六十，内止二十实，已决全抵，剩四十之罪未决，收赎二贯四百文。	
七十	假如告人杖七十，内止三十实，已决全抵，剩四十之罪未决，收赎二贯四百文。	
八十	假如告人杖八十，内止三十实，已决全抵，剩五十之罪之未决，收赎三贯。	
九十	假如告人杖九十、内止四十实，已决全抵，剩五十之罪未决，收赎三贯。	
一百	假如告人杖一百，内止四十实，已决全抵，剩六十之罪未决，收赎三贯六百文。	
徒一年杖六十	假如告人杖六十徒一年，内止笞五十实，已决全抵，剩杖一十徒一年之罪未决，徒一年折杖六十，并杖共七十，收赎四贯二百文。	除杖外，徒该八贯四百文，计未役每日赎钞二十三文三分三厘三毫，每月赎七百文。

【注释】

①在京纳赎诸例图:根据用交钱或者做工代替实际服刑的京城各种犯罪情形制作的图表。该图表用于判决刑罚之后可以使用赎刑的情形,可以对照图表直接适用。

②做工:应当服笞、杖、徒刑的罪犯如果符合法定赎刑条件,可以通过给国家提供劳役做工代替实际服刑。

③米:本表中所列的米、灰、砖、碎砖、水、炭、石等物,缴纳这些物品可以抵罪,每种物品下的钱数是可以用来折抵实物的钱。

④老疾折钱:罪犯年老、残疾的情况下可以折钱抵罪,所折的钱数仅仅从一文到十二文,是怜悯老疾的体现。

⑤在外纳赎诸例图:在京城以外的区域,符合赎刑条件的犯罪具体纳赎的标准图表。同样是为了适用法律时便捷准确。

⑥无力:家里没有财力的人家,没钱缴纳财物赎罪。

⑦有力:有一定财力的人家,有足够财物缴纳赎罪款。

⑧稍有力:家里有一定财力但是并不充足,可以缴纳部分财物赎罪。

⑨折银上库:把赎罪用的钱折成银子交给国库。

⑩照仪从事例:犯罪人的刑罚被折成担任仪从来抵充。仪从,官员贵族出行时的陪同以及仪仗人员。

⑪折谷上仓:把赎罪缴纳的钱折算成粮食交给国家的粮仓。

⑫干名者:犯罪的罪名是干名犯义。干名犯义,卑亲属起诉尊亲属的行为,官府不受理,妄被告的尊亲属可以按照自首免罪。

⑬诬致死:诬告他人犯死罪导致被诬告的人死亡。

中华经典名著
全本全注全译丛书
（已出书目）

周易
尚书
诗经
周礼
仪礼
礼记
左传
韩诗外传
春秋公羊传
春秋穀梁传
孝经 · 忠经
论语 · 大学 · 中庸
尔雅
孟子
春秋繁露
说文解字
释名
国语
晏子春秋
穆天子传
战国策
史记
吴越春秋
越绝书
华阳国志
水经注
洛阳伽蓝记
大唐西域记
史通
贞观政要
营造法式
东京梦华录
唐才子传
大明律
廉吏传
徐霞客游记

读通鉴论
宋论
文史通义
老子
道德经
帛书老子
鹖冠子
黄帝四经·关尹子·尸子
孙子兵法
墨子
管子
孔子家语
吴子·司马法
商君书
慎子·太白阴经
列子
鬼谷子
庄子
公孙龙子（外三种）
荀子
六韬
吕氏春秋
韩非子
山海经
黄帝内经
素书
新书
淮南子
九章算术（附海岛算经）
新序
说苑
列仙传
盐铁论
法言
方言
白虎通义
论衡
潜夫论
政论·昌言
风俗通义
申鉴·中论
太平经
伤寒论
周易参同契
人物志
博物志
抱朴子内篇
抱朴子外篇
西京杂记
神仙传
搜神记
拾遗记

世说新语
弘明集
齐民要术
刘子
颜氏家训
中说
帝范·臣轨·庭训格言
坛经
大慈恩寺三藏法师传
蒙求·童蒙须知
茶经·续茶经
玄怪录·续玄怪录
酉阳杂俎
历代名画记
化书·无能子
梦溪笔谈
北山酒经(外二种)
容斋随笔
近思录
洗冤集录
传习录
焚书
菜根谭
增广贤文
呻吟语
了凡四训
龙文鞭影
长物志
智囊全集
天工开物
溪山琴况·琴声十六法
温疫论
明夷待访录·破邪论
陶庵梦忆
西湖梦寻
幼学琼林
笠翁对韵
声律启蒙
老老恒言
随园食单
阅微草堂笔记
格言联璧
曾国藩家书
曾国藩家训
劝学篇
楚辞
文心雕龙
文选
玉台新咏
二十四诗品·续诗品
词品
闲情偶寄

古文观止

聊斋志异

唐宋八大家文钞

浮生六记

三字经·百家姓·千字文·弟子规·千家诗

经史百家杂钞